高等学校规划教材

唐晓武　主审

主　编　韦永久
副主编　窦红平
　　　　吴　玲
　　　　吴　燕

高职应用文写作

北京师范大学出版集团
安徽大学出版社

图书在版编目(CIP)数据

高职应用文写作/韦永久主编. —合肥：安徽大学出版社，2016.8(2022.1重印)
ISBN 978-7-5664-1153-2

Ⅰ.①高… Ⅱ.①韦… Ⅲ.①汉语－应用文－写作－高等职业教育－教材 Ⅳ.①H152.3

中国版本图书馆 CIP 数据核字(2016)第 157112 号

本教材是 2015 年安徽省重大教学改革研究项目"校企合作背景下以技能为导向的课程体系建设与研究"(项目编号：2015 中等教育 194)研究成果之一。

高职应用文写作　　　　　　　　　韦永久　主编

出版发行：	北京师范大学出版集团 安　徽　大　学　出　版　社 (安徽省合肥市肥西路 3 号 邮编 230039) www.bnupg.com.cn www.ahupress.com.cn
印　　刷：	合肥远东印务有限责任公司
经　　销：	全国新华书店
开　　本：	184mm×260mm
印　　张：	22.75
字　　数：	445 千字
版　　次：	2016 年 8 月第 1 版
印　　次：	2022 年 1 月第 6 次印刷
定　　价：	39.00 元

ISBN 978-7-5664-1153-2

策划编辑：姜　萍　　　　　　　　　　　　　装帧设计：李　军
责任编辑：姜　萍　王　晶　　　　　　　　　美术编辑：李　军
责任印制：陈　如

版权所有　侵权必究

反盗版、侵权举报电话：0551-65106311
外埠邮购电话：0551-65107716
本书如有印装质量问题，请与印制管理部联系调换。
印制管理部电话：0551-65106311

前 言

应用文是人们处理公私事务、交流信息的重要工具。随着人们交往的日益频繁,应用文所承载的信息量越来越多,其功用越来越显著,它已成为现实生活中最常见、最实用的文体。

应用文写作作为一种技能,已成为从事各种技术工作的人员所必需,也是职业院校学生通向职业生涯必须应有的能力和素质。一封独具匠心的求职信、一个富有创意的广告文案、一份别具慧眼的市场调研报告、一篇"情""采"兼备的导游词,乃至一份匠心独运的启事和信函、一份严谨规范的合同等,都体现了一个人的能力与水平、智慧与才华。

本教材以高职院校学生的实际认知状况和能力水平为基准,以"必须、够用"为原则,以高职院校学生就业、创业的需要为基点,以高职院校学生职业素质的养成为核心,力求做到典范性、实用性、时代性、可读性,以培养学生的书面交流能力,提高学生的语文应用能力和文化素养,增强就业竞争力。

本教材在内容编排上进行了三个方面的探索:

第一,实用性强。根据高职院校学生将来工作、生活、学习的实际,对应用文体的内容进行了适当的压缩编排,将那些不常用的、学生用不到的、实用性不是很强的应用文删去,如仲裁文书、述职文书、鉴定文书等,以确保教材的典范性和实用性。

第二,内容创新。目前通用的多种版本的教材中没有医用文书写作方面的内容。随着社会的发展和人们生活水平的不断提高,防病、治病、健康、安全越来越受到重视,医用文书的写作也显得越来越重要,医药卫生类专业的学生必须与时俱进,能够写出规范的医用文书。为此,教材中新增了一章"医用文书",并将"卫生宣教文书"的部分内容有机安排在其他章节,以充分体现教材的时代性和可读性。

第三,情境并融。注重对学生应用写作实用技能的开发,力求使学生从应用的视角把握实用写作的一般规律和基本知识,结合新颖、典型、翔实的例文展开评析,营造一种理论与实践相结合的情境,力求做到让学生爱学,让教师爱教。

本教材编写分工如下:韦永久、刘永柱编写绪论,胡梅生、万蓉蓉编写第一章(行政公文),吴玲编写第二章(事务文书),朱雷、韦永久编写第三章(日常文书),吴玲编写第四章(财经文书),丁怡琴编写第五章(科技文书),丁艳编写第六章(法律文书),金玲编写第七章(传播文书),韦永久编写第八章(医卫文书),周婷编写第九章(礼仪文书)。

本教材在编写过程中得到了合肥职业技术学院领导和安徽大学出版社的大力支持,同时参考了大量专著、教材,在此一并表示衷心感谢。由于时间仓促和水平有限,教材中难免有疏漏之处,敬请批评指正。

韦永久

2016 年 6 月 1 日

目录

绪论

第一节　应用文概述　…………………………………………………………　1
第二节　应用文的构成要素　…………………………………………………　7

第一章　行政公文

第一节　行政公文概述　………………………………………………………　27
第二节　命令　决定　意见　…………………………………………………　34
第三节　请示　报告　批复　…………………………………………………　48
第四节　公告　通告　…………………………………………………………　58
第五节　通报　通知　…………………………………………………………　64
第六节　函　会议纪要　………………………………………………………　69

第二章　事务文书

第一节　事务文书概述　………………………………………………………　76
第二节　计划　…………………………………………………………………　78
第三节　总结　…………………………………………………………………　85

第四节　规章制度 …… 90
第五节　调查报告 …… 98

第三章
日常文书

第一节　日常文书概述 …… 108
第二节　常用条据 …… 110
第三节　一般书信 …… 116
第四节　专用书信 …… 120
第五节　电子邮件与短信 …… 132

第四章
财经文书

第一节　财经文书概述 …… 137
第二节　协议书与合同 …… 139
第三节　招标书与投标书 …… 149
第四节　市场调查与市场预测报告 …… 153
第五节　商业广告 …… 162

第五章
科技文书

第一节　科技文书概述 …… 168
第二节　毕业论文 …… 172
第三节　学术论文 …… 178
第四节　产品说明书 …… 181
第五节　申论 …… 187

第六章
法律文书

第一节　法律文书概述 …………………………………… 202
第二节　起诉书 …………………………………………… 204
第三节　上诉书 …………………………………………… 209
第四节　答辩书 …………………………………………… 213
第五节　申诉书 …………………………………………… 216

第七章
传播文书

第一节　传播文书概述 …………………………………… 223
第二节　新闻（消息） ……………………………………… 224
第三节　通讯 ……………………………………………… 233
第四节　演讲稿 …………………………………………… 241
第五节　解说词 …………………………………………… 248

第八章
医卫文书

第一节　医卫文书概述 …………………………………… 258
第二节　医卫科普文 ……………………………………… 261
第三节　医卫文摘 ………………………………………… 266
第四节　护理记录 ………………………………………… 271
第五节　医卫综述 ………………………………………… 276

第九章
礼仪文书

第一节　礼仪文书概述 …………………………………… 290

第二节　感谢信　慰问信 …………………………………………… 294
第三节　开幕词　闭幕词 …………………………………………… 300
第四节　邀请函　请柬 ……………………………………………… 306
第五节　讣告　悼词 ………………………………………………… 311

附录一　公文常用词汇 ………………………………………………… 321
附录二　公文写作常用词语释义 ……………………………………… 323
附录三　中华人民共和国国家标准标点符号用法 …………………… 337

绪 论

写作是以语言文字符号为载体,用来表达主观思想、反映客观实在、传递知识信息的一种富有创造性的脑力劳动。由于功能效用不同,人类的写作可以划分为文学写作和应用写作两类。应用写作作为一种实用文体,主要用于公务和个人事务,解决实际问题。相比于文学写作而言,它与社会发展的关系更为密切,在社会发展中的地位愈加重要。掌握和熟悉应用写作,对于各级各类职业人员有着重要的现实意义。

第一节 应用文概述

一、应用文的产生与发展

应用文是国家机关、社会团体、企事业单位或个人在处理各项公务和日常事务中为解决实际问题所使用的具有惯用格式的实用性文章的总称。

应用文是人类社会发展到一定阶段的产物。按照时间可划分为三个阶段:古代的应用写作、近现代的应用写作、当代的应用写作。

(一)古代的应用写作

《周易·系辞下》记载:"上古结绳而治,后世圣人易之以书契。"这里的结绳记事一般被视为应用写作的起源,上古用结绳记事以治理天下,后世圣人改以契刻文字。

对于中国最早的一种古代文字——甲骨卜辞,就其内容和形式看,可视为原始应用文的雏形。而后期出现的,例如周代的《尚书》文告,被普遍认为是中国最早的应用文汇编;秦代的制诏谕奏书的产生,标志着公务应用文体的成熟;汉代的书议策论疏,是对文书制度的进一步完善;魏晋的书,从理论到实践都有了明显的进步;唐宋的图籍表册,标志着中国古代应用写作走向成熟;明清的史册文翰,是对应用写作研究的渐趋深入。

从春秋战国时期到元明清时期,中国古代的应用写作随着社会经济的进步而不断发展。其中也出现了不少应用文优秀作品。如李斯的《谏逐客书》、司马迁的《报任少卿书》、晁错的《论贵粟疏》、贾谊的《论积贮疏》、诸葛亮的《出师表》、魏徵的《谏太宗十思疏》、王安石的《答司马谏议书》等,这些文章正如曹丕的理论专著《典论·论文》中所说的:"经国之大业,不朽之盛事。"对于应用文的研究,同样有迹可循。东汉王充的《论衡·自纪》强调文章的实用性,要求写文章要为世所用,口说务在明言,笔落应可达意。刘勰的《文心雕龙》文体论部分20篇,其中12篇谈到应用文。清朝刘熙载在他的《艺概·文概》中提出"……应用文应有上行、平行、下行。重其辞乃所以重其实也"。

(二)近现代的应用写作

1911年辛亥革命爆发,在中国延续了几千年的封建帝制烟消云散。辛亥革命后,南京临时政府颁布公文形式条例,专门规定了公文名称和使用范围,并规定公文写作要用白话文,使用新式标点符号。如此一来,作为封建帝制衍生品的古代应用文也湮灭在历史的尘埃之中。1931年出版的陈子展所著的《应用文作法讲话》,对当时社会上经常使用的公牍文、电报文、书启文、庆吊文、联语文、契据文、广告文、规章文、题署文等文种的写作知识,分别作了阐释。这本著作对后来的应用文写作教学和研究产生了较大影响。

中国共产党成立后,组建了自己的工作机关,相应地便有了自己的公文形式。1931年,瞿秋白代表党中央起草了《文件处理办法》。1942年,陕甘宁边区政府颁布了《公文处理暂行办法》,为以后文书工作的健全和发展奠定了基础。同年,在延安整风运动中,毛泽东同志的《反对党八股》等重要文献,对端正文风、公务应用写作都产生了极为深远的影响。

(三)当代的应用写作

1949年新中国成立,中国共产党和中央人民政府对公文工作十分重视,进行了一系列改革和健全工作。1951年,中央人民政府政务院召开了全国秘书长会议,通过并颁布了新中国第一个全国性公文法规《公文处理暂行办法》。该法规全面、详细、具体地规定了公文的种类、体式和行文关系,为新中国公文体制的确立奠定了基础。

1955年中共中央批准了《中国共产党中央和省(市)级机关文书处理工作和档案工作暂行条例》,1957年国务院印发了《关于公文名称和体式问题的几点意见(稿)》,1981年国务院办公厅发布了《国家行政机关公文处理暂行办法》,1987年国务院办公厅又发布了《国家行政机关公文处理办法》。经过6年时间的实践,1993年11月21日,国务院办公厅对《国家行政机关公文处理办法》进行修订并重新发布,自1994年1月1日起施行。1996年5月,中共中央办公厅印发了《中国共产党机关公文处理条例》,规定了14种文种:决议、决定、指示、意见、通知、通报、公报、报告、请示、批复、条例、规定、函、会议纪要。2012年4月,中共中央办公厅、国务院办公厅颁布新的《党政机关公文处理工作条例》,规定了15种文种:命令(令)、决议、决定、公报、公告、通告、通知、通报、议案、报告、请示、批复、意见、函、纪要。这些法规的颁布和实施,对于提高机关公文质量和公文管理水平起到了重要作用,使我国公务应用文从内容到形式不断趋于统一和完善。

纵观应用文的发展历史,这一文体经过数千年演变不断适应社会的需要,保持着顽强的生命力,并成为体现社会成熟度的标志,实用性不断增强。进入21世纪,应用文与我们的生活更加紧密相连,其习作技巧和理论也将更加趋于完善。

二、应用文的特点与种类

(一)应用文的特点

应用文与一般文章相比较,有共性,也有个性。它们都是对客观事物的反映,都要谋篇布局、遣词造句、使用标点符号,均讲究条理性、逻辑性,同样使用叙述、说明、议论等表达方式,要求具有准确、鲜明、生动的文风。但一般的文章是为反映现实生活、表现人类精神世界而进行的创作,应用文是为了处理公务和个人事务而进行的应用写作。写作目的的不同决定了文体的迥异。作为处理事务的实用性文体,应用文具有其鲜明的个性特点。

1. 实用性

应用文的主要任务是解决实际问题的。例如:经济活动要写分析报告,要写经济合同;法律行为要写起诉状、答辩状;礼仪活动要写请柬、祝贺信、贺电,婚丧喜庆要在门框张贴对联;开会要发通知,有重要事项请求上级答复批准要写请求。总之,为了办某件事,解决某个问题,交流某项经验,疏通某种情感,达成某种协议,都必须选择适合表达的具体文种,讲求实效。可以说,每种文体都体现出很强的实用价值。应用文不是供人审美、供人欣赏玩味,更不是供文人骚客比试高下的文体,而是供人实践运用、达成一定功利目的的文体。

2. 真实性

应用文要求写作者严格按照客观事物的本来面目进行写作,绝不允许虚构和凭空想象。真实性是应用文体写作的生命之所在。只有真实地向社会各方面传递各种信息,上情下传,下情上达,它的文体价值才会有效实现,否则就会失真,给社会带来不利影响甚至造成危害。

3. 针对性

应用文写作有着明确的功利目的性,它是为处理和解决社会生活中的实际问题而进行的。因此,它有着明确的特定接受对象,有鲜明的针对色彩。从文种选择、格式安排到语词的运用,都要根据写作目的与读者对象而有所取舍。

4. 时效性

时效性包括应用文的时代性、及时性、作用时间的有限性三层含义。所谓时代性,是说它要与现实紧密结合,紧跟时代,适应时代的变化与需求。所谓及时性,是说它要求在一定时限内完成写作任务,延期则会影响其作用的发挥,甚至贻误工作。所谓作用时间的有限性,是说它只在一定时期内产生直接作用,写作目的实现了,其直接效用就会随之消失,文本就变成档案材料。

5. 工具性

应用文本身不是人们追求的目标,而是能动地实现特定目标采取的手段。它以语言文字为中介,传递各种信息,在社会、经济、文化、科技乃至日常生活各个方面发挥工具作用。

6. 规范性

应用文的体式是固定的,严格讲究格式准确。其文本形式和制发程序都有特定要求,讲究规范。在实际写作中,不同种类的应用文都有一套为内容服务的相应的体式,都有其惯用的格式、结构、手法及写作要求,且相对稳定,在相当长时间不会有变化。当然,我们所说的固定,也只是一种相对意义的固定。从长远和历史的发展观点来看,应用文体还将随着时代和社会生活的发展而有所变化。

(二)应用文的种类

应用文的分类,不像文学分类那样成熟和统一。新中国成立后,应用文被纳入语文教学并受到关注始于20世纪80年代,现在有了蓬勃发展之势,但刚进入成长期,尚未定型。应用文中除公文国家有明确的规范以外,其他大都是约定俗成,论者见仁见智,目前缺乏统一的标准。

为方便把握文种及其特征,我们根据不同的工作性质和内容要求,将应用文分为以下8大类:

(1)行政公文。这是党政机关和其他单位办理公务时使用的文书。如通知、请示等。

(2)事务文书。这是机关、企事业单位、团体或个人在处理事务时使用的文书。

如计划、总结、规章制度等。

(3)日常文书。这是人们在日常生活中处理事务时使用的文书。如书信、申请书、求职信等。

(4)财经文书。这是在经济活动或处理经济业务过程中使用的文书。如合同、市场调查报告、招标书等。

(5)科技文书。这是以科学研究、科技成果和科技事务为反映对象的应用文。如学术论文、产品说明书等。

(6)法律文书。这是国家司法机关和法律授权的专门组织及诉讼当事人在处理诉讼案件时使用的文书。如起诉书、上诉书等。

(7)医用文书。这是人们在医疗、卫生、健康保健活动中使用的文书。如护理记录、医卫综述、卫生宣教等。

(8)宣传文书。这是报纸、广播等媒介向外界宣传或介绍新近发生的事件或情况的文书。如消息、通讯等。

三、应用文写作的素质要求

应用文写作是以实用为目的的写作实践活动,总体来说,它是研究应用文体写作基本理论、基本知识和基本技能技巧的一门学问。在学校教育中,它是一门综合性、实践性很强的基础课程。从接受美学的角度来看,写作活动须具备四个基本要素,即写作主体——作者;写作客体——所反映的客观事物(包括精神客体);写作本体(或称载体)——文本;写作受体——接受和作用对象,即读者。这四个要素构成一个完整有机的写作系统。

(一)基本的写作能力

应用文写作其实和一般的文章写作一样,需要写作者具备基本的语言基础和写作能力。应用文写作虽然对修辞和语言的要求不高,但仅凭简单粗糙的文字水平也是写不好的,写作者必须掌握一定的语法、修辞和写作知识,并能融会贯通、综合运用,这样写出的文章才能显示出流畅、平实、精练而浅易的特点。所以确立主旨、选材、谋篇布局、遣词造句甚至修改润色,是一个写作者应具备的基本写作技能。

要写好应用文,平时的写作训练是非常重要的,只有理论联系实际,通过反复练笔,掌握的写作知识才能转化为实际的写作能力。写作应用文时,必须熟悉规范格式,按照既有的格式进行文字表述。格式是应用文的架构,几乎每种应用文都有其相对固定的格式结构,只有符合格式,文章才会显得规范。

(二)实际的调研能力

不观察客观世界、进行切实的调查研究,没有掌握实际的资料数据,应用文写作前期准备不充分,就很难写出言之有物、切中主旨的应用文。特别是在具体写和学习、工作紧密结合的文书前,更应有实际而深入的调查研究。

最典型的是一些事务性应用文和经济应用文,如调查报告、总结、企业规划、市场调查报告、科技论文等,在写作前都需要有充分的时间进行深入调查,获得原始数据后进行系统分析,然后得出最终结论,写成各种文本形式。

(三)熟悉的业务能力

要写好应用文,写作者对相关业务和情况应该比较熟悉,否则应用文不会写得深入而充实。特别是一些事务性文书和科技文书,如果没有相应的经历和经验很难写好。如企业管理的应用文书,就要求写作者熟悉业务、掌握相关的资料数据,否则文章没有切实的内容,必然会降低实际效用,变得空洞而流于表面,这样就背离了应用文写作的初衷。

所以要写好应用文,不但要加强基本写作能力的训练,还要提高写作者的业务水平和各方面的写作素养,切勿因为一些应用文撰写起来比较简单就轻视之。要知道,应用文写作是现代社会中生存的一项基本技能,应正确对待。

四、应用文写作的学习方法

(一)学好基本理论

理论对实践的指导意义不言而喻。学习应用文写作,首先要做的就是学习应用文写作的理论知识。也就是说,要通过学习,掌握应用文各个文种的基本格式、写作要点以及写作过程中要注意的相关问题。然后再根据所学的理论知识,去熟悉重要的例文,进而把握其规律性。需要指出的是,学习应用文写作,仅仅掌握应用文写作的理论是不够的,还必须具备基础写作的理论。因为应用文是文章体裁的一种,应用写作学是文章学的一个分支。基础写作研究的内容,尽管在应用写作中很少提及,但它是写好各类文章的基础,当然也是写好应用文的基础。记叙文、议论文、说明文等文章体裁,与应用文在写作方法上有许多共同之处,这些文体的文章写好了,学好应用文写作也就不会困难了。

(二)借鉴典型例文

学习应用文写作,一般要经过模仿、熟悉、自如运用三个阶段。实践证明,分析和模仿典型例文,是学习应用文写作一条行之有效的途径。文章是客观事物的反映,这种反映是通过人们的头脑对客观事物所作的能动反映,是写作者对客观事物进行积极思维、深入认识的创造性成果。在学习应用文写作过程中,我们要重点阅读一些写作格式规范的经典范文。要反复研读、仔细揣摩,认真领悟应用文各个文种"应该怎么写"和"不应该怎么写",进而掌握应用写作的基本规律。优秀例文可以帮助我们开拓思路、掌握技巧,而瑕疵文案则可以使我们汲取教训、总结经验。

(三)加强写作实践

掌握了应用文写作的理论,不等于就会写作各个应用文体。将应用文写作的理论转化为写作能力的必要条件,就是应用文写作的实践。只有在理论领悟和实践历练两个方面兼进并重,且持之以恒,才能将应用文写作知识转化为写作能力。当然,这种实践必须在写作理论的指导下进行。

第二节 应用文的构成要素

一、应用文的主题、材料和结构

(一)主题

应用文的主题即应用文的中心思想,是一篇文章的灵魂。它是指应用文的行文目的,行文者对某一客观事物的态度,办理某项事务、解决某个问题所明确提出的主张、措施或建议等在文中的体现。主题有多种名目,如中心思想、主题思想、主旨,如果是议论性文章,还可以叫作中心论点或基本论点。

主题是文章的"灵魂"。应用文的主题决定应用文质量的高低、价值的大小、社会作用的强弱;应用文的主题决定文种的选用、材料的取舍;应用文的主题统领文章的结构,制约着应用文的谋篇布局;应用文的主题制约着表达方式的选择和语言的运用,词语的选择、句式的运用、表达方式的运用都要服从于主题。

1. 应用文主题的确立

应用文主题不是自然显现的,而是需要一个加工制作的过程,即我们常说的"提炼主题"。所谓提炼主题,就是应用文的写作者运用科学的理论和正确的思维方式,探寻事物的本质属性和发展规律,从而体现文章中心思想和写作意图的过程、方法。

(1)主题的确立依赖于对材料的分析。要提炼主题就不能离开材料,应用文主题是全部材料在思想意义方面的高度概括。写作应用文首先应该占有大量的感性材料,在此基础上经过归纳、分析、判断,将其整理上升为理性认识,透过材料把握事物本质。这样"由此及彼""由表及里"的过程,给应用文主题的提炼提供了基础和依据。因此,在确立主题时应务求主观认识与客观实际相一致,基本观点与材料内容相吻合。

(2)主题的确立依赖于领导者意图。应用文的最大特点是实用,特别是公文,源于开展公务活动、实施行政管理的需要,它的写作体现了领导者的意图。因此,撰写公文的基本前提就是要全面、深刻地领会领导者的行文意图和要求,这就需要把握两点:一是把握行文背景、目的,了解起草文稿的原因、动机,明确"为什么写";二是把握领导者的基本观点、思路和要求,明确"主要写什么"。有些重要的文稿写作还要组建写作班子,由领导集体审阅、修订。

(3)主题的确立依赖于写作者的理论修养。主题的形成与确立,或多或少会受写作者主观思想和感情的影响,面对同一事物、同样材料,不同的写作者会得出截然不同的结论。因此,树立正确的世界观、方法论,加强个人的理论修养、道德水平,对于应用文写作至关重要。只有借助于科学的思维方式,才能做到溯本求源、鞭辟入里,提炼出正确、深刻的主题。

2. 确立应用文主题的要求

(1)主题正确。主题正确是撰写应用文的基本要求。应用文所确立的主题应该符合党和国家的方针政策,符合国家法律法规的要求,符合本地区、本单位的实际,能够反映客观规律和事物的本质,体现人民群众的意愿和要求,具有普遍的现实指导意义。

(2)主题鲜明。应用文的观点必须明确,立意必须清晰,写作者要办什么事,对事物有何认识、有何意见和要求、抱什么态度和感情等,都要毫不隐晦地表达,切忌似是而非、模棱两可,让人无所适从。

(3)主题集中。主题集中是指把文章的主题凝练成最精要的一点。一篇文章只有一个主题,这个主题要贯穿全篇,要围绕这个主题把道理说深、说透。主题只有高度集中,才能打动人,切忌面面俱到,使人不得要领。

(4)主题深刻。主题深刻是指主题能够揭示事物的内在本质,反映事物内部的规律,是写作者对材料深入理解、对事物透彻认识的反映。因此,要善于抓住事物的主要矛盾挖掘具有本质性和倾向性的问题,提炼出规律性的认识,形成主题深刻的文章。

(5)主题新颖。主题新颖就是要立新意、显个性、避雷同。面对同样的事项、同样的材料,寻常见解显得枯燥、缺乏价值,只有新颖才有指导性和新鲜感。因此,应用文写作者必须在实践中锻炼自己的观察、分析能力,以新思维、新视角认识问题,获得独特见解。

3. 应用文主题的点题方法

应用文主题的点题方法大致有以下四种:

(1)标题点题。如《关于严厉打击手机网站制作、传播淫秽色情信息活动的紧急通知》,读者一看就能明白文章的主题是什么。

(2)开头点题。在文章的开头或每一段落的开头用简短的语句陈述主题,使主题得到凸显,如在《毫不松懈抓抗震救灾 坚定不移抓经济发展》文章的开头就指出:"温家宝主持召开国务院常务会议,会议强调一手毫不松懈抓抗震救灾,一手坚定不移抓经济发展。"

(3)文中点题。在行文中,当叙述或议论到一定程度时,自然就引出主要论点或中心思想,如《人民日报》2010年元旦献辞《迎接奋发有为的2010年》中:

"我们必须更加奋发有为,跨好2010年这承前启后的关键一步。"

"我们必须更加奋发有为,加快推动经济发展方式转变和经济结构调整。"

"我们必须更加奋发有为,紧紧抓住可以大有作为的战略机遇期。"

标题不仅直接点明主题,而且以三个排比句引领三个自然段,分别从不同角度点明了社论的主题。

(4)篇末点题。篇末点题即在文章的结尾点明主题,如李政道的论文《基础科学、应用科学与产品科学三者关系》一文,文章的结尾指出:"我再重复一下,没有基础学科就没有应用学科,没有应用学科就没有生产学科,三者是紧密结合在一起的。"

(二)材料

材料是指写作者为了撰写目的而搜集或积累的能够表现文章主题的事实或论据。材料是文章的"血肉",是构成文章的基本要素,占有材料是写作的基础。应用文写作的过程,就是写作者对各种原始材料进行分析、剪裁、提炼、综合加工的过程。常言道:"巧妇难为无米之炊。"有了切实、充分、具体的材料,构思才有依托,剪裁才有对象,写作活动才能顺利进行。

1. 材料的积累

具体而言,应用文的材料包括两大类:一是事实材料,即具体事例、现实情况、统计数据、人物和事件等;二是理论材料,即法律法规、方针政策、科学理论、名人名言、公式定理等。获取和积累材料的方式大致有以下几种:

(1)观察生活。观察,是写作者凭借自己的感觉对对象进行有目的、有计划、比较持久地感知、记录所得的信息。这是取得第一手材料的主要途径。观察体验时还要善于思考才能发现问题、提出问题,抓住事物的主要特征,对事物进行科学判断。

(2)调查访问。调查访问,即通过向知情人、有经验的人询问以了解真实情况,获得材料。毛泽东同志说过:"要了解情况,唯一的方法是向社会作调查。"常用的调查方法有:开调查会、个别采访、实地考察、问卷征集、参加有关会议、阅读有关文件等。

(3)亲身体验。体验,即置身于对象所处的环境之中,通过亲身体验,获得切身感受,以积累材料。其价值在于它的"亲历性"。

(4)围绕业务进行搜集。围绕本单位和本人的业务工作,有意识地搜集资料,可为我们的写作提供丰富材料。一般地说,必须搜集如下材料:党和国家各个时期的方针、政策和纪律、制度;本单位的基本情况,本单位的有关业务资料,如会计核算、统计与计划指标及完成情况所提供的有关数字资料、经济活动分析资料等;有关同类单位的对比资料;其他有关情况。

(5)影视资料,相关文献。通过广泛阅读各种图书、文献、音像资料,获取并掌握大量知识与信息,从而进行比较、分析、归纳,提炼出正确的决策或论题。

(6)新媒体网络。通过计算机网络,搜集并保存所需材料。它是当今最便利、最普遍的搜集材料的方法。

2. 材料的选择

有了材料,并不是要把所有材料都写到文章中去。只有能说明主题的材料,才是写作时所需要的,其他材料都应舍弃。选择材料应掌握以下原则:

(1)要选择真实可靠的材料。应用文要求的真实是"绝对的真实"。而要做到绝对的真实,就要求所使用的材料必须确有其人,确有其事,符合实际,实事求是,不能过度放大或缩小。因为伪饰虚假的材料最终将导致读者对文章以及写作者的厌恶,真实的材料合情合理,合乎逻辑,文章使用这样的材料才会有力量。

(2)要选择典型的材料。所谓典型的材料,是指能揭示事物本质、反映主旨、阐明观点的材料。它既可以是一个具体的事例,也可以是一些有说服力的数据和一些带有普遍性的现象。选择有典型意义的材料,就是要求选中的材料具有代表性和普遍意义,起到以少胜多、以一当十的作用。选择材料贵在精而不在多,精就精在材料的典型性上。

(3)要选择切题的材料。所谓切题,就是要根据文章主题的需要来决定材料的取舍,使主题与材料相一致。凡是与主题有关,并能很好地表现主题的材料,就选用;凡是与主题无关或似是而非的材料,就舍弃。

(4)要选择新颖的材料。选材新颖,一是指选择新近发生的别人未曾使用过的、鲜为人知的材料,如新人、新事、新方针、新材料、新成果、新问题、新的统计数据等;二是指虽是旧材料,却能"翻新""化新"的材料。之所以选择那些有新鲜感、具有吸引力的材料,是因为这种新颖的材料,既能给人以新鲜感,具有时代气息,又能给人以说服力,能引起读者兴趣。

3. 材料的处理

(1)筛选法。对材料进行鉴别、筛选,从纷繁复杂的材料中找到最切合主旨的材料的方法。

(2)类化法。对材料进行梳理归类。

(3)截取法。选用完整事件的片断或部分。如简报、通报、调查报告以及应用文书中叙事性较强的部分,常用此法。

(4)概述法。对材料加以概括压缩,使精华部分更为突出。对叙述性的事实材料,往往保留主干,抓住要点,理清线索,剔除细节,变描写、详述为略述、概述,只要求简要交代事件的概貌和实质,而不求像文学作品那样细腻传神,形象感人。

4. 材料的使用

选择材料之后,还有个如何使用的问题。材料使用得好,就可以有力地表现主题;使用得不好,也会相应地削弱主题。材料的使用要掌握一个原则,即集中、强烈。材料的使用重在一个"活"字,材料吃得透,运用就灵活,笔下功夫深,材料就活脱。

如何具体使用材料?

(1)调动。指材料先后顺序的安排,使材料之间依次排列,形成一定的逻辑关系。要根据表现主题的需要安排材料的顺序,哪些材料放在前、哪些材料放在后要心中有数,把材料的先后顺序安排得当,使材料与观点和谐统一起来。

(2)平衡。指材料的详略、轻重的处理。说明中心观点的典型材料要详写,说明从属观点的材料要略写;重要的材料要详写,次要的材料要略写;新材料要详写,旧材料要略写。一般行文的详略是从全文着眼,求得内容整体与各个局部之间文字量上的统一和协调。

(3)匀称。指材料文字量的相对整齐,在文章形式上能给读者一种对称、均匀的美感。

(三)结构

结构,是指文章内部的组织和构造,是写作者按照主题的需要,对材料进行的有机组合与编排,又称谋篇布局。文章结构具有两重含义:一是宏观结构,即文章的总体构思、大体框架;二是微观结构,即对文章的层次段落、开头、结尾、过渡、照应和主次的具体安排设计。

如果说主题是文章的灵魂,材料是文章的血肉,那么结构就是文章的骨骼。结构能使文章言之有体,"体"是指体裁,在长期的写作实践中,应用文大都形成了比较固定的格式,而格式总是要靠一定的结构形态来体现;结构能使文章言之有序,根据主题需要,按照一定的思路,合理安排结构,将零散的材料组织起来,使文章条理清楚,成为一个有机的整体;结构能使文章言之成文,通过精心安排结构,可以增加文章的文采,从而增强其可读性。

1. 应用文结构的安排原则

(1)要反映客观事物的本质联系和规律。要依据事件发展的过程、事物的特征来安排正文结构,反映对象的内在本质及规律。如通报,传达重要情况,表彰或批评,都必须将事实叙述清楚。

(2)要适应不同文种的体式特点。应用文书的结构安排需适应体式的规范要求,要注意应用文书文体样式的规范。如写市场调查报告,要写基本情况、分析评价和建议;如写规章制度,则一般要用条款式来写。

(3)要严谨自然。文章的各部分要成为统一的整体,共同表达一个主旨。文章从内容到结构都要周全,避免因遗漏而表达不全。例如,写一份请示,结构上该有请示缘由、事项和要求三个层次。文章的部分与部分之间的关系或呈现因果关系,或呈现主次关系,或呈现并列关系,或呈现表里关系,各部分互相弥补、协助,而不互相矛盾、拆台,共同使文章的结构及内容具有严密性。

(4)要完整匀称。文章的各部分要体式齐全,详略得当,重点突出,符合文体的要求。文章一般都有开头、主体和结尾,三者比例要协调,主体内容要充实,不能虎头蛇尾,轻重颠倒;对并列的内容,要注意处理好详略关系,以保证结构的完整和匀称,使之浑然一体。

(5)要清晰醒目。一般应用文虽不讲究行文波澜曲折,却要求纲举目张、清晰醒目,以便读者把握要领、贯彻执行,所以常采用加小标题、写段首提要、罗列条目等形式。这在一些法规性文体中尤其明显。

(6)要服从主题。主题是写作者写作目的、意图的体现,结构必须服从主题的需要,为表现主题、突出主题服务。文章的开头与结尾、层次与段落、过渡与照应、主次与详略的安排,都要围绕主题进行。这样,才能使文章构成一个严谨周密、内容形式统一的有机整体。

2. 应用文结构的类型

(1)篇段合一式。即一个段落就是一篇完整的文章。这种形式常用于内容单一的应用文书。

(2)两段式。这是内容简单、篇幅简短的应用文书常用的形式。把篇段合一式中的结语部分单独列为一段,可成为两段式,或把三段式中的结语部分省略,写作目的或原由、行文事项各为一段。

(3)三段式。正文分为:目的或原由、事项、结语。

(4)多段式。一般是开头概述情况、说明缘由、目的或依据,主体部分内容稍多,分别写为若干段,结尾单独成段或省略结尾段。

(5)分部式。这种结构形式容量较大,眉目清楚,头绪分明。用于内容较多、篇幅较长的应用文书。如,工作总结、理论文章、调研文章等常用这种结构。文章分成几个大部分,每个部分就是一个层次,每个部分可用小标题或者序号列出(多用序号加小标题的形式)。小标题或者作为题旨句概括该部分中心,或者提示该部分的内容范围,常体现为递进式结构,注重各部分间的逻辑联系。

(6)贯通式。贯通式不分条文,不用小标题,前后贯通,以自然段落组成全篇。围绕中心,按时间顺序、事物发展顺序,或者认识顺序,抓住主要线索,比较完整地叙述或说明一个事项、一项工作、一个道理,适用于内容比较单一的叙述性或者说明性应用文书。

(7)条款(项)式。法规、规章文书多用这种形式。

(8)总分条文式。即有开头,有主体,有结尾。公文、合同等文书常采用这种形式。

(9)表格式。这是应用文书不同于其他文体所特有的一种结构形态。国家行政机关、企事业单位,如银行、保险公司及厂矿、公司等,制发的一些专门文书常采用表格式。

3. 应用文结构的构成要素

(1)开头与结尾。应用文的开头一般是开门见山,直奔主题,不能东拉西扯,拐弯抹角,言不及义。常见的开头方式有以下几种:

①目的式。即将写作的目的和意义直接说明,常用介词"为""为了"领起。

②根据式。即开头阐明撰文的根据,或引据政策法令和规定指示,或引述全文,或引据事实和道理,常用"根据""按照""遵循"等引起下文,一般公文习惯用这种方式。

③原因式。即以交代行文的缘由作开头,常见于消息、通讯、调查报告等文体。常用"由于""因""鉴于"等引出原因或简述某种情况作为原因,再引出写作目的。

④概述式。即在开头部分对文章内容的背景、基本情况、主要内容加以概述。采用这一方式,能起到提纲挈领的作用。这个开头常出现于消息、总结等文体。

⑤结论式。即将结论、结果先作交代,再由果溯因。消息、通讯、总结的开头常用这种方式。

⑥提问式。即在开篇提出问题,然后引起下文。常见于消息、通讯、调查报告等文体。

⑦引述式。常用于有具体规定格式的文体,如合同;或引述下级来文、上级指示精神、有关政策法规,以此为撰文的依据,如批复、函等。

应用文的结尾方式多种多样,常见的有以下几种:

①在主体部分写完之后,事尽言止,自然结尾。消息、调查报告等习惯用这种结尾方式。

②以专用词语结束全文,如"特此报告""此布""此复"等。

③以简要文字表示具体的要求,再次强调行文的目的。例如,"上述报告,如无不妥,请批转××",或"上述要求,请予批准",或"请尽快函复为盼"。

④对全文的主旨意义、重要性进行强调,以引起读者的注意,如决议、决定、意见、调查报告、演讲词等文体。

⑤发出号召,寄托希望,展望未来,以鼓舞斗志。常见于演讲词、调查报告、通讯等文体中。

⑥与开头相呼应,再次点明与深化全文主题,使读者加深理解。常见于演讲词、导游词、调查报告、通讯等文体中。

(2)层次与段落。层次,指的是文章思想内容的表现次序。它反映、表现客观事物的发展阶段和矛盾的各个侧面,同时也是写作者思维流动发展过程的具体体现,因此又称为"意义段""逻辑段""结构层",或叫作"部分"。它常由若干个自然段组成,每个自然段又要有相对的完整性。好的文章层次是内在的、隐性的,写作者在行文格式上无任何标志,读者要根据自己对内容的理解来划分;也有一些文章以空行、每层第一段设立小标题或用序码等形式来标明。层次的安排是文章写作中最关键的一环,也是在应用文写作实践中需要把握的重要问题。

层次是事物发展的阶段性,是客观矛盾的各个侧面、人们认识和表达问题的思维过程在文章中的反映,体现写作者思路发展的步骤。因此,对层次的划分要前后有序,条理清楚。为此,要求撰写者对所写事物进行深刻分析,以便使自己具有清晰的思路。

关于层次的划分,在一篇文章中要取同一标准,一般采用的形式有:以时间为序、以事物的发展阶段为序、以逐层论证为序、以问题为序、以空间为序和综合式。

层次的表述方法包括小标题式、数量词式、词和词组式三种。

层次的安排方式,一般来说有两种:

一是纵式。即思路纵向展开的结构方式。纵式具体有两种类型:时间顺序式和逻辑顺序式。前者是按照事物的产生流程、事情或事件的发展过程或时间的先后顺序安排层次。采用这种结构方式,切忌事无巨细的"流水账",要抓住事物发展的关键环节。逻辑顺序式是按照事物内在的逻辑顺序安排层次,这种逻辑关系表现为现象到本质,原因到结果,宏观到微观,个别到一般或一般到个别等。按照这样的先后顺序,环环相扣、层层递进地安排结构,就是逻辑顺序。

二是横式。即思维横向发展的结构方式。横式在表现形式上为:把整体划分为若干相对的层次,各层次之间平等并列、互不交织,或按照空间方位的变换,或按照材料的不同性质和类型,或按照问题的不同侧面等,从不同方面和角度共同揭示事物的整体面貌、主旨。这种结构形式在应用文写作中运用很广泛,如述职报告、调查报告、总结等均可采用。

段落,又称自然段,是组成文章、表达思想最基本、相对独立的最小单位。段落着眼于在表现某个相对完整的意思时的间歇、停顿、强调或转折。不是凡提行空格的就是段落。例如,法规、规章中的有些条文,各项或各目都分别提行标示,有时甚至一项一目可能不止一句话。这种情况下一条或一项内的所有条文才构成一个段落。

段落的展开主要围绕"主句"进行。"主句是段落中概括或提示本段中心、内容范围的句子。它起提携全段的作用。好的主句总能服从于并说明文章题目(或主旨),能揭示段落中心或揭示段落的内容范围。"(叶黔达教授语)围绕主句展开段落,是写好应用文书段落的关键。一般说来,围绕主句展开段落的方式,通常有下列九种:

绪　论

①通过解释、说明和阐述主句展开段落。即具体对主句提出的概念、定义、主张或观点进行解释和阐述,以展开段落。例如,《办学要体现改革的精神》一文中的一段:"要充分挖掘党校现有的师资、场地、设施等方面的潜力,要充分利用各种社会智力资源,聘请有实践经验、有理论素养的干部和企业家讲课,当客座教授。在生产(经营)、教学、科研相结合上下功夫,努力探索一条有特色的党校办学的新路子。"就是在段中展开部分,概述了如何体现办学改革精神的措施。

②通过递进展开段落。即由浅入深层层推进,逐步深入说明事物的本质属性或事理,以展开段落。它实质上是递进思路在段落中的运用。例如,"目前养猪业已形成三种经营形式或称养猪的三个层次,即千家万户养猪、专业户养猪和工业化(工厂化)养猪。前两者数量大,存栏和出栏总量约占全省95%以上,占有举足轻重的地位。但这两个层次规模小、分散,限制了高科技的应用,因而难以进一步提高繁殖率、产肉率、商品率和经济效益,属于低层次养猪。要把这两个层次从数量增长型变为质量效益型,当务之急是集中精力发展第三个层次,才能达到启动前两个低层次类型。这是我省养猪业跃上新台阶的必由之路。"这个段落在层层递进时,还适当运用了一些关联词语,使层次的递进关系更为清晰。

③通过数字说明展开段落。即通过数字说明主句以展开段落。这种方法有利于具体、准确地说明客观事物的现状及其变化。例如,《四川已成为全国最大的商品猪基地》一文中的段落:"改革开放以来,川猪以年递增12%的速度稳定增长。出栏率达91%,瘦肉率大面积达48%以上,均达历史最高水平,数量上也保持着绝对优势,全省生猪存栏数已达6400万头,数量已超过美国,仅次于苏联。全省养猪产值占农业产值40%以上。全省人均吃肉已近20千克/年,距本世纪末我国人均吃肉25千克/年的奋斗目标不远。"

④通过比较展开段落。即通过比较事物的差异或说明事物的相同点来展开段落。例如,《对技术人员的引进态度不一样》一文中的段落:"发展快的张村,光从京、津等地请进的技术人才就有近百名,并采取师傅带徒弟的办法,为本地培养技术人员326名。靠这些人,办企业87个……发展慢的王村,只引进外地人才11名。"

⑤通过综述与分说展开段落。即先综述后分说,实质上是总分思路在段落中的体现。综述要概括、准确,分说要善于辅陈,必要时可用序号,使分说条理更清楚。例如,"县委、县政府把加快乡镇企业发展步伐作为全县经济上台阶、农民奔小康的突破口,领导重视,工作抓得实在。//县委、县政府把乡镇企业工作列入重要工作日程,县委常委会、政府常务会多次专题研究乡镇企业工作,先后4次召开大型乡镇企业会安排部署、检查指导。县委书记、县长蹲在基层调查研究,协调解决问题;主管领导集中精力抓住不放。为各乡(镇)配备了抓乡镇企业的专职副乡(镇)长;充实和加强了县乡企局和乡(镇)企业办的工作力量。明确提出,不抓乡镇企业的领导不是称职的领

导,要解放思想换脑筋,不换脑筋就换人,不上台阶就下台。"例段中,分说从四个方面对综述的"领导重视,工作抓得实在"加以具体陈述。

⑥通过转折展开段落。即通过前后意思的转变以展开段落。例如,"我省生猪经营放开后,多渠道流通发展迅速,市场繁荣。//但是也出现了一些值得重视的问题,突出的是生猪屠宰管理失控,流通秩序混乱,国家税收流失严重,肉品质量下降影响人民健康,群众反映强烈。"

⑦通过排比句展开段落。排比句由三个以上结构相同或相似、语气一致、意义相关的短语或句子连续排列构成。例如,"只有不断巩固和扩大团结,才能维护稳定的社会局面,保持和谐的人际关系;才能挖掘蕴藏的潜力,充分发挥中国人民的聪明才智;才能振奋民族精神,凝聚海内外各方面的力量。"注意句子间的逻辑排序。

⑧通过时空的变化展开段落。以时间先后为序展开段落,来表述同一时间里不同地域、方位的情况。例如,"我国经济体制的改革,已经经过了几年的酝酿和实践。十一届三中全会在决定把全党工作重点转移到经济建设上来的同时就着重指出,为了实现社会主义现代化,必须对经济体制进行改革。那次会议以后,全党在拨乱反正和调整国民经济方面进行了大量工作,改革主要在农村进行。在完成指导思想的拨乱反正、实现历史性伟大转折的基础上,党的十二大明确提出有系统地进行经济体制改革的任务,并且指出这是坚持社会主义道路、实现社会主义现代化的重要保证。近两年特别是今年以来,党中央、国务院又作出一系列重要决策和指示,推动了各项改革的广泛深入开展。"这是《中共中央关于经济体制改革的决定》中的一段话,展开部分以时间为序,分为四个阶段,十分精要地阐明了主句的意思。这种展开段落的方法类似于中国画中的"移步换形"技法。

⑨通过因果关系的表述展开段落。采用这种方式展开段落,既可由因及果,又可由果溯因。例如,"实行承包经营制后,该厂生产仍然上不去。//其主要原因有以下几点。一、承包机制不健全,厂长的权、责、利没有紧密配合。二、上级主管部门的干预过多,厂里的自主权不够。三、技术力量薄弱,没有能力搞技术改造和开展新产品,以致产品在市场上缺乏竞争力。四、全厂职工当家作主的主人翁积极性也没有调动起来。"

上述方式常常是几种方法综合运用,有些方式还可能与其他方式有交叉。

层次与段落的关系既有联系,又有区别,要注意把握,不能混淆。

段落侧重于文字形式的表现。有时一个段落恰好是一个层次,有时几个段落构成一个层次或一个段落内有几个层次。层次是文章中表现思想内容的基本单位,而段落是文章中表达完整意思的最小单位;层次着眼于整篇文章内容先后次序的划分。多数情况下,段落小于层次,几个段落在表达思想内容上相近便构成一个层次;有时段落正好与层次的划分相一致,段落等于层次;个别情况下,段落大于层次,如篇段合一式的段落就是如此。段落表达的思想叫段旨,表示段旨的句子叫"段旨句"。应用文书特别注重使用段旨句。应用文书常常把体现全段中心意思的句子置于段首,使段落的中心意思明确醒目。文章写法相通。在中国作家中,梁实秋先生的《雅舍小品》多以段旨句行文构篇。在概括层次的内容时,应用文书常使用小标题,或在层次之首单列一个揭示层次主旨的独立段落,这便是"层旨段"。

(3)过渡与照应。过渡,是指层次和段落之间的衔接、转换,在文章中起着承上启下的作用。

应用文过渡的方法多种多样,不一而论。一般情况下,当内容由总到分或由分到总、意思转换以及表达方式变化时,需要安排过渡。过渡的形式有过渡段落、过渡句子或过渡词语。上下文空隙大,转折也很大,常用过渡段连接;上下文空隙小,多用提示性的句子,如公文中,常用"特通知如下""现将有关事项告知如下""为此,特制订本条例"等作过渡;在意思转折不大的情况下,多用关联词,如"因为""所以""但是"等作为过渡词。

照应,是指文章内容的前后关照和呼应,可以使文章结构周密、严谨,浑然一体,还能使某些关键内容得到强调,以突出主题。应用文所运用的照应方法大致有三种:

一是开头与结尾照应。开头是全篇文章的第一步,可以起到统领全篇、展开全文的作用。结尾是全文的收束和结局,开头与结尾相照应,能帮助读者加深认识,把握全篇,以达到写作者预期的写作目的。

二是标题与行文照应。标题与行文照应即在行文中时时照应标题,对主题加以强调、提示,如大多数公文标题中都包含"事由",文章内容自然要与标题相照应。

三是文中照应。文中照应即文章自身前后内容间的照应,如某些细节和问题在行文中不断被提起,这样能强化印象,更好地实现写作者的写作意图。

二、应用文的表达方式

一般文章写作常用的表达方式有记叙、说明、议论、描写和抒情五种。应用文写作中常用的表达方式主要是记叙、说明、议论。因为描写和抒情一般只在广告、通讯、导游词、演讲词等文种里使用,所以这两种表达方式在应用文中不占主要地位。

(一)记叙

记叙就是交代客观事实的始末和前因后果、事件发生的整个过程。记叙要求写作者有一个立足点或观察点。要么从自我出发,要么从与叙述对象的平行地位出发,所以叙述时要确定人称。第一人称,写作者以当事人的身份出现,叙述我的所见所闻、所经所历、所思所感,给人一种真实、亲切的感觉。第三人称,写作者站在第三者的立场,用叙述他人的口吻把人物的经历或事件的发展叙述出来,能够比较灵活地反映客观实际。下面这段文字就是典型的记叙。

一队队解放军和武警、公安消防兵,一支支医疗队和专业救援队,一家家新闻媒体记者,从四面八方奔赴灾区。与此同时,声势浩大的募捐活动正在开展,不分男女老幼,不分天南地北,港澳台同胞、海外华人华侨心系灾区,慷慨解囊。

应用文的叙述分为以下四种:顺叙、插叙、倒叙和平叙。

1. 顺叙

顺叙是完全按照时间的先后或事情发生发展的过程来安排段落层次的一种写法。用这种方法,可以把事物发展的过程叙述得头尾清楚、层次分明,便于读者阅读理解。

2. 插叙

插叙是在叙述主要事件的过程中,有时需暂时把叙述的线索中断一下,插进其他有关事件的叙述,插叙部分完结后,再接上原来的线索继续进行叙述。插叙有时是为了补充主要事件,有时是为了突出人物性格,有时是对某些问题作补充说明。插叙可以补充材料,丰富内容,使文章更加充实。

3. 倒叙

倒叙就是将事情的结局或某个最重要、最突出的片断提到前面叙述,然后依"自然时序"进行叙述。倒叙并不是由"尾"至"头"的整个的逆叙,而是局部的"倒插"。例如,朱自清先生所写的《背影》一文中,使用的便是倒叙手法。

4. 平叙

平叙就是平行叙述,即叙述同一时间内不同地点所发生的两件或两件以上的事。通常是先叙一件,再叙一件,谓之为"花开数朵,各表一枝",故又叫分叙。这种方法可以把错综复杂的事情叙述得眉目清楚,有条不紊。例如,《谁是最可爱的人》就采用了平叙的写法。作者选用抗美援朝中的"松骨峰战斗""马玉祥火中救小孩"以及"和战士的交谈"三个典型事件,各有侧重地揭示了志愿军战士的优秀品质,说明他们确实是我们最可爱的人。

(二)说明

说明就是用简明扼要的文字对事物、事理及人物予以解说的表达方式。说明的基本作用,是使读者对事物的形态、构造、成因、性质、种类、功能,对事理的概念、特点、来源、演变、关系等有一个鲜明的了解和认识。说明的方法很多,应用文主要有以下三种说明方法:

1. 比较说明

比较说明即利用相同事物、事理之间的异同,或不同事物、事理之间的异同来突出说明被说明对象的方法。例如:

世界上最深的淡水湖——俄国的贝加尔湖,由于污染,湖中的水生物至少比50

年前灭绝了一半。

要注意事物之间的可比性、比较标准的一致性。否则,对客观事物的说明就会出现片面性乃至错误。

2. 数字说明

数字说明即用数据来说明事物、事理的方法。例如:

在经济快速增长的基础上,城乡居民生活水平显著提高。城镇居民家庭人均生活费收入由1544.3元提高至4377.2元,扣除价格因素,年均实际增长7.2%;农村居民家庭人均纯收入由708.6元提高到1926元,扣除价格因素,平均实际增长5.7%,是建国以来城乡居民收入增长最快的时期之一。

3. 分类说明

分类说明即对事物或问题,按同一的标准,划分为不同的类别或不同的方面,逐一加以说明的方法。例如:

营业税设置了三档税率。交通运输业、建筑业、邮电通讯业、文化体育业税率为3%;金融保险业、服务业、转让无形资产、销售不动产税率为5%;娱乐业多属于高消费的范围,因此规定了5%至20%的税率。

(三)议论

所谓议论,是写作者对某件事情或某个问题进行分析、推理、评论,表明自己的立场、观点、意见的一种表达方式,也就是讲道理的方式。

议论由论点、论据、论证三要素构成。论点是统帅、核心、灵魂。论点提出"被证明的是什么";论据是基础,回答"用什么证明";论证方法是联系论点和论据的桥梁,解决"怎样证明"的问题。

应用文常用的论证方法有例证法、对比法、引证法、因果法、喻证法、归谬法等。

1. 例证法

例证法是用事例或统计数据作论据,举例直接证明论点的议论方法。例如:

米糠和麸皮含有大量维生素。这个问题,我国古代著名的医学家孙思邈早就注意到了,曾经用米糠和麸皮治疗那些患有维生素缺乏症的病人。现代科学也证明了这一问题:经化学分析,米糠和麸皮中含有较高的维生素C、B和E。

2. 对比法

对比法即将性质相反或有差异的两种或几种事物作比较,推出论断,证明论点的论证方法。有比较才有鉴别,这种方法可使论点更加鲜明突出,文章更有说服力。例如:

我们党执政以后,特别是在新的历史条件下,能不能成功地解决党内监督问题,尤其是对高中级干部的监督问题,是加强党的建设需要解决的一个重要问题。从党的建设的实践看,这方面既有经验也有教训。哪个地方、部门什么时候党内监督工作抓得比较紧,民主集中制执行得比较好,个人专断、滥用职权和"有令不行、有禁不止"的情况就比较少,消极腐败现象也会受到抑制,出了问题一般也能得到及时解决。反之,监督工作薄弱,民主集中制受到破坏,权力被滥用而又得不到制止,往往就会出问题,甚至出大问题。

3. 引证法

引证法是引用经典作家的言论、党和政府的文件、科学的定义、公理、名人名言、格言、谚语来直接证明论点的论证方法。例如:

列宁曾经说过:"忘记过去,就意味着背叛。"因此我们不能忘记先烈们为解放全中国的浴血奋战,不能忘记为探索社会主义建设规律所走过的曲折道路,不能忘记改革开放以来的奋斗历程。

4. 因果法

因果法是分析事物的前因后果,并以此证明论点的方法。可由因及果,也可由果溯因。例如:

我们系统内的大多数老企业,多年来负担很重,有的厂福利性开支竟占年收入的20%;有些老厂,离退休人员工资占全厂年收入的30%以上,这些企业的亏损是体制造成的。有些企业没有市场意识,产品几年不变,质量低劣,大量库存积压,造成投资无法回收,从根本上说,这些企业的亏损也是体制造成的。因此我们要走出困境,就必须要深化体制的改革。

5. 喻证法

喻证法即通过打比方讲道理来证明论点的方法。例如:

调查就像"十月怀胎",解决问题就如"一朝分娩"。

6. 归谬法

归谬法即将错误的观点进行合乎逻辑的推理,引出荒谬的结论,从而证明该观点错误的证明方法。例如:

阶级斗争不是推动历史的唯一动力,因为如果阶级斗争是推动历史的唯一动力,那么蒸汽机就一定是阶级斗争的产物,科学技术的进步也一定是阶级斗争的产物,而人类的发展史证明,并不是这样。

(四)描写

描写指用生动形象的语言,把人物或景物的状态具体地描绘出来。描写是文学创作中重要的表达方式。在应用文中,它与记叙、说明、议论三种表达方式相比,不占主要地位。应用文中的新闻、通讯、广告、导游词、解说词等文种,也往往要运用描写这种表达方式。除此以外,其他文种即使偶尔使用描写,也多是白描,抓住事物特征作粗线条的勾勒而不作精雕细刻。恰当运用描写,可使应用文的语言更加鲜明、生动、形象,可使应用文变得可读、易懂。例如,下面一篇题为《金融危机下的中国钛白产业发展方向探讨》的文章开头使用的便是描写手法:

  一年前,金融危机来势汹汹,对我国的经济也造成重大冲击,至今给我国各个行业造成的负面影响依然没有见底。此次持续时间长而又劲头颇足的金融风暴,也使国内的钛白粉产业迎来了严酷的冬天。数月过去后,我们依然没有见到钛白行业"春暖花开的季节"到来。对此,业内人士在忧心忡忡的同时开始出谋划策、纷纷寻找速效的拯救"药方",但是效果甚微,我国钛白产业的困笼格局依然没有得到多大改观。那么金融危机下的钛白行业该如何摆脱经济危机的桎梏而杀出重围呢?

(五)抒情

  抒情是文学创作中重要的表达方式。在应用文中,抒情多用于宣传、礼仪交际文书。抒情手法,一般表现为直接抒情和间接抒情。为了使读者接受其思想内容,写作者有时不满足于客观的叙事和冷静的说理,往往要借助于抒发感情以打动读者。例如:

  地动天不塌,大灾有大爱。

  公元2008年5月19日14时28分,汶川大地震过去整整7个昼夜:国旗半降,汽笛长鸣,苍天无语,大地呜咽。13亿人把头深深低下……时间仿佛停止了。

  这是共和国为她的公民致哀,是以人为本、生命至上理念的彰显。

  当3分钟举国默哀结束,一声呐喊骤然爆发:汶川加油!中国加油!天安门广场的这声呐喊响彻华夏上空,化作隆隆雷鸣!

  这是13亿人发自内心的呐喊!这是一个民族伟大力量的凝聚!

  这呐喊,惊天地,泣鬼神,震撼着世界,感动着世界。

三、应用文的语体特点

  所谓语体,是指在一定的语言环境中形成的具有一定表达特点、风格和语感的语言体系。

  人们在运用语言进行交际时,由于交际的目的、讲述的内容以及对象、范围、方式的不同,而逐渐形成了各具特点的语言表达风格,也就形成了各种不同的语体。

  就语言的传播方式来讲,有口头语和书面语两种语体,应用文属于书面语体;就语言的表达内容和功能来分的话,又有新闻语体、政论语体、事务语体、科技语体和文艺语体等,应用文属于事务语体。事务语体,是机关、团体或个人之间处理政务或事务的一种语言形式。它是在长期的写作实践中逐步发展、演变而形成的一种语言体系,也是一种约定俗成、世所公认的语体。

(一)应用文的语体特点

应用文的语体风格是其区别于其他文体的重要标志,是这一文体特征的具体体现,它严格地制约和规范着写作者的写作行为,其具体表现在以下几个方面:

1. 表达句式稳定化

所谓表达句式稳定化,是指适应所要表述内容的性质,采用适合表述这一内容的特定的惯用句式来表达。如法律文书多长句,多修饰语、限定语,这是由法律条文必须概念准确、界定清晰的性质决定的;产品说明书则多用短句、短语、省略主语或谓语的不完全句来表达。其他应用文体也都有相应的惯用句式来表达相应的内容。

2. 语词运用模式化

所谓语词运用模式化,是指语词只采用通用语词和专业术语相结合的模式,排除其他语词如方言语词及描绘性词语的进入。如在文件用语中,多使用"商榷""诞辰""不日""业经""拟""收悉"等书面语言,而不使用"商量""生日""不几天""早已经过""打算""收到"等口语;不使用不规则的行话、方言或简称,如称"少女"为"妹伢仔",称"打击经济犯罪办公室"为"经打办",称"计划生育办公室"为"计生办",将"爱国卫生运动"简称为"爱卫运动"等,都是不妥当的。长期以来,人们在公文中沿用一些使用频率较高的专用词语,这些词语虽非法定,但已约定俗成。如,"执行""现予发布实施""特此通告""当否""请批示""收悉""业经""面洽""敬希""恳请""承蒙""着即"……应用文中这些词语使用极其常见,掌握这些词语,有助于将文章写得简洁洗练。

3. 修辞手法消极化

所谓修辞手法消极化,是指事务语体中不使用积极的修辞手法,不建构修辞文本,只在消极修辞上用力,即力求意义表达明白、准确,逻辑条理周密、有序。这主要是与文学作品相比较而言,应用文很少采用积极的修辞手法去描写、抒情,即使抒情一般也是间接的,叙述一般采用顺叙的手法,不使用倒叙、插叙等手法。当然,如果是面对听众的报告、演说词则另当别论,语言可以生动一些,以增强文章的感染力。

(二)应用文语体的基本要求

应用文写作最基本的要求是得体,得体就是得当、恰当。得体对于应用文来说尤为重要,因其往往直接影响应用文处理事务、沟通关系的现实效果。应用文写作的底线是不能失体,一旦失体,轻则有伤大雅,重则不伦不类,甚至造成严重影响。

应用文写作要得体,主要是说其语言的运用要得体。尽管应用文对语言有许多特殊的要求,但最根本的要求就是语言必须得体。也就是说,一定要根据各种应用文的写作目的、用途、受文对象、写作者的身份等情况,运用贴切的语言进行表述,使文章的语言符合这种事务语体的特点。

应用文语言要得体,主要注意以下几点:

1. 要符合写作者在社会关系中的地位

叙事论理、遣词造句时要注意一定的身份,要能正确体现收发双方之间的关系。《文心雕龙·书记》称"祢衡代书,亲疏得宜"。这"亲疏得宜"就是指正确体现收发双方间的关系。如公文中的传送用语,"上报""呈报""批转""批示"用于上行,"印发""颁发""遵照办理""参照执行"用于下行。倘用错便不符合写作者在社会关系中的特定身份。《文心雕龙》所谓"若夫尊长差序,则肃以节文",我们不能仅仅将其视为维护封建等级观念,从处理事务求得实效而言,这还是有必要的。

2. 要注意特定的场合与氛围,要做到和谐协调

如贺喜时不说丧气话,严肃的场合不说俏皮话等。又如写请柬,用于商店开张、会议开幕等可以写"敬请光临指导",而用于结婚宴请的则不宜写"指导"之类的字眼。

3. 要注意让对方乐于接受、易于接受

要针对不同对象,采用对方乐于接受、易于接受的言语。为了使对方乐于接受,有必要了解对方的个性、习惯、情绪、忌讳等。如,对比较幽默风趣的人说点俏皮话还可以;对一贯严肃、不苟言笑的人就不要耍噱头、说俏皮话。有的人很讲究忌讳,同这种人说话在这方面就应特别注意。一般人忌讳的话也要尽量少说。如,"等小张从外地匆匆赶回来探视,他的父亲早已一命呜呼了"。"一命呜呼"一般指称令人痛恨的恶人的死亡,这里用于别人的父亲,则是一种大不敬。这就是说话、写作不得体。同一个意思往往可以有不同的说法,其中有的说法人家乐于接受,有的说法则令人感到不快。如,有位老太太去世了,亲属们怀着悲痛的心情围坐在一起商量后事。老太太生前嘱咐要土葬,土葬在当时有点不现实,老太太的孙子说:"这么办吧,人死了,埋掉不如烧掉,我看,干脆烧了吧,又省钱又省事。"老太太孙子的这种说法,让在场的亲人听了觉得非常刺耳;这人怎么这样绝情寡义呢?如此看来,就要求我们在遣词造句、表情达意时要慎重,要尽量做到让对方乐于接受。此外,还要注意适合对方的文化程度、专业水平等,使对方易于理解、易于接受。例如,对文化程度不高的人,应尽量多用平易通俗的词语,而不要使用深奥的词语;对不熟悉某一专业的人,就不宜过多使用该门类的专业术语。否则,"对牛弹琴",于己于人都毫无益处。

4. 语言色彩要符合特定的行文目的及内容性质的要求

应用文的语言色彩要符合特定的行文目的及内容性质的要求。如,颁布政令的要庄重严肃;通报错误的要说理严正、义正词严;申请要求的要平和委婉;报喜祝捷的要热烈欢快等。《文心雕龙·诏策》里说:"故授官选贤,则义柄重离之辉;优文封策,则气含风雨之润;敕戒恒诰,则笔吐星汉之华;治戎燮伐,则声有洊雷之威;眚灾肆赦,则文有春露之滋;明罚敕法,则辞有秋霜之烈,此诏策之大略也。"这说的便是语言色彩与行文目的、内容性质的要求相符合的问题。

5. 要符合应用文体的语体要求,体现所用语体的个性

应用文主要使用事务语体,而事务语体最大的特点是"平实",即通俗易懂,质朴实在。这就要求我们在写作中坚持"辞达而已矣"的古训,要坚决反对堆砌辞藻、生造词语、半文不白、古奥难懂、追求含蓄而流于晦涩、肆意夸大其辞、说空话废话等现象。平实,是对应用文语言总的要求。在这个总的要求下,不同的应用文体对语言的运用还有其具体要求。如公文,其语言除平实外,还要求简明、庄重。公文代表机关发言,具有法定的权威性,其用语应当严谨、庄重,以体现公文的严肃性。因此在写作应用文时,语言的运用要注意符合不同文体的具体要求,也就是要体现所用语体的个性。

写作应用文,说什么、不说什么、怎样说、何时说等,都要认真考虑。语言得体将有助于处理事务、沟通关系,达到预期效果。而是否有利于处理事务、沟通关系,达到预期效果,也是衡量语言运用是否得体的一把尺子。

例文 1

　　沿着小溪往南走,就来到趵突泉公园。一个开阔的泉池,差不多是见方的,占了大半个公园。池里的水清极了,游鱼水藻,都可以看得清清楚楚。泉池中央偏西,有三个大泉眼,水从泉眼里往上涌,冒出水面半米来高,像煮沸了似的,不断地翻滚。三个水柱都有井口大,没昼没夜地冒,冒,冒,永远那么晶莹,那么活泼,好像永远不知疲倦。要是冬天来玩就更好了,池面腾起一片又白又轻的热气,在深绿色的水藻上飘荡着,会把你引进一种神秘的境界。

　　池边还有小泉呢:有的像大鱼吐水,极轻快的上来一串小泡;有的像一串明珠,走到中途又歪下去,真像一串珍珠在水里斜放着;有的半天才上来一个泡,大、扁一点,慢慢的,有姿态的,摇动上来,碎了;看,又来了一个!有的好几串小碎珠一齐挤上来,像一朵攒得很整齐的珠花,雪白;有的……这比那大泉还更有味。

——摘自老舍《趵突泉》

例文 2

　　位于济南市中心,趵突泉南路和泺源大街中段,南边是千佛山,东边是泉城广场,北边是大明湖,在这四面夹击之下的就是趵突泉公园,面积158亩。是以泉为主的特色园林。趵突泉又名槛泉,是泺水的源头,至今已有二千七百年的历史。"趵突泉,三窟并发,声如隐雷","泉源上奋,水涌若轮"。泉水一年四季恒定在摄氏18度左右,严冬,水面上水气袅袅,薄雾冥冥,一边是泉池波光粼粼,一边是亭台楼阁,金碧辉煌,构成了一幅奇妙的人间仙境。历代著名文学家、哲学家、诗人诸如曾巩、苏轼、张养浩、王守仁、蒲松龄等都有吟泉佳作和美文以志之。

——摘自济南旅游网

【简评】 例文1和例文2写的都是济南的名胜趵突泉,但两段文字的表达方式却截然不同。前一篇是老舍先生的游记散文,后一篇则是对旅游名胜的介绍;前一篇是文学创作,后一篇则属于应用文领域的解说词。所以两篇短文语言表达的风格迥然不同。

例文1对趵突泉的描写细致入微,语言亲切随性,运用多种修辞手法,如比喻、拟人、排比等,读者即使不曾亲眼看见趵突泉,但仿佛能领略它的神奇和风采,有身临其境之感。后一篇的解说词则完整全面地介绍了趵突泉的历史和方位,语言平实,用诸如引用、数字、举例等多种说明方法,角度多样,读者可能不会从中感受到泉水的风致,但能汲取很多和趵突泉有关的信息。

这就是文学创作和应用文写作在语言表达上的差异所在。

单元思考与练习

一、填空题

1. 中国古代应用写作走向成熟的时期是_____,其文书制度主要是_____。
2. 应用文的特点有_____、_____、_____、_____、_____、_____。
3. 应用文写作的学习方法是_____、_____、_____。
4. 应用文主题的确立是_____、_____、_____。
5. 确立应用文主题的要求是_____、_____、_____、_____。
6. 应用文主题的特点是_____、_____、_____、_____。
7. 应用文主题的点题方法有_____、_____、_____。
8. 材料积累的方法是_____、_____、_____、_____。
9. 结构安排的原则是_____、_____、_____、_____。
10. 安排层次的方式分为纵式和横式。其中,纵式具体的类型是_____和_____。
11. 应用文写作常用的表达方式,主要是_____、_____、_____。
12. 应用文中记叙的特点有_____、_____、_____。
13. 应用文中说明的方法有_____、_____、_____。
14. 完整的议论的三要素是_____、_____、_____。
15. 应用文常用的论证方法有_____、_____、_____、_____、_____、_____。
16. 应用文的语体风格是其区别于其他文体的重要标志,是这一文体特征的具体体现,它严格制约和规范着写作者的写作行为,其具体表现在_____、_____、_____。

二、简答题

1. 通过本章的介绍,你对学习应用文写作有何认识?如何才能提高应用文写作水平?

2. 结合具体例文,了解应用文对主题、材料、结构、语言的基本要求。

三、写作训练题

有一篇表彰通报,在介绍人物先进事迹时有一段文字是这样写的:

×××在科学研究上走的是一条不平凡的路,他全身心扑在科研上,而忘记了个人的事。有一次孩子病了,他妻子在家里忙着护理,打电话到×××单位叫他赶回家把孩子送医院治疗。×××接了电话答应后,电话筒一放他又埋进了实验中。他妻子在家中左等右等等不到他回家,急得像热锅上的蚂蚁,又往×××单位打电话,这时×××正在潜心做实验,电话铃声都没听见。他妻子又急又气,只好打120急救中心的电话,才把孩子送往医院治疗。他的小孩高烧退后,还在问他妈妈:"爸爸又出差了吗?或者还没下班……"

请从公文语言要求的角度,谈谈这段文字的叙述有何不足,并进行改写,使之合乎公文写作要求。

第一章 行政公文

第一节 行政公文概述

一、行政公文的概念

行政公文,是人类在治理社会、管理国家的公务实践中使用的具有法定权威和规范格式的应用文。是国家行政机关在公务活动中形成和使用的管理行政事务的工具,是具有法定或特定效力和规范体式的公务文书。

作为表达国家意志、执行法律法规、规范行政执法、传递重要信息的最主要载体,从某种程度上说,公文是国家法律法规的延续和补充。它是特殊规范化的文体,具有其他文体所没有的权威性,有法定的制作权限和确定的读者,有特定的行文格式,并有行文规则和办理办法。在建设社会主义市场经济的伟大实践中,行政机关公文对解放思想、规范行为、统揽全局、具体指导、维护稳定发挥着非常重要的作用。

二、行政公文的性质

总体上讲,行政公文的性质有以下几个方面:

(一)法定性

行政公文与一般的文学作品不同。在写作方面,一般的文学作品主体具有随机性,不受任何限制,其作品能否发表,能否得到社会承认,取决于其内容质量的高低和价值的大小。而行政公文则不同,它只能由法定的社会组织制成和发布,其他任何组织和个人都不得擅自制发公文,公文起草者,只是组织的代笔人。公文读者具有特定性。有的公文读者特指的是受文机关,有的公文的读者,是社会全体成员。

(二)权威性

行政公文是行政机关在行政管理过程中形成的具有法定效力和规范体式的文书,是推动国家、集体公共事务的中介,代表国家的权力和意志,传达制发机关的决策和意图。一经制发,即具有法定权威性和效力,对受文单位在法定时间和空间范围内产生强制作用,有关组织和个人必须认真遵循、执行和参照处理,任何组织和个人不得违反,这是受国家法律和有关组织纪律保证的。

(三)程式性

行政公文在结构模式上具有程式性。行政公文必须依照特定的模式进行,在行款规格、内容项目的排列乃至用纸幅面规格、印制装订等方面均有固定的格式规定。

(四)特定性

行政公文在语言表达上具有特定性。行政公文的语言有准确、明白、简洁、庄重、生动的特点。准确是行政公文语言的生命线,也是写作最基本的要求。

三、行政公文的作用

(一)法规约束作用

各种法规是以文件的形式制定和发布的。如,国家行政机关发布的命令、公告、通告,作出的决定,或制定的章程、条例、规定、办法、细则等。这些公文一经制定和发布生效,就必须坚决执行,具有法规约束作用。法规文件在没有修改和宣布作废之前,始终有效。在它有效的时限内,人人必须遵守,不得违反。

(二)领导指导作用

国家机关为了行使管理国家的职权和处理社会事务的职能,总要通过制发公文的形式制定方针政策,进行工作部署,对一些主要事项提出意见、措施和办法,而这些公文都具有领导指导作用。这种领导指导作用,正是由公文制发机关的性质和职能决定的,也是上下级机关本来具有的领导指导关系的一种体现。公文中的决定、通知、批复、意见等都起这个作用。

(三)联系公务作用

公文除用于有隶属关系的上下级机关之间的公务联系之外,还具有与同级部门和不相隶属的机关之间互通情况、商洽工作的作用。如,通过"函"的形式,互相了解情况,请求批准等。

（四）宣传教育作用

贯彻执行党和国家的路线方针政策,首先要对干部群众进行宣传教育,提高他们的自觉性。党的十一届三中全会以来,我们党确立了以经济建设为中心、坚持四项基本原则、坚持改革开放的基本路线,党和国家就经济、政治、教育、科学、文化体制等方面的改革政策,发出了一系列文件,教育了广大干部和群众,调动了他们建设有中国特色社会主义市场经济的积极性。这就是公文的宣传教育作用。如决定、通知、通告、公告等。

（五）沟通信息作用

随着社会的现代化,政务、经济信息量迅猛增加。各级机关在日常工作中,经常利用公文与上下左右的机关单位进行联系,沟通信息,解决问题。例如,发通知、通报,报送工作计划,报告、请示问题,总结工作经验,发送公函、信息快报等。诸如此类公文和文书,对于领导掌握信息、科学决策和沟通上下级之间的信息等,都具有十分重要的作用。

（六）依据凭证作用

各种公文都反映了制发机关的意图,收阅机关以此为处理工作的根据,这类公文就具有依据作用。有些公文,如会议纪要、函等,还具有某项活动和公务联系的凭证作用。

四、行政公文的分类

（一）从行文关系来看

从行文关系来看,可以划分为三种:

上行文。下级机关向它所属的上级领导机关的行文,即自下而上的行文。如报告、请示。

下行文。上级领导机关给其所属的下级机关的行文,即自上而下的行文。如命令、决定、指示、批复等。

平行文。同级机关或者互不隶属机关之间的行文。函是最典型的平行文。

（二）从具体文种来看

从具体文种来看,《国家行政机关公文处理办法》规定行政机关的公文种类主要有:命令(令)、决定、公告、通告、通知、通报、议案、报告、请示、批复、意见、函、会议纪要。

命令(令)适用于依照有关法律公布行政法规和规章,宣布施行重大强制性行政措施,奖惩有关人员,撤销下级机关不适当的决定等。

决定适用于对重要事项或者重大行动作出安排,奖惩有关单位及人员,变更或者撤销下级机关不适当的决定事项。

公告适用于向国内外宣布重要事项或者法定事项。

通告适用于公布社会各有关方面应当遵守或者周知的事项。

通知适用于批转下级机关的公文,转发上级机关和不相隶属机关的公文,传达要求下级机关办理和需要有关单位周知或者执行的事项,任免人员。

通报适用于表彰先进,批评错误,传达重要精神或者情况。

议案适用于各级人民政府按照法律程序向同级人民代表大会或者人民代表大会常务委员会提请审议事项。

报告适用于向上级机关汇报工作、反映情况,答复上级机关的询问。

请示适用于向上级机关请求指示、批准。

批复适用于答复下级机关请示事项。

意见适用于对重要问题提出见解和处理办法。

函适用于不相隶属机关之间商洽工作、询问和答复问题,请求批准和答复审批事项。

会议纪要适用于记载、传达会议情况和议定事项。

五、行政公文的结构与内容

按照《国家行政机关公文格式》规定,公文一般由公文份数序号、秘密等级和保密期限、紧急程度、发文单位标识、发文字号、签发人、标题、主送单位、正文、附件说明、成文日期、印章、附注、主题词、抄送单位、印发单位和印发日期等要素组成。公文中各要素划分为眉首、主体、版记三部分。置于公文首页红色反线(宽度同版心,即156mm)以上的各要素统称眉首;置于红色反线(不含)以下至主题词(不含)之间的各要素统称主体;置于主题词以下的各要素统称版记。

(一)眉首

1. 公文份数序号

公文份数序号是将同一文稿印制若干份时每份公文的顺序编号。秘密文件要求标识。如需标识公文份数序号,用阿拉伯数码顶格标识在版心左上角第1行,编写位数应根据公文的份数来决定,但应不少于两位,即"1"编为"01"。

2. 秘密等级和保密期限

涉及国家秘密的公文应当按照国家秘密及其密级具体范围的规定分别标注"绝密""机密"或"秘密"。如需标识秘密等级,用4号黑体字,顶右格标识在版心右上角第1行,两字之间空1字格;如需同时标识秘密等级和保密期限,用4号黑体字,顶右格标识在版心右上角第1行,秘密等级和保密期限之间用"★"隔开,秘密两字之间不空字格。

3. 紧急程度

紧急程度是对公文送达时限的要求。紧急公文应当根据紧急程度分别标明"特急""急件"。如需标识紧急程度,用4号黑体字,顶右格标识在版心右上角第1行,两字之间空1字格;如需同时标识秘密等级与紧急程度,秘密等级顶右格标识在版心右上角第1行,紧急程度顶右格标识在版心右上角第2行。

4. 发文单位标识

由发文单位全称或规范化简称后加"文件"组成;对一些特定的公文可只标识发文单位全称或规范化简称。发文单位标识推荐使用标宋体字,用红色标识。字号由发文单位以醒目美观为原则酌定,一般应小于上级单位的字号。

联合行文,主办单位名称在上,"文件"二字置于发文单位名称右侧,上下居中排布。如联合行文单位过多,必须保证公文首页显示正文。可通过缩小发文单位字号、行距加以解决。

5. 发文字号

发文字号由发文单位代字(含区域代字、单位代字、发文形式代字三部分)、年份和序号组成。发文单位标识下空2行,用4号仿宋体字居中排布;年份、序号用阿拉伯数码标识;年份要标全称,用六角括号"〔〕"括上;序号不编虚位(即1不编为001),不加"第"字。发文字号之下4mm处印一条与版心等宽的红色线(目的是使文件眉首醒目、美观)。

发文字号又称发文号、发文编号。它是法定公文格式中不可缺少的组成部分,即向外发文的登记编号。编制发文字号,主要是为了便于文件的发出、查询、引用和保管。

6. 签发人

上报的公文需标识签发人姓名,平行排列于发文字号右侧。有签发人的上行文发文字号居左空1字格,签发人姓名居右空1字格排列;"签发人"用4号仿宋体字,签发人后标全角冒号,冒号后用4号楷体字标识签发人姓名。文件中如有多个签发人(会签人),亦需标注,其顺序为:主办单位签发人姓名置于第1行,其他签发人姓名从第2行起在主办单位签发人姓名之下按发文单位顺序依次顺排,下移红色反线,应使发文字号与最后一个签发人姓名处在同一行并使红色反线与之距离为4mm。发文字号左空1字格和签发人姓名右空1字格的要求不变。

(二)主体

1. 公文标题

红色反线下空2行(如标题行数多,首页不能显示正文时,红色反线下可空1行或不空行），用 2 号小标宋体字，可分 1 行或多行居中排布；回行时，要做到词意完整，排列对称，间距恰当。公文标题应当准确简要地概括公文的主要内容并标明公文种类，除上行文外，一般应当标明发文单位。公文标题中除法规、规章名称加书名号外，一般不用标点符号。国家行政机关公文的版头一般有两种构成形式：一是由发文机关（作者）名称加"文件"二字组成（见例文 1），主要用于下行文；二是只标识发文机关名称（见例文 2），主要用于上行文，要注意用机关全称或者规范化简称。

例文 1

××县人民政府文件
×政发××〔2009〕8 号

关于×××××××的通知

各乡、镇政府、县属各委、办、局：

  县政府同意×××××××××。

××（印章）
二〇〇九年二月一日

例文 2

××市人民政府扶贫办
×政扶〔2009〕2 号

关于×××××××的报告

市政府：

  ×××××××××。

××（印章）
二〇〇九年二月一日

2. 主送单位

  主送单位指公文的主要受理单位，它负有办文的责任，要对公文所涉及的内容进行办理和答复。对于主送机关的确立和标识，应当把握这样几点：(1) 一般情况下，一篇公文只有一个主送机关，特别是上行文的请示，更应如此。(2) 上行文的"报告"，其主送机关可能不是一个（如受双重领导的机关向上级机关行文即是如此），在这种情况下，应根据报告所涉及内容的管理和分工的不同，将其中负有主责的上级机关名称写在前面，并用"并报"联结另一个上级机关名称。(3) 下行文（普发性和周知性公文）的主送机关如果不止一个，要注意其排列次序。一般是按等级高低顺序排列，即将等级高的机关名称写在前面，等级低的机关名称写在后面。(4) 主送机关名称如果不止一个,要注意标点符号的使用,一般是不同系统和级别之间用逗号隔开,同一系统内部的各单位之间用顿号隔开,在最后一个主送机关名称之后加注冒号。(5)主送机关名称应当使用全称或者规范化简称或者同类型机关的统称。(6)主送机关一般使用3号仿宋体字,在标题之下、正文之上靠左顶格标识。如果主送机关名称过多要回行时,仍须顶格。

3. 正文

正文是法定公文的主体,用来表述公文的内容,是一篇公文写作的关键所在。正文一般由三个部分构成:一是开头部分,主要是阐明发文的依据和理由。其内容或是交代引据,或是讲明背景、原委,或概述情况,应根据不同的发文意图、行文对象和文种等酌情确定。二是主体部分,是内容的具体表述。内容复杂的公文,由于其所涉及的事项很多,因此要特别注意各事项之间的逻辑顺序和层次安排。三是结尾部分,是正文的结论,多数为提出意见、措施、办法和要求等。这部分的用语要根据不同文种的需要而异。如上行文一般可用"当否、请批示""以上是否可行,请批示"等;下行文一般可用"希即遵照""特此通知""此布""此复""此令"等;平行文一般可用"为盼""为要""特此函复"等。对于行政公文,按《国家行政机关公文格式》规定,正文部分用3号仿宋体字,一般每面排22行,每行排28个字。

4. 附件说明

公文正文中有些内容,如图表、名单等,如穿插在公文正文中,往往隔断公文前后的联系而造成阅读上的不便。这时需要将其从公文正文中抽出而作为公文的附件单独表述。附件说明放在公文生效标识印章之前。附件在正文下空1行左空2字格用4号仿宋体字标识说明,附件后标全角冒号和名称。附件如有序号应使用阿拉伯数码标注(如附件:1.××××),然后标附件名称,附件名称后不加标点符号。附件应与公文正文一起装订,并在附件左上角第1行顶格标识"附件",有序号时标识序号(如附件1、附件2)。

5. 成文时间

成文时间即公文生效的时间,包括年、月、日,用汉字标全。成文时间以负责人签发的日期为准,联合行文以最后签发单位负责人的签发时间为准。成文日期必须用汉字,"零"写为"〇",例如"二〇一五年十月一日"不能写成"二零一五年十月一日",或者诸如"15年10月1日"之类的简化形式。

6. 附注

附注一般是对公文的发放范围、使用时需注意的事项加以说明。公文如有附注,用4号仿宋体字,居左空2字加圆括号标识在成文时间下一行。上行文"请示"应当在附注处注明联系人的姓名和电话号码。

(三)版记

1. 主题词

主题词是用于揭示公文内容,便于公文检索查询的规范化词。标注主题词是文书和档案部门相互衔接的一项工作。具体标注方法是:"主题词"用4号黑体字,居左顶格标识,后标全角冒号,词目应用4号小标宋体字,词目之间空1字格。标注主题词以国务院公文主题词表(国办秘函〔1997〕350号)为准,由类别、类属和文种组成,一般不超过5组,每组不超过5个字。

2. 抄送

抄送指除主送单位外需要执行或知晓公文的其他单位,应当使用全称或规范化简称、统称。公文如有抄送,在主题词下一行,左空1字格用4号仿宋体字标识"抄送",后标全角冒号;回行时与冒号后的抄送单位对齐;在最后一个抄送单位后标句号。

3. 印发单位和印发时间

印发单位是指公文的印制主管部门,一般是各单位的办公室或文秘部门。标识印发时间是为了准确地反映公文的生成时效。印发单位与印发时间为一行位置,如果印发单位字数太多,可自行简化;印发单位左空1字格,印发时间右空1字格。印发时间以公文付印的日期为准,用阿拉伯数码标识。

4. 版记中的反线

版记中各要素之下均加一条线,宽度同版心。目的是为显示各要素之间的区别,且条理清晰、美观。

5. 版记的位置

版记应置于公文最后一页,版记的最后一个要素置于最后一行。公文主体之后的空白如容不下版记的位置,需另起一页标识版记,采用调整行距、字距的方法使正文与印章同处一个页面。如附件后的空白能容下版记,而该页又是双页,此时版记应置于该空白处。如是转发的文件,原件也有版记,此版记不能代替转发件的版记,应另标注版记。

第二节　命令　决定　意见

一、命令(令)

(一)命令(令)的概念

命令(令)是国家行政机关或领导人对下级机关发布的一种具有强制性、权威性、指挥性的公文。令,是命令的简称,指内容比较集中单一的命令。

命令(令)用于发布行政法规和规章,宣布施行重大强制性行政措施,奖惩有关人员,撤销下级机关不适当的决定等。命令(令)属于典型的下行文,一经发出,下级机关必须坚决服从和执行。

命令(令)的制发机关为全国人大常委会、国务院各部委、地方各级人民政府和人民代表大会,以及军队和公、检、法等领导机关可以发布命令(令),其他机关、群众团体、企事业部门均无权制发。党的领导机关也不能单独使用这一文种,除非和国家领导机关联合发文。

(二)命令(令)的特点

1. 强制性

命令(令)以国家法律和有关规定为依据,对重要的行政工作进行决策性指挥,强制性地统一人们的行为准则,表现为执行命令的不可动摇性。命令(令)是指挥性公文,一经发布,受令方必须坚决服从和执行,违抗或延误,就会受到严肃处理甚至依法制裁。

2. 权威性

命令(令)是行政公文中最有权威性的文种,使用命令是法律赋予行政机关的权力,其发布机关的级别规格最高,命令(令)发布之后具有使人高度信服的力量和威严。

3. 法规性

国家重大决策事项,各种法律、法规和行政规章通过令文颁布,法随令出。一般不轻易使用命令(令),使用时要特别慎重。命令(令)主旨单一,简洁明了,语言高度准确,语气必须庄严、坚决,不能使用商量洽谈或模棱两可的口吻。

(三)命令(令)的种类

命令(令)包括公布令、行政令、任免令、嘉奖令、惩处令、通缉令、撤销令、指令、通令、戒严令、动员令等。

公布令即颁布令,是命令中属于国家最高权力机关或国家元首根据国家最高权力机关的决定,颁布宪法、法律、法令以及其他法规性文件而采用的一种公文体裁。公布令可分为颁布法律和其他法规性文件的命令。

行政令,是国务院及其各部门、县以上人民政府采取重大强制性行政措施时使用的文种。行政令可分为颁布性行政令和事项性行政令。

任免令是用于任免领导干部和其他工作人员时使用的一种下行文,地方省级以下领导干部及工作人员任免不用任免令,可用"决定""批复""通知"等公文文种代替。

嘉奖令是宣布奖励事宜时使用的一种公文。主要包括嘉奖先进的原因、嘉奖的决定、发出向嘉奖对象学习的号召三部分。

惩处令是特定权力机关对违法者进行惩处的命令。惩处令主要为司法机关、党政机关和社会团体在使用惩处行文时通常以决定的形式拟文。

通缉令是指公安机关动员和组织人民群众共同堵截、查找、追捕在逃犯归案而发布的命令。

指令是发布指示性和规定性相结合的措施或要求所使用的公文，它是上级机关因下级机关请示而作的指示。指令由国家领导机关或领导人发布。

（四）命令（令）的结构与内容

命令（令）的格式一般由标题、发文字号、正文、落款等构成。

1. 标题

命令（令）标题的写法有三种："发文机关＋事由＋文种""发文机关＋文种""事由＋文种"。

2. 发文字号

命令（令）的发文字号也叫令号，也就是发令的序号。令号分为两种：一种是国家领导人发布的命令（令），令号以发令人的任期为届，按其在该届任期内的命令（令）的流水号编序，直至换届，新的一届重新编号。令号为汉字形式，放在标题下居中位置。另一种是国家机关发布的命令（令）。分两种形式：其一是"机关代字＋年份＋序号"，发文字号放在标题下居中位置。其二是制发机关发布命令的顺序号。令号为阿拉伯数字，放在标题下居中位置，或标题下右侧位置。

3. 正文

正文即命令（令）的内容。一般包括开头、主体和结尾。

开头。需要说明发布命令（令）的依据、原因、目的等内容。公布令一般只说明所公布的法规、规章何时经何机构或会议批准、通过；行政令一般说明采取重大强制行政措施的原因、目的；嘉奖令一般要介绍受嘉奖者的事迹。

主体。这部分是正文的核心，命令（令）的内容，即要求下级机关或有关人员必须遵照执行的事项。要求准确写明决断性、强制性的规定或措施。语言简洁精练，篇幅一般不宜过长。

结尾。对受文者提出希望或要求，也可以省略。

正文部分的写作要依命令的具体情况而定，因命令（令）的种类较多，具体内容也有所差异。

4. 落款

落款包括制发机关名称（或领导人姓名／职务）和成文日期，放在正文后右下角。如标题中已出现，可省略。行政公文的成文日期用汉字形式（以下均同），不能用阿拉伯数字。写全年、月、日。

(五)命令(令)写作应注意的事项

(1)目的明确。命令人们完成一项任务,应该使大家明确奋斗目标及重大意义,为完成任务或达到某一目的而努力。

(2)用语要准确果断。命令是指挥性公文,语言应当准确,不能使人产生歧义;应坚决果断,斩钉截铁,切忌使用商量语气,语气要庄重、严肃、坚决、有力。

(3)文字要简练。篇幅短小,内容单一,要求文字简练,便于熟记。

例文 3

中华人民共和国主席令

(第五十九号)

《全国人民代表大会常务委员会关于修改〈中华人民共和国商标法〉的决定》已由中华人民共和国第九届全国人民代表大会常务委员会第二十四次会议于 2001 年 10 月 27 日通过,现予公布,自 2001 年 12 月 1 日起施行。

中华人民共和国主席　江泽民

二〇〇一年十月二十七日

【简评】　这是一则命令(令)中的公布令,由标题、发文字号、正文、落款等组成。此公布令的目的明确,《全国人民代表大会常务委员会关于修改〈中华人民共和国商标法〉的决定》已经通过,现予公布,篇幅短小、文字简练,易于人们阅读和熟记,便于进一步贯彻执行。

例文 4

国务院中央军委关于授予金春明
"雷锋式消防战士"荣誉称号的命令

国　函〔2006〕31 号

公安部:

　　国务院、中央军委决定:授予辽宁省公安消防总队本溪市支队明山区大队特勤中队一班班长金春明"雷锋式消防战士"荣誉称号。

　　金春明,男,朝鲜族,1977 年 12 月出生,黑龙江省尚志市人,中共党员。金春明同志 1995 年 12 月入伍以来,始终以雷锋同志为榜样,视人民群众的利益高于一切,在平凡的岗位上作出了不平凡的业绩。他忠于职守,英勇顽强,不畏艰险,冲锋在前,共参加灭火救援战斗 1500 多次,抢救遇险群众 65 人,先后 11 次立功,7 次被评为优秀士兵,被本溪市公安局授予"忠诚卫士"荣誉称号,被公安部授予"模范消防战士"荣誉称号。他胸怀报效祖国和人民的志向,勤学苦练,奋发有为,练就了过硬本领,曾连续三年获得本溪市公安消防支队技能大比武冠军,先后被评为辽宁省公安消防部队"十大杰出官兵""十佳战斗班班长"和全国公安消防部队执勤岗位练兵"十佳技术能手"。他牢记为人民服务的宗旨,心系群众,爱民为民,以弘扬雷锋精神为己任,长期照顾孤寡老人,全力资助贫困学生,深受驻地人民群众的好评,曾先后8次被评为优秀共产党员,分别被共青团本溪市委员会和本溪市委精神文明建设指导委员会办公室授予"希望工程特殊贡献奖"和"学雷锋标兵"荣誉称号,先后荣获"辽宁省雷锋奖章""辽宁省青年五四奖章"和"中国青年五四奖章",并被评为全国民族团结进步模范个人、军民共建社会主义精神文明先进个人。

金春明同志忠于党的事业,在生与死的考验中,敢于赴汤蹈火、冲锋陷阵,为保卫人民群众生命财产安全作出了突出贡献。他爱岗敬业,爱警习武,苦练本领,勇攀高峰,是新时期消防官兵的杰出代表。他自觉传承、大力弘扬雷锋精神,从警为民,乐于奉献,为人民抛洒一片爱心,是新时期青年的楷模。金春明同志以朴实无华、一心为民的高尚情操、勇攀高峰的进取精神、精湛过人的专业技能、冲锋在前的英雄气概、无私奉献的优秀品德,忠实地践行了"三个代表"重要思想和全心全意为人民服务的宗旨,用雷锋精神抒写了新时期革命军人爱民为民的壮丽诗篇。

国务院、中央军委号召全体公安民警、武警官兵和全军指战员以金春明同志为榜样,认真学习邓小平理论和"三个代表"重要思想,牢固树立和落实科学发展观,继承和发扬我党、我军优良传统,不断提高队伍的整体素质和战斗力,全心全意为人民服务,努力完成党和人民赋予的各项任务,为保障人民安居乐业和全面建设小康社会作出新贡献。

国务院总理　温家宝
中央军委主席　胡锦涛
二〇〇六年五月二日

【简评】 这是一则命令(令)中的嘉奖令,命令(令)的基本格式完整,写作目的明确,嘉奖令是宣布奖励事宜时使用的一种公文。首先介绍对金春明同志提出嘉奖先进的原因,发出嘉奖的决定,结尾部分提出"国务院、中央军委号召全体公安民警、武警官兵和全军指战员以金春明同志为榜样",发出向嘉奖对象学习的号召。内容完整,结构严谨,语言简明得体。

二、决定

(一)决定的概念

决定是"对重要事项或重大行动作出决策及安排,奖惩有关单位及人员,变更或者撤销下级机关不适当的决定事项"所使用的指挥性公文。决定属于下行文,侧重于对所涉事项表明肯定或否定的观点和主张,一般都具有法规性或行动约束力,要求下级遵照执行。

决定是党政机关共有的一个公文文种,但就适用范围而言,决定在行政机关的使用比在党的机关要广泛得多。在党的机关,决定"用于对重要事项作出决策和安排",而在行政机关,决定"适用于对重要事项或者重大行动作出安排,奖惩有关单位及人员,变更或者撤销下级机关不适当的决定事项"。显然,奖惩以及变更或者撤销的功能,是党的机关的决定这一文种所未被赋予的。因此,只有事关全局、政策性强、任务艰巨、执行时间长的重要工作,才适宜使用决定,一般性的问题与事项不宜采用。

(二)决定的特点

1. 权威性

决定一般是由上级机关制发,体现的是上级机关的意志,内容涉及国内重大事项和行动,要求下级机关绝对服从和严格贯彻执行。

2. 政策性

决定是对重要事项或重大行动作出安排,需要强调事项或行动的意义,详细阐明有关方针政策,指出执行的政策、措施。

3. 准确性

决定的缘由是决定的依据、理由,必须规范、准确、清楚。

(三)决定的种类

决定可分为法规政策性决定、重大事项决定、处置性决定、公布性决定、部署性决定、决策性决定、表彰性决定、惩处性决定、任免性决定等。

(四)决定的结构与内容

决定的格式一般包括标题、日期、正文、落款四个部分。

1. 标题

决定的标题一般采取公文标题的模式,由"发文机关+主要内容+文种"组成,三个组成部分必须完整、准确,缺一不可。

2. 日期

作出或由什么会议通过此决定的年、月、日,要写在标题之下的一行,并加上小括号。

3. 正文

决定的正文,是决定内容的主体和核心部分。主要写决定事项。其写法由内容而定。常见的有两种写法:一是内容单一的决定,一般采取一段式,不分条项,只用一两句话就可以写清楚,即写明作出决定的机关及其方式方法。二是内容丰富的决定,篇幅较长,一般分为开头、主体和结尾三个部分。开头部分大体上写明作出决定的原因、理由、依据或目的、意义;主体部分主要是写明作出决定的内容,如事项、安排、决策等,一般分条目开列,有的条目还要作出适当解释;结尾部分一般写明对贯彻执行决定的希望和要求,或者作出某些强调。但写重大决策的决定,由于其内容丰富,涉及面广,政策性强,则要按照内容安排篇章与结构。

4. 落款

决定的制发机关写在正文右下角,标题下已注明的,这里可以省略。要写机关全称或者规范化简称,单一机关制发的行政公文,此项内容省略。成文日期要写公元全称。

(五)决定写作应注意的事项

(1)要准确地写明标题。决定的标题通常由作出决定的机关或通过决定的会议名称、决定的事项(即内容)和文种三部分组成,这三部分应当齐全、准确、简明。如果是由某次会议通过的决定,还应在标题下标明该决定是在什么时间、什么会议上通过的。

(2)内容必须准确真实。写作决定时,要注意政策、理论的阐述,提出的任务要具体、明确,有较强的针对性;提出的要求要切合实际,政策界限要清楚,措施要得当,以便决定在实践中贯彻执行。

(3)语言表述要力求准确、简洁、庄重,同时要用好规范性或习惯用语,如"会议决定""为此决定""一致决定""大会同意""大会要求"等,强调所作的决定具有法定权威性。

例文5

全国人民代表大会常务委员会关于惩治侵犯著作权的犯罪的决定

(1994年7月5日第八届全国人民代表大会常务委员会第八次会议通过)

为了惩治侵犯著作权和与著作权有关的权益的犯罪,对《刑法》作如下补充规定:

一、以营利为目的,有下列侵犯著作权情形之一,违法所得数额较大或者有其他严重情节的,处三年以下有期徒刑、拘役,单处或者并处罚金;违法所得数额巨大或者有其他特别严重情节的,处三年以上七年以下有期徒刑,并处罚金:

(一)未经著作权人许可,复制发行其文字作品,音乐、电影、电视、音像作品,计算机软件及其他作品的;

(二)出版他人享有专有出版权的图书的;

(三)未经录音录像制作者许可,复制发行其制作的录音录像的;

(四)制作、出售假冒他人署名的美术作品的。

二、以营利为目的,销售明知是第一条规定的侵权复制品,违法所得数额较大的,处二年以下有期徒刑、拘役,单处或者并处罚金;违法所得数额巨大的,处二年以上五年以下有期徒刑,并处罚金。

三、单位有本决定规定的犯罪行为的,对单位判处罚金,并对其直接负责的主管人员和其他直接责任人员,依照本决定的规定处罚。

四、查获的侵权复制品、违法所得和属本单位或者本人所有的主要用于侵犯著作权犯罪的材料、工具、设备或者其他财物,一律予以没收。

五、犯本决定规定之罪,造成被侵权人损失的,除依照本决定追究刑事责任外,并应当根据情况依法判处赔偿损失。

六、本决定自公布之日起施行。

【简评】 这是一则法规政策性决定。本决定的标题由通过决定的会议名称、决定的事项(即内容)和文种三部分组成,在标题下面标明该决定是在什么时间、什么会议上通过的。内容客观真实,符合实际情况,语言表述简洁、准确,强调决定的权威性。

例文6

关于授予广州市迎"九运"城市基础设施
建设及环境综合整治特别奖的决定

广州市建委:

今年来,为迎接第九届全国体育运动会在穗举办,广州市建设了以内环路为代表的一大批市政基础设施项目,同时大力加强城市环境综合整治工作,为保障"九运会"的成功举办提供了良好的场馆、环境和设施,取得了显著成绩,也实现了"一年一小变、三年一中变"的城市建设和管理工作目标,受到中央领导和"九运会"组委会以及各体育代表团的肯定和赞扬,并被国际组织评为"国际花园城市"。

为此,建设部决定,授予广州市迎"九运"城市基础设施建设及环境综合整治特别奖称号。希望你们再接再厉,发扬成绩,开拓创新,在加快推进城市化进程中再创佳绩,为改善城市生态环境作出新的贡献!

建设部
××年×月×日

【简评】 这是一则表彰奖励性决定,对有突出贡献的先进集体、个人进行表彰奖励的决定。该决定按照一般决定的结构,包括标题、日期、正文、落款等几部分。交代制发表彰奖励性决定的原因,对受表彰部门提出表彰,并提出殷切希望,鼓励其取得更好的成绩。

三、意见

（一）意见的概念

意见是上级机关或主管部门针对当前的工作和重大问题提出原则性要求和具体的处理办法，并要求有关部门遵照执行的一种公文。

意见既可以是由个人向机关提出，也可以是党政机关向上级或平行机关提出；既可用于上行文，又可用于下行文；既有报请性，又有指挥性。意见作为上行文，类似于请示，可向上级汇报提出对某个重要问题的见解和处理意见，如上级机关认可，可批复下发贯彻执行，但适用范围没有请示广泛，只限于对重要问题提出见解和处理办法。意见作为下行文，类似于指示，可对下级机关布置工作，明确处理问题的办法。但指示只提出原则和要求，具有方向性，而意见则提出具体的处理办法，具有可操作性。

意见的使用主要有三种情况：一是对重要事项提出指导性见解；二是对一个阶段的工作提出原则性要求；三是对带有全局性的问题提出处理办法和政策性措施。

（二）意见的特点

1. 实施性

意见是上级机关对重大问题的观点、见解、看法、态度，需要贯彻党的路线、方针、政策。意见中提出的办法，应该有法可依、有据可查，要求处置和办理，必须遵照执行，不能模棱两可。

2. 针对性

意见的制发主要是针对工作中急需解决的问题，因此提出的问题必须及时，提出的见解、办法针对性必须强。

3. 指导性

意见要贯彻党的路线、方针、政策，又要结合具体实际情况，理论和实际相结合。意见正确、方法有效，才能发挥指导工作的作用。

4. 明确性

意见必须要明确，不能含糊其辞。意见表述要严谨周全，不能有歧义，以免让人产生误解。

（三）意见的种类

根据性质和内容，意见可分为：直发性意见、请批性意见、指导性意见、建议性意见、规划性意见等。

（四）意见的结构与内容

意见主要由标题、主送机关、正文、落款四部分组成。

1. 标题

意见的标题是全文的中心思想和行文目的,有以下两种形式:一是制发机关+事由+文种;二是事由+文种。

2. 主送机关

意见的主送机关为意见应知照的机关和单位。可分为两种情况:需要转发的意见,没有主送机关,但是转发该意见的通知,要把主送机关写清楚;直接发布的意见要有主送机关。主送机关的排列方法和一般公文相同。

3. 正文

正文包括开头、主体和结尾三部分。

开头,主要写明发布意见的背景、根据、目的、意义等内容。文字根据具体情况可长可短,最后以"现提出以下意见""特制定本实施意见"等过渡性语句承上启下,引入正文。

主体,是意见的主要内容,要把对重要问题的见解或解决办法一一写明。如果是规划性意见,内容繁多,可列出小标题作为各大层次的标志,小标题下再分条表述,如果是内容比较单一集中的工作意见,主体部分直接列条即可,不必再设小标题。

结尾,有些意见需要对贯彻执行提出一些要求,可列入条款,也可单独在正文最后予以说明,还可以省略。篇幅较长的意见通常结尾为提出号召、希望、督查要求,局部性意见大多没有结尾。

4. 落款

落款写明发文机关和发文时间,位于正文右下方。用于批转和转发的意见,其本身无须落款,发文机关和发文时间在通知中已标明。

(五)意见写作应注意的事项

(1)要注意行文方向的多角度性。如前所述,意见既可以是写给上级,类似建议;又可以是上级发给下级,类似指示;还可以发给平级单位提出意见供对方参考。显然它是上、平、下三种行文方向兼而有之,其行文方向具有明显的多角度特性。

(2)要明确具体。意见的写作一定要注意坚持从实际出发、实事求是的原则,提出切实可行的"见解"和"处理办法"。既要根据实际需要,又要考虑可能,使之具体恰当,从而为更好地开展工作奠定基础。

(3)政策性要强。意见的执笔人必须全面深刻地领会和掌握党的有关方针、政策,以此作为提出意见的指导思想,这是写好意见的基础。同时必须掌握大量的第一手材料,从中把握问题的本质和有关事宜的规律性。

例文 7

关于深化行政管理体制改革的意见

(2008年2月27日中国共产党第十七届中央委员会第二次全体会议通过)

为贯彻落实党的十七大精神,中国共产党第十七届中央委员会第二次全体会议研究了深化行政管理体制改革问题,提出如下意见。

一、深化行政管理体制改革的重要性和紧迫性

党中央、国务院历来高度重视行政管理体制改革。改革开放特别是党的十六大以来,不断推进行政管理体制改革,加强政府自身建设,取得了明显成效。经过多年努力,政府职能转变迈出重要步伐,市场配置资源的基础性作用显著增强,社会管理和公共服务得到加强,政府组织机构逐步优化,公务员队伍结构明显改善;科学民主决策水平不断提高,依法行政稳步推进,行政监督进一步强化;廉政建设和反腐败工作深入开展。从总体上看,我国的行政管理体制基本适应经济社会发展的要求,有力保障了改革开放和社会主义现代化建设事业的发展。

当前,我国正处于全面建设小康社会新的历史起点,改革开放进入关键时期。面对新形势新任务,现行行政管理体制仍然存在一些不相适应的方面。政府职能转变还不到位,对微观经济运行干预过多,社会管理和公共服务仍比较薄弱;部门职责交叉、权责脱节和效率不高的问题仍比较突出;政府机构设置不尽合理,管理制度不够健全;对行政权力的监督制约机制还不完善,滥用职权、以权谋私、贪污腐败等现象仍然存在。这些问题直接影响政府全面正确履行职能,在一定程度上制约经济社会发展。深化行政管理体制改革势在必行。

行政管理体制改革是政治体制改革的重要内容,是上层建筑适应经济基础客观规律的必然要求,贯穿我国改革开放和社会主义现代化建设的全过程。必须通过深化改革,进一步消除体制性障碍,切实解决经济社会发展中的突出矛盾问题,推动科学发展,促进社会和谐,更好地维护人民群众的利益。

二、深化行政管理体制改革的指导思想、基本原则和总体目标

深化行政管理体制改革,要高举中国特色社会主义伟大旗帜,以邓小平理论和"三个代表"重要思想为指导,深入贯彻落实科学发展观,按照建设服务政府、责任政府、法治政府和廉洁政府的要求,着力转变职能、理顺关系、优化结构、提高效能,做到权责一致、分工合理、决策科学、执行顺畅、监督有力,为全面建设小康社会提供体制保障。

深化行政管理体制改革,必须坚持以人为本、执政为民,把维护人民群众的根本利益作为改革的出发点和落脚点；必须坚持与完善社会主义市场经济体制相适应，与建设社会主义民主政治和法治国家相协调；必须坚持解放思想、实事求是、与时俱进，正确处理继承与创新、立足国情与借鉴国外经验的关系；必须坚持发挥中央和地方两个积极性，在中央的统一领导下，鼓励地方结合实际改革创新；必须坚持积极稳妥、循序渐进，做到长远目标与阶段性目标相结合、全面推进与重点突破相结合，处理好改革发展稳定的关系。

深化行政管理体制改革的总体目标是，到2020年建立起比较完善的中国特色社会主义行政管理体制。通过改革，实现政府职能向创造良好发展环境、提供优质公共服务、维护社会公平正义的根本转变，实现政府组织机构及人员编制向科学化、规范化、法制化的根本转变，实现行政运行机制和政府管理方式向规范有序、公开透明、便民高效的根本转变，建设人民满意的政府。今后5年，要加快政府职能转变，深化政府机构改革，加强依法行政和制度建设，为实现深化行政管理体制改革的总体目标打下坚实基础。

三、加快政府职能转变

深化行政管理体制改革要以政府职能转变为核心。加快推进政企分开、政资分开、政事分开、政府与市场中介组织分开，把不该由政府管理的事项转移出去，把该由政府管理的事项切实管好，从制度上更好地发挥市场在资源配置中的基础性作用，更好地发挥公民和社会组织在社会公共事务管理中的作用，更加有效地提供公共产品。

要全面正确履行政府职能。改善经济调节，更多地运用经济手段、法律手段并辅之以必要的行政手段调节经济活动，增强宏观调控的科学性、预见性和有效性，促进国民经济又好又快发展。严格市场监管，推进公平准入，规范市场执法，加强对涉及人民生命财产安全领域的监管。加强社会管理，强化政府促进就业和调节收入分配职能，完善社会保障体系，健全基层社会管理体制，维护社会稳定。更加注重公共服务，着力促进教育、卫生、文化等社会事业健康发展，建立健全公平公正、惠及全民、可持续发展的公共服务体系，推进基本公共服务均等化。

各级政府要按照加快职能转变的要求，结合实际，突出管理和服务重点。中央政府要加强经济社会事务的宏观管理，进一步减少和下放具体管理事项，把更多的精力转到制定战略规划、政策法规和标准规范上，维护国家法制统一、政令统一和市场统一。地方政府要确保中央方针政策和国家法律法规的有效实施，加强对本地区经济社会事务的统筹协调，强化执行和执法监管职责，做好面向基层和群众的服务与管理，维护市场秩序和社会安定,促进经济和社会事业发展。按照财力与事权相匹配的原则,科学配置各级政府的财力,增强地方特别是基层政府提供公共服务能力。

合理界定政府部门职能,明确部门责任,确保权责一致。理顺部门职责分工,坚持一件事情原则上由一个部门负责,确需多个部门管理的事项,要明确牵头部门,分清主次责任。健全部门间协调配合机制。

四、推进政府机构改革

按照精简统一效能的原则和决策权、执行权、监督权既相互制约又相互协调的要求,紧紧围绕职能转变和理顺职责关系,进一步优化政府组织结构,规范机构设置,探索实行职能有机统一的大部门体制,完善行政运行机制。

深化国务院机构改革。合理配置宏观调控部门的职能,做好发展规划和计划、财税政策、货币政策的统筹协调,形成科学权威高效的宏观调控体系。整合完善行业管理体制,注重发挥行业管理部门在制定和组织实施产业政策、行业规划、国家标准等方面的作用。完善能源资源和环境管理体制,促进可持续发展。理顺市场监管体制,整合执法监管力量,解决多头执法、重复执法问题。加强社会管理和公共服务部门建设,健全管理体制,强化服务功能,保障和改善民生。

推进地方政府机构改革。根据各层级政府的职责重点,合理调整地方政府机构设置。在中央确定的限额内,需要统一设置的机构应当上下对口,其他机构因地制宜设置。调整和完善垂直管理体制,进一步理顺和明确权责关系。深化乡镇机构改革,加强基层政权建设。

精简和规范各类议事协调机构及其办事机构,不再保留的,任务交由职能部门承担。今后要严格控制议事协调机构设置,涉及跨部门的事项,由主办部门牵头协调。确需设立的,要严格按照规定程序审批,一般不设实体性办事机构。

推进事业单位分类改革。按照政事分开、事企分开和管办分离的原则,对现有事业单位分三类进行改革。主要承担行政职能的,逐步转为行政机构或将行政职能划归行政机构;主要从事生产经营活动的,逐步转为企业;主要从事公益服务的,强化公益属性,整合资源,完善法人治理结构,加强政府监管。推进事业单位养老保险制度和人事制度改革,完善相关财政政策。

认真执行政府组织法律法规和机构编制管理规定,严格控制编制,严禁超编进入,对违反规定的限期予以纠正。建立健全机构编制管理与财政预算、组织人事管理的配合制约机制,加强对机构编制执行情况的监督检查,加快推进机构编制管理的法制化进程。

五、加强依法行政和制度建设

遵守宪法和法律是政府工作的根本原则。必须严格依法行政,坚持用制度管权、管事、管人,健全监督机制,强化责任追究,切实做到有权必有责、用权违法要追究。

加快建设法治政府。规范行政决策行为,完善科学民主决策机制。加强和改进政府立法工作。健全行政执法体制和程序。完善行政复议、行政赔偿和行政补偿制度。

推行政府绩效管理和行政问责制度。建立科学合理的政府绩效评估指标体系和评估机制。健全以行政首长为重点的行政问责制度,明确问责范围,规范问责程序,加大责任追究力度,提高政府执行力和公信力。

健全对行政权力的监督制度。各级政府要自觉接受同级人大及其常委会的监督,自觉接受政协的民主监督。加强政府层级监督,充分发挥监察、审计等专门监督的作用。依照有关法律的规定接受司法机关实施的监督。高度重视新闻舆论监督和人民群众监督。完善政务公开制度,及时发布信息,提高政府工作透明度,切实保障人民群众的知情权、参与权、表达权、监督权。

加强公务员队伍建设。完善公务员管理配套制度和措施,建立能进能出、能上能下的用人机制。强化对公务员的教育、管理和监督。加强政风建设和廉政建设,严格执行党风廉政建设责任制,扎实推进惩治和预防腐败体系建设。

六、做好改革的组织实施工作

深化行政管理体制改革意义重大、任务艰巨,各地区各部门要在党中央、国务院的领导下,精心组织,周密部署,狠抓落实。

要认真组织实施国务院机构改革方案,抓紧制定地方政府机构改革、议事协调机构改革、事业单位分类改革的指导意见和方案,制定和完善国务院部门"三定"规定,及时修订相关法律法规。

要严肃纪律,严禁上级业务主管部门干预下级机构设置和编制配备,严禁突击提拔干部,严防国有资产流失。重视研究和解决改革过程中出现的新情况、新问题,加强思想政治工作,正确引导舆论,确保改革顺利推进。

【简评】 这是一则规范的意见范文。全文由标题和正文组成,属于直发性意见。直发性意见通常是上级机关对下属机关的工作提出要求和规定时使用的意见。提出的意见政策性强、观点明确、内容具体、语言严谨,方便下级部门贯彻执行。

第三节　请示　报告　批复

一、请示

(一)请示的概念

请示,是下级机关向上级机关请求指示、批准时所使用的上行文种,它的使用频率比较高。

请示,属于请求性的上行文。行文的目的主要是对有关事项、问题等,请求上级机关给予明确、及时的指示和批准,以便办理、解决,开展工作。请示对于受文者(上级机关)似乎没有什么约束力,但是受文者有责任对请示的事项、问题等及时作出应有的答复。否则,发文者(下级)就无所依据,无所适从,无所作为。

请示是事前行文。下级机关遇到各种无权处理或无力解决的问题,都可以通过向上级机关呈送请示的形式,请求上级机关予以批准或者给予指示。上级机关通过对请示的答复,能够及时肯定下级机关正确的意见和做法,纠正其不当意见和做法,从而有效帮助下级机关解决问题,推动工作顺利进行。

(二)请示的特点

1. 请求性

请示是需要上级机关批示、批准的事项,要求上级机关批复。

2. 定向性

请示是一种上行文,只在向上行单位行文时使用,对不是上级领导机关的业务主管机关或其他不相隶属单位,一般不使用请示文种。

3. 单一性

请示一般是一文一事,内容要单一,不可将多项内容放在同一个请示之中。

(三)请示的种类

请示可分为三种:一是请求上级对本单位工作问题的处理方法、步骤和具体要求予以批准的"求准性请示""请求指示的请示""请求解决问题的请示";二是对工作遇到政策和策略上的疑难问题予以解释的"解答性请示";三是请求将本机关的文件向下级机关转发的"批转性请示"。

(四)请示的结构与内容

请示一般是由标题、正文、结束语、落款四个部分组成。

1. 标题

请示的标题通常有两种形式:一种是制发机关＋事由＋文种,一种是事由＋文种。拟写请示标题,必须着力写好"事由",要明确、概括地表述出请示的中心意向,以便上级机关准确了解和把握。

2. 正文

正文是请示的核心内容,包括开头、主体两个部分。

开头,即制发请示的缘由,它直接关系请示目的能否顺利达到,要用简明扼要的语言将请示的原因和背景情况或者请示问题的依据、出发点及思想基础交代清楚。说明缘由后可用"特请示如下""请示事项如下"等过渡语句,以领出下面的主体内容。

主体,即向上级机关提出的具体请求。这部分要将请求上级机关给予指示、批准或批转的具体问题和事情交代清楚。请求上级机关作出答复,必须清楚明确、一目了然。

3. 结束语

请示的结束语比较简单,一般有较为固定的结束语,以示对上级机关的尊重。通常写法是"妥否、请批示",或是"以上如认为可行,请批转有关单位执行"。需要特别注意的是,请示的结束语中不能出现"报告"字样,以免造成混乱,甚至延时误事,给工作带来麻烦。

4. 落款

包括署名和日期。在正文右下角写明制发请示的机关名称和制发日期。

(五)请示写作应注意的事项

(1)要一文一事。国家机关都有一定的职权范围,在请示写作中应做到一文一事,否则可能出现有些事项属于职权范畴,而有些事项则超出职权范畴的情况,导致上级机关难以批复,从而影响请示目的的顺利达到。

(2)要逐级请示。请示的致送对象应当是自己的直接上级机关,一般不可以越级行文。如因特殊情况必须越级请示时,要同时抄送被越级的上级机关,并且不得多头请示,以免因责任不清,相互推诿而影响工作。同时也避免因上级机关答复意见不一致而使请示主体无所适从,如果受双重领导的单位,在请示问题时,应该本着谁有权力批准这一问题就请示谁的原则,可将另一上级单位列为抄送,以便对方了解情况。

(3)必须事先请示。在请示未获得批准前,不得对下属单位发送。

(4)请示行文必须注明联系部门以及联系人的姓名和电话,联系人一般为公文起草部门的负责人。

例文 8

关于建立国家普查制度
改革统计调查体系的请示

国务院：

　　实行改革开放政策以来，在国有经济发展壮大的同时，我国乡镇企业以及个体经济、私营经济、三资企业等多种经济成分迅速发展，给现行的统计调查工作带来许多新的问题。一方面，统计调查对象的规模迅猛扩展，仅工业企业就由34万家增加到860多万家。另一方面，统计调查对象构成日趋复杂，不仅多种经济成分同时并存，而且国有经济中也出现了承包经营、租赁经营等多种经营形式；特别是随着现代企业制度的建立和产权的流动与重组，不同所有制的经济主体投资于同一企业状况将日趋扩大，财产混合所有制的经济单位越来越多。由于利益格局的变化很大，被调查者对统计调查的合作与支持程度大为降低，统计信息运行过程中的人为干扰现象日益增多，信息失真的危险性逐步增大。

　　根据情况，必须按照建立社会主义市场经济体制的要求，参照国际成功经验，从根本上改革我国统计调查方法，建立以必要的周期性普查为基础，经常性的抽样调查为主体，重点调查、科学核算等为补充的多种方法综合运用的国家统计调查方法体系。为此，特请示如下：

　　一、按照国务院有关规定，实行周期性的普查制度。普查项目包括：人口、工业、农业、第三产业和基本统计单位等。人口普查、第三产业普查、工业普查、农业普查每10年进行一次，分别在逢零、三、五、七的年份实施。建立基本统计单位普查，每5年进行一次，逢一、六的年份实施。

　　这些普查都属于重要的国情国力调查，必须在国务院和地方各级政府的统一领导下，由政府统计部门会同有关业务主管部门共同组织实施。经费由中央和地方各级政府共同负担，并列入相应年度的财政预算。

　　二、大力推广应用抽样调查技术，逐步确立抽样调查在统计调查方法体系中的主体地位。当前，要在进一步完善农产品产量调查、城乡住户调查、价格调查和人口变动情况等项抽样调查工作的同时，抓紧在工业、商业、建筑业和固定资产投资统计中深入研究并广泛应用抽样调查方法，从根本上改变过分依赖全面统计报表的状况。

　　为此，除要进一步改革和完善城乡社会经济调查队外，亟须建立一支机动灵活、精干高效的企业调查队伍，这支队伍负责对遍布全国城乡的各种所有制企业，特别是乡镇企业以及个体经济进行抽样调查；开展与建立现代企业制度和发展市场体系密切相关的快速专项调查；进行事业单位的统计登记工作，建立和管理企事业单位名录库等。

有关企业调查队伍的机构、编制、干部、经费和基建投资等问题由国家统计局同有关部门另行商定。

三、加快统计信息自动化系统建设。随着统计调查体系的改革，计算工作量将大量增加，因而对统计信息自动化系统建设的要求会更高、更迫切。各级政府和有关部门应高度重视并大力支持统计信息自动化系统的建设工作，并增加投入，以便大规模、高效率、全方位、深层次地开发利用统计信息资源，为各级党政领导决策和管理提供科学依据。

四、健全统计机构，稳定干部队伍。为适应市场经济条件下日益繁重的统计工作的需要，必须采取强有力的措施，从组织上保障统计任务的完成。在这次机构改革中，要按照《中华人民共和国统计法》和国务院有关规定的要求，切实加强各级政府统计机构和业务主管部门统计机构的建设。

以上请示如无不妥，请批转各地区、各部门遵照执行。

国家统计局
××年×月×日

【简评】 这是一则规范的请示范文，请示的主要事项是"建立国家普查制度，改革统计调查体系"，一事一请示，这是请示的基本原则要求，不能把许多事搅在一起。最后，写上"以上请示如无不妥，请批转各地区、各部门遵照执行"，请示在未获批准前，不得对下属单位发送。内容单一、明确，层次清楚，语言规范、得体。

二、报告

(一)报告的概念

报告，是下级机关向上级机关汇报工作、反映情况、提出建议、回答上级机关的询问的上行公文。报告的应用相当广泛，联系的作用十分明显。它是下情上达、沟通和反馈信息的主要方式，是维护上下级之间工作关系的重要手段。

报告的用途十分广泛，具体地说，报告可以用来向上级机关汇报工作，也可以用来向上级机关联系情况，还可以用来答复上级机关的询问。

(二)报告的特点

1. 广泛性

报告的内容涉及各个方面，适用范围广。例如，为了便于上级机关全面了解下级机关的情况，指导工作，下级机关定期向上级机关写报告汇报工作；工作中发生或发现重大情况或重要问题，下级机关写报告让上级知道并听取上级机关的指示；上级机关指示办理的某项工作、某个事项处理完毕后，下级机关作出报告；上级机关查询问题,下级机关写报告答复;向上级机关报送文件、物件时,下级机关随之写报告;下级机关认为应让上级机关知道的一些备存、备查的问题或事项,向上级机关写出报告。报告这种文种,不仅党政军机关可以使用,社会团体、企事业单位也可以使用。这是我国目前使用频率较高的公文文种之一。

2. 陈述性

报告以反映情况为主,即下级把已经发生、已经过去,正在发生、正在进行的工作、情况以及建议等有条理地告诉上级,使下情上达,让上级了解,不要求上级批示、批复。但是,报告一经上级机关批转,成为批转的文件,下级便要遵照执行,具有约束力和强制性。

(三)报告的种类

报告的种类很多,有综合报告、会议报告、工作报告、情况报告、建议报告、答复报告、呈送报告等。

(四)报告的结构与内容

报告的格式一般包括标题、正文、结束语、落款四个部分。

1. 标题

标题通常由发文机关名称、事由和文种三个要素组成。有三种形式:"制发机关+事由+文种""事由+文种""只出现文种"。

2. 正文

正文部分是报告的核心,叙述报告的具体内容,一般由开头、主体两部分组成。

开头要写明制发报告的原因,必须做到开门见山,通常用"现将有关情况报告如下"承上启下,引起下文。开头要落笔入题,上承标题中的事由,下启正文主体的内容。

主体部分要写明报告的主要内容,如果内容多、篇幅长,可采用分题式、分条式或者两者相结合的方法进行叙述。一般是情况、成绩、做法和经验、教训、问题,意见或措施、建议。虽然报告以反映情况为主,但是也要有概括的说明、具体的典型事例、深入的分析,以便上级机关参考和决策。

3. 结束语

根据不同的报告内容应采用不同的结束语。常用的有"特此报告""专此报告""请审核""请审示""以上报告,如有不妥,请指正"等。

4. 落款

在正文的右下角写明制发报告机关的名称。如果在标题中已写明制发机关的名称,可省略。制发机关的下面写明制发此报告的日期,有的报告把日期写在标题下面。

(五)报告写作应注意的事项

(1)要善于总结。写在报告中的内容一定要有规律性,要用正确的立场、观点、方法对事物进行分析,从中作出规律性总结。

(2)篇幅要简短,用语要精练。报告的篇幅一定要简短,力求以少胜多。要解决这一问题,就要求公文写作人员必须深入实际,认真进行调查研究,弄清事物发生、发展和变化的全过程,从中提取重点。然后在动笔撰写时按"纲"行文,再加上用语方面的精雕细琢,就可保证整篇报告篇幅的短小适宜,不致导致冗长杂乱,令人生厌。

(3)真实具体、重点突出。报告的用途是帮助上级机关了解下情,从而作出正确的决策。因此,写报告要做到如实反映情况,对材料要进行分析归纳,去伪存真。在此基础上,从新的角度、新的立足点去分析取舍材料,提炼主题。

例文9

政府工作报告

——2006年3月5日在第十届全国人民代表大会第四次会议上
国务院总理 温家宝

各位代表:

现在,我代表国务院,向大会作政府工作报告,请予审议,并请全国政协各位委员提出意见。

一、去年工作回顾

2005年,我国社会主义现代化事业取得显著成就。

——经济平稳较快发展。全年国内生产总值达到18.23万亿元,比上年增长9.9%;财政收入突破3万亿元,增加5232亿元;居民消费价格总水平上涨1.8%。国民经济呈现增长较快、效益较好、价格较稳的良好局面。

——改革开放迈出重大步伐。一些重点领域和关键环节的改革取得新突破;进出口贸易总额达到1.42万亿美元,增长23.2%;实际利用外商直接投资603亿美元;年末国家外汇储备达到189亿美元。

——社会事业取得新进步。科技、教育、文化、卫生、体育等事业全面发展。"神舟六号"载人航天飞行圆满成功,标志着我国在一些重要科技领域达到世界先进水平。

——人民生活进一步改善。城镇新增就业970万人;城镇居民人均可支配收入达到10493元,农村居民人均纯收入达到3255元,扣除价格因素,分别增长9.6%和6.2%。

我国在全面建设小康社会道路上迈出了新的坚实步伐。

一年来,我们以科学发展观统领经济社会发展全局,主要做了以下几方

面工作:(略)

一年来的成就,是以胡锦涛同志为总书记的党中央驾驭全局、正确领导的结果,是广大干部群众共同奋斗、辛勤劳动的结果。在这里,我代表国务院,向全国各族人民,向各民主党派、各人民团体和各界人士,表示诚挚的感谢!向香港特别行政区同胞、澳门特别行政区同胞和台湾同胞以及广大侨胞,表示诚挚的感谢!向一切关心和支持中国现代化建设的各国朋友,表示诚挚的感谢!

在看到成绩的同时,我们也清醒地认识到,经济社会生活中的困难和问题还不少。一些长期积累的和深层次的矛盾尚未根本解决,又出现了一些不容忽视的新问题。一是粮食增产和农民增收难度加大。当前粮价走低和农业生产资料价格上涨的压力都不小,影响农民增加收入和种粮积极性。耕地不断减少,农业综合生产能力不强,粮食安全存在隐患。二是固定资产投资增幅仍然偏高:有些行业投资增长过快,新开工项目偏多,投资结构不合理,投资反弹的压力比较大。三是部分行业过度投资的不良后果开始显现。产能过剩问题日趋突出,相关产品价格下跌,库存上升,企业利润减少,亏损增加,潜在的金融风险加大。四是涉及群众切身利益的不少问题还没有得到很好解决,看病难、看病贵和上学难、上学贵等问题突出,群众反映比较强烈;在土地征用、房屋拆迁、库区移民、企业改制、环境保护等方面,还存在一些违反法规和政策而损害群众利益的问题。五是安全生产形势严峻。煤矿、交通等重特大事故频繁发生,给人民群众生命财产造成重大损失。

我们还认识到,各级政府工作中存在不少缺点和不足。政府职能转变滞后,一些工作落实不够,办事效率不高,形式主义、做表面文章的现象还比较突出,一些政府工作人员弄虚作假、奢侈浪费,甚至贪污腐败。

我们要进一步增强使命感和紧迫感,发扬成绩,改进工作,以更加昂扬的斗志,更加奋发有为的精神状态,更加扎实的工作作风,努力把政府各项工作做得更好,绝不辜负人民的厚望和国家的重托。

二、今年主要任务(略)

三、关于《国民经济和社会发展第十一个五年规划纲要(草案)》的说明(略)

各位代表!

我们国家正站在新的历史起点上,朝着全面建设小康社会的目标阔步前进。我们要更加紧密团结在以胡锦涛同志为总书记的党中央周围,高举邓小平理论和"三个代表"重要思想伟大旗帜,凝聚13亿人民的智慧和力量,坚定信心,奋发图强,努力把"十一五"规划的宏伟蓝图变为美好现实,谱写社会主义现代化事业的新篇章。任何艰难险阻都挡不住我们前进的步伐。我们的目标一定要达到！我们的目标一定能够达到！

【简评】 这则例文是温家宝总理在 2006 年 3 月 5 日第十届全国人民代表大会第四次会议上做的政府工作报告。工作报告的主要目的是为了让上级了解下级的工作情况和动向,掌握全局、指导工作,建立上下级之间的正常工作关系。报告的容量大,涉及的材料众多,因此,在写作时一定要注意个体材料和整体材料的配合使用。

三、批复

(一)批复的概念

批复是答复下级机关的请示事项所使用的公文。属下行文,是专门用来答复下级机关请示的。批复的目的就是使下级机关的请示有着落,使下级机关能据此进行工作。

一般是一个请示给一个批复,不涉及请示以外的事项或问题,没有请示就没有批复,因为上级机关是根据下级机关的请示来制发批复公文的。以批复的形式答复的请示事项,一般是比较重要但涉及面不是很广的事项。除批复之外,答复请示事项还可以考虑选用其他文种。

(二)批复的特点

1. 专一性

批复是专门针对下级机关"请示"这一文种使用的,回答的问题也是请示中的具体事项,属于被动行文,是应下级机关的请示而行文的。

2. 指示性

批复是对下级机关提出的具体问题进行答复,提出指导性意见以及表明批准或不批准的态度,具有权威性,下级机关必须遵照执行。

3. 时效性

上级机关收到下级机关的请示后,要及时答复,否则就会误事。

(三)批复的种类

批复可分为指示性批复、决定性批复、解答性批复、表态性批复、规定性批复、资助性批复、法律(政策性)批复、转发性批复等。

(四)批复的结构与内容

批复一般包括标题、正文、结束语、落款四个部分。

1. 标题

批复的标题与一般公文的标题有所区别,一般有"制发机关＋事由＋文种""事由＋文种"两种形式,不能省去制发机关和发文事由,只写"批复"二字。

2. 正文

正文是批复的主体和核心部分,其写法应视批复内容的实际情况而定。一般包括开头、主体两部分。

开头要写明批复缘由,往往是写明应什么机关请示而批复的。

主体部分要写明批复的事项是什么,内容复杂时,需要分条表述。批复的内容要针对性强,观点鲜明,所提意见要切实可行,符合党和国家的大政方针。

3. 结束语

结束语一般用"特此批复""此复""请遵照执行"等。

4. 落款

落款包括制发机关名称和日期。在正文的右下角写明制发批复的机关名称,如果在标题中已写明制发机关,可以省略。制发机关下面写明制发此批复的日期。

(五)批复写作应注意的事项

(1)针对性要强。由于批复都是针对下级机关的请示而写,因此,批复所使用的语言必然与请示的内容紧紧相扣,直接回答下级请示的事项,而不能答非所复,答非所求。

(2)态度要明确。批复是对下级机关来文表明态度,批复对于下级机关来说就是指示,同意或是不同意必须要态度明确,措辞恰当,语气必须肯定,用词必须准确。

(3)文字要简练。批复的文字应简短,将领导决定的意见表达清楚即可,不必作具体的分析和详尽的阐述。语义要清楚明白,防止使人产生歧义。

例文 10

国务院关于淮河流域防洪规划的批复

国函〔2009〕37 号

江苏省、安徽省、山东省、河南省、湖北省人民政府,发展改革委、财政部、国土资源部、环境保护部、住房城乡建设部、交通运输部、铁道部、水利部、农业部、林业局、气象局:

水利部《关于审批淮河流域防洪规划的请示》(水规计〔2009〕134 号)收悉。现批复如下:

一、原则同意《淮河流域防洪规划》(以下简称《规划》),请你们认真组织实施。力争到 2015 年,淮河干流上游防洪标准达到 10 年一遇以上,中游淮北大堤防洪保护区和沿淮重要工矿城市的防洪标准达到 100 年一遇,洪泽湖及下游防洪保护区的防洪标准达到 100 年一遇以上;沂沭泗河中下游主要防洪保护区的防洪标准达到 50 年一遇;跨省骨干支流防洪标准达到 10~20 年一遇;山东半岛主要河道防洪标准达到 10~30 年一遇;重要城市基本达到规定的防洪标准;重要易涝洼地排涝标准达到 3~5 年一遇,里下河地区排涝标准达到5~10年一遇。到2025年,建成较为完善的防洪排涝减灾体系,与流域经济社会发展状况相适应。

二、《规划》的实施,要遵循"蓄泄兼筹"的治淮方针,坚持全面规划、统筹兼顾、标本兼治、综合治理的原则,正确处理防洪排涝与水资源综合开发利用和生态环境保护的关系,进一步巩固和扩大洪水出路,加强洪水管理和科学调度,逐步完善由水库、河道堤防、行蓄洪区、调蓄湖泊等工程措施和防洪管理措施相结合的防洪排涝减灾体系,全面提高淮河流域防御洪涝灾害的能力。

三、加强防洪骨干工程建设,继续推进淮河综合治理。在全面完成治淮19项骨干工程的基础上,重点安排行蓄洪区调整、安全建设和渐进式移民试点,改善行蓄洪区内群众生产生活条件;加强堤防达标与河道治理工程建设,提高行洪排涝能力;实施重点平原洼地排涝治理,改变涝灾损失严重的局面;加快实施病险水库除险加固,确保水库安全运行;加强城市防洪和海堤工程建设,不断完善重点城市防洪体系,完善城市防御超标准洪水预案;继续实施山丘区水土保持和兴建干支流控制性工程;推进防洪管理体系建设。

四、认真做好规划建设项目前期工作,按照基本建设程序报批。为加快治淮工程建设,除新建的水库工程外,对《规划》确定的其他建设项目原则上可直接编制可行性研究报告和初步设计报告报批。对防洪工程建设要严格实行项目法人责任制、招标投标制、工程监理制和合同管理制,认真组织,加强监督检查,确保工程质量。

五、加强防洪管理,提高洪水风险管理水平。严格按标准建设堤防,不得超过《规划》确定的标准;加强行蓄洪区管理,妥善处理区内群众正常生产生活与防洪运用的关系,保证行蓄洪区及时、安全、有效运用。地方各级人民政府及相关单位要加强防洪排涝设施的管理与维护,确保工程正常运行。淮河流域管理机构要切实履行规划、管理、监督、协调、指导的职责,加强流域防汛抗旱的统一管理和调度,加快流域防汛指挥系统建设,全面落实防洪法的配套法规和防洪管理措施,抓紧研究制订骨干水库联合调度运用方案。各类工程在汛期必须服从流域防洪调度。

《规划》的实施,对保障淮河流域人民群众生命财产安全,促进经济社会又好又快发展,构建社会主义和谐社会,具有十分重要的意义。各有关地区和部门要加强领导,密切配合,精心组织实施,确保淮河流域防洪安全。

国务院

二〇〇九年六月二十六日

【简评】 这则例文是指示性批复。指示性批复不但同意下级机关的请示,还须就请示事项的落实、执行或事项的重要性、意义提几点指示性意见,对下级的该项工作有指示性作用。请示与批复是一一对应的两个文种,有请示才会有批复。因此,批复的针对性要强,批复的内容、语言与请示的内容紧紧相扣,不能答非所问。

第四节 公告 通告

一、公告

(一)公告的概念

公告的发布者一般是国家立法机关或行政领导机关。公告是以国家的名义,向国内外宣布重要事件、重要事项或法定事项时使用的文种,具有较强的权威性和强制性。某些部门经授权,也可以代表国家对内或对外发布公告。一些地方的权力机构公布非常重要的事项或法定事项,也往往使用公告。公告的受文者十分广泛而笼统,行文关系不十分明确,原则上可以称为下行文。

(二)公告的特点

1. 制发机关的特定性

在我国,可以使用公告这一文种来向国内外宣布重大事项或法定事项的机构都是层次级别较高的国家机关及其职能部门,而级别较低的国家行政机关、人民团体、企事业单位,则不宜用"公告"这一文种。

2. 范围的广泛性

在行政公文的文种中,公告面向全社会发布,范围最为广泛。告知对象广泛,包括国内和国外的公众,影响极其深远。

3. 内容的重要性

公告所发布的内容,必须是对国内外产生重大影响、国内外人士都普遍关心的。多用于事关全局或在国内外产生重大影响的重要或法定的事项。

(三)公告的种类

根据内容和性质的不同,可分为行政公告和法规性公告。

1. 行政公告

行政公告适用于国家机关向国内外宣布重要事项,如《中华人民共和国全国人民代表大会公告》。

2. 法规性公告

法规性公告适用于政府有关职能部门依据有关法令、法规,按照法定程序发布有关规定,如《中国人民银行关于国家货币出入境限额的公告》。

(四)公告的结构与内容

公告一般由标题、发文字号、正文、结束语、落款五个部分组成。

1. 标题

公告标题的规范形式有两种:一是"发文机关名称＋文种"。如《中华人民共和国全国人民代代表大会公告》《中华人民共和国外交部公告》。由于公告的正文一般较为简短,因此这种形式的标题最为常用。二是"发文机关名称＋事由＋文种"。如《中国人民银行关于国家货币出入境限额的公告》。这种标题多用于正文稍长、事由相对复杂的公告。

2. 发文字号

公告的发文字号有两种情况:一种是不标发文字号。一些机关平时很少发布公告,偶尔发布公告也就不须要标注序号。另一种是标注发文字号。如果同一发文机关在短时间内发布多个公告,为避免混淆,就应标注文号。公告不属于常规的版头文件,其文号不必标注机关代字等要素,只在标题下方居中标注序号"第×号"即可。此外,由于公告是公开发布的周知性文件,因而都省略主送机关。

3. 正文

公告的内容比较单一,篇幅不长,一般采用一段式写法,主要分为公告的依据和公告事项两个部分。开头,主要是交代缘由。主体是说明公告的事项,公告一般是客观叙述,不过多陈述意义和细节,不用夸张、比喻等修辞手法。

4. 结束语

一般以"现予公告""特此公告"等惯用词语结尾。如果公告篇幅稍长、内容较多,已没有专写尾语的必要,就不必再加尾语。

5. 落款

落款包括署名和日期。署名在正文右下角写明制发公告机关的全称,若以领导人名义发布的,需在姓名前写上职务。如果在标题中已经写明发布机关,可以省略不写。日期在署名下面排齐写上年、月、日,并带上发布公告的地点。

(五)公告写作应注意的事项

(1)撰写公告一定要注意,公告在使用权限、事项性质上都有严格要求,必须准确把握,公告的内容一定是重大事件且内容较为单一。

(2)规范慎重地写好公告。公告发布范围广泛,因此写作质量尤为重要。

(3)写作必须一文一事,语言精练,用词准确,语气庄重。

例文 11

中华人民共和国财政部公告

2009 年第 12 号

根据 2009 年地方政府债券发行安排,经与河南省政府协商,财政部决定代理发行 2009 年河南省政府债券(一期)(以下简称本期债券),现将有关事项公告如下:

一、本期债券通过全国银行间债券市场和证券交易所市场(以下简称各交易场所)面向社会各类投资者发行。

二、本期债券计划发行 50 亿元,实际发行面值 50 亿元。

三、本期债券期限 3 年,经投标确定的票面年利率为 1.63%,2009 年 4 月 7 日开始发行并计息,4 月 9 日发行结束,4 月 13 日起在各交易场所以现券买卖和回购的方式上市交易。

四、本期债券为固定利率附息债,利息按年支付,利息支付日为每年的 4 月 7 日(节假日顺延,下同),2012 年 4 月 7 日偿还本金并支付最后一年利息。本期债券还本付息事宜由财政部代为办理。

五、本期债券在 2009 年 4 月 7 日至 4 月 9 日的发行期内,采取场内挂牌和场外签订分销合同的方式分销,分销对象为在中国证券登记结算有限责任公司开立股票和基金账户及在中央国债登记结算有限责任公司开立债券账户的各类投资者。通过各交易场所分销部分,由承销机构根据市场情况自定价格。

特此公告。

中华人民共和国财政部
二〇〇九年四月三日

【简评】 这则公告内容单一,中心突出,格式规范,用语精练。公告代表着国家党政机关和有关部门的权威,语气要庄重、大气。这是一则财政部关于代理发行 2009 年河南省政府债券(一期),并对有关事项作出规定的公告,言简意赅,条理分明,行文缜密严谨。

二、通告

(一)通告的概念

通告是国家机关、社会团体、企事业单位向社会公众或有关单位、人员公布社会各有关方面应当遵守或者周知的事项所使用的知照性公文。

通告属于下行文。通告中应当遵守的事项,一般具有行政约束力或法律效力,因为有些通告内容是法规性的。通告中应当周知的事项,一般不具有行政约束力或法律效力。

(二)通告的特点

1. 广泛性

这是就通告的使用而言,一方面,通告的使用频率大大超过公告和布告;另一方面,通告的使用对象相当广泛,各级党政机关、社会团体和企事业单位都可以使用。通告的内容可以涉及国家的法令、政策,也可以用来公布社会生活中的一些具体事务。

2. 法规性

通告一般是由国家行政机关和企事业单位根据自己的职权范围发布,具有一定的法规性和行政约束力。

3. 普遍性

通告是使用频率非常高的一个文种,且使用范围相当广泛,因此,通告具有普遍性特点。

(三)通告的种类

1. 法规性通告

法规性通告是向一定范围的有关单位或人员公布应当遵守的事项,具有较强的法规作用,有关单位或人员必须严格遵守。这类通告多由行政领导机关或职能机构发布。如,2000年2月18日由国家烟草专卖局、公安部、海关总署、国家工商行政管理局联合发布的《关于严厉打击卷烟走私整顿卷烟市场的通告》。

2. 周知性通告

周知性通告是向一定范围的社会公众公布需要周知的事项。这类通告大都具有专业性和单一性,为针对某一项工作或专门问题发布的通告,虽然不带有强制性,但有一定的行政约束力,各级行政机关、有关职能部门都可以发布这类通告。如《中国人民银行关于发行新版人民币壹佰元、贰元、壹元和贰角券的通告》。

(四)通告的结构与内容

通告一般由标题、正文、结束语、落款四个部分组成。

1. 标题

标题的形式有四种:一是"制发机关＋事由＋文种",即完整的、标准的公文标题,如《国务院关于保障民用航空安全的通告》;二是"制发机关＋文种",只写明制发机关和文种,省略中间事由部分,如《北京市交通管理局通告》;三是省略发文机关,只写"事由和文种",如《关于办理2013年度工商企业年度检验的通告》;四是只出现文种"通告"二字,省去制发机关和事由,但是,一定要在落款处写明制发机关的名称。

2. 正文

正文是通告的主体和核心部分,其写法由内容而定。一般由通告缘由、通告事项、执行通告事项的要求等组成。通告缘由通常用概括性语言写明发布通告的原因、背景、目的和依据;通告事项是通告的重点,要求写清楚通告的具体内容。内容较多的时候,要采取分条分款的写法。法规性通告应写明具体规定、执行要求及贯彻执行的时期。

3. 结束语

一般以"本通告自发布之日起实施"或"特此通告""此告"等语句结束全文。

4. 落款

落款包括署名和日期。正文的右下角写明制发通告机关的名称和制发时间,如果标题中已经出现制发机关的名称,则可以省略。通告成文日期也可写在标题之下用括号括上。

(五)通告写作应注意的事项

(1)通告的制发主体必须是对社会各有关方面事务具有决定权或执行权的有关部门,尤其是各级人民政府的各职能部门,否则,便无权发布有关通告。

(2)一则通告只能公布一个事项。这一事项体现了社会管理的一个侧面,范围是明确的,对象是确定的。不能把社会管理几个方面的工作写入一则通告。

(3)发布的目的和要求必须是明确的。通告对于有关方面、有关人员的要求,或是知晓前提下的遵照执行,或是单一的知晓,都必须写明确。

例文 12

依法查处取缔客货运输车辆无照营运的通告

为了维护首都社会秩序和公共安全,切实保护公民、法人和其他组织的合法权益,依法查处取缔客、货运输车辆无照营运行为,根据《中华人民共和国道路交通安全法》《中华人民共和国道路运输条例》《无照经营查处取缔办法》的规定,现通告如下:

一、凡未取得工商行政管理部门核发的营业执照和交通部门核发的营运许可证件,禁止任何单位和个人从事出租汽车、公共汽车、长途汽车、旅游汽车、摩托车(含残疾人专用机动三轮车)、人力三轮车等客运和货运活动,禁止任何单位和个人为无照营运活动提供条件。

二、交通、城管、工商等部门在依法查处取缔客、货运输车辆无照营运和对为无照营运活动提供条件的查处时,应当按照各自职责,依法对营运车辆进行检查,责令无照营运和为无照营运提供条件的行为人停止违法行为;依法扣押、没收用于无照营运活动的车辆等财物,没收违法所得,并给予行政处罚。

三、对公安、交通、城管、工商等部门已经发现的有无照营运行为和为无照营运提供条件行为的人员,应当自本通告发布之日起30日内,主动到有关部门接受处理;对没有发现的有无照营运行为和为无照营运提供条件行为的人员,主动终止违法行为的,可以不予追究。

四、禁止三轮摩托车无照上路行驶,或者进入管制区域,或者无照驾驶;禁止人力客运三轮车未经登记无牌照上路行驶,或者进入管制区域;禁止残疾人专用车未经登记无牌照上路行驶,或者非残疾人违法驾驶残疾人专用车上路行驶。违反规定的,由公安交通管理部门依法予以处罚。

五、凡阻碍公安、交通、城管、工商等部门依法查处取缔客、货运输车辆无照营运行为和为无照营运提供条件的,构成违反治安管理规定的,由公安机关依照《中华人民共和国治安管理处罚法》予以处罚;构成犯罪的,依法追究刑事责任。

六、任何单位和个人有权向公安、交通、城管、工商等部门举报无照营运行为和为无照营运提供条件行为。有关部门接到举报后应当立即调查核实并依法处理。有关部门为举报人保密,并按照国家有关规定给予奖励。

举报电话:

北京市公安局:××××××××

北京市交通委员会:××××××××

北京市城市管理综合执法局:××××××××

北京市工商行政管理局:12315

北京市公安局

北京市交通委员会

北京市城市管理综合执法局

北京市工商行政管理局

二〇〇六年四月二十四日

【简评】 这是一则制约性通告,由"北京市公安局、北京市交通委员会、北京市城市管理综合执法局、北京市工商行政管理局"联合发文,主要事项是关于"依法查处取缔客货运输车辆无照营运"。这类通告一般具有法规性,要求有关组织和人员严格遵守而且要由行政领导机关来发布。本则通告也是一事一文,中心明确,结构严密,层次清楚,语言简洁、庄重。

第五节　通报　通知

一、通报

（一）通报的概念

通报是国家机关、社会团体、企事业单位用于表彰先进、批评错误、传达重要精神、交流重要情况时使用的公文。一般属下行文。但是，有时也用来向同级机关和不相隶属的机关，甚至上级机关（用抄报的方式）传达某一重要事项或信息。因此，也可属平行文或上行文。这种文种比较灵活，使用频率较高。

通报是宣传教育性公文。其主要作用是表彰先进，批评错误，传达重要信息，用个别典型教育广大群众，使广大群众统一认识。通报的种类很多，主要有表彰性通报、批评性通报、情况通报、事故通报。目前使用较多的是批评性通报。

（二）通报的特点

1. 典型性

典型性是通报最重要的特点，通报的事项，不论是正面或反面的，必须具有一定的典型意义。

2. 教育性

通报的作用重在通过提供典型，使下级机关及员工提高思想认识，自觉有所依循，有所为或有所不为。通报注重其内容的教育性，提出的各项规定侧重于知照性、法规性，所以，通报注重其内容的教育性，提出的各项规定或要求，具有一定的指导性。

3. 针对性

通报的内容着眼于当前形势，选取工作中具有典型意义的事件和人物或具有普遍意义的重要情况，有针对性地总结经验教训，加以宣传推广，改进和推动各项工作。所以，为了达到通报的目的，通报必须具有很强的针对性。

4. 事理性

通报以叙述事实为主，辅以议论，这是通报写法上的突出特点，也是通报与类似文种如通知、通告的主要区别。通报的内容无论是社会实践中的先进经验、反面教训或是情况反映，都要对事件进行完整的叙述，以事实说话，同时还要进行一定的分析评论，指出问题的实质。只有这样，才能起到启发、引导、教育人们的作用。

（三）通报的结构与内容

通报一般由标题、正文、结尾、落款四个部分组成。

1. 标题

标题有三种形式：一是"制发机关＋事由＋文种"，这是完整的、标准的公文标题；二是"事由＋文种"，写明发文事由和文种，省去制发机关；三是只出现"通报"二字，省去制发机关和发文事由。使用第二、第三种标题的通报都必须在落款处写明制发机关的名称。

2. 正文

正文是通报的主体和核心部分，其写法应视通报内容的实际情况而定。一般来说，正文由开头、主体两部分组成。

开头。首先写明制发通报的缘由，即为什么要制发这个通报。

主体。写明通报的事项，即介绍值得表彰或者要批评的具体事实，并进行必要的分析，得出必要的结论。一般分为三部分来写：先介绍情况，接着分析原因，指出意义或者危害，最后提出要求。

3. 结尾

结尾写明有关的态度和决定。比如，属于表彰性的通报，可以写明给予表彰的荣誉称号或奖励；属于批评性的通报，可以写明应吸取的教训，并提出希望要求；属于情况性通报，一般无此类结尾。有的通报正文只概括地写几句，把通报的事项、决定作为附件印发。

4. 落款

落款包括制发机关和日期。在正文的右下角写明制发通报机关的名称。如果在标题中已经写明制发机关名称的，可以省略。制发机关下面写明制发此通报的日期。

（四）通报写作应注意的事项

(1)坚持以事实为依据。对通报的事实一定要核对清楚，实事求是。通报是以叙述为主，用事实说话，分析情况时要观点鲜明，评价要恰如其分。

(2)选取典型事例。通报的事件、问题、经验等，一定要具有普遍的教育意义和指导作用，这样才能增强通报的说服力。

(3)行文要及时有效。通报的实践性极强，写作要及时迅速，方便指导当前工作，切实起到表彰、教育下属的作用。

例文 13

关于表彰政府系统 2008 年度优秀信息工作单位、
优秀信息工作者和优秀信息员的通报

津政办发〔2009〕29 号

各区、县人民政府，各委、局，各直属单位：

2008 年，全市政府系统各级信息部门和广大信息工作者坚持以邓小平理论和"三个代表"重要思想为指导,深入贯彻落实科学发展观,围绕市委九届三次全会确定的"一二三四五六"的奋斗目标和工作思路,加大信息报送力度,及时、准确地向市人民政府报送信息,为各级领导了解情况、科学决策、指导工作发挥了重要参谋助手作用,为我市经济社会又好又快发展作出积极贡献。

为总结经验,鼓励先进,根据市人民政府2008年度信息采用情况,决定对市农委办公室等59个优秀信息工作单位和卢瑞忠等60名优秀信息工作者及张兆海等56名优秀信息员予以通报表彰。

希望受表彰的单位和个人在新的一年里,扎实工作,坚持创新,戒骄戒躁,争取更大成绩。全市政府系统各单位要向受表彰的单位和个人学习,按照胡锦涛总书记提出的"两个走在全国前列""一个排头兵"的重要要求和市委、市政府的工作部署,不断增强责任感和紧迫感,进一步转变观念、创新思路、自加压力、狠抓落实,精心组织好全年的政务信息工作,不断提高信息工作质量和水平,努力开创政务信息工作新局面,为完成保增长渡难关上水平的各项工作任务、实现我市科学发展和谐发展率先发展作出新的贡献。

附件:1.2008年度优秀信息工作单位名单
    2.2008年度优秀信息工作者名单
    3.2008年度优秀信息员名单

天津市人民政府办公厅
二〇〇九年三月九日

【简评】 这是一则表扬性通报。表扬性通报是用于对先进人物、先进事迹进行表彰,推广其经验,树立学习榜样,激发人们的工作热情和积极性。本则通报是天津市人民政府为了表彰政府系统2008年度优秀信息工作单位、优秀信息工作者和优秀信息员的通报。文章格式规范、内容具体、语言简练、短小精悍。

二、通知

(一)通知的概念

通知是发布法规和规章、批转下级机关公文、转发上级机关和不相隶属机关的公文、传达要求下级机关办理和需要周知或者执行事项的公文。

通知的职能包括两个方面:一是部署工作。"发布"是发文机关自己提出的;"传达"是上级机关提出的,发文机关予以转发。这两种事项,对下级机关来说,均需执行;对有关单位来说,有的需要执行,有的则是周知,即普遍知晓。二是中转公文。"批转"指发文机关转发下级机关拟制的公文;"转发"的对象更宽泛,既有上级机关的公文,也有不相隶属机关的公文。

通知是以处理日常事务为内容而时效性较强的公文,它的使用范围广,使用频率高。

(二)通知的种类

通知可分为告知性通知、颁发性通知、转发性通知、指示性通知、批示性通知、批转性通知、发布性通知、知照性通知、事项性通知、任免性通知、会议通知、紧急通知等。

(三)通知的特点

1. 多样性

通知是党政机关公文中功能最多的文种,它可以用来发布法规规章、传达指示、布置工作、批转转发文件、晓谕事项、任免人员等。

2. 广泛性

与其他的下行文相比,通知应用的范围更广,可以用于平级或不相隶属机关行文。如果有需要,还可以两个或两个以上机关联合向各自的下属单位行文。并且可以因需要在报纸、电视、广播、网络上发布,发文形式较为多样。

3. 灵活性

对于不同类型的通知,它的写作形式也是不相同的。有的篇幅较短、有的篇幅较长、有的内容简单明了、有的层次繁多。

(四)通知的结构与内容

通知一般由标题、主送机关、正文、落款四个部分构成。

1. 标题

通知的标题有三种形式:"制发机关+事由+文种""事由+文种""文种"。

2. 主送机关

通知必须有明确的阅知对象,在标题下、正文前顶格写受文单位或个人。

3. 正文

正文是通知的核心部分,包括通知的缘由、通知事项、通知要求三部分。

通知的缘由是通知的导语,要写明制发通知的理由、目的、依据或情况。在通知的缘由和通知事项之间常用"特通知如下""现通知如下""现将有关事项通知如下"等语过渡。

通知事项是要求主要受文机关承办、执行和应予知晓的事项。如果通知的事项较多,一般采用条款式写法,将有关事项逐一列出来。内容不复杂的,也可以用段落式写法。

通知要求是对执行本通知提出希望和要求,有的通知也可以没有这部分内容。

4. 落款

在正文右下方写上发文机关名称和日期。

(五)通知写作应注意的事项

(1)通知的内容要清楚。通知是使用范围非常广的一个文种,在某些方面与命令、指示、决定、通报、通告、意见、函等又有着相似之处,因此容易被混用。

(2)注意通知的语言风格。通知一般使用的语言是事务语体,这一语体习惯用语较多,特别注重语言的准确性,不能产生歧义。

(3)运用适当的表达方法。通知的标题、目的、要求,应该用说明式的方法进行表述,按照事务本身所有的顺序、依照事务的性质和类别进行说明,要明白、清晰。

例文 14

中共中央办公厅　国务院办公厅
转发《国家发展和改革委员会关于一季度经济形势汇报》的通知

各省、自治区、直辖市党委和人民政府,中央和国家机关各部委,解放军各总部、各大单位,各人民团体:

党中央、国务院同意《国家发展和改革委员会关于一季度经济形势汇报》,现转发给你们,请认真贯彻落实。

去年下半年以来,面对国际经济金融形势的急剧变化,党中央、国务院及时果断实施积极的财政政策和适度宽松的货币政策,出台了进一步扩大内需、促进经济平稳较快发展的一揽子计划。从目前情况看,政策措施初见成效,经济运行出现积极变化,内需增长势头良好,一些领域下行趋势有所遏制,市场信心有所恢复,社会预期有所改善,形势比预料的要好。这表明中央关于今年经济工作的方针政策是完全正确的,出台的一系列宏观调控措施是及时有力有效的,各地区各部门贯彻中央的决策部署是得力的。

同时也要清醒地看到,国际金融危机还在发展和蔓延,对我国经济的影响还在加深,虽然我国经济运行出现了一些积极变化,但基础尚不稳固,外部需求持续萎缩,进出口形势十分严峻,一些行业产能过剩,就业困难增加,经济下行压力仍然较大。

我们既要看到经济社会发展的有利条件和积极因素,又要充分估计面临形势的复杂性和严峻性,决不能盲目乐观、掉以轻心,宁可把困难和风险看得重一些,把应对危机的时间估计得长一些,把政策举措准备得充分一些。

我们一定要全面贯彻党的十七大精神,坚持以邓小平理论和"三个代表"重要思想为指导,深入贯彻落实科学发展观,按照中央确定的方针政策和决策部署，坚定信心，迎难而上，突出重点，扎实工作，努力推动经济社会又好又快发展。要坚定不移地贯彻执行积极的财政政策和适度宽松的货币政策，全面落实中央关于进一步扩大内需、促进经济平稳较快发展的一揽子计划，加快制定已出台政策的实施细则，做好各项政策之间的衔接，把宏观调控政策充分发挥出来。要根据经济运行情况和政策实施效果，及时充实和完善各项政策措施，注重用改革的办法破解发展难题，不断解决经济发展中遇到的新情况新问题。要密切关注国内外经济走势，加强对经济运行的监测预警分析，抓紧储备性政策的研究，做好应对更为严峻复杂局面的预案。要进一步转变工作作风，深入一线，调查研究，切实从本地区本部门本单位的实际出发，创造性地开展工作。要牢固树立全局观念，加强协调，密切配合，提高效率，切实履行好各自职责，努力做好当前经济工作。

各地区各部门贯彻落实情况，请及时报告党中央、国务院。

中共中央办公厅
国务院办公厅
二〇〇九年四月十九日

【简评】 这是一则转发性通知。这类通知是用来转发上级机关、同级机关和不相隶属机关的通知。本通知发布的目的和要求非常明确，要素齐全，由标题、主送机关、正文、发文机关及成文日期四部分构成。正文缘由和事项部分写得条理清楚、层次分明、简明扼要、文字精练。

第六节　函　会议纪要

一、函

（一）函的概念

函是平行机关或不相隶属机关之间相互商洽工作、询问和答复问题、请求批准事项时使用的文种。函是平行公文，一般不具有指挥性或指示性作用，但是如果是上下级机关之间联系工作，询问、答复或是通知某些政策性问题时，也往往会使用函，这时函则具有一定的指挥性和指示性作用。

在公文的应用中，函的用途是比较广泛的。函既可以在平行机关及不相隶属机关之间使用，也可以在上下级机关之间使用。

(二)函的特点

1. 灵活性

函对制发机关的资格要求较为宽松,一般不限制制发机关。函涉及的内容比较广泛且格式灵活。

2. 实用性

函适用于商洽、询问、答复等工作,而不需要在原则、意义上进行过多阐述且用途广泛,因此,函更具有实用性的特点。

3. 平等性

函主要用于不相隶属行政机关之间,因此在函中要体现双方平等沟通的关系,即使是向有关部门请求批准,由于双方不是隶属关系,也不能使用请示和批复,只能用函。

(三)函的结构与内容

函一般包括标题、发文字号、主送机关、正文、结束语、落款六个部分。

1. 标题

函的标题可分为两种形式:一种是"制发机关+事由+文种",在实际运用中,这种形式更为常见;另一种是"事由+文种"。

2. 发文字号

函要有正规的发文字号,具体的写作方法与一般公文相同,为"机关代字+年号+顺序号"组成。大机关的函,可以直接将"函"字写在发文字号中。

3. 主送机关

多数函的行文对象是明确的、单一的,因此,函的主送机关只有一个,如果有时内容涉及的部门较多,也可以有多个主送机关的情况。

4. 正文

正文的开头部分要写明发函的缘由,开头部分结束时,常常用一些习惯性语言转入下一部分。如"现将有关情况说明如下"等。

正文的主体部分是函的核心,主要写明致函的事项,包括商洽、询问和答复问题,向有关部门提请批准事项。如果内容较多,可以分条列明。但事项内容必须单一,一函一事,行文要直陈其事。

正文的结尾部分一般用礼貌性语言向对方提出希望或请求等。

5. 结束语

函的结束语适宜用致意性的语言,根据发函事由的不同,一般选择不同的结束语。如"特此函商""特此函询""特此函告""致以敬礼""谨致谢忱""为盼""为荷"等。

6. 落款

函的落款包括署名和发文时间,公函要加盖公章。

(四)函写作应注意的事项

(1)格式规范。由于函是正式公文,因此,必须具备公文的规范格式,不能把函当成公务信件来撰写。

(2)言简意赅。函的行文要直陈事项、开门见山,以简洁的文字将需要商洽、询问、答复、申请、知照的事项明确表达出来。

(3)分寸拿捏得当。函是国家行政机关的正式公文,有它的法定权威性,因此发文单位要郑重其事,行文不能率性而为,发文单位应该郑重对待、公事公办。在语言上要大方得体,讲求礼节。涉外公函或不相隶属机关之间的公函,必要时还要使用尊称与致意性词语。

例文15

关于商洽委托代培涉外秘书人员的函

××大学文学院:

　　随着人才流动制度的启动,我厅部分秘书人员先后调整到很多涉外部门工作,新近上岗的秘书人员缺乏专门的涉外秘书知识,业务素质亟待提高。据报载,贵院将于今年9月起开办涉外秘书培训班,系统讲授涉外秘书业务、公关礼仪、实用文书写作等课程。这个培训项目为我厅新上岗的涉外秘书人员提供一个难得的在职进修机会。为了尽快提高我厅涉外秘书人员的从业素质,我们拟选派8名在岗秘书人员随该班进修学习,委托贵院代培。有关代培费用以及其他相关经费,我厅将按时如数拨付。

　　如蒙慨允,即请函复为盼。

××省外贸厅(印章)
二〇一四年五月十五日

【简评】 这是一则商洽委托代培涉外秘书人员的商洽函。由标题、主送机关、正文、发文机关以及成文日期构成,符合"函"的写作格式。

这则商洽函分两个层次:第一个层次介绍了本厅在岗秘书人员素质亟待提高这个事实。第二个层次提出了商洽事项:为了尽快提高我厅涉外秘书人员的从业素质,我们拟选派8名在岗秘书人员随该班进修学习,委托贵院代培。末尾一句"如蒙慨允,即请函复为盼",客气谦和,既有礼貌,又表示商洽之意,可谓用语得体规范。

二、会议纪要

(一)会议纪要的概念

会议纪要是在会议后,根据会议记录、会议文件等材料所撰写的传达会议议定事项和主要精神,需要与会单位共同遵守执行的公文。

会议纪要是一种实录性公文,是在对会议讨论的事项加以归纳、整理的基础上,提纲挈领地将会议主要内容反映出来的公文文种。除能够起到通报会议精神的作用外,上报上级机关的会议纪要往往还能起到反映情况、汇报工作的作用;下发下级机关的会议纪要,往往具有统一认识、指导工作的作用;抄送平行机关或不相隶属机关的会议纪要,则能起到交流信息、沟通情况、知照事项的作用。

会议纪要在行文关系上,可采取转发(印发)或直接发出的形式,类似于通知,发给下级机关贯彻执行;也可以报送上级机关,类似于会议情况报告,向上级作出反映;还可以发给平级有关机关,类似于公函,使对方知晓,沟通情况。

(二)会议纪要的特点

1. 纪实性

会议纪要是根据会议的宗旨、议程、决议等整理而成的公文,它是对会议主要内容的纪实。会议纪要的撰写者,不能改动会议议定的事项,更不能随意改动会议上达成的共识和形成的决定。除此之外,撰写者也不能对会议内容进行评论。会议纪要的纪实性特点,使得它具有凭证作用和资料文献价值。

2. 概括性

会议纪要并不是把会议的所有内容都原原本本记录下来,它要有所综合、有所概括、有所选择、有所强调。会议纪要重点说明会议的主要参加者、基本议程,与会者有哪些主要观点,最后达成了什么共识,形成了什么决定或决议,不必事无巨细一律照录。所以,会议纪要在会议后期甚至会议结束之后通过概括整理才能写出,而不像会议记录那样随会议的进行而产生。

3. 指导性

除凭证作用、资料作用之外,多数会议纪要具有指导工作的作用。它要传达会议情况、会议精神,要求与会单位和相关部门以此为依据展开工作,落实会议的议定事项。

(三)会议纪要的结构与内容

会议纪要通常由标题、正文、落款三部分构成。

1. 标题

标题有三种方式:一是"制发机关+会议名称+文种";二是"会议名称+文种";三是"主副标题"。

会议纪要应在标题的下方标注成文日期,位置居中,并用括号括起。作为文件下发的会议纪要应在版头部分标注文号,行文单位和成文日期在文末落款(加盖印章)。

2. 正文

正文一般由三部分组成。

开头部分主要是指会议概况,包括会议时间、地点、名称、主持人、与会人员、基本议程、会议主要议程、讨论的主要问题等。

主体部分是会议纪要的核心。主要指会议的精神、议定事项、会议上达成的共识、会议对与会单位布置的工作和提出的要求、会议上各种主要观点与争鸣情况等。常务会、办公会、日常工作例会的纪要,一般包括会议内容、议定事项,有的还可以概述议定事项的意义。工作会议、专业会议和座谈会的纪要,往往还要写出经验、做法、今后工作的意见、措施和要求。

结尾部分主要是对会议的总结、发言评价和主持人的要求或发出的号召、提出的要求等。一般会议纪要不需要写结束语,主体部分写完就结束。

3. 落款

如果前文未在标题或题下标示中注明制发单位名称和制发日期,要在正文后署名。有的会议纪要不署名。

(四)会议纪要写作应注意的事项

(1)要做好材料的积累工作。做好会议记录,是撰写会议纪要的基础工作,会议记录也是会议纪要的材料来源。

(2)要整体把握内容。在对基本材料进行整理、取舍的基础上,要精心构思,整理出会议纪要的基本框架结构,列出各部分的简要写作纲目,并注意将会议进行中的新情况,及时列入有关纲目。构思、酝酿成熟之后,再进行起草,一气呵成,然后反复修改、定稿。

(3)要抓住中心、突出主题。善于整理、归纳出会议的中心内容,不能多个中心,不能面面俱到。会议主要精神部分,是对会议主要精神和议定事项的系统整理、集中反映,也是会后要求有关单位贯彻落实会议精神的法定依据。概括会议主要精神,实际上就是要传达与会者的共识。

(4)要条理清晰。会议纪要的写作要有条理,逻辑性要强,观点要鲜明,对于问题的概括要完整,不能以偏概全。要抓观点、抓结论、抓落实。会议纪要的内容要真实;要表达准确,突出重点,简明精练,切忌将会议纪要写成会议决议,也切忌将会议纪要写成会议记录。

例文 16

中国资源生物技术与糖工程学术研讨会会议纪要

为迎接生物技术第三次浪潮的到来,由中国微生物学会基础微生物学专业委员会主办,山东大学微生物技术国家重点实验室和山东微生物学会联合承办的中国资源生物技术与糖工程学术研讨会于 2007 年 7 月 14~17 日在山东威海市召开。

中国微生物学会副理事长、基础微生物学专业委员会主任委员、山东大学生命学院院长曲音波教授主持了本次会议的开幕式。山东大学李建军副书记致欢迎辞,对各位专家学者的到来表示热烈欢迎并预祝大会圆满成功。国家科技部基础司司长张先恩研究员代表科技部向大会表示祝贺,并向大家介绍了我国未来科学技术工作将遵循"自主创新,跨越发展,支撑发展,引领未来"的指导方针。中国生物学会理事长、中科院生物技术专家委员会主任委员、中科院新药专家委员会副主任委员、国家"863"生物技术领域专家委员会委员杨胜利院士代表中国微生物学会发言。

参加本次全国会议的代表共有三百余人,分别来自全国二十多个省、市自治区和直辖市。大会收到应征论文161篇。内容包括三个方面:工业生物技术、糖工程技术、生物能源开发技术等。

出席此次会议的知名专家杨胜利院士、赵国屏院士、邓子新院士、陈坚教授、曹竹安教授、马延和研究员、谭天伟教授、祁庆生教授、冯雁教授、任海或博士、刘德华教授、社昱光研究员、曲音波教授、金城研究员、叶新山教授、王晓辉博士、王鹏教授等17人在大会上作了特邀学术报告,另安排有38个大会报告和小组讨论会。

大会交流了继2005年第一届中国资源生物技术与糖工程研讨会召开以后的两年时间内,我国在生物资源开发和糖工程技术方面的研究进展及国外在该领域的研究动态。会议代表对本次研讨会的召开给予了充分肯定,认为随着国际原油价格的持续攀升和资源的日渐趋紧,石油供给压力空前增大,生物产业的经济和环保意义更加明显,积极稳步全面推进和发展生物能源和生物化工产业的条件和时机日趋成熟。

这次会议得到了诺维信(中国)公司、山东龙力生物技术有限公司等单位的赞助,在此对他们表示衷心的感谢。

【简评】 这是一则格式规范的会议纪要。标题简明扼要,点明会议名称。导言部分使用鱼贯式写法,介绍了会议的名称、时间、地点、主办单位、参加人员等。主体部分介绍此次会议的主要议题和主要精神,准确反映了会议的真实情况和基本精神。内容具体、结构严谨、眉目清楚、语言简洁。

单元思考与练习

一、填空题

1. 行政机关的公文种类主要有_____、_____、_____、_____、_____、

_____、_____、_____、_____、_____、_____、_____、_____。

2.命令(令)的特点是_____、_____、_____。

3.意见的种类有_____、_____、_____、_____、_____。

4.请示一般由_____、_____、_____、_____部分组成。

5.批复写作的注意事项是_____、_____、_____。

6.通报的种类可分为_____、_____、_____、_____。

二、简答题

1.公告的概念是什么？

2.通报的特点有哪些？根据你的理解,谈谈通报和通知的区别。

3.撰写请示的注意事项有哪些？

4.什么是报告？报告和请示有哪些异同？

三、写作训练题

请认真阅读该函,找出此函中出现的问题,并进行修改。

关于商洽×××通知调动工作事宜的函

××××制造厂：

　　我校××学院××系×××同志,××年从××××大学××专业本科毕业,分配到我校任教师以来,工作认真负责,教学、×科研都取得了显著成绩,于××年被聘为讲师。

　　该同志一人单身在我校工作,家庭的其他成员全部住在你市,其妻×××同志在贵厂工作。不但夫妻分居两地,且母亲体弱多病,子女年龄较小需要人照顾。根据该同志多次申请,经我校领导研究,为解决×××同志夫妻两地分居并照顾家庭存在的特殊困难,我校同意该同志调往贵厂工作的要求。现特致函与你们商洽,并请尽快函复。若贵厂同意考虑×××同志的这一要求,接到你们复函后我们即将该同志的档案寄给你们审查。

××大学人事处
××年×月×日

第二章 事务文书

第一节 事务文书概述

一、事务文书的概念与作用

"事务文书"这一说法在秘书学界被"炒"得相当火,并且在教科书中陆续出现,有时被编成独立的章节以凸显其地位的重要。

事务文书是机关团体、企事业单位以及个人在处理日常事务时用来沟通信息、交流思想、安排工作、总结得失、探讨问题的实用型文体,是应用写作的重要组成部分。事务文书属于广义的公文范畴是因为这类文书处理的日常事务亦为公务。但是它与狭义的公文(党政机关公文)又有区别,它们的区别在于:一是事务文书无统一规定的文本格式,而公文有严格的文本格式;二是事务文书不能单独作为文件发文,需要时只能作为公文的附件行文;三是事务文书必要时可向社会公开,也可为社会提供新闻线索(如简报)或通过传媒进行宣传(如经验性总结、调查报告等)。

事务文书的作用是多方面的,归纳起来,主要体现在以下几个方面:一是贯彻政策,指导工作;二是沟通情况,联系工作;三是积累经验,提供资料;四是宣传教育,统一认识。

事务文书应用范围很广,种类很多,是日常工作中使用频率最高的文书,所以又称为"基础文书"。

二、事务文书的特点

(一)事务性与简便性

事务文书具有快速传递信息等性能,这和新闻相近。其中有些文种,只要稍微改动,即可成为新闻。比如,有些会议开幕式的简报,稍稍变动一下就可以作为消息见报;而有些文种,如计划、总结等,也可以直接在报纸、广播上报道或公布。

(二)适合对象和读者范围的特定性

事务文书与新闻的不同在于新闻是直接面向全社会的,而事务文书有自己特定的适用范围和读者对象。换句话说,它只在机关内部或一定机关体系范围内使用,每一事务文书不仅有特定的读者对象,也有它使用的目的。如传递信息、推广经验的简报,有发放范围,这份简报报给哪些领导、送到哪些有关部门、发给哪些下属单位,都有明确规定,但并不面向社会。

(三)作用效能上的参考性与引导性

与正式公文相比,事务文书没有法定的权威性,不具有强制执行作用。如一份介绍经验的简报、总结,没有必要非要人家学不可,只对有关部门的工作起到参考性或引导性作用。有些事务文书只是通报信息或情报,并不是正式行文。如某简报写了某次会上批评或表扬了某人某事,不等于说就是通报批评或通报表扬。

(四)写作上的灵活性

事务文书和公文相比,没有规定的格式,因而写作上要灵活得多。可以说,它是机关应用文中最为自由、最易发挥写作水平、最具创造性的一类,因为它不必固守格式、不用专门的公文语汇。

三、写好事务文书的意义

事务文书在机关工作中具有基础意义和不可替代的作用,因而写好事务文书具有重要意义。

(1)事务文书是机关基础工作的一个方面。机关基础工作就是办实事、解决具体问题,要搞好工作就要在各机关之间或机关内部进行沟通、联系,从而使整个机关体系正常有序运转。事务文书就是处理日常事务,进行日常联系、沟通的重要工具,没有它,工作就难以进行,它对机关工作效率有着直接影响。

(2)事务文书为机关决策提供基础信息。事务文书为决策或修订决策提供基础和依据。它除按正式决策精神办事外,主要是提供信息和情况,或作为决策反馈,或作为"准决策"(如正式批准前的计划)而听取意见和反映。

(3)事务文书是机关文字工作的基础。由于使用多、写作灵活,因而写事务文书也是练笔、练基本功的好机会。它不仅有助于提高写作能力,而且可以积累经验,提高整个工作能力和领导能力,改进机关作风。

第二节　计　划

计划像一座桥梁,连接我们现在所处的位置和你未来想要去的地方。同样的,计划也是连接目标和行动的桥梁。没有计划,目标就难以实现。计划对于人生来说相当重要,"凡事预则立,不预则废"说的就是有计划的人生事半功倍,没有计划的人生杂乱无章。计划在人们的日常工作、学习、生活中起着重要作用。

一、计划的概念与作用

在管理学中,计划具有两重含义:其一是计划工作,是指根据对组织外部环境与内部条件的分析,提出在未来一定时期内要达到的组织目标以及实现目标的方案途径。其二是计划形式,是指用文字和指标等形式所表述的组织以及组织内不同部门、不同成员,在未来一定时期内关于行动方向、内容和方式安排的管理事件。

计划有广义和狭义之分。广义的计划包括制订计划、执行计划和检查计划的执行情况。检查计划的执行情况实际上又属于管理的控制职能。计划为控制提供了标准,没有计划,控制就失去依据。因此,计划和控制就像剪刀的两个刃,必须同时使用才能达到有效管理的目的。狭义的计划就是指制订计划,即一个单位、部门或个人,对在一定时期内所要完成的工作或目标事先作出安排和打算的书面文书。本章的内容以狭义的计划为主。

计划的概念包括以下几个方面:

(1)计划首先涉及目标。没有目标,组织及其成员就不知道行动的方向和成果,就没有行动的动力。没有目标,就无法制订实施方案。

(2)计划是行动的依据。有了计划,各部门就有了各个时期的工作任务和工作重点。

(3)计划是为未来制订的。由于未来具有不确定性,因此,计划是以预测为基础,预测的准确性决定着计划的成败。

(4)计划是设计的产物。计划离不开计划制订者的思考、创新和决策行为。因此,计划制订者的能力和素质决定着计划的质量。

计划的主要内容常用"5W1H"来表示:

Why——为什么要做?即明确计划工作的原因和目的。

What——做什么?即明确所要进行的活动的内容及要求。

Who——谁去做?即规定由哪些部门和人员负责实施计划。

When——何时做?即规定计划中各项工作的起始时间和完成时间。

Where——何地做?即规定计划的实施地点。

How——怎么做?即制订实现计划的手段和措施。

总之,计划的根本目的,在于保证管理目标的实现。从事计划工作并使之有效发挥作用,就必须把握计划的性质。有了计划,工作就有了明确的目标和具体的步骤,就可以协调大家的行动,增强工作的主动性,减少盲目性,使工作有条不紊地进行。同时,计划本身又是对工作进度和质量的考核,对大家有较强的约束和督促作用。所以计划对工作既有指导作用,又有推动作用。

二、计划的特点与分类

(一)计划的特点

1. 预见性

这是计划最明显的特点之一。计划不是对已经形成的事实和状况的描述,而是在行动之前对行动的任务、目标、方法、措施所作出的预见性确认。但这种预想不是盲目的、空想的,而是以上级部门的规定和指示为指导,以本单位的实际条件为基础,以过去的成绩和问题为依据,对今后的发展趋势进行科学预测之后作出的。可以说,预见是否准确,决定了计划写作的成败。

2. 针对性

计划一是根据党和国家的方针政策、上级部门的工作安排和指示精神而定,二是针对本单位的工作任务、主客观条件和相应能力而定。总之,从实际出发制订的计划,才是有意义、有价值的计划。

3. 可行性

可行性是和预见性、针对性紧密联系在一起的,预见准确、针对性强的计划,在现实中才真正可行。如果目标定得过高、措施无法实施,这个计划就是空中楼阁;反过来,目标定得过低,措施方法都没有创见性,实现虽然容易,并不能因而取得有价值的成就,那也算不上有可行性。

4. 约束性

计划一经通过、批准或认定,在其所指向的范围内就具有约束作用,在这一范围内无论是集体还是个人都必须按计划的内容开展工作和活动,不得违背和拖延。

(二)计划的分类

计划的种类很多,可以按不同标准进行分类,标准不同分得的类型也不一样。主要分类标准有：计划的性质、范围、时间界限、明确性和抽象性等。但是依据这些分类标准进行划分，所得到的计划类型并不是相互独立的，而是密切联系的。

1. 按性质分

(1)工作计划。即机关、团体、企事业单位为进行工作而制订的计划。

(2)学习计划。即单位或个人为学习而制订的计划，包括政治理论学习计划、业务学习计划等。

(3)生产计划。即工矿企业、农村等为进行生产而制订的计划，包括产品产量计划、产品质量计划、产品品种计划、成本计划等。

(4)文体计划。即单位或个人为开展或进行文化娱乐和体育活动等而制订的计划。

2. 按范围分

(1)个人计划。如个人学习计划、个人工作计划等。

(2)单位计划。包括各个方面，如政治思想工作、生产业务工作、生活福利工作等。

3. 按时间分

(1)年度计划。即整个年内的生产、工作或学习计划。

(2)季度计划。即反映一个季度内要做的事情的计划。

(3)月度计划。即反映一个月内要做的事情的计划。

(4)短期计划。即上述年度、季度、月计划等。

(5)长期规划。凡三年以上的都叫长期规划。

三、计划的结构与内容

计划一般由标题、正文和落款三部分组成。

(一)标题

计划标题一般由单位名称、时间界限、事由和文种四个部分组成，如《合肥职业技术学院思政部 2016 年政治理论学习计划》；有的省去单位名称，如《2016 年政治学习计划》；有的省去时间，如《××学院党员轮训工作计划》；有的由事由和文种构成，如《业务考核计划》；有的甚至只写文种，如《计划》。

(二)正文

计划正文一般由前言、主体、结尾三部分组成，有的没有结尾部分。

前言。这是计划的开头部分。通常简明扼要地概述制订计划的指导思想、依据、意义、本单位情况及总目标等。

主体。包括任务、要求、措施、办法、步骤、时间等项内容。这部分是要求实施和随时对计划落实情况进行检查的依据。所以提出的任务、要求应当明确，完成任务的措施、办法、步骤、期限等要具体可行。

结尾。主要交代执行要求,同时提出希望、号召等,激励大家(或个人)去完成计划规定的任务,一般用一个段落完成。

(三)落款

落款包括署名和时间两个项目。署名写上制订计划的单位(单位要写规范的全称)或个人名称。标题中若已注明单位名称的,这里可以不写。时间写计划通过或批准的年、月、日期。有附件的计划,附件名称应置于正文之后,署名的左上方。

四、计划写作应注意的事项

(1)基础材料要准确。计划文书中的设想是建立在各种材料基础之上的,是科学的设想,符合客观事物发展的规律,并不是毫无根据的天方夜谭。因此,写作计划文书的各种基础材料,包括数据、信息、资源情况、历史资料等,一定要准确、真实,不能有假。如果以假材料为依据推出来设想,这样的设想将使规划、计划很难实现,还会造成重大失误。

(2)任务指标有余地。计划文书里所提出的任务、指标和各种措施要求,要实事求是,既不能脱离现实、好高骛远,也不能因循守旧、停滞不前。否则,不是保守,就是冒进。所以,无论是任务指标,还是措施,都应留有余地,允许有上升的空间。也就是说,在充分调动群众积极性的基础上,经过努力,计划可以实现和超额完成。

(3)使用朴实的语言。计划文书与总结、调查报告不同,不需要生动、形象的语言,也不需要很多的修辞方法,一般使用朴实、庄重的语言。因为计划文书的内容,都是要求人们未来做的,只有明白清楚,才能执行。所以,计划的语言要朴实无华,不能似是而非、模棱两可,特别是任务指标不能含糊,一定要清清楚楚,表达准确,这是计划文书对语言的要求。

例文 1

未来三年学习计划

一、个人基本情况分析

自××年师范毕业至今,工作8年,我一直从事着中学语文教学,在教育教学工作中,我能认真学习教育教学理论,学习其他教师之长,以补自己的不足。随着课改大潮的逐步深入,我发现,我的课堂好像缺少了什么,我想,这需要我不断反思。在工作中,我认认真真,尽心尽力地做好本职工作,但仍觉得自己的教科研能力还有待加强,再则由于工作环境与生活环境等方面的原因,自己的惰性也日渐显露,在这个人才济济的学校,我更是认识到自己教育理论、专业知识、基本功以及个人语文素养的不足,有待进一步提高。

二、近期个人发展目标

(1)树立终生学习的观念,不断提升自己的师德修养,学习教育教学理论,提升自己的语文素养。

(2)坚持每天读书,做到读书有体会,提高自己阅读的能力。

(3)重视对有效课堂的研究、实践,在探索、感悟、反思中不断提高自己的课堂驾驭能力,使自己成为一个学习型老师。

(4)利用现代化设备,借鉴网络资源,加强对教材体系的梳理,多看名师课堂实录,取他人之长,补己之短。

三、未来三年发展规划

(1)养成良好的阅读习惯,并力争自己的阅读心得或是教育随笔、论文等能在市或市级以上教育期刊发表。

(2)树立终生学习的观念,在不断的综合学习中提升自己的语文素养,成为一个有内涵的教师。

(3)关注高效课堂的研究和实践,并能成为有一定个性的教师,成为学生喜欢、家长放心、领导省心的教师。

(4)锻炼好自己,让自己的专业知识、基本功以及做人都达到一个全新高度,做一个真正的教育者。

四、具体措施

1. 养成天天阅读的好习惯。

随着朱永新教授新教育实验的不断深入,我真正认识到阅读的重要性。我不仅要阅读苏霍姆林斯基的《给老师的建议》、魏书生的《班主任工作漫谈》、朱永新的《新教育实验之梦》、陶行知的《教育名篇》以及众多教育名家的教育教学专著、专业报刊杂志外,我还将阅读巴金、冰心等国内名家的散文以及国外名著,以提升自己的品位,让自己成为一名有语文素养的教师。

积极主动地参与学习,能自觉吸纳新理念,摒弃旧观念。理论的学习,交流的碰撞,能使我们更好地认识自己,反思自己,改变自己,明确自己在课改中的责任和角色,懂得把专家的理念变成课堂的实践。

2. 做一个勇于课堂实践的老师。

课堂是老师能力检验的一个大舞台,认认真真上好每一节课,不仅是学生的需要,而且是教育发展的最终目标。发展教育就是要让老师的发展带动学生的发展。做一个科研型教师,不断实践、探索、总结自己的教育行为,把自己打造成一个科研型教师、学者型教师。

3. 坚持写"教学反思"。

教学反思是"老师专业发展和自我成长的核心因素"。坚持反思可以总结实践、升华经验,坚持每天写教学反思、教育随笔,可以提升自己的教育能力,并能有自己的研究方向,形成自己的研究课题。在成长中反思,在反思中成长。

4.加强基本功训练。

"三字一话一画"的教师基本功要不断练习,让自己成为学生的榜样,让学生"亲其师、信其道"。由于我的普通话水平不高,今后的学习中,我将重点加强这方面训练,以便更好地与学生交流。

5.利用现代化辅助教学。

由于一直处于农村中学,学校现代化配置不够,自己在这方面能力更是有待提高,这方面的欠缺也是我今后要重点加强的。

生动的课堂、全面的语文素养,都不是一日之功,我不敢奢望自己一下子成为特级教师,不敢奢望有自己的教育专著发表,但是"心有多大,舞台就有多大",我会一直朝着心中的梦想迎风起航,虽一路风风雨雨,但是我一定坚持不懈,争取早日成为语文教学能手。

【简评】 这是一篇规范的学习计划,标题部分包括时间界限、内容和文种三个要素;正文包括前言、主体和结尾三个部分。前言中主要交代自己的基本情况及为什么写这篇计划,即回答"为什么做"的问题。主体部分主要交代自己的奋斗目标、三年规划以及实现这些目标的具体措施。这部分主要回答"做什么"及"怎么做"的问题。最后一个自然段是结尾部分,表达自己的决心。内容清楚,层次分明,语言质朴。

例文 2

关于 2014 年档案管理工作计划

为进一步加强社区档案管理科学化、规范化建设,提高社区档案管理的整体水平,促进档案工作更好地为社区各项工作的开展服务,现结合上级街道办的相关要求,制订 2014 年档案管理工作计划。

一、指导思想

加强社区档案管理科学化、规范化建设,提高社区档案管理的整体水平,促进档案工作更好地为社区工作的开展提供保障。

二、目的

切实增强档案管理人员对档案管理工作重要性的认识,全面提高档案管理人员的综合素质,加强档案管理工作力度,逐步完善档案管理配套建设和信息网络化建设,加快档案管理现代化进程,保障档案管理工作的标准化、科学化、规范化顺利实施。

三、主要工作

1. 提高认识,加强对档案目标管理活动的领导。

社区档案是社区在财务管理、党政管理和其他各项活动中直接形成的,具有保存价值的文字、图表、实物、声像等各种形式与载体的文件材料的总和,是维护真实面貌的历史记录,是社区工作的有机组成部分,也是科学管理社区的重要基础。社区配备兼职档案管理人员,制订档案工作目标管理实施计划,确保今年档案管理工作顺利完成。

2. 加强硬件建设。

安装遮光窗帘、添置档案柜、除湿设备、温湿度计、灭火器。保持档案库房清洁、宽敞、明亮、通风,并达到防盗、防光、防尘、防潮、防鼠、防火、防腐、防高温等"八防"要求。

3. 规范操作程序,依法科学管理。

(1) 做好档案的收集工作。为防止文件在阅办过程中遗失,当文件送达承办人时,请承办人签字,共同承担文件及时、完整归档的责任。对一些特别重要的文件采取先复印,再把复印件送交承办人的办法,然后由档案责任人负责查收交档案室存档。在交接过程中,全面清理资料,对散落在个人手头的资料由各办公室档案责任人负责,追缴资料,确保档案的收集既齐全又完整,避免资料遗失。

(2) 制订较为科学合理的分类方案。将档案分为文书档案、音像电子档案、实物档案几大类。将文书档案按年度—类目—级别—保管期限进行分类,以不同期限按党群类、行政事务类、财务类等进行排列,根据分类方案和保管期限,切实做好平时的立卷工作。

(3) 认真做好日常的档案管理。各类档案、资料按类别整齐地存放在不同档案箱内。按要求建立健全宗卷、档案交接登记簿、销毁登记簿、资料定期检查登记簿、档案利用效果登记簿、档案移交统计等多种账簿。

(4) 加强对档案管理人员的培训。档案管理人员要参加教育局档案管理业务培训,档案管理人员平时的工作要有计划、有措施、有成效。

四、提高认识,强化管理

组织档案管理人员认真学习《中华人民共和国档案法》《中华人民共和国保守国家秘密法》等有关档案方面法律法规,以加强档案管理人员对档案管理工作的认识。健全和完善档案的信息化管理,使之更好地为社会和群众服务,并将档案工作纳入全局长期工作计划,确定档案管理工作的地位。同时建立和完善档案管理各项规章制度及各环节岗位责任制度,明确分管领导和档案管理工作人员的责任。另外,进一步加强档案管理人员的业务培训,强化档案管理人员的业务技能和工作水平,为实现档案管理网络化、标准化、科学化、规范化做好基础性工作。

【简评】 这是一则工作计划。标题部分包括时间界限、内容和文种三个方面。正文由前言、主体两个部分组成。前言部分交代写作本计划的目的。主体部分包括制订本计划的指导思想、为实现本计划所要做的主要工作,以及对档案管理人员提出的希望和要求。结构完整,行文规范。

第三节　总　结

一、总结的概念与作用

总结是机关、团体、企事业单位以及个人对规定时限内的某项工作、学习或思想情况加以回顾、分析和研究,肯定成绩,找出问题,得出经验教训,摸索事物的发展规律,用于指导下一阶段工作的一种书面文体。它所要解决和回答的中心问题,不是某一时期要做什么,如何去做,做到什么程度的问题,而是对某种工作实施结果的总鉴定和总结论,是对以往工作实践的一种理性认识。

总结是做好各项工作的重要环节。通过它,可以全面、系统地了解以往的工作情况;可以正确认识以往工作中的优缺点;可以明确下一步工作的方向,少走弯路,少犯错误,提高工作效率。

总结还是认识世界的重要手段,是由感性认识上升到理性认识的必经之路。通过总结,使零星的、肤浅的、表面的感性认识上升到全面的、系统的、本质的理性认识上来,寻找出工作和事物发展的规律,从而掌握并运用这些规律。毛泽东同志曾指出:领导者的责任,就是不断指出斗争的方向,规定斗争的任务,而且必须总结具体经验,向群众传播这一经验,使正确的获得推广,错误的不致重犯。

常用的小结、体会实际上也是总结,只是它所反映的内容较简单和经验不够成熟,时间较短,范围较小而已。

二、总结的特点与分类

(一)总结的特点

总结的特点主要表现在以下四个方面:

1. 实践性

总结首先要回顾实践或工作的全过程。自身的实践,尤其是典型事例和确凿数据是一篇总结得出正确结论的基础。

2. 经验性

总结旨在把实践中的成功经验归纳出来,把教训分解出来,从而对工作做出正确估计,得出科学结论,以增强工作的自觉性和主动性。但总结所反映的对象一般又只限于本地区、本部门、本单位特定时限内的工作实践,由本单位撰写,并采用第一人称叙述,因而得出的经验亦带有较强的个性特色。

3. 说理性

总结不仅要陈述工作情况,而且要揭示理性认识。能否进行理性分析,找出带有规律性的东西,是衡量一篇总结写得好坏的重要标准。找出带有规律性的东西,用以指导今后的工作,就是总结的实质。

4. 简明性

总结往往作概括叙述,而不必具体描写;作简要说明,而不必旁征博引;作直接议论,而不必多方论证。

(二)总结的分类

从性质、内容、范围、时间等角度可划分不同类型的总结。

根据性质的不同,可以把总结分为综合总结和专题总结两种。综合总结又称全面总结,它是对某一时期各项工作的全面回顾和检查,进而总结经验、教训。专题总结是对某项工作或某方面问题进行专项总结,尤以总结推广成功经验为多见。

根据内容的不同,可以把总结分为工作总结、生产总结、学习总结、教学总结、会议总结等。

根据范围的不同,可以把总结分为全国性总结、地区性总结、部门性总结、本单位总结、班组总结等。

根据时间的不同,可以把总结分为月总结、季总结、年度总结、阶段性总结等。

三、总结的结构与内容

总结由标题、正文、落款三个部分组成。

(一)标题

总结的标题有多种形式,常见的是由单位名称、时间、主要内容、文种四个部分组成,如《××市财政局1999年工作总结》《××厂2000年上半年工作总结》《××年第一学期教师工作总结》。有的总结标题中不出现单位名称,如《创先争优活动总结》《1999年教学工作总结》;有的总结标题只是内容的概括,并不标明"总结"字样,但一看内容就知道是总结,如《一年来的谈判及前途》《走活三步棋,选好一把手》等。

还有的总结采用双标题。正标题点明文章的主旨或重心,副标题具体说明文章的内容和文种,如《构建农民进入市场的新机制——运城麦棉产区发展农村经济的实践与总结》《加强医德修养 树立医疗新风——南方医院惠侨科精神文明建设的经验》。

(二)正文

总结的正文由前言、主体、结尾三部分组成。

1. 前言

即正文的开头,一般简明扼要地概述基本情况,交代背景,点明主旨或说明成绩,为主体内容的展开作必要的铺垫。例如:

群众富不富,关键在支部;干部强不强,关键在班长。能否选配好支部"一把手",是加强农村基层党组织建设的关键。工作中,我们积极围绕支部班子建设这个重点,紧紧抓住配好支部书记这个关键,着力走好"选人""育人""用人"三步棋,努力把工作引向深入。

2. 主体

这是总结的核心部分,其内容包括做法和体会、成绩和问题、经验和教训等。这部分要求在全面回顾工作情况的基础上,深刻、透彻地分析取得成绩的原因、条件、做法,以及存在问题的根源和教训,揭示工作中带有规律性的东西。回顾要全面,分析要透彻。

不同类型的总结,内容侧重点不同,全面性总结的主体包括两个层次,即成绩和经验、存在的问题和教训。对于一般的工作总结,重点放在成绩和经验上。

总结主体部分常见的结构形态有三种:

(1)纵式结构。就是按照事物或实践活动的过程安排内容。写作时,把总结所包括的时间划分为几个阶段,按时间顺序分别叙述每个阶段的成绩、做法、经验、体会。这种写法的好处是事物发展或社会活动的全过程清楚明白。

(2)横式结构。按事实性质和规律的不同分门别类地依次展开内容,使各层次之间呈现相互并列的态势。这种写法的优点是各层次的内容鲜明集中。

(3)纵横式结构。安排内容时,既考虑时间的先后顺序,体现事物的发展过程,又注意内容的逻辑联系,从几个方面总结经验教训。这种写法多数先采用纵式结构,写事物发展各个阶段的情况或问题,然后用横式结构总结经验或教训。

主体部分的外部形式,有贯通式、小标题式、序数式三种情况。贯通式适用于篇幅短小、内容单纯的总结。它像一篇短文,全文之中不用外部标志来显示层次。小标题式将主体部分分为若干层次,每层次加一个概括核心内容的小标题,重心突出,条理清楚。序数式也将主体分为若干层次,各层用"一、二、三……"的序号排列,层次一目了然。

3. 结尾

结尾可以概述全文,可以说明好经验的效果,可以提出今后努力的方向或改进意见。例如：

通过上述工作，促使支部书记和班子整体作用的发挥。不少村支部书记提出"任职一届、致富一方"，也出现了一批舍小家、顾大家的支部书记先进典型。

（三）落款

落款包括署名和时间两项内容。如果标题中已有署名，这里可不再写。

四、总结写作应注意的事项

(1) 要有实事求是的态度。工作总结中，常常出现两种倾向：一种是好大喜功，搞浮夸，只讲成绩，不谈问题；另一种是将总结写成"检讨书"，把工作说得一无是处。这两种都不是实事求是的态度。总结要如实地、一分为二地分析、评价自己的工作，对成绩，不要夸大；对问题，不要轻描淡写。

(2) 要写得有理论价值。一方面，要抓主要矛盾，无论谈成绩或存在的问题，都不要面面俱到。另一方面，对主要矛盾要进行深入细致的分析，谈成绩要写清怎么做的，为什么这样做，效果如何，经验是什么；谈存在的问题，要写清是什么问题，为什么会出现这种问题，其性质是什么，教训是什么。这样的总结，才能对前一阶段的工作有所反思，并由感性认识上升到理性认识。

(3) 要用第一人称。即要从本单位、本部门的角度来撰写。表达方式以叙述、议论为主，说明为辅，可以夹叙夹议。

(4) 要注意总结的受众，即总结的阅览者或使用者。总结的第一受众是总结的写作者，它首先帮助写作者认识所总结的经验与教训、成绩与过失。但总结还应照顾总结的其他受众。比如，技术员工的总结，如果其主要受众是不懂技术的市场人员或其他领导，那么在总结过程中，应尽量使用阅览者能够看得懂的语言，而非纯技术性的术语。再如，同是一篇部门经理的部门工作总结，其使用的语言既要考虑本部门员工的知情范围（如公司财务机密等），又要考虑上级经理的知情范围，甚至要分开来写。

写好总结，须勤于思索，善于总结。总结中，须对工作的失误等有个正确认识，勇于承认错误，可以形成批评与自我批评的优良作风。要写好总结，须从以往的工作实际出发，进行调查研究。总之，写好总结是非常重要的，但也是非常困难的。难度主要表现在两方面：一是总（过去的工作），二是结（工作的经验、教训、规律）。要正确处理好两者关系，总是结的依据，结是总的概括。

例文3

新闻传播学院工会2009年工作总结

工会的基本职能有四项：一是维护职能，即维护职工的合法权益；二是建设职能，即动员职工参加建设和改革；三是参与职能，即组织职工参与民主管理；四是教育职能，帮助职工提高思想文化素质。

根据工会法和××外国语大学工会工作要求,新闻传播学院工会进行了工作回顾,现总结如下:

一、维护职能。在院党组织的领导下,积极维护教职工的合法权益。定期召开教代会,学院内涉及重大教职工权益的有关工作或福利政策,须经教代会通过。日常注意听取和收集教职工的意见,涉及职工权益的,与有关部门沟通并及时给教职工以答复。工会主席代表教职工的利益,积极参加学院院务委员会会议,在委员会中站在教职工的立场发表意见,参与决策。

二、建设职能和参与职能。积极动员职工参加学院各项建设,在教学、科研和学院文化建设方面做了一些工作。协助学院组织两次教学和学生工作沙龙,发动教职工对教学和学生工作进行反思,找出薄弱环节和问题,提出积极的建议。在学期开始阶段组织一次,提出问题和建议;在学期结束时再组织一次,进行总结。开展一次学院的校友返校活动,策划建立一个校友交流平台,听取已经毕业的校友对我院教学和学生工作的意见。

三、教育和桥梁纽带作用。协助学院党总支,积极组织学院教职工的学习活动,邀请有关专家为教职工开展讲座,积极进行文化活动,提高学院教职工的总体素质。发挥纽带作用,有两个方面:一是作教职工和学院之间的纽带,一是作教职工之间的纽带,消除相互间的误解,避免摩擦,加强沟通和理解。为此,工会在平时要注意发现问题,及时沟通解决问题,此外还组织学院教职工集体的文化娱乐活动,创造交流机会、搭建沟通平台。安排了两次活动,一是在学期开始时,举办一次聚餐会,一是在元旦时按惯例,组织学院的"忘年会",集体迎接新年。此外,积极组织学院体育健身活动,进行乒乓球比赛、羽毛球比赛等。

四、职工福利和送温暖活动。根据年节和季节,协助学院发放相关的福利物品和奖金。春秋两季组织职工的疗休养活动。对生病和生育的职工积极关心,进行探望和慰问。

【简评】 这是一篇工作总结。从内容上看,标题是由单位名称、时间、内容和文种四个部分组成。正文部分首先交代工会的四大职能:即维护职能、建设职能、参与职能、教育职能;接着分别从这四个职能入手回顾新闻传播学院工会2009年所做的工作。从结构上看,这篇总结采用的是横式结构,正文部分的几点属于并列关系。总之,该总结虽然篇幅较短,但是能按总结结构的要求行文。

例文 4

大学生学习总结

不知不觉,大学生涯已近落幕,离别懵懂,行将接受的是事实的考验。

一个人的价值表现在其对社会的奉献多少,而在大学期间我也始终在挑战自我,激发潜力,让自己更能自主自强,为今后更多地回报社会奠定坚实的基础。

  首先是学习上,在学习本专业理论知识的同时也在每一次的实训中熟悉掌握了相关技能。在现在的网络时期还利用周末时光学会了操作办公软件、photoshop、网站营销及其基础设计等。除此之外,天天都会浏览课外书籍,对古代文学和心理学颇感兴趣。

  其次是在生活中,严格要求自己,生活作风谨严,生活习惯良好。爱好唱歌也爱运动。而且我是个助人为乐、平易近人、老实取信、落拓不羁的人,所以一直以来都与老师、同窗们相处得很融洽。

  而在工作方面,我担任了系学生会副主席一职,从中学会了做事要顾全大局,留神细节,要应用团队力量及合作精神,创新思维不按部就班。对各项活动我踊跃主动,不辞辛苦,责任心强,并通过这些活动锻炼了自己的交际和口才表达能力。

  放假期间,我加入过各种社会实践活动,从婚博会的礼节人员到药交会的工作职员,做过TCL的推广和LG的特工等诸多兼职。这些都让我看到更多的生活百态,丰富了自己的阅历,为我今后步入社会打下了良好的基础。

  对于即将毕业的我来说,我很欣慰,也充满信心,面对未知的未来,我已作好充分准备。武则天引领兵荒马乱,花木兰勇敢替父参军,在这细节决定成败的社会,谁能说女子不如男?不管以后从事何种工作,我都会全力以赴,发奋学习,勇往直前,更好地实现我的人生价值!

【简评】 现在很多大学生不知道如何写学习总结,这是一篇不错的范文。这篇范文首先说明大学生涯即将落幕,继而对大学四年学习生活进行回顾,主要从学习、生活、工作以及假期的社会实践活动等方面进行回顾。最后表达了自己今后努力的方向和决心。文章虽短,但基本能按总结的要求行文。

第四节 规章制度

一、规章制度的概念与作用

  规章制度是国家机关、社会团体、企事业单位或人民群众为了管理的需要而制订的对一定范围内有关工作、活动和人们的行为作出规范要求并具有约束力的公务文书。规章制度是用人单位制订的组织劳动过程和进行劳动管理的规则、制度的总和。也称为内部劳动规则，是单位内部的"法律"。规章制度内容广泛，包括用人单位经营管理的各个方面。根据1997年11月劳动部颁发的《劳动部关于对新开办用人单位实行劳动规章制度备案制度的通知》，规章制度主要包括：劳动合同管理、工资管理、社会保险福利待遇、工时休假、职工奖惩，以及其他劳动管理规定。

规章制度是具有特定约束力的规范性文书，它是为了确立人们的行为规范而产生的。不论制订者的权限大小，不论制约范围的广狭，不论使用什么名称，这类文书的制订目的或基本职能，都是为人们在一定的活动中指出行为准则，即应该做什么，不应该做什么，使人们在社会生活中有法可依、有章可循，职责分明，是非分明，赏罚分明，以保障大多数人的根本利益。总体而言，规章制度的作用具体表现在以下三个方面：一是建立秩序，维持社会活动的正常运转；二是加强管理，提高活动效率；三是明确标准，保证行为目标的质量。

用人单位制订规章制度，要严格执行国家法律、法规的规定，保障劳动者的劳动权益，督促劳动者履行劳动义务。制订规章制度应当体现权利与义务一致、奖励与惩罚结合，不得违反法律、法规的规定。否则，就会受到法律的制裁。

规章制度的制订程序关键是要保证制订出来的规章制度具有民主性和科学性的特点。规章制度的大多数内容与职工的权利密切相关，让广大职工参与规章制度的制订，可以有效地杜绝用人单位独断专行，防止用人单位利用规章制度侵犯劳动者的合法权益。

二、规章制度的特点与分类

（一）规章制度的特点

1. 约束性

规章制度明确规定了应该做什么，不应该做什么。它是人们的行为准则，一经生效，有关单位或个人就必须严格遵守或遵照执行。如果违反有关条款，就要受到相应处罚。

2. 权威性

规章制度的权威性来源于机关单位的权威性。规章制度的写作者是法定的，即依法能以自己的名义行使权利与承担义务的组织。规章制度是这些法定写作者根据自己的职责和权限制订的，是本级机关权力意志的反映。

3. 稳定性

规章制度既然是人们的行为准则，就不宜经常变动和修改，应具有相对稳定性。因此，不能将脱离实际的条文，属于临时性、个别性的问题，暂时还没有条件实行的问题引入规章制度。但并不是说规章制度是一成不变的，在条件成熟或环境发生变化的时候,我们应及时修改并加以完善。

(二)规章制度的分类

规章制度包括行政法规、章程、制度、公约四大类。不同的类别,反映不同的需要,适用于不同的范围,起着不同的作用。

1. 行政法规类

(1)条例。条例是具有法律性质的文件,是对有关法律、法令作辅助性、阐释性的说明和规定;是对国家或某一地区政治、经济、科技等领域的某些重大事项的管理和处置作出比较全面、系统的规定;是对某机关、组织的机构设置、组织办法、人员配备、任务职权、工作原则、工作秩序和法律责任作出规定或对某类专门人员的任务、职责、义务权利、奖惩作出系统规定。它的制发者是国家最高权力机关、最高行政机关(国务院各部委和地方人民政府制定的规章不得称"条例")。例如,《失业保险条例》《中华人民共和国人民币管理条例》。

(2)规定。规定是为实施贯彻有关法律、法令和条例,根据其规定和授权,对有关工作或事项作出局部的具体的规定。是法律、政策、方针的具体化形式,是处理问题的法则。主要用于明确对国家或某一地区政治、经济和社会发展的某一方面或某些重大事故的管理或限制。规定重在强制约束性。它的制发者是国务院各部委、各级人民政府及所属机构。例如,《关于制止低价倾销工业品的不正当价格行为的规定》《关于出版物上数字用法的试行规定》。

(3)办法。办法是对有关法令、条例、规章提出具体可行的实施措施;是对国家或某一地区政治、经济和社会发展的有关工作、有关事项的具体办理、实施提出切实可行的措施。办法重在可操作性。它的制发者是国务院各部委、各级人民政府及所属机构。例如,《南方工业学校班主任工作考核办法》《广东省普及九年制义务教育实施办法》。

(4)细则。细则是为实施"条例""规定""办法"作详细、具体或补充的规定,对贯彻方针、政策起具体说明和指导的作用。它的制发者是国务院各部委、各级人民政府及所属机关。例如,《〈对外汉语教师资格审定办法〉实施细则》《审批个人外汇申请施行细则》。

2. 章程类

章程是政府、社会团体和企事业单位用以说明该组织的宗旨、性质、组织原则、机构设置、职责范围等的纲领性文件,具有准则性与约束性作用。它的制发者是政党或社会团体。例如,《中国共产党章程》《中国写作学会章程》。

3. 制度类

(1)制度。制度是有关单位和部门制定的要求所属人员共同遵守的准则,是机单位对某项具体工作、具体事项制定的必须遵守的行为规范。它的制发者是机关团体、企事业单位及其部门。例如,《安全生产制度》《××地区环保局廉政制度》。

(2)规则。规则是机关单位为维护劳动纪律和公共利益而制订的要求大家遵守的关于工作原则、方法和手续等的条规。它的制发者是机关团体、企事业单位及其部门。例如,《全国安全生产委员会专家组工作规则》《南方工业学校图书馆借书规则》。

(3)规程。规程是生产单位或科研机构为了保证质量,使工作、试验、生产按程序进行而制订的一些具体规定。它的制发者是机关团体、企事业单位及其部门。例如,《车间操作规程》《计算机操作规程》。

(4)守则。守则是机关团体、企事业单位要求其成员遵守的行为准则,它倡导有关人员遵守一定的行为、品德规范。它的制发者是机关团体、企事业单位及其部门。例如,《全国职工守则》《汽车驾驶员守则》《高等学校学生守则》。

(5)须知。须知是有关单位、部门为了维护正常秩序,搞好某项具体活动,完成某项工作而制订的具有指导性、规定性的守则。它的制发者是有关单位、部门。例如,《观众须知》《参加演讲赛须知》。

4. 公约

公约是人民群众或社会团体经协商决议而制订出的共同遵守的准则。是人们为了维护公共秩序,经集体讨论,把约定要做的事情或不应做的事情,应该宣传的事情或必须反对的事情明确写成条文,作为共同遵守的事项。它的制发者是人民群众、社会团体。例如,《居民文明公约》《北京市各界人民拥军优属公约》。

三、规章制度的结构与内容

规章制度的种类很多,每一种格式的写法都有不同,不可能把各种规章制度归入一种结构模式。但各种规章制度格式的写法也有许多相同之处。一般来说,规章制度由标题、制发时间、正文、落款四部分构成。

(一)标题

规章制度的标题一般有两种形式:一种是"事由+文种",如《店堂广告管理暂行办法》;另一种是"制文机构名称(或施行范围名称)+事由+文种",如《中华人民共和国海关关于进出境旅客通关的规定》。

(二)制发时间

一般在标题之下用括号注明规章制度通过的年、月、日,或批准、公布的年、月、日。如《中国共产党机关公文处理条例》(中共中央办公厅1996年5月3日发布)。

(三)正文

规章制度的正文结构一般有两种形式:

1. 章条式

章条式即把规章制度的内容分成若干章,每章又分若干条。第一章是总则,中间各章叫分则,最后一章叫附则。总则一般写原则性、普遍性、共同性的内容,包括制订规章制度的目的、意义、依据、指导思想和适用原则、范围等。分则是规章制度的具体内容,通常按事物间的逻辑顺序,或按各部分内容的联系,或按工作活动以及惯例分条列项,集中编排。附则是对规范内容的补充说明,包括用语的解释和解释权、修改权、公布实施的时间等。

2. 条款式

条款式即只分条目不分章节,适用于内容比较简单的规章制度。一般开头说明缘由、目的、要求等,主体部分则分条列出规章制度的具体内容。其中第一条相当于章条式的总则,最后一条相当于附则的写法。

（四）落款

落款写上制发单位名称、具体时间。如标题中已有制发单位名称的,落款可不再署名。

四、规章制度写作应注意的事项

（1）体式的规范性。规章制度是用来规范人们言行的,它的制订与颁布都有严格的程序,它的写作编制也要体现严肃性。因此,写作规章制度一定要按照规范的格式,不能各行其是,自创一套。

（2）内容的科学性。规章制度在一定范围内、一定程度上具有法定效力,牵涉人们的切身利益,影响人们工作、生活的方方面面,所以编制规章制度一定要考虑周全,使规章制度的内容科学合理,切实可行。最好在写作规章制度前能深入了解实际情况,充分考虑普遍性与典型性,分析科学性与可行性,写作过程中要反复讨论研究,集思广益,使规章制度体现大多数人的利益及意愿。

（3）结构的条理性。为了便于人们理解、熟记与执行,规章制度要求条理清晰,简洁明了。所以规章制度在结构安排上要注意有层次性,层次应根据具体文种的内容需要而设置,可多可少。多的可以达到七级:编、章、节、目、条、款、项。最常见的由章、条、款三层组成。

（4）表述的严密性。规章制度是规范人们行为的依据,也是对人们工作、学习、生活等事项作出评判及处理的凭证,因此规章制度的语言表述要富于逻辑性、严密性,不能有漏洞,不能有歧义,否则会给执行带来困难。

例文 5

学校安全管理办公室职责

学校安全管理办公室是负责学校安全工作的职能部门,在学校领导班子领导下,安全办公室开展各项安全管理工作。

一、及时传达贯彻学校安全领导小组的工作要求,负责学生的安全教育和宣传。注重学生在校安全教育,加强遵纪守法、安全防范、饮食卫生和校规校纪教育。

二、建立健全安全管理规章制度,制订安全事故预防措施和突发事故抢险预案。

三、检查督促本部门所辖的安全工作落实情况。对学校的安全工作要有安排,有检查,有反馈,有整改。

四、定期开展校园安全检查,排查校园围墙、教学楼、大型体育器械、消防设施等安全隐患,落实整改措施,保证师生员工人身和财产安全,对本部门无力解决的问题如实上报学校安全领导小组研究解决。

五、做好学生集体活动的安全防范工作,实行学生集体活动报告制度。切实落实学生集体活动安全责任制。

六、定期组织全体师生开展各种安全逃生演练,确保在突发事件中能有效应对,力争将损失降至最低。

七、加强学生在校期间的安全管理,建立辅导员岗位责任制,对学生课间活动安全进行监督管理。

八、建立学校门卫管理制度,加强保安的管理,建立访客进出校园登记制度,学生上课期间离校登记制度。

九、发生突发事件时,要及时赶到现场,组织人力积极稳妥迅速地做好师生撤离,善后处理工作。

十、负责学校安全档案管理的工作,承担学校领导交办的其他工作。

【简评】 这是一则关于学校安全管理办公室职责的规章制度,标题包括制文机构名称+文种;正文采用的是条款式,只分条目不分章节,内容详尽,表述严密,结构合理。

例文 6

××市职业技术教育中心考勤制度

为使教育教学和学校的各项工作得到充分的保障,学校特制订《××市职业技术教育中心考勤制度》。

一、考勤审批权限

1. 全校教职工必须坚持坐班制,坚守工作岗位,遵守工作纪律,严格执行考勤制度。

2. 中层干部请假,3天以内由主管校长批准,3天以上由校长批准。

3.各专业部教职工(教师、班主任、教辅人员)请假3天以内由专业部主任批准(含3天),3天以上由主管校长批准;7天以上由校长批准。(3天以上病假需有市级以上医院的诊断书和证明。)

4.各处室干事请假3天以内(含3天)由处室主任批准,3天以上由主管校长批准;7天以上由校长批准。(3天以上病假需有市级以上医院的诊断书和证明。)

5.代表学校参加校外会议、学习等活动由领队人员负责考勤;学校例会、集会、升旗仪式等由学校办公室考勤;各专业部教职工大会、专业组、班主任会议等集体活动均由各专业部负责考勤,并将每月统计结果报办公室备案。

6.主管校长对各专业部、各处室考勤进行不定期抽查。

二、请假流程

1.请假必须事先履行请假手续,审批后有效,特殊情况应先打招呼,然后主动及时补假,假满必须办理销假手续或续假手续。

2.各专业部人员请假,必须亲自到各专业部主任处办理请假手续。

3.兼课的中层干部、教辅人员请假,在履行请假手续的同时,必须报所任课专业部主任批准。

4.凡学校安排外送学生实习就业、开会、学习、参加比赛等事宜的教师,因公事不能上课的,必须到办公室办理《因公外出登记表》,并在教务处备案。

5.对于各种请假,批准人必须作详细记录,做到严格要求,规范管理。

6.流程:各处室、各专业部每月统计并公示当月全勤人员名单,公示无异议后报办公室审核,校长审批后报财务处执行、人事干事备案。

三、考勤内容

1.上班:到校时间是8:00。

2.下班:按作息时间执行。

3.学校安排的晚值班工作、外派学习或参加活动、学校集会、升旗仪式、技能大赛等活动均计入考勤。

四、处罚规则

1.在规定的上班时间没有按时到岗即为迟到,在规定的下班时间前离岗即为早退。

2.上班时间内,没有请假而私自离校,达30分钟以上(含30分钟),按旷工处理。

3.凡上课铃声停后1分钟,教师未到教室者视为迟到;上课迟到15分钟记为缺课一节,不记课量;下课铃响前教师离开教学现场(课堂)视为早退。

4. 期中、期末考试期间,监考人员必须提前10分钟到各系部主任处签到,领取试卷,提前5分钟进考场,组织考场秩序。凡事先不请假、旷监考以及擅自更换考场造成误考事故的,按旷工一天对待。

5. 教工学习、开会或集体活动、周一升旗仪式等超过规定集合时间视为迟到,不到解散时间离开视为早退,未请假不到者视为旷工。

6. 不请假误课一节,按旷工一天对待。

7. 私自调课者双方均按旷工对待。

8. 上课期间教师不得以任何借口离开课堂或停止教学。否则,按旷工论处。

9. 不服从分配,在规定时间内不到位的按旷工对待。

五、对旷工、迟到、早退和请假的处理

1. 根据银人发〔2004〕265号文件,教职工一个月内连续请病假10天以上,请事假5天以上扣发当月月度奖金,病假10天以上,事假5天以上,每增加一天与第4~8条规定并列执行(病假需有市级以上医院的诊断书和证明)。

2. 病、事假1个月以上至3个月以内,除执行第1条外,扣发当月的误餐费和早餐费,不享受该学期的综合奖励。

3. 病、事假3个月以上至6个月以内,除执行第1条外,扣发当月的误餐费和早餐费,不享受全年的综合奖励。

4. 教师短期请假,请假1天扣20元(短期请假指病假10天以下,事假5天以下,下同),并扣误课费,当月扣清。

5. 没有任课的工作人员(含教辅及工勤人员),短期请假1天,扣15元,当月扣清。

6. 班主任、管理人员(中层、干事),短期请假1天,扣发当日岗位津贴,当月扣清。

7. 请假误监考一场扣20元。

8. 升旗仪式、政治学习,每缺1次扣20元。每学期累计缺5次,年终不能评为优秀等次,每学期累计缺席超过10次,年终考核为不合格。

9. 每月迟到、早退累计3次,扣20元,每学期累计10次,取消评优评先资格。

10. 上述条款未包括的内容,凡有上级文件规定的,按照文件执行,没有规定的,由校长办公会视具体情况决定。

六、说明

1. 连续请假期间的寒、暑假和节日计为请假天数。

2. 婚、丧、产假按国家规定执行。怀孕 8 个月以上(含 8 个月)或子女在哺乳期的女教工,实行弹性坐班制,但不得影响教学工作,不享受全勤奖和年终评优。

3. 考勤人员与统计人员要秉公办事,如实统计,不如实记录经查后按责任事故处理。

4. 对年龄在 50 岁以上的老教师的住院病假,患大病、重病住院的教职工,学校根据情况给予适当照顾。(按以上规定的 50%扣除)

5. 对女 50 岁以上、男 55 岁以上的教师课时量按正常量的 2/3 安排,并视为满量。

6. 对老、弱、病、残、孕教师,上下班可适当照顾,但必须经校长批准,学校大型活动如升旗、集会、政治学习必须参加。享受照顾的教职工不参加评优、不享受全勤奖。

7. 每月考勤结果自公布之日起,3 日内纠正误差,过时不候。

七、全勤奖标准

全勤奖:200 元/人。

【简评】 这是一则考勤制度,采用分条列项式。标题部分包括单位名称、内容和文种三方面。正文部分包括前言、主体两方面。前言部分主要介绍制订本规章制度的目的:为使教育教学和学校的各项工作得到充分的保障。主体部分分别从考勤审批权限、请假流程、考勤内容、处罚规则以及对旷工、迟到、早退和请假的处理诸方面进行阐述。内容具体详尽、合理,符合规章制度的写作要求。

第五节　调查报告

一、调查报告的概念与作用

调查报告是对典型问题、情况、事件的深入调查,经过分析、综合,揭示出客观规律的书面报告。它是根据特定的意图,经过调查研究写成的有情况、有分析的参考性文书。除用"调查报告""调查"的名称以外,以"考察报告""调查汇报""情况反映""情况介绍"命题的文章,或标注"调查与思考""信访调查""调查附记"等的文章,也属于调查报告。

调查报告是一种重要的公务文书,应用范围相当广泛。它虽不具有直接的行政效率,但被普遍视为"机关事务文书""管理应用文",因为它是经过认真调查研究的,提供的资料翔实、可靠,提出的意见中肯、切实,为领导决策工作和处理问题提供极为重要的帮助。因此,在机关文书中被视为有分量的材料,在新闻报道中被视为"重磅炸弹"。它可以为党的方针、政策的制定和修改提供有价值的第一手材料;为领导机关掌握情况、研究问题、进行科学决策提供依据;可以引导人们正确看待社会的热点、焦点问题,为两个文明建设服务;可以不断把新形势下的实践上升为理论,充实和发展建设有中国特色社会主义的理论宝库。

二、调查报告的特点

(一)针对性

调查报告应社会的实际需要而产生。在党和国家的各项方针、政策贯彻执行中,常常会出现新情况、新问题需要研究解决,也常常有好的经验需要推广,调查报告正是从这一客观需要出发,就现实工作急需解决的各种问题,有针对性地进行调查研究之后所作的书面回答。

(二)真实性

调查报告是为解决实际问题而撰写的,因此,客观事实是调查报告赖以存在的基础。写调查报告,从调查对象的确定到开展调查活动,从对问题的分析研究到提出解决问题的途径,都要以大量充分确凿的事实为依据。真实是调查报告的生命线。

(三)论理性

调查报告不同于一般文章,在于它是通过对大量材料的分析与综合,揭示出事物的客观规律。分析与综合的过程,揭示事物客观规律的过程,就是论理过程。由事论理,寓理论事,最后引出结论。

(四)典型性

调查报告的典型性表现在两个方面:一是调查对象典型;二是文章所运用的材料典型。好的调查报告不仅对调查对象总结工作、提高认识具有指导意义,而且对全局性工作具有现实意义和普遍的指导意义。

(五)时效性

调查报告回答的是当前工作中迫切需要解决的问题,它的时效性很强。因此,写调查报告,从调查研究到定稿的各个环节都要抓紧时间,否则,"时过境迁",就失去指导意义。

三、调查报告的分类

根据内容的不同,调查报告分为基本情况调查报告、新生事物调查报告、典型经验调查报告和揭露问题调查报告等。

(一)基本情况调查报告

基本情况调查报告就是关于某一领域、某一地区、某一单位或社会的某一方面基本情况的调查报告。

(二)新生事物调查报告

新生事物调查报告是及时向社会全面介绍某一新生事物的调查报告。通过揭示新生事物成长的规律及其产生的意义,向人们展示它的强大生命力,并通过预见性的判断推出它的发展趋势,达到指导工作的目的。

(三)典型经验调查报告

典型经验调查报告就是对某一地区或单位贯彻执行党和国家的方针、政策的典型经验进行总结、推广的调查报告。它不仅可以起到表彰先进、树立典型的作用,而且可以推广典型经验,用于指导面上的工作。

(四)揭露问题调查报告

揭露问题调查报告是对工作中发生的重大事故、出现的严重失误所写的调查报告。这种调查报告通过全面、深入、细致的调查,用确凿的事实说明事故或问题发生的原因、情况和结果,分析其产生的背景及性质,以澄清是非,查明真相,达到解决问题、批评教育、告诫人们吸取教训的目的。

四、调查报告的结构与内容

调查报告一般由标题和正文两部分组成。

(一)标题

调查报告的标题形式比较灵活,通常有两种构成形式:一种是单行标题,一种是双行标题。单行标题又分两种形式:一种是公文式标题,由事由和文种构成,如《关于邯郸钢铁总厂管理经验的调查报告》;另一种是内容概括式标题,如《联合之路就是生财之路》《湖南农民运动考察报告》。双行标题又叫主副式标题,由主标题和副标题构成,如《亏损企业的现状不容忽视——关于××市亏损企业的调查报告》。

(二)正文

正文一般包括导语、主体、结束语三个部分。

1. 导语

此为调查报告的开头部分,也称前言、导言。此部分需写明调查报告的意图、性质、时间、地点、对象,以及调查的范围和采用的调查方法。

2. 主体

这是调查报告的核心部分,也称正文。它一般包括三部分内容:

(1)情况部分。介绍调查所得到的基本情况,应注重用事实说话,统计数据要准确,文字简明,条理分明,也可兼用数字、表格、图示说明。

(2)分析部分。重点分析所调查事情或现象的产生背景、原因、实质,条分缕析,有事件有依据,抓住问题的实质、规律,揭示出其重要意义或危害性,给人留下深刻印象,提醒世人或领导注意。

(3)建议部分。通过分析,根据实际情况,提出解决问题的建议,为有关部门恰当处理提供参考。

主体部分在结构的安排上,主要有以下几种方式:一是纵式结构。按照事情发生、发展的先后顺序安排材料,即根据事件发展的先后次序或按调查的顺序安排结构层次。有些反映新生事物的调查报告即采用此种结构。有些揭露问题的调查报告,有时也要按调查的经过或事件本身演变的顺序反映。如果是针对某一件事情,通常可采用这种结构方式,如《某某贩卖毒品的犯罪调查》《某某公司不正当广告炒作的调查》。二是横式结构。即把调查得来的情况、经验、问题等,分成几个部分并列结构,分别冠以小标题或序号,从不同方面围绕全文中心叙述说明。这种结构多适用于反映情况、介绍经验或研究问题的调查报告。根据材料的内容、特点、性质的不同,进行分类处理,如果是针对某类社会现象,通常采用此种结构方式,如《关于中、小学实行强行补课的调查》《关于独生子女问题的调查》,社会调查报告一般立足于某类社会现象,故常采用这种结构方法。三是纵横式结构。将上述两种方法结合起来,但应确定以某种结构方式为主,另一种为辅的写作要求。四是逻辑结构。即按各部分内容之间内在的逻辑联系来安排结构。这种结构多适用于总结典型经验,并进行一定理论剖析的调查报告。五是逐点结构。即按调查的几个点或几个方面,分成几个相对独立的部分来安排结构。

3. 结束语

结束语即总结全文、深化主题、警策世人。有的也可在建议部分结全文。

五、调查报告写作应注意的问题

(1)目的明确,认真选择调查对象,制订调查计划。

(2)认真调查,搜集有关资料,注意材料的准确性、典型性。

(3)确立自己的观点、看法,但必须在尊重事实的基础上进行理性判断。

(4)实事求是,不夸张、不隐瞒实情,如实将调查到的情况写出来,注意突出重点,不必面面俱到。

(5)重点在于客观分析,在掌握事实的基础上分析,透过现象揭示本质、规律。

(6)讲求实效,贵在及时。

例文 7

赣南农村老年人赡养问题调查报告

【摘要】 伴随老龄化社会的到来,老年人这一群体组织不得不受到社会更多的关注。其中存在的老年人赡养问题更是越来越多地引起现代人的思考,特别是经济相对落后主要以"家庭赡养"为主的农村老年人的赡养问题。随着时间的推移,他们年老体衰,原来依靠体力劳动所享有的家庭经济地位逐步丧失,已不能自给自足,同时他们大多数既没有社保也没有低保,仅仅依靠传统的"养儿防老"来度过晚年。而当面对经济落后、家庭贫穷、道德意识不强等诸多问题时,他们往往连这仅有的依靠都得不到保证,由此导致赡养问题成为农村的一个社会问题。本文从赣南农村群众的老年人赡养法律意识现状切入,从子女、社会和老年人自身三个维度深入透析了当地群众老年人赡养法律意识不强的制约因素,最后从道德法律制度层面提出赡养老年人的建议和措施。

【关键词】 赣南农村 老年人赡养 法律意识

老年人作为一个庞大的社会群体,同时也是一个相对容易被忽视的社会群体。尽管社会在进步,但是,我们看到,无论在物质领域还是在精神领域,他们似乎都还是一个被社会边缘化的群体。老年人赡养作为一个社会问题已经凸显出来。赡养好老人,不仅是为当代老年人造福,也是为自己的未来铺路。

一、当地老年人赡养法律意识现状

通过调研,当前农村群众依法赡养老年人的法律素质可分为三种类型:一是法律通型;二是似懂非懂型;三是法盲型。

(一)法律通型

在所调研的几个村的部分村两委成员和普通群众共80人中,有17%的干部群众属法律通型的,他们主要是通过观看电视节目、阅读报纸、书籍,县、乡司法机关、公安机关组成的"法律讲师团"下村讲课来学习关于老年人赡养的法律知识。他们往往会用法律的知识武装、充实自己的头脑,法律通型的干部群众较善于用法律的武器维护自己的权益。其中还有5%的老年人会用法,与子女签订老年人赡养协议。

(二)似懂非懂型

在调研的120人中,有大约57%的属于这一类型。他们对老年人赡养的法律往往是一知半解,似懂非懂。他们获取法律知识的途径主要是通过别人说和评论。他们往往不轻易犯法,但不能更好地用法律的武器来维护自己的权益。

(三)法盲型

法盲型的干部群众对法律一点都不知道,这种人占26%。这种类型的人不懂什么是法,什么是违法,只知道自己做的是对的。

二、当地群众关于老年人赡养法律意识不强的制约因素

(一)子女的问题

1.子女经济紧张致使老年人赡养打折扣。

对于以务农为生的子女来说,由于目前农村劳动生产率低下,多数农民收入不高,很多家庭难以承受抚养孩子和赡养老人的双重压力。在现代家庭老年人已经失去支配地位的情况下,家庭赡养老人的质量大打折扣,这些人有的还在贫困线上挣扎,有的自己生活都成问题,根本无能力赡养自己的父母。

2.子女道德缺失造成老年人赡养丢弃。

随着老年人创造经济价值的能力降低、经济收入的下降,直接影响到他们在家中的地位。由于农村传统的"分家"习俗,有的子女就以分家不公为由拒绝赡养义务,甚至将履行赡养义务与分得家产挂钩,强调"多分多赡养,少分少赡养,不分不赡养";有的认为自己没有继承享用过"祖业"而不愿赡养父母;有的认为自己已成家立业,无须再依靠父母,因此对老人不闻不问,更谈不上赡养老人;有的外出打工长年不归,根本不管在家老人的事,老人又不知道子女的确切地址,即使打官司,也只能使法院要么无法立案,要么判决后难以执行;甚至有的认为父母体弱多病,实属累赘负担,不仅不从物质、精神方面给予关照,而且进行虐待、遗弃,致使老人有家难归。

3.子女责任不明产生老年人赡养推卸。

有的家庭子女多,经常为父母赡养问题相互扯皮,推卸责任。他们对老人实行"轮班坐庄"的赡养方式,老人像皮球似的被子女"踢来踢去",老人的生活都成问题,精神赡养就更谈不上。有的子女不顾老人的意愿,为显示"公平",将二老拆散,一个儿子负担一个老人的生老死葬。一方面,"老来伴"却被自己的子女判了"离婚",二老不仅在生活上被子女当作累赘,精神上也相当孤独苦闷;另一方面,一方老人先死亡,另一方老人长寿,于是该子女觉得负担太大,吃了亏,就要求由两方共同供养,于是兄弟姐妹间闹意见,老人遭了殃,两方都不赡养。因而无法靠自己解决晚年的生活保障问题,以致"养儿无法防老""三个和尚没水喝"成为普遍现象。

(二)社会的问题

1.农村社会养老体制不健全,养老方式单一落后。

绝大部分农村老人年轻时为了供子女上学、结婚、盖房,费尽了心血,没有为自己攒下任何养老的积蓄。而农村养老保险体制又不健全,老人大多没有经济来源,只有靠子女赡养,在经济上完全受制于子女,致使老人常常要看子女的脸色过日子。

2.宣传广度和深度不够。

宣传不够深入,边远地区和许多单位还有死角;此外,对宣传贯彻该法的长期性、艰巨性认识不足;再则,对在宣传中反映出来的一些问题,尚未进一步研究解决。这样,依法赡养老年人的意识必然不能深入地被人们理解和接受。

3.农村养老服务基础设施欠缺。

农村养老服务基础设施严重滞后于社会经济发展的步伐和人口老龄化的实际需求。一方面,法律对于违反该条款的行为的惩戒没有一个明确的界限尺度,特别是对不履行生活照料和精神慰藉义务的行为,很难用法律予以惩戒。另一方面,法律保护不到位,对老年人的特有权利法律规定不明确,导致遗弃、虐待老人的违法行为时有发生。

(三)老人自身的问题

1.老年人自我保护的法律意识不强。

有的老年人法制观念淡薄,观念陈旧。有的老年人不知道自己享有哪些合法权益,更不懂得如何去维护自己的权益。当合法权益受到侵害时,多数老年人不愿意诉诸法律,怕家丑外扬而忍气吞声。

2.分家不公酿成赡养苦果。

在子女成家后分家问题上,一些老人不注意维护自身权益,将家产全部分割给子女,自己今后的生活则完全由子女供养。有一些老人在处理诸如分家产、帮忙料理家务等事务中,或重子轻女,或重女轻子;或重小轻大,或重大轻小,从而导致子女对父母产生偏见,并把所得好处与赡养老人对等起来,形成多得好处多养老,少得好处少养老,不得好处不养老的格局。

三、对策及建议

1.要层层树立赡养老人的道德风尚。

必须把《中华人民共和国老年人权益保障法》列为普法工作的重点,使这部法律家喻户晓,深入人心。在解决农村老人赡养纠纷时,要多做说服教育工作,切勿草率处理,尽量促成当事人达成赡养共识,以减少社会治安隐患;要在社会上大力弘扬尊老敬老的传统美德,让子女们认识到赡养老人的重要性,自觉自愿地对老年人进行赡养。同时,教育老人和子女相互理解和支持,对赡养老人做得好的要大张旗鼓地进行表扬和奖励,对赡养老人做得不好的要进行谴责,甚至处罚。通过广泛开展创建文明乡村、文明家庭、争当文明村民活动,增强全民的敬老养老意识,让村民真正树立起尊重、关心、帮助老人的良好社会风尚。

2. 要逐步推行农村养老保险制度。

只要养老保险制度制订合理,农村完全能够从家庭养老过渡到合理的家庭与体制并重的养老。实行新型农村社会养老保险制度的推进,有利于破解城乡二元结构,有利于农村人口享有更多更为平等的社会权利。但是农民普惠式养老政策,仍需要相关法律的保驾护航。还必须加大农村养老事业的投入。通过制订和落实优惠政策、整合现有资源、鼓励和吸引社会力量投入农村养老服务事业。通过促进农村医疗卫生事业发展,完善农村医疗救助制度,扩大农村免费公共卫生服务,落实老有所医;通过大力发展多种形式的农村社区服务,使农村老人获得就近就便的社会服务。

3. 针对老年人是疾病多发群体,并且是医疗消费的最困难人群,应该在合作医疗制度中设置倾斜性资金。

针对老人"大病等死"的窘境,建立专项的"大病扶助基金",规定家庭和国家不同的出资比例,最大限度地实施人道主义,提高农村老年人的生活质量和生命尊严。当然,国家普惠式养老金只是提供了一个最基本的保障部分,仅靠这个还远远不够,重要的还是将惠及农民的社会保障建立健全起来,制度性养老才是根本问题,才能让农村老人幸福地安度晚年。

4. 要依法养老。

我国法律有着明确规定,"子女对父母有赡养扶助的义务"。这应该是相互和谐的一对关系,它随着法律制度的健全和社会文明程度的提高而提高。对屡教不改、不尽赡养义务的人可以视情节追究其民事和刑事责任,并可选择典型案例,通过公开审判,公开宣判,以案讲法的形式使农村青年知晓赡养老人是自己的义务,从而增强农村群众的法制观念和履行敬老养老义务的自觉性。

【简评】 这是一篇结构完整的社会调查报告。标题包括内容和文种两个方面。正文部分采用横式结构:首先调查当地老年人赡养法律意识现状,接着分析当地老年人赡养法律意识不强的制约因素,通过分析提出赡养老年人的建议和对策。这几个部分内容是并列的,分别以序号标出,从不同方面围绕全文中心叙述说明。结构严谨,条理清楚,内容翔实,是一篇规范的调查报告。

单元思考与练习

一、填空题

1. 事务文书是机关团体、企事业单位以及个人在处理日常事务时用来_____、_____、_____、_____探讨问题的实用型文体,是应用写作的重要组成部分。

2. 计划的主要内容常用"5W1H"来表示,即_____、_____、Who、_____、_____和 How。

3. 总结的特点主要表现在以下四个方面:_____、_____、_____、_____。

4. 规章制度是用人单位制订的组织劳动过程和进行劳动管理的规则、制度的总和,也称为内部劳动规则,是单位内部的"_____"。

5. 调查报告主要有以下几种结构形式:一是_____、二是_____、三是_____、四是_____、五是_____。

二、简答题

1. 简要说说计划与总结的异同点。

2. 撰写调查报告应注意哪些事项?

三、写作训练题

1. 如今,手机的使用越来越广泛,几乎是人手一部。手机的使用既给人们的生活和学习带来很多方便,又对人们的生活和学习造成很多干扰。请就大学校园学生使用手机情况作一调查,并写一份调查报告。

2. 认真阅读以下几幅图,请根据其内容写一份关于"玩"手机的危害的调查报告。

以后人们离婚的原因大部分是因为手机而不是婚外情。

现在跟很多朋友一起吃饭聊天,对方都在不停地微信、语音、自拍、刷屏,心不在焉!!!不由悲从心生,看别人不停地摆弄手机,自己也就得玩,否则气氛尴尬无比。

回到家也是如此景象,夫妻之间懒得交流,懒得倾听,各自忙着玩手机,所以我很认同下面这段话:百年前躺着吸鸦片,百年后躺着玩手机,姿态有着惊人的相似。

你可能没时间亲子,可能没时间尽孝,然而却花大把的时间捧着手机沉思、傻笑。

不知不觉中我们形成了一种可怕的习惯,早晨睁开眼第一件事是摸摸手机在哪里,晚上睡觉之前最后一件事还是玩手机,似乎离了手机就与世隔绝一般地孤独!!!

世界上最遥远的距离就是:我在你身边,而你却在玩手机!

第三章 日常文书

第一节 日常文书概述

一、日常文书的概念与作用

日常文书是人们在日常工作、学习和生活中,处理各种事务时所使用的具有规范样式的一种实用性文体。

日常文书使用广泛,与人们的生活息息相关,它所起的主要作用是传达信息、凭证记录、交流思想、沟通情感、解决问题等。

二、日常文书的特点与写作要求

(一)日常文书的特点

日常文书不同于文学性较强的文章,它不是以艺术审美来供人欣赏的,而是与生活和工作实际密切相关、供人实践应用的。

日常文书是一种内容丰富、形式多样的实用文体,其特点主要有以下几个方面:

1. 有特定的对象和行文目的

文学作品的对象模糊不清,写作者在写作时确立的读者对象是泛泛的,并没有特定的读者。而日常文书则不同,它的对象是十分明确的,写给谁看,行文者一清二楚。一般的书信类自不必说,就是条据、启事也是以其特定的读者为写作对象的。就写作目的而言,日常文书也是明确的,它就某一个事件为其主要内容,发文所希望达到什么样的结果也是明确的。日常文书写给谁,写些什么,达到怎样的效果,事先是已知道的。因此,日常文书写作是有明确读者对象的写作,也是为解决特定的实际问题的写作。它不能凭空想象,更不可以虚构,它要真实地向某一特定群体或某一特定个体传递信息,这种特定性,决定了它在文种的选择、材料的取舍、结构的安排、语言的运用上,都必须准确对路。

2. 有较为固定的格式

写作格式的固定是日常文书的显著特点。它是历史留传、人们习以为常、约定俗成的,任何人不可随意违反它的固定格式,否则就是不伦不类,就达不到日常文书的写作目的。当然随着社会的发展和进步,对于一些陈旧的约束人们思想甚至是反映封建尊卑压迫关系的繁文缛节的格式,我们要敢于突破,敢于创新。

3. 有较强的时效性

日常文书的时效性是指它的及时性及作用时间的有限性。及时性,是说它要在一定时限内完成写作任务、制作成文,延期则会影响作用的发挥,甚至贻误工作;作用时间的时限性,是说发生效用是有时间限制的,每篇日常文书只在一定时期内具有直接作用,等到目的实现,其效用也就会随之消失,如请假要先写请假条,到陌生单位办事要先出示介绍信等。

4. 语言要朴实、简明、准确、规范

日常文书不是文学作品,语言一般要求朴实、简明、准确、规范。说明清楚而不书面化;表达准确让人一看就懂,不拖泥带水,要条理清晰。日常文书无须作什么修饰,也要少用形容词或描述性句子,更不可用什么比拟或夸张等修辞方法。

(二)日常文书的写作要求

日常文书写作的基本要求,可以概括为"明确、完备、合式、得体"八个字。

1. 主旨明确

写一篇日常文书,不但要明确行文的目的与中心,明确为什么要写这篇文章,主要反映什么内容,而且要让读者能迅捷而准确地明白你行文的意图,了解你的观点、要求,了解你提出的主要问题,了解该文章所涉及的事务与关系。不能让读者在读了你的来文后仍不明不白,无法了解问题的主次轻重,甚至对发文者的意图、观点产生误解。

2. 内容要素完备

所谓内容要素,指的是一篇日常文书在处理事务、沟通关系上必不可少的内容要素。日常文书写作总是直接与具体的事务相联系,旨在解决工作、学习或生活中的某些具体问题,最讲究实现的效益。不同的日常文书有其不同的内容要素。即使是同一文体的日常文书,因处理的具体事务不同、写作目的不同等,其内容要素也会有所不同。因此我们写作日常文书,一定要从实际出发,考虑该篇日常文书有何非写不可、必不可少的内容,努力做到内容要素齐全完备。

3. 行文符合程式要求

日常文书要符合所有应用文体的程式要求。程式性是日常文书的又一大特点,它主要表现为具有一定的惯用格式。应用文书的格式大多是约定俗成的,不可随意添加或删减,犹如一部机器的零部件,少了一个零部件往往会影响机器的组装与正常运转。一篇日常文书的格式不对,会影响全局的完整性,影响日常文书正常的处理。

4. 语言要得体

所谓得体,就是得当、恰当。得体对于日常文书来说十分重要,因其往往直接影响日常文书处理事务、沟通关系的现实效益。

对得体的要求是多方面的,就日常文书写作而言,主要反映在三个方面:一是文体的选用方面,应根据行文目的和要求选用合适的文体;二是行文方面,主要指表达方式的运用与篇章结构的安排,前者指的是要根据文体的特点来正确运用表达方式,后者指的是篇章结构应适应文体的特点和要求;三是语言运用方面,要符合写作者在社会关系中的地位,要注意特定的场合与氛围,要做到协调和谐。语言色彩要符合特定的行文目的及内容性质的要求,要符合日常文书的语体要求,体现所用语体的个性。

第二节 常用条据

条据是我们在日常生活中经常使用的一类应用文,按内容和格式可分为两类:一是便条类,如请假条、留言条;二是凭据类,主要有借条、收条、领条、欠条等。

条据的应用极其广泛,在生活中起着非常重要的作用。其优点是写起来简便,看起来方便,寥寥数语而作用大。它是一类最简单的应用文,同学们大多会写,但千万不可因其简单而忽视它,因为它是在人与人的交往中,涉及信誉或钱物的凭证、依据。事实上,条据的写作也最容易出问题,一些同学常常因条据的写法不规范,被人小觑。

一、请假条与留言条

(一)请假条

请假条是因事或因病不能出勤,要向单位、组织或领导请求给予假期的便条。"请假条"相当于公文中的"请示",但比请示简便、灵活,格式可以不固定,也可以固定。请假必须事先向单位或领导写出书面说明,理由必须充分,要符合有关规章制度,有些请假条还须经过有关负责人的批准才能有效。

1. 请假条的结构与内容

一则请假条,通常由标题、称呼、正文、署名和日期四部分组成。

(1)标题。标题写"请假条"三个字,居中。

(2)称呼。称呼顶格写,后面加上冒号。

(3)正文。正文另起一行空两格,直接写请假的原因、起止时间。如有别的什么事要交代,可再另起一段。

正文的结尾,应写"请批准"三个字。然后另起一行空两格写"此致",再起一行顶格写"敬礼"(可写可不写)。

(4)署名和日期。署名写在正文右下方,写"请假人:某某某"或"学生:某某某",日期在最后,另起一行,写"××年×月×日"。

2. 请假条写作应注意的事项

(1)要写清楚请假的充分而真实的理由。

(2)称呼要亲切,用语要礼貌。

(3)如果是委托他人代写的请假条或是代他人写的请假条,应注意用叙述的语气委托他人代为请假,请假条上的叙事主体应以第三人称出现,并应写上代请假人的姓名,有的还要写明与请假人的关系。

(4)病假要附上医院证明。

例文1

请 假 条

李老师:

  我因重感冒,到医院看病,医生建议我休息。特向您请假二天(6月4、5日),望批准。

  此致

敬礼

  附:医生证明

学生:赵磊
2015年6月3日

【简评】 这是一则学生因病不能够上课写给老师的请假条,标题醒目,称呼亲切,正文把病因病情、不能按时上课的理由、请假的时间写得一清二楚,用语简洁而准确,同时表现了对老师的尊敬和礼貌,最后附上病历,使请假的理由更加充分。

(二)留言条

留言条的含义有狭义和广义之分,狭义上的留言条是指因故不能面谈而将有关事项简要写下来告知对方的便条,比如,父母上夜班时给尚未放学回家的孩子留言,告知他到哪儿去吃晚饭等;广义上的留言条是指用简短的语言写出自己要表达的信息,如网上留言、贺卡留言等。

走访别人未遇,多使用留言条。这种情况下,留言条一般要写明来访目的、未遇心情及希望与要求。如果以前没有交往,还要作自我介绍。临时有一活动邀请对方参加,而对方恰好不在,这时可以留条通知。有时替人接了电话不能当面转告,也可写个留言条。想请人代办某事,一时见不了面;有事不便当面谈,又必须让对方知道等都可以写留言条。留言条在内容上要求把要告知对方的事写清楚,让收条方看后清楚自己在什么时候,什么地方,要做什么事。

留言条从形式上分,有家庭留言、车站机场等公共场所的板上留言,还有贺卡留言、网上留言和手机短信留言等;从内容上分,有知启留言、寻访未遇留言、示爱(爱情、亲情、友情)留言、催讨留言、不便面谈的留言等。

1. 留言条的结构与内容

一则完整的留言条,一般包括标题、称呼、正文、落款四个部分。

(1)标题。标题,多用"留言条"三个字,居中,但多数时候不加标题,只写正文。

(2)称呼。称呼顶格写,后面加上冒号。称呼要亲切、礼貌,一般用尊称,如"李主任""王老师"等。

(3)正文。正文另起一行空两格,是留言条的主体部分,要用简明的语言写清楚留言的内容,好让对方一目了然。

(4)落款。落款包括署名和日期,写在右下方。署名可以是全名,也可以是小名或外号等。但必须让对方明确知道是谁;日期,有两种写法:一是写月、日、时、分;二是只写"即日"二字。

2. 留言条写作应注意的事项

(1)首先要交代清楚留言的内容,必要时要写明时间、地点、人物、事件,把要告知对方的事写清楚,让对方看后清楚自己在什么时候,什么地方,要做什么事。

(2)留言条写好后要放在显眼处,或放在桌子上,或贴在门上,或贴在车站、码头的留言栏内,也可托对方的家人、熟人或者门卫转交。

(3)字迹要清楚,容易辨认,这也是对对方尊重的一种体现。

例文 2

留 言 条

张老师:

您好!《现代汉语词典》买回来了,由于我还要急着去教室上课,不能久等,现将 9 本《现代汉语词典》和剩下的 3 元钱一并放在您的办公桌上,请查收。
　　　　此致
敬礼

　　　　　　　　　　　　您的学生：张惠
　　　　　　　　　　　　2016年3月2日

【简评】 这则留言条是学生替老师办事之后，因老师不在办公室所写的留言，目的是向老师说明情况。事件交代得清楚，语言简明，又很有礼貌，写作格式也很规范。

二、借条与收条

（一）借条

借条是指借个人或公家的现金或物品时写给对方的条子，它是一种凭证性文书。通常用于日常生活以及商业管理方面。从法律角度看，借条是表明债权债务关系的书面凭证，一般由债务人书写并签章，表明债务人已经欠下债权人借条注明金额的债务。钱或物品归还对方的时候，要把借条收回，借条就此作废，应销毁。

借条和欠条均是一种债权债务的凭证，但两者之间有很大的区别。借条是借款人向出借人出具的借款书面凭证，它证明双方之间的借款合同关系；而欠条是双方基于以前的经济往来而进行结算的一种结算依据，它实际上是双方对过往经济往来的结算，仅是代表一种纯粹的债权债务关系，并不代表借款合同关系。因此借款时宜写"借条"，而不宜写"欠条"，以免将来若发生诉讼需要解释欠款原因、用途的举证责任时，节外生枝。

1. 借条的结构与内容

借条的格式一般包括标题、正文、落款三个部分。

（1）标题。标题一定要写"借条"二字，居中。需要特别指出的是，"借条"标题切莫误写成"欠条"，借条是出借人向借用人或者借款人出具的表示出借某物或某款项的凭证，一般用来证明借用或者借款关系；欠条是债务人向债权人出具的表示尚欠某物或某款项的凭证，一般用来证明债权债务关系，虽然都是钱在别人那，但在法律上结果却是完全不同的。

（2）正文。正文是借条的核心内容，用"今借到"三个字领起下文。这部分一定要写清楚以下几方面内容：

一要正确书写出借人的身份证姓名，必要时还要写上出借人的身份证号码。

二要写清借什么，如果是钱，一定要写币种"人民币"而不能笼统写"钱"。

三要写清借多少，凡是涉及的数字，一律大写，如果是钱，大写数字后还需用小括号注明小写数字，使大小写的数字相一致，如"人民币五百元整（500.00元）"，如果大小写数额不一致，司法实践中会以大写金额为准。

四要写清为何而借,何时归还,如果钱款数额较大,还要注明还款方式,如利息等。

(3)落款。落款包括署名和日期,写在右下角。署名,有时需写明借款人的姓名和身份证号码,以免因重名而发生纠纷。日期在署名下面,另起一行。

2.借条写作应注意的事项

(1)借条最好是在A4纸上先将借款人的身份证正、反面复印在纸张的右下方,然后在上端书写借条,另外,注意:签字后最好请他(她)以右手大拇指(我国无论是法院还是律师在所进行的司法实践中都是严格执行右手大拇指)捺指印。

(2)字迹要清楚,最好用碳素笔写,保存时间长。借条不要用红笔写。

(3)要写清楚借款金额,包括大写和小写金额;写清楚借款和还款时间,包括借款的开始年月日和还款的具体年月日;要写清楚借款的利息,应有明确的年利率或月利率,最终应支付的借款利息总额(包括大写和小写金额)等约定。

(4)要有借款本人亲自签章、手印或亲笔书写的签字。

例文3

借 条

今借到××市星火中学木制学生座椅叁拾把,供我校表彰大会用,明日下午5时之前归还。

此据。

××市第三中学(公章)
经手人:李胜龙(签名)
2016年3月20日

【简评】 这则例文是单位对单位借物时所写的借条,标题明确,正文语言简明扼要,对方单位全称、所借物品名称、规格、数量、用途、归还时间一并俱全,最后有落款单位和经手人的签章。符合借条的写作要求。

(二)收条

收条是收到对方物品的时候,写给对方的一个书面凭证,以证明某个物品已经由对方交到你的手里。

收条又称为收据,无论收到钱,还是收到物品都可以开具收条。收条可以用来证实履行了交钱或物的合同义务。例如,甲、乙双方签订有买卖合同,在乙履行交付货款义务之后,甲方必须支付乙方货款,乙方在收到货款时则必须开具收条(收据或发票)给甲方收执。收条一般也附有基础合同,基础合同可以是买卖合同、承揽合同、运输合同等。

借条与收条的法律效力不同。借条的目的在于证实一种已单方履行的借款合同关系,借款时一定要打借条,不能用收条来代替。借条是一份简化了的借款合同,其法律后果是在当事人之间确立了债权债务关系,借款人应依照约定向出借人归还借款或物品,否则将承担相应的违约责任。收条与借条完全不同,单独的收条只能证明当事人之间发生了给付与收取财物的事实,但不能证明当事人之间存在债权债务关系,即收条并非是债的必然凭证。曾有这样一个案例:甲借钱给乙,乙开具了收条给甲收执。后来,乙不还钱,甲凭着收条把乙起诉到法院,乙不承认借钱一事。结果法院判决甲败诉。甲在此案中败诉的理由很简单,在乙不承认债务的情况下,单是一张收条是不能证实"乙欠甲的钱"。因此,收条和借条是不可以乱用的。

1. 收条的结构与内容

收条的格式和借条类似,也有标题、正文、落款三部分组成。

(1)标题。标题写"收条"二字,居中。

(2)正文。正文是收条的主体部分,要写清楚什么时候收到了谁送来的什么物品。如果该物品有什么特征、有什么计划中的用途,也要一并写清楚。凡是涉及多少的数字一律大写。

(3)落款。落款包括署名和日期,写在右下角。署名必须要由收物品的人签名。日期写年月日,另起一行。

2. 收条写作应注意的事项

(1)内容虽然简单,但要写清楚收到谁的什么东西,数量是多少,为何而收等事项。不但要写明物品的特征,还要用大写来表述数量。

(2)字迹要工整、清晰。

(3)要注意语句的应用,尽量避免出现模糊不清的语句,不要使用容易产生分歧的语言,简洁和语义单一的字据才是最标准的。

例文4

收　条

今收到计算机系全体同学送来的人民币伍仟元整(5000.00),是该系全体同学为玉树地震捐献的。等这次捐款活动结束,我们将各系的款项一起上交学院。

院学生会生活部:宋超
2012年1月12日

【简评】 这是一则收到捐款后经办人写给交款人的收条。标题醒目,正文中捐款单位名称、捐款事由、钱款数量以及收款原因都写得清楚明白,金额用大写并用小写注明,符合要求,结尾收款人的单位名称、姓名及开收条的时间也写得非常具体。内容简洁、清楚、准确、完整,格式也符合要求。

第三节　一般书信

　　书信是人们在日常生活中广泛使用的一种应用文体,是借助于书面文字表达情感、交流思想、传递信息的一种方式,也是个人与个人之间、个人与单位之间、单位与单位之间,用来联系工作或委托办理一定事务的交际工具。书信,也就是用书面的形式与对方谈话。

　　古往今来,书信在使用中形成了约定俗成的固定格式,在写作上也形成自身独特的风格。人们在日常生活中几乎离不开它,即使进入高科技时代,现代通讯技术也无法完全取代具有广泛用途和实用价值的书信。

　　一般书信是相对于专用书信而言的,是人们平常与身处异地的亲属、朋友、同学、同志之间相互联络感情、沟通情况或请托的私人信件。一般书信可分为两类:一类是家信,另一类是交往书信。

一、一般书信的结构与内容

　　一般书信的格式,包括称谓、问候语、正文、结尾语、署名与日期五个部分。

　　（一）称谓

　　书信的称谓又叫称呼。称谓要根据写信人与收信人的关系来确定。对特定的对方,称谓前可加上"敬爱的""尊敬的""亲爱的"等敬语,以示礼貌和尊重对方。称谓要顶格写在书信的第一行,称谓后面加上冒号。

　　（二）问候语

　　问候语写在称谓的下一行,空两格,可以独立成一小段。一般的问候语有"您好""你好"等。问候语后面加叹号。也可根据对方的不同情况,从节日、身体、工作、学习等方面问候,根据不同情况写不同的问候语。

　　（三）正文

　　正文是书信的主体部分,中心内容都写在这里。正文中的话要说清楚,做到表情达意,简明扼要。正文写在问候语的下一行,开头空两格。如果要写的事很多,可以分段一件事一件事地写;如果是回信,最好先写收到对方来信,然后回答来信中提出的问题或要办的事情,告诉对方有什么结果等。

　　（四）结尾语

　　结尾语又叫祝颂语,是正文写完之后,向收信人表达祝愿、敬意或勉励的结束语来收束全文。结尾语要根据对象的不同而有所不同:一般写"此致敬礼"即可;给长辈可写"敬祝健康";平辈可写"祝工作顺利""祝身体健康";给晚辈可写"愿你进步";如果是节日可写"祝贺节日快乐"等。结尾语的"祝""敬祝""此致"等可紧接正文写,也可独占一行,空两格写,"健康""快乐""敬礼"等要另起一行,顶格写。

(五)署名与日期

署名是写完结尾之后,签上写信人的名字,一般写在右下侧;如果是直行,就写在左下侧。署名也要看写信人与收信人的关系,它和称谓是对应的。信的最后要写明日期,写明日期可使对方了解你写信的时间。日期写在署名的后边或下边。

信写完后,如有补充,可补写在最后。一般先写"附",加上冒号;写完后再写"又及"两个字来说明。

二、一般书信写作应注意的事项

(一)要写得清楚明白,使对方一看就懂

写信是单方面谈话,不像当面拉家常那样,对方听不懂时,还可以解释说明,直至弄懂为止。因此,写信时,要告诉对方什么事情,要求对方办什么事情,或者回答对方什么问题,都要写得清楚明白,一目了然。要做到这一点,其实并不难,这就是:仍照日常说话一样,话怎么说,信就怎么写,朴实无华,本色本香;如果装模作样,堆砌辞藻,反而会显得不亲切、不诚恳,影响双方感情的交流,甚或因咬文嚼字,弄巧成拙,闹出笑话。我国著名语言学家王力先生健在时,一位青年同志在病床上给他写信,信中说:"我在弥留时给你写这封信。""弥留"是什么意思呢?是指病重得快要死了。难怪王力先生给这位青年回信时说:"你在弥留,应该是快要断气了,怎能写信呀!"

(二)要写得简洁利索,使对方一看就能抓住要领

书信的目的是最为明确的,或是相互问好,或是交流思想,或是传递信息,或是研讨问题,或是有事相托,等等。写信时,若不兜圈子,不说车轱辘话,而是开门见山,直抒胸臆,自然就会收到句无虚发、经济明快的效果。而且这种书信写起来,也会得心应手,对方看起来,定能心领神会。如果信的内容涉及面广,谈的问题也较多,像交流思想、研讨问题等,那么就和写文章一样,动笔之前,要想好先写什么,后写什么,并作出通篇的安排与布局,切不可语无伦次,信笔写来。

(三)要写得优美得体,使对方一看就深感真挚可亲

书信多是亲朋或同志之间的谈话。因此,书信的语言除简洁利索之外,还要注意道德风尚,讲究文明礼貌。这就要求我们在写信时所用的语言、语气要视不同对象、用途和内容而异。就对象而言,对长辈要谦恭;对平辈要尊重;对晚辈也要避免用教训的口吻;即使对犯有错误的人,也只能以理服人,而不能盛气凌人,更不能出口伤人。就内容而言,表示问候,要亲切热情;报喜祝贺,要热烈欢快;研讨问题,要心平气

和;请教求助,要谦虚诚恳;规劝教育,要以心换心,喻之以理,等等。同时,还要注意称呼、问候和致敬语的选用。

(四)书写要工整,字迹要清楚

字是书信这一特殊交际工具的辅助性工具。字写得正确工整与否,必然直接关系这封信能否发挥其交际效能。

写信应该用行书,也可以用楷书,一般情况下不提倡用草书,更不应该龙飞凤舞、笔走龙蛇,潦草得叫人辨认不出是什么字来,以致耽误事情。我国有个优良传统,给别人写信,特别是给长辈写信,必须每个字都写得端端正正,工工整整,否则不够礼貌。有时写得匆忙,字写得不够规矩,还要在最后写上一句:"草草不恭,敬希原宥!"我们应该继承并发扬这一优良传统。

写完信之后,要逐字逐句地检查一遍,看是否由于遗字掉句,或写了错别字,而使语意有不够清楚的地方。有对小两口,在给父母亲的信中写道:"我们俩结婚一年来,安然无恙,敬希双亲放心。"父母亲看完信后,目瞪口呆,不知所云。若写完信,看上一两遍,并能把"恙"改成"恙",就不会闹出笑话了。

例文5

毛泽东写给儿子的信

岸英、岸青二儿:

很早以前,接到岸英的长信,岸青的信,岸英寄来的照片本,单张照片,并且是几次的信与照片,我都未复,很对不起,知你们悬念。

你们长进了,我欢喜的。岸英文理通顺,字也写得不坏,有进取的志气,是很好的。唯有一事向你们建议,趁着年纪尚轻,多向自然科学学习,少谈些政治。政治是要谈的,但目前以潜心多习自然科学为宜,社会科学辅之。将来可倒置过来,以社会科学为主,自然科学为辅。总之注意科学,只有科学是真学问,将来用处无穷。人家恭维你抬举你,这有一样好处,就是鼓励你上进;但有一样坏处,就是易长自满之气,得意忘形,有不知脚踏实地、实事求是的危险。你们有你们的前程,或好或坏,决定于你们自己及你们的直接环境,我不想干涉你们,我的意见,只当作建议,由你们自己考虑决定。总之我欢喜你们,望你们更好。

岸英要我写诗,我一点诗兴都没有,因此写不出。关于寄书,前年我托西安林伯渠老同志寄了一大堆给你们少年集团,听说没有收到,真是可惜。现再酌检一点寄上,大批的待后。

我的身体今年差些,自己不满意自己;读书也少,因为颇忙。你们情形如何?

甚以为念。

毛泽东
一九四一年一月三十一日

【简评】 这是一封父亲写给儿子的复信,因为是长辈写给晚辈的,所以开头写称呼时直呼儿子的名字,省去了客气的问候语,直接在开头就告知儿子,以前寄来的信及照片早已收到,并对迟复表示歉意。接着直接引入正文,先肯定儿子的进步,接着指导儿子学习方法,要趁年轻多努力学些自然科学知识,并勉励他们在现实环境中学会做人。结尾语省去,体现了长辈对晚辈写信的特征。具名时不写称谓"父亲"二字,而是直署大名"毛泽东",体现出父亲对儿子的平等友好。信文始终以建议的口吻开导鼓励儿子,字里行间充满一个慈父对儿子的亲情、温情和信任,无微不至的关怀和爱护,读来亲切动人。语言简洁明快,格式也规范,是一封长辈对晚辈书信的典范之作。

例文 6

女儿给父母的报平安信

亲爱的爸爸、妈妈:

　　家里的情况都好吗?您二老的身体怎么样?

　　女儿从家里千里迢迢来到河南郑州求学,前天办完报到手续,昨天辅导员老师带领我们参观游览了学校,今天已经开始正式上课了,吃、住都安排得很好,请二老放心。

　　郑州是河南的省会,全国铁路交通的枢纽,它又背靠黄河,是一个非常美丽而文明的城市。我们学校的校园像一个大花园,学校的教学条件好,教学设备先进,老师们和蔼可亲,想到将要在这里度过三年的大学学习生涯,心里感到特别踏实。我会牢牢记住爸爸的话:"不吃苦中苦,难为人上人。"您二老放心吧,你们的女儿是不会让你们失望的!

　　妈妈,9月26日是您49岁生日,可是身在外地的我不能亲手为您做上一碗长寿面,心里充满愧疚和歉意,但是那一天我会在远方默默地祝福您生日快乐。爸爸妈妈,我永远也不会忘记你们对我的教养深恩。从小你们就着力培养我的自理能力,培养我广泛的爱好与良好的学习习惯,当时我还怨过你们呢!现在想起来还觉得好笑。今天,远离家乡的我认识到:我现在能够把自己的生活打理得井井有条,能够与老师同学和睦相处,学习起来得心应手,这都要归功于你们的教诲。愿爸爸妈妈每天开开心心,快快乐乐。

　　请代问爷爷、奶奶好,让他们多注意身体,寒假我会回去看他们的。

　　恭祝

泰安！

女儿　芸芸谨上
2015 年 9 月 20 日

【简评】 这是一封女儿写给父母的家信，通篇结构层次清晰，感情真挚，语言流畅，字句中洋溢着女儿对爸爸妈妈的感激、爱戴之情。作为晚辈写给长辈的信，称呼中用了亲昵的敬辞，显得情真意切；问候语流露出对家长的牵挂之意；正文向家长介绍了学校的情况，汇报了自己的感受，会给他们以莫大的安慰；文中还祝福母亲生日快乐，结尾不忘问候爷爷奶奶，表现出晚辈的一片孝心；最后的祝颂语恰切得体，署名日期也具体明白，是一封格式和写法都比较规范的家书，读了让人感到温暖可亲。

第四节　专用书信

专用书信是指专门用于联系、办理、解决某些特定事务的书信，又称事务书信。它是具有书信格式，发文对象或者使用目的又是特定的一类应用文。一般来讲，这类书信可以分许多种，如咨询信、介绍信、证明信、推荐信、求职信、感谢信、慰问信、聘书、保证书、倡议书、建议书、悔过书等。

与一般书信相比，专用书信有其自身特点：专用书信大多有标题；写作目的明确，内容单一，通常一事一信；用于团体、单位的专用书信，可以不用问候语；由单位出具的专用书信，一般应加盖公章。

一、介绍信与证明信

（一）介绍信

介绍信是国家行政机关、企事业单位或社会团体为了本单位人员外出联系工作、了解情况、参观学习、出席会议等事宜而开具的一种专用信函。

介绍信通常可以分为手写式介绍信和印刷式介绍信两种。手写式介绍信是一种便捷的信件，一般书写在机关、团体、单位自制的信笺上，最后加盖公章。印刷式介绍信是一种正式的介绍信，其内容、格式等已事先印刷出来，使用者只需填写姓名、单位、事宜，再加盖公章即可。印刷式介绍信通常一式两联，存根联由开介绍信一方留档备查，正式联由被介绍人随身携带。

1. 介绍信的结构与内容

介绍信既有手写的，也有印刷好基本内容格式直接填写相关信息的，格式和写法略有不同。

（1）手写式介绍信。手写式介绍信一般包括标题、称谓、正文、结束语、署名与日期五个部分。

①标题。标题写"介绍信"三个字,居中。有时也可省略。

②称谓。称谓另起一行顶格书写,要写明对方单位的名称或对方单位同志的称呼,加冒号。

③正文。正文另起一行空两格写介绍信的内容。一般包括被介绍人的姓名、年龄、身份、人数等,洽谈或联系的事项,以及向接洽单位或个人所提出的希望和要求等。

④结束语。结束语要写上"此致敬礼"等表示敬意的话。

⑤署名与日期。在正文的右下方书写出具介绍信的单位名称、成文日期,并加盖公章。

(2)印刷式介绍信。印刷式介绍信一般由存根联、间缝和正式联三部分组成。

①存根联。第一行正中写上"介绍信"三个字,字体较大(其后用括号注明"存根"字样)。在第二行右方写上"×字第××号"字样,如市劳动和社会保障局的介绍信就写"市劳字第××号"。正文要另起一行写介绍信的内容,如被介绍人的姓名、人数、身份、前往何处、需要办理的事项及有关要求等。结尾只注明成文日期即可,不需要结束语,也不必署名。

②间缝。存根联与正式联之间有一条虚线,虚线上印有"×字第××号"字样。填写时数字要大写,如"叁拾肆号",字体要大些,便于从虚线处裁开后,字迹在存根联和正式联上各有一半。同时,应在虚线正中加盖公章。

③正式联。正式联主要包括标题、文号、称谓、正文、祝颂语、有效期限、署名与日期。填写方法与存根联大体相同。

2. 介绍信写作应注意的事项

(1)严肃认真,真实无伪。介绍信具有介绍、证明的作用,因此,要以严肃认真的态度来开具。事前,一般应征得领导的同意;被介绍人的姓名、身份要真实,不得虚假编造,冒名顶替;写完后必须加盖公章,以示郑重;有存根的介绍信,存根联和正式联的内容要完全一致。

(2)表意简明,措辞有礼。介绍信篇幅短小,应简明扼要地写清所要接洽的事项,一般不要进行描写或渲染。介绍信的使用是为了建立一种良好的协作关系,措辞要有礼,不能使用命令式口吻。

(3)书写工整,不得涂改。介绍信是向对方单位介绍被介绍人的身份及其前去接洽相关的事务,书写要认真,字迹要工整,不得马虎潦草。如有涂改的地方,必须在涂改处加盖公章,否则将被视为无效。

例文 7

介 绍 信

××市新华书店教材服务部：

兹介绍我校教师张晓宏同志前往贵处联系、办理 2015—2016 学年度下学期大专各科教材订购事宜，请予接洽为盼。

此致

敬礼

××职业技术学院

2015 年 12 月 6 日

【简评】 这则介绍信标题、称谓明确，正文简明扼要地介绍了张晓宏同志的身份及要办的事情，为他与新华书店有关负责人的联系接洽提供了方便。

(二)证明信

证明信是用来证明某人身份、经历或证明某一事情真相的专用信函，也称为证明或证明书。

证明信和介绍信一样，都是从本单位角度来证明本单位的人和有关的事，但介绍信主要是介绍情况，是派人到有关单位商洽工作时所使用的函件，而证明信的作用主要是证明情况，往往是应有关单位的要求而出具的函件。

常见的证明信有身份证明信、学历证明信、结婚证明信、政治表现证明信和事实真相证明信等。证明信具有凭证作用，在司法诉讼活动中，可作为证据在法庭上出示。

1. 证明信的结构与内容

不论哪种类型的证明信，其结构大致相同，一般由标题、称谓、正文、结束语、署名与日期等部分构成。

(1)标题。通常以文种名"证明信""证明"作标题；或者由事由加文种名构成，如"学历证明""收入证明"等。

(2)称谓。换行顶格写上受文单位名称或受文个人的姓名、称呼(后面加冒号)。有些证明信是供有关人员外出活动时用以证明身份的，没有固定的受文者，可以不写称谓，而用公文引导词"兹"领起正文。

(3)正文。正文针对对方的要求，写清楚人物、事件的本来面目。如果证明的是某人的历史问题，则应写清人名、何时、何地及所经历的事情。如果要证明某一件事情，则要写清事件本身的前因后果。对于参与者，应写明的内容有姓名、身份及其在此事件中的地位、作用。这些内容能确定多少就写多少，不能凭空臆测，也不能隐瞒。

(4)结束语。正文写完后，另起一行空两格写上"特此证明"四个字作为结束语，也可直接在正文结尾处写出。一般不写祝愿、勉励之类的话。对于随身携带的证明信,一般要求在结尾注明有效期限。

(5)署名与日期。在正文的右下方写上证明单位名称或个人姓名,另起一行写成文日期,然后由证明单位或个人盖章。个人出具的证明以按手印代替盖章,未经盖章或签名的证明无效。

2. 证明信写作应注意的事项

(1)证明信是一种证据,有着长期的证明作用。所以,写作时要认真负责,实事求是,字必有据。如果本人不太熟悉证明的内容,必须写"仅供参考"等提示性语言,或者拒绝证明。

(2)证明信的行文要简洁,用语须准确,不得夸饰,避免含糊其辞,产生歧义。

(3)证明信不能用铅笔或红色笔书写。若有涂改,须在涂改处加盖印章。

例文8

证　明　信

××职业技术学院:

　　你校药剂专业2012级3班姚薇同学,从2013年7月1日至8月31日在我店工作。她工作期间,能虚心学习,刻苦钻研技术,在执业药师的指导下努力把在学校学到的书本知识用于实践,业务能力提高很快,已能胜任一般业务工作。她不怕脏累,做事任劳任怨,受到我店领导和同事们的好评。

　　特此证明

××市××大药房(公章)

2013年9月1日

【简评】　这是证明学生在药房打工实践表现的证明信,对于日后的求职具有较大作用。本文语言简洁明了,概括性很强,把这位同学在药房工作期间的表现写得真实可信,起到很好的证明作用。

二、申请书与建议书

(一)申请书

申请书也叫申请,是个人、单位或集体向有关上级组织、机关、团体、领导提出要求或请求时所写的一种专用文书。

在日常工作和生活中,申请书的使用范围很广。个人志愿加入党组织、团组织或其他群众性组织时,需要写申请书;因某种原因个人需要转学,也必须给学校领导写一份转学申请书;学生家庭困难,向银行或学校申请贷学金或助学金,需要写一份贷款申请书或助学申请书;学生证不慎丢失,也需要写一份要求补办证件的申请书。总之,在生产、学习、工作、生活等方方面面,有很多事情必须要经过上级领导批准方可办理,都需要使用申请书。

1. 申请书的结构与内容

申请书一般包括标题、称谓、正文、落款四个部分。

(1)标题。第一行居中写"申请书"三个字;也可在"申请书"前加上申请的具体事由,如"入党申请书""科研项目申请书"等。

(2)称谓。写接收申请的上级单位或组织或有关领导的称呼,如"××党支部""××学会""××书记""××会长"等。

(3)正文。正文一般分为四个层次来写:一要说明申请的原因。交代申请书写作背景,陈述事情原委,阐述所要申请事项的具体原因。二要提出明确的申请事项。提出请求要明确、具体,不能含糊其辞,但不要多说,把申请书的要求事项说清楚即可。三是说明申请事项的理由。这是全文的重点内容,主要阐述要求的合理性、必要性。要把要求说得合情合理,一切从实际出发,阐述其客观的必要性、主观的重要性,同时,强调客观上是确实可能的,也是确切可行的。四是对愿景表示态度。不要多写,点到即止。比如开业申请,则要保证遵守国家的有关政策、法令、法规,维护市场秩序,按章缴纳税金,价格公平合理,服务热情周到等。比如申请入党,表明保证遵守党章规定,履行党员的权利和义务,遵守党的纪律等。五是以习惯语作结。用诸如"此致敬礼""谨此,请批准""专此,请予批准""请接受我的申请,请党组织考验我""盼望早日加入中国共产党"等。也有写一些感谢、祝颂、希望批准的话语的。

(4)落款。在右下方先写上"申请人"三个字,然后空一格,再写上申请人的名字或组织的名称,并在名字下方写上日期。

2. 申请书写作应注意的事项

(1)要对申请书这一文种的有关文体知识有所把握。申请书和公文中的请示都是属于请求一类,但是,请示是法定公文,申请书是事务类书信;请示都是公务写作,而申请书则多数是表达个人或集体的意愿。

(2)请求的事由要真实清楚,让上级一看就能了解申请人的意愿和具体情况。如果事由不真实、不清楚,请求就失去依据,就会影响组织或领导的研究处理。

(3)申请书要尽可能写得简练些,上级已经了解的事情,少写或不写;语言要准确、得体。

例文 9

入党申请书

敬爱的党支部:

 我郑重地提出申请,要求加入中国共产党。

 加入中国共产党是我在中学时代就向往的,现在有机会步入××陆军学院深造,可以说与党组织的联系越来越密切了,从入校这段时间以来,我始终以一名合格党员的标准来严格要求自己,在各方面起模范带头作用。我是湖北人,亲身感受到抗洪救灾中人民解放军所表现出来的不怕死、敢与洪水斗争到底的精神,决心向高建成、李向群等烈士学习。这几年来,经过党的教育、英雄模范人物的激励,我经过思想磨炼,更加坚定了把自己的前途、命运与党的事业结合起来,为共产主义远大理想而奋斗终生的信念。

中国共产党是中国工人阶级的先锋队,是中国各族人民的忠实代表,是中国社会主义事业的领导核心。党的最终目的是实现共产主义社会制度,中国共产党是伟大、光荣、正确的党,曾带领中国人民战胜了各种艰难险阻。从1921年建党以来,取得了一个又一个胜利,没有共产党就没有新中国,没有共产党就没有我们当今的建设成就。无数事实证明:党能够靠本身的力量克服困难、改正错误,更加生气勃勃地前进。我深深认识到,我们只有团结在党的周围,在党的各项方针政策指导下,进行社会主义现代化建设,才能使我们国家早日进入世界先进国家的行列。我们个人的命运与党的命运息息相关,没有党的领导,建设社会主义将是一句空话,更何况个人的前途、命运。

近几年来,通过自己的努力,我于2008年以高考总分549的优异成绩考入××陆军学院,思想方面也有了较快进步,这些都与党对我的教育、关怀分不开。我的身上还有缺点,还有待不断学习、不断磨炼,我衷心希望得到党组织的帮助和培养。虽然我现在还不是一名共产党员,但我决心积极向党组织靠拢,在组织的教育和帮助下,发扬成绩,克服缺点,不断进步,争取早日从思想上入党。

当前,党和国家的各项事业正在蓬勃发展。能够在此时向党递交申请,我感到光荣和自豪,不论组织何时发展我入党,我都将为党的事业而不懈努力。

请党考验我。

此致

敬礼

申请人:×××
××年×月×日

【简评】 这则申请书能很好地围绕中心内容来写,不东拉西扯,没有累赘语言,既庄重又严肃,写作者诚恳的态度表露无遗,言辞恳切,希望得到党组织的批准。

(二)建议书

建议书是个人或团体就某一现实问题,向领导或有关部门提出建议、意见及相应处理措施的一种文书。

建议书是发扬民主、广开言路、集思广益、发动群众参政议政的有效手段,也是国家机关同社会沟通的一大渠道,是贯彻群众路线的一种好形式,在政治生活和社会生活中发挥着重要作用。

1. 建议书的特点

建议书作为公共社会环境中常见的文书主要有以下几个方面特点:

(1)具有一定的自由度。建议书跟提案不同,提案是由法定机构或个人提请国家代表机关或一定的组织会议讨论、处理的意见。而建议书的提出却要随便一些,它不需要走法定程序,完全是个人或团体的自主行为,所以建议书也被称为意见书。

(2)直接面向领导或部门。建议书不同于倡议书。倡议书虽然也属于建议性的,但倡议的事项大多是一种想法,而建议是针对现实问题;倡议书为了实现提出的事项,必须面向群众,有发动群众的意味,而建议书主要是面对领导或部门,不必发动群众。

(3)为解决问题建言献策。建议书参政、议政的特性,体现它具有参与政务、参与管理的功能,它针对现实生活或工作中存在的问题,提出个人或团体的意见,拿出解决问题的办法,让有关单位、部门能够更好地研究处理。

2. 建议书的结构与内容

建议书一般包括标题、送达对象、正文、落款四个部分。

(1)标题。标题可以直接写"建议书"三个字,也可以是"事由＋文种",如"关于尽快在学校东大门口设立交通信号指示灯的建议",还可以用建议事由直接作标题,如"学校三号食堂卫生问题亟待解决"。

(2)送达对象。写上建议书送交的部门或某领导个人。称呼"××同志"或"××(职务)",不要称呼"先生""小姐"或"女士"。

(3)正文。正文包含以下内容:

一是问题的提出。主要阐述问题的发现、存在的根源。回答的是"为什么要提出建议,建议的必要性、合理性、紧迫性"的问题。

二是解决问题的方法和对策。这是建议书的核心内容。主要阐述建议的具体事项、意见、要求。回答的是"怎么办、要办成什么样"的问题。一定要写得具体,措施、方法必须切实可行。如果内容较多,可分条列项来写。

三是在结尾处表达实现建议的愿望,也可表示敬意或祝颂。

(4)落款。在正文右下方写明建议书写作者的姓名或组织名称,并写上日期。

3. 建议书写作应注意的事项

(1)提出问题必须是客观存在的,要一切从实际出发,实事求是,这是行使民主权利、参政、议政的基本要求,更是建议存在的前提。

(2)要根据实情,提出合情合理的意见要求,方法措施也要得当,具体可行,便于操作。

(3)对事实问题的叙写要简洁明了,把问题写清楚,不要渲染。

例文10

建 议 书

××委员会:

近来我国从国外进口设备,对促进生活和提高技术起了一定的作用,但也出现了不少问题:有些部门盲目进口设备,造成长期闲置不用;有些单位引进的设备设计不周,安装后不能使用;有些企业各自为政,致使设备进口重复……凡此种种,不但浪费了大量外资,而且冲击了我国自身的工业发展。为此,我们建议:

一、建立一个全国性的审批进出口设备机构,对各地的进口设备进行综合平衡和最后审批。

二、申请进口设备的单位,应对进口的设备进行可行性测试,然后再上报审批。

三、对已进口的设备进行一次普查,并将结果送计算机中心储存,供有关部门查调或审批时参考。

四、尽快制定、颁布"进口法",不负责地盲目引进设备者要承担经济与法律责任。

以上意见,谨请考虑。

建议人:×××
××年×月×日

【简评】 这则建议书具有一定的导向性,指出了国家在进口设备管理上存在一些不足和缺陷。该建议书针对性较强,明确指出如何管理,如何引进设备,甚至建议颁布相关法令,希望能够解决进口设备管理不到位的问题,具有很强的现实意义。

三、求职信与应聘信

(一)求职信

求职信是求职者写给用人单位的自荐信函,又叫自荐信,它向用人单位表明求职意向,希望对方予以录用的专用书信。

求职信是拓宽就业门路的一种有效方式,它不需要以用人单位的公开招聘为前提,而由求职者主动向可能聘用人才的单位递交,使更多的用人单位了解你的要求,增加接受考察的机会。因此,求职信已成为同学们求职过程中必不可少的有效工具。

1. 求职信的结构与内容

求职信主要由标题、称谓、正文、落款和联系方式五个部分组成,有的求职信还有附件。

(1)标题。标题可写"求职信"三个字,居中大写排于顶头。

(2)称谓。称谓在标题的下一行顶格写用人单位负责人或部门负责人的姓或姓名以示对该单位有所了解。无法知道姓名的,可称"院长先生""科长""人事处领导"等。称谓前要加上"尊敬的"作敬语,以示尊重和郑重。

(3)正文。正文反映求职信的实质内容,一般包括开头、主体和结尾三个部分。

开头部分以问候语或谦敬祝谢语开始,如"您好!""感谢您在百忙之中阅读我的求职信!"求职信的开头一定要精彩,内容要新颖独特,不落俗套,能激起读信人看下去的强烈愿望。

主体部分的内容可以因具体情况有所不同,但自我介绍和求职意向两方面内容是必不可少的。自我介绍是求职信写作的重点,必须做到全面、真实。要交代清楚求职的原因、任职的条件,尤其要注意展示自己的能力、特质,突出自己的优势。求职意向须表明自己希望从事的某一或几个工作岗位,还可在其后表明自己对待工作的态度和做好工作的决心。

结尾部分可写上表达希望、致谢、祝福、言志的语句,也可用"此致敬礼!"收束。

(4)落款。落款包括署名和日期。署名前冠以学校、专业和班级的全称,打印件的署名必须用手写,以示慎重。年、月、日要写全,不能潦草马虎。

(5)联系方式。求职信一定要留下便捷的联系办法,例如手机、家庭电话、电子邮箱、准确的通讯地址和邮政编码等,以免错失良机。

如果要将更详细的材料随求职信附送,可在信末注明附件的名称和数量。

2. 求职信写作应注意的事项

(1)目标准确。根据自己的实际情况,通过调查研究慎重地筛选出几个中意的单位和岗位,针对不同的求职目标准备不同的求职材料,做到有的放矢。不能搞"广种薄收""一稿多投"。

(2)优势突出。应针对单位的用人要求和岗位任职条件,全面展示自己的技能、知识和素质,突出岗位所需的优势和特长。用你的"闪光点"吸引对方,使对方在未曾谋面的情况下,也能产生"值得一试"的想法。

(3)实事求是。要真实诚信、恰如其分地介绍自己的情况,多摆事实少下结论,慎用"很好""十分优秀"等提法,切不可夸大其词,自我拔高,更不可无中生有,弄虚作假。否则,会让用人单位因此怀疑你的诚信,从而失去就业机会。

(4)讲求技巧。写作求职信,要在构思和技巧上下功夫,力求做到新颖独特、态度诚恳、短小精悍。新颖独特,即求职信的内容要别具一格,形式要有所创新,使看惯了"千人一面"来信的阅读者眼前一亮,激起阅读兴趣,留下深刻印象,切忌照抄、照搬,与他人雷同。态度诚恳,即语言得体,谦恭有礼,情真意切,自信而不妄自尊大,自谦而不妄自菲薄。短小精悍,即篇幅简短(应限制在一页以内,一般为五六百字),语言凝练、生动而富有内涵。废话、套话连篇的求职信在事务繁忙的阅读者那里是得不到展示机会的。

例文 11

求 职 信

尊敬的领导

您好!

  首先,对于您能在百忙之中抽出时间来翻阅我的资料,表示由衷的感谢。正如您所见的,我的简历做得很简单,因为我知道,您能翻阅我的资料的时间并不会太多,所以,一切就长话短说了。

  我是一个即将走向社会的应届毕业生,就读于××学院营销专业。和所有的毕业生一样,在毕业之际我们都被分配到××集团进行实习,现在实习均已结束。所以需要正式踏足社会寻找工作。我有一定的策划组织协调能力。并且为人诚实,责任心强,乐观且积极向上,能吃苦耐劳,学习领悟和适应能力也都不错。这些都是我的长处。只是初出茅庐,需要经受社会的洗礼,承受生活的考验,更需要一个机会来锻炼。

  正好在这个时候,我看到了贵公司的招聘。我觉得我应该来试试。贵公司近年来所取得的成果,令人瞩目。而贵公司所提及的岗位,坦白地讲,说我能完全胜任,不免有些心虚。但对我而言,这是一个机会,我相信我能通过不断学习去适应并干好。这是一个可以让我得以锻炼并不断成长的机会,更是一个能让我为之奋斗的机会,而我更相信,给我这个机会,我的成长,我的努力,更将给贵公司带去新的活力。我真诚地希望能加盟贵公司,虚心学习,努力工作,尽心尽力,为公司的发展,竭尽我绵薄之力。真切希望能给我这个机会。

  再次感谢您能在百忙之中抽出时间来翻阅我的材料,如能有幸引起您的关注,并给我一个机会,我将好好表现,不失所望。

  此致

敬礼

求职人:×××
××年×月×日

【简评】 这是一封目标明确、重点突出的求职信。主体部分在表达问候和感谢后,对自己各方面情况作了概括介绍,侧重说明专业技能和综合素质的长项,凸显了自己的优势。结尾表明做好工作的态度与决心,展现了诚意。结构规范,重点突出,态度不卑不亢,充满自信,构思独特,用语新颖。

(二)应聘信

应聘信是求职者为取得某一具体职位,向公开招聘单位表明自己的任职兴趣与任职条件的专用书信。

应聘信与求职信都是求职者向用人单位进行自我推荐以谋求职务的书信,他们在内容、格式、写作要求上有许多相似之处,但二者也有明显区别:

一是求职目标不同。求职信是为探寻求职机会,在不知道对方是否用人的情况下撰写的,可同时寻求一个或几个不同岗位的职务;应聘信则是应招聘活动而写,求职目标必须是正在招聘的"那一个"岗位职务,如果说求职信是"投石问路",那么应聘信则是"敲门之砖"。

二是递交对象不同。求职信可向所有可能聘用人才的单位递交,能够同时发向几个目标单位;应聘信只能向正在招聘的那一个单位递交。

三是内容表述不同。求职信是在未确切知道对方是否用人的情况下撰写的,可根据自己的特点和求职需要全面而灵活地介绍自己的才干与能力,以适应一个或多个职位的任职条件;应聘信谋求的是已知的"那一个"职位,针对性很强,在内容上必须与该职位的招聘条件相呼应。

四是附送材料不同。求职信不一定要附送材料;应聘信因目标明确,需要附送必要的佐证材料。

1. 应聘信的结构与内容

应聘信的基本格式与求职信大同小异,但正文内容有较大差异。

(1)标题。应聘信应有标题,以示郑重并区别于普通信件。标题居中大写为"应聘信"或"应聘书"。

(2)称谓。招聘启事上大多指定了受理部门或联系人,因此写信时直接写给招聘单位受理部门或联系人,最好不要将信件寄给单位负责人,以免贻误。为了表示尊重,在称谓前加"尊敬的"作敬语即可。

(3)正文。正文的形式不拘一格,但须包括三方面内容:一是要写明求聘消息来源和本人应聘的岗位;二是要介绍本人姓名、性别、学历、出生年月、政治面貌、身体状况等基本情况,以及符合岗位要求的知识、才能和特长,说明自己能够胜任岗位工作的条件;三是要表明如被录用将如何工作,提出接受进一步考察的希望,最后以致谢与祝词结尾。

(4)落款。署上学校、专业全称、本人姓名,最后落上日期。

(5)附件。能够说明你基本情况、能力、特长、表现的佐证材料。

(6)联系办法。写清楚能在第一时间得到用人单位反馈信息的联系方式,以免错失良机。

2. 应聘信写作应注意的事项

(1)反应及时。当用人单位公开发布招聘信息后,求职者应将自己的情况与招聘条件进行对比研究,尽快作出是否应聘的决定。一旦决定应聘,就要迅速拟订并及时发出应聘信,以便让用人单位尽早掌握自己的信息。

(2)开门见山。正文一开始就要说明招聘信息的来源,直接表明应聘的具体职位。对于条件优越的用人单位,招聘信息一经发布,应聘者常会趋之如鹜。开门见山的写法会给对方工作带来方便而不致忽视你的要求。

(3)有的放矢。最重要的内容是瞄准岗位任职条件,重点突出地介绍自己的优势,投其所需,扬己所长。同时要表明干好工作的信心和决心。写作前应认真研究招聘信息中对岗位职务条件的要求,确定应聘信的内容重点,据此选择写作材料。

(4)简明扼要。因需附相关材料,应聘信一般为三四百字即可,做到结构清晰,重点突出,用词准确,言简意赅。因为招聘人员公务繁忙,加之应聘者众多,招聘人员是不可能研读你的长篇大论的。

例文 12

应 聘 信

尊敬的张主任

您好！今阅《××日报》,获悉我仰慕已久的贵院招聘医学影像技术人员的消息,不禁喜出望外。

3个月前,学校组织我们医学影像技术专业毕业班的学生来贵院参观螺旋CT与MRI,并聆听了您的讲座,给我留下了深刻的印象。

对照贵院的招聘条件,我自信是符合要求的。先寄上应聘材料。您还能认出材料中照片上的我吗？这就是在您讲座结束后唯一向您提问的那个男孩。

热切地期盼您的答复能圆我心中的梦。

谢谢！

应聘人:××职业技术学院
医学影像技术专业2012级2班××
2015年6月22日

【简评】 这是一封写给医院放射科主任的应聘信。开篇写明消息来源和自己得知消息后的心情,接着回顾了往事,最后表达了自信和强烈的求职愿望。其特点有三:一是构思巧妙,文字简洁。本文的写法显得与众不同,文字上以回顾往事为主要内容,但短短一百来字却包括应聘信的各种要素。二是提及往事,动之以情。文中特意回忆了来医院参观及听讲座的情况,并用了好几个表达自己心情的词语,意在调动对方情感。三是投其所好,加深印象。勤学好问是专业技术人员搞好业务工作的基础,写作者在回顾往事中特别提到自己的提问,是希望唤起对方的回忆,加深对自己的良好印象。

第五节　电子邮件与短信

一、电子邮件

(一)电子邮件的概念

电子邮件(electronic mail,简称 E-mail,标志:@,也被大家昵称为"伊妹儿"),又称电子信箱、电子邮政,它是一种用电子手段提供信息交换的通信方式,是 Internet 应用最广泛的服务,通过网络的电子邮件系统,用户可以用非常低廉的价格(不管发送到哪里,都只需负担电话费和网费即可),以非常快速的方式(几秒钟之内可以发送到世界上任何你指定的目的地),与世界上任何角落的网络用户联系,这些电子邮件可以是文字、图像、声音等方式。同时,用户可以得到大量免费的新闻、专题邮件,并实现轻松的信息搜索。

电子邮件(E-mail)又称电子函件或电子信函,是指各种社会组织和个人在沟通信息、联系业务、商洽事项等活动中借助于电子邮件传输系统形成的信息记录。

(二)电子邮件的类型

按内容划分,有商务电子邮件、公务电子邮件和私人电子邮件等。商务电子邮件和公务电子邮件用语、格式比较严格,私人电子邮件则比较简单、随意、灵活。

按形式划分,有普通文本邮件、电子贺卡、电子明信片、音频视频邮件等。

(三)电子邮件的结构与内容

一封有效的电子邮件,主要由收件人、主题词、邮件正文和附件四个部分组成。

1. 收件人

收件人不是对方的名字,而是对方的电子邮箱地址。其书写方式应包括三个部分:其一,用户名;其二,连接符号@;其三,域名。例如:djfl26 @ 163.com 这个电子邮件中,djfl26 是用户名;@符号是连接符;163.com 是提供邮件服务的主机域名。应当准确填写对方的电子邮箱地址,以免电子邮件误发。

2. 主题词

主题词可以使收件人在第一时间了解邮件的大致内容,相当于一篇文章的题目,因而最好不要空缺。要用概括性的语言把邮件的主题写清楚。如"环保论文一篇""学生给院长的信""关于表彰学生的材料""稿件"等。主题词要求简短,一般不用标点,详情可以在正文中写明。

3. 邮件正文

电子邮件页面最下方的文本框是写正文的位置,正文的书写与传统书信的信瓤内容基本相同,这里不再赘述。

4. 附件

附件不是电子邮件的必备结构,只在需要时采用。附件可以是文本文件、图片,也可以是视频文件或其他形式的文件。附件一般是对邮件正文内容的补充说明,或者是独立完整的公文或资料信息。在电子邮件编辑页面点"添加附件"按钮,即可在电脑上按照路径上传附件。如果需要发送多个附件,可以点"添加附件"逐一添加文件。

添加附件需要注意两点:一是邮件附件名称要简明扼要,直截了当,避免收件人引起误会;二是添加附件时,要对附件进行检查,保证文件传送出去,防止收件人打不开。

(四)电子邮件发送应注意的事项

(1)避免邮箱超载。电子邮箱的容量是有限的,直接传送大容量文件,如超过几百K的图片、音频、视频等多媒体信息有可能使对方的邮箱超载,给对方带来麻烦,所以,最好把多媒体文件压缩后再传送,这样给自己、给对方都带来方便。

(2)传递有用信息。在给对方回复电子邮件时,不要把对方信件的原文再传递过去,这样做既没必要,又会给网络传输带来负担。正确的做法是删去对方信件的内容,只发送回复的信息。

(3)及时查看回信。要养成经常查看自己电子邮箱的习惯。对要求收到即回复的电子邮件,要及时给予答复,以免误事。

(4)确保邮件信息安全。要有网络安全防范意识,平时上网时,要注意保密,自己的密码不可外泄。

例文 13

电子邮件

收件人:wangting@scnu.edu.cn

主题:感谢你

正文:

王婷:你好!

  刚才发来的图片及文章收到,谢谢!

图片生动有趣,文字富有情趣,适合我的电脑桌面使用,我很喜欢。"急症护理知识"适合我的专业,我将认真学习,从中获得教益。

　　谢谢你对我的关心和支持。该上课了,就到这吧。有时间再联系。

　　祝你

天天快乐!

你的好友:李香香
2015 年 7 月 9 日

【简评】　这是一封简短的电子邮件。意在表达对朋友馈赠优美图片与好文章的感谢之情。标题简明扼要,标明发信意图及主题。正文简洁达意,语言得体。回复及时,讲究礼貌。

二、手机短信

(一)手机短信的概念

　　手机短信是指通过手机移动网络传递的简短信息,也称短消息或短信息。

　　短信 short message service,简称 SMS,是用户通过手机或其他电信终端直接发送或接收的文字或数字信息,用户每次能接收和发送短信的字符数,是 160 个英文或数字字符,或者 70 个中文字符。短信是伴随数字移动通信系统而产生的一种电信业务,通过移动通信系统的信令信道和信令网,传送文字或数字短信息,属于一种非实时的、非语音的数据通信业务。

　　1992 年,世界上第一条短信在英国沃尔丰的 GSM 网络上通过 PC 向移动电话发送成功,谁也不会想到,当初电信运营商为解决手机话费过高问题推出这种低廉文本信息服务这一看似不经意的举动,竟会在多年后对人们的经济文化生活,甚至对政治都产生了如此大的影响。

　　随着手机的日益普及,发送手机短信传递信息已成为一种交际手段。手机短信的优点十分明显:一是方便易存;二是费用低廉;三是传送可靠;四是一信群发。

　　短信和电子邮件有着明显的区别:一是发送手机短信息最多只能输入 70 个中文字符,如果短信超长就会被拆分,这给看短信的人带来不便,而发送电子邮件则没有这个限制;二是发短信要收费,发电子邮件是免费的;三是短信又称讯息,是简短的文字或含有内存较小的多媒体文件的交流形式,而电子邮件是有专业 IP 地址的交流媒介,电子邮件比短信的容量大,范围广,用途全。

(二)手机短信的结构与内容

　　手机短信形式自由,篇幅短小,没有固定的格式。依照手机短信的用途,可以把短信分为商务短信、日常短信、礼仪短信、感情短信、文学短信(文学快餐、拇指文学)等。人们在日常生活中使用较普遍的是礼仪短信和感情短信。礼仪短信用于节日问候、朋友间的美好祝愿,一般多采用优雅的书面语,比较讲究文采;感情短信则用于交流感情,沟通信息,交代事由,一般用言简意赅的口语比较好。

(三)手机短信写作应注意的事项

(1)中心突出,感情真挚。手机短信的篇幅短小,交代事情要突出中心,问候祝福要感情真挚。

(2)简明得体,语言文明。短信要做到短小精悍,以最少的文字传达尽可能多的信息。短信的用语要考虑收短信人的身份与年龄,注意语言文明,表达得体。

(3)勇于创新,讲究文采。精彩的短信语言要富有创造性,善于运用新颖的形式、别致的话语表达自己的真情实感,或幽默诙谐,或优美抒情,让人过目不忘。富有文采的短信总少不了修辞手法的恰当运用,手机短信常用的修辞手法有比喻、拟人、排比、顶针、叠字、对偶、谐音双关、仿拟、对比、夸张等。

例文 14

手机短信

1. 祝福朋友

一句寒暖,一线相暄;一句叮咛,一笺相传;一份相思,一心相盼;一份友情,一生挂念。

2. 感恩老师

您是火种,点燃了学生的心灵之火;您是石阶,承受着我一步步踏实的向上攀登;您是蜡烛,燃烧了自己照亮了别人。

3. 节日祝福

又是一年春来到,祝福满天飘,飘到你也飘到我,恭贺新禧! 新春愉快! 万事如意! 心想事成! 猴年大吉!

4. 生日祝福

让风吹走你的忧愁,让雨洗涤你的烦恼,让阳光带给你温暖,让月亮带给你温馨,让友情带给你快乐,让今天的花儿为你欢笑。祝你生日快乐!

【简评】 这几组短信都是表达祝福的。或给朋友,或给老师,身份不同,祝福的语气也不同;对于一些特殊日子的祝福,比如生日祝福,则把亲情或友情高度浓缩在这一天适时表达祝福之情。语言简洁、表达得体,起到温暖亲情、传递友谊的作用。另外,为增加短信的文采,这几组短语都恰当运用了排比、比喻、对比、拟人、夸张、对偶等修辞手法,颇具创新性,给人以耳目一新之感。

单元思考与练习

一、填空题

1. 日常文书的特点有_____、_____、_____、_____。日常文书的写作要求是_____、_____、_____、_____。
2. 写请假条应注意的问题是_____、_____、_____、_____。一份完整的留言条应包括_____、_____、_____、_____。
3. 一般书信的格式应包括_____、_____、_____、_____、_____。
4. 申请书通常由_____、_____、_____、_____组成;写申请书应注意的事项是_____、_____、_____。
5. 求职信的格式包括_____、_____、_____、_____和_____五个部分;写求职信应注意的事项是_____、_____、_____、_____。

二、简答题

1. 借条和欠条有哪些不同?
2. 求职信与应聘信在写法上有哪些不同之处?
3. 发电子邮件应注意哪些问题?

三、写作训练题

1. 请写一封书信给你以前的班主任,向他(她)汇报一下你现在的学习、生活情况(要求不少于500字)。
2. 母亲节到了,为表达对母亲辛苦养育的感恩,请你给母亲发一则祝福母亲的手机短信。要求讲究文采,使用两种以上修辞手法,自己原创。

第四章 财经文书

第一节 财经文书概述

一、财经文书的概念与作用

(一)财经文书的概念

财经文书是国家机关、企事业单位、社会团体根据党和国家在一定时期内的经济政策、法律、法令,以经济现象、经济工作为反映对象,记录、加工和传播有关经济工作信息,为解决有关经济工作实际问题而撰写的具有一定体式的应用文书。财经文书包括的内容很多,如协议书、合同、市场调查与预测报告、招标书与投标书、商业广告等。本章重点讲述协议书与合同、招标书与投标书、市场调查与预测报告、商业广告。

财经文书是在财经活动中形成和发展起来的。随着我国市场经济的发展与成熟,财经活动越来越频繁,财经应用文在财经活动中也发挥着越来越重要的作用。

(二)财经文书的作用

财经文书是应用文在财政经济领域的具体运用,既具有应用文的基本特征,又具有财政经济领域的行业特点,也就是以应用文体的形式、写作规律,表达经济行业的

具体内容,为社会经济发展服务。其作用主要表现在以下三个方面:

1. 指导宣传作用

财经文书是在经济活动中,直接体现党和国家的方针政策,解决工作中的实际问题的书面材料,因此,在进行有效管理时,它既具有一定的权威性,又具有一定的宣传指导作用。

2. 传递沟通作用

财经活动中,用书面的财经应用文联系、交流事务,是有效的传递沟通方式。

3. 凭据和督察作用

财经文书是以事实为依据,以科学理论为指导,表述经济实况、处理经贸事务、研究与解决财经实际问题的一种专业应用文。在经济活动过程中,它是一种重要的经济凭证,同时对经济运行具有一定的督察作用。

二、财经文书的特点与写作的基本要求

(一)财经文书的特点

1. 行文的受命性

财经文书具有很鲜明的政策性,要按照国家的法规来写作。财经应用文要尊重事实、尊重经济规律,真实地反映经济活动,专业性强,其术语比较多,大量运用经济原理、资料和数据来表述。因此,应用文写作必须按照财经规则来写。

2. 专业的实用性

财经文书是经济管理和运作的工具。其主要解决经济建设、运作过程中的问题。因此,专业性强,实用性大。

3. 时效的严格性

经济形势瞬息万变,决策的时效性在很大程度上影响着决策的结果,因此,要根据信息的新旧程度、发展动态来及时调整财经文书的写作。

4. 语感的直陈性

财经文书要求实事求是,直接阐明写作者或写作者所代表的主体的目的、主张、观点、意见或对某一事物或现象的说明、分析、议论,注重语感,反复论证,以达到直陈的效果。

(二)财经文书写作的基本要求

1. 主旨要明确

财经文书要求主旨明确,一文一事,只有一个中心思想,表达的观点明确,这样可以突出重点,提高写作效率。

2. 材料要真实

财经文书要求材料真实、准确,能反映客观的经济情况,依据经济规律办事,以事

实说话，不能弄虚作假，否则会造成严重的经济损失。而且真实的材料更加具有说服力。

3. 结构要严谨

结构要完整，简单明了。财经文书按照国家的法规形成一定的写作模式，如合同、招标书、投标书等，都是由国家权威机构颁发的，内容和形式都相对固定，因此，要严格按照相应的格式来写作，开头、主体、结尾缺一不可。

4. 语言要准确

财经文书因为其内容与功能的特点，在文字表达方面要求准确、简洁，用最简洁的文字表达最准确的内容。

第二节　协议书与合同

一、协议书

（一）协议书的概念与作用

协议书是社会生活中，协作的双方或数方，为保障各自的合法权益，经共同协商达成一致意见后签订的书面材料。协议书是契约文书的一种，是当事人双方（或多方）为了解决或预防纠纷，或确立某种法律关系，实现一定的共同利益、愿望，经过协商而达成一致后，签署的具有法律效力的记录性应用文。

协议书具有法律效应。订立协议书的目的是为了更好地从制度乃至法律上，把双方协议所承担的责任固定下来。作为一种能够明确彼此权利与义务、具有约束力的凭证性文书，协议书对当事人双方（或多方）都具有制约性，它能监督双方信守诺言、约束轻率反悔行为。它的作用，与合同基本相同。口头协议一律无效。

协议书的种类很多，可以根据不同标准分成不同类型。从内容上分，有赠与合同协议，借款合同协议，租赁合同协议，融资租赁合同协议，供用电、水、气、热力合同协议，建设工程合同协议，运输合同协议，技术合同协议，仓储保管合同协议，出版与专利合同协议，行纪合同协议，居间合同协议，劳务合同协议，保险合同协议及其他一些常用无名合同协议。从作用上分，有意向性协议书，补充、修订式协议书，合同式协议书。从形式上分，有合同中的条款，独立的协议书，信函、电报、传真、电子邮件等其他书面形式。

（二）协议书的结构与内容

协议书的写作包括首部、正文、尾部三个部分。

1. 首部

首部包括标题和当事人基本情况及签订时间、地点。

标题的写法有三种：一是"事由＋协议书"；二是"双方单位名称＋协议书"；三是"双方单位名称＋事由＋协议书"。

在标题后、正文条款前，应写明协议各方的单位名称、个人姓名等立协议人的有关情况和信息。为方便起见，在协议人后可用括号注明"甲方""乙方"。

2. 正文

正文是协议书的核心内容，包括要约和主要条款。

要约包含双方签订协议书的依据、目的及态度。

主要条款一般包括六个方面的内容：标的；数量与质量；价款与报酬；履行期限、地点和方式；违反条款的责任处理；解决争议的方法。这部分常有附件。

3. 尾部

尾部包括双方当事人签名、盖章、单位地址、邮政编码、签署日期等内容。除此之外，还应注明开户银行名称、账号、是否签证或公证等情况。

例文 1

房屋租赁合同协议

甲方(出租方)：_____　身份证：_____

乙方(承租方)：_____　身份证：_____

经双方协商一致，甲方将坐落于_____房屋出租给乙方_____使用。

一、租房从_____年_____月_____日起至_____年_____月_____日止。

二、月租金为_____元，缴租为_____支付一次，人民币(大写)_____元(¥_____)，以后应提前_____天支付。

三、约定事项

1. 乙方正式入住时，应及时更换房门锁，若发生因门锁问题的意外与甲方无关。因用火不慎或使用不当引起的火灾、电、气等非自然类灾害所造成的一切损失均由乙方负责。

2. 乙方无权转租、转借、转卖该房屋，及屋内家具家电，不得擅自改动房屋结构，爱护屋内设施，如有人为原因造成破损丢失应维修完好，否则照价赔偿。并做好防火、防盗、防漏水和阳台摆放花盆的安全工作，若造成损失责任自负。

3. 乙方必须按时缴纳房租，否则视为乙方违约。协议终止。

4.乙方应遵守居住区内各项规章制度,按时缴纳水、电、气、光纤、电话、物业管理等费用。乙方交保证金_____元给甲方,乙方退房时交清水、电、气、光纤和物业管理等费用及屋内设施家具、家电无损坏,下水管道、厕所无堵漏。甲方如数退还保证金。

5.甲方保证该房屋无产权纠纷。如遇拆迁,乙方无条件搬出,已交租金甲方按未满天数退还。

6.乙方有下列情况之一时,甲方可以终止租约,收回房屋:

(1)把承租的房屋转让、转借或私自交换使用的;

(2)未经甲方同意私自改变承租用途的;

(3)无故拖欠租金三个月以上的。

7.备注:_____
_____

四、本合同一式两份,自双方签字之日起生效。另水:_____吨;气:_____立方;电:_____度

甲方签章(出租方):　　　　　　　　乙方签章(承租方):

电话:　　　　　　　　　　　　　　电话:

_____年_____月_____日

【简评】 本协议书是房屋租赁合同协议。其内容是出租人将房屋交给承租人使用,承租人定期向出租人支付约定的租金,并于约定期限届满或终止租约时将房屋完好地归还给出租人。房屋租赁应当遵循平等、自愿、合法和诚实信用原则。由出租人和承租人在协商一致的情况下签订合同。《中华人民共和国合同法》规定,当事人订立合同,应当具有相应的民事权利能力和民事行为能力。当事人应该彼此履行责任和义务。本协议书内容完整、表述清晰、格式规范。

二、合同

(一)合同的概念与作用

1. 合同的概念

合同,最早的时候,被称作"书契"。合同制在中国古代有悠久的历史。《周易》记述:"上古结绳而治,后世对人易之以书契。""书"是文字,"契"是将文字刻在木板上。这种木板一分为二,称为左契和右契,以此为凭证。"书契"就是契约。今天所说的合同,是适应私有制商品经济的客观要求而出现的,是商品交换在法律上的表现形式。商品生产出现后,为了交换的安全和信誉,人们在长期的交换实践中逐渐形成了许多关于交换的习惯和仪式。这些商品交换的习惯和仪式便逐渐成为调整商品交换的一般规则。随着商品经济的发展,这种繁琐的形式直接影响到商品交换的发展。

合同，又称为契约，1993年3月15日第九届全国人民代表大会第二次会议通过的《中华人民共和国合同法》（以下简称《合同法》）第二条指出："合同是平等主体的自然人、法人、其他组织之间设立、变更、终止民事权利义务关系的协议。"这是对合同最权威的解释。合同作为一种民事法律行为，是当事人协商一致的产物，是两个以上的意愿表示相一致的协议。只有当事人所作出的意思表示合法，合同才具有法律约束力。依法成立的合同从成立之日起生效，具有法律约束力。

2. 合同的作用

合同规定了契约双方权和责的关系。其作用有以下四点：

（1）保护合同当事人的合法权益，维护社会经济秩序。合同是当事人协商一致的产物，是两个以上的意愿表示相一致的协议。只有当事人所作出的意愿合法，合同才具有法律约束力。合同可以有效保护当事人双方的合法权益，维护社会经济有序发展，对构建法治社会、和谐社会具有重要作用。

（2）加强国家对企业的管理与监督。从合同的内容和种类来看，《合同法》主要是调整经济交易关系，因此，在企业管理中，合同起到监督与管理的作用。

（3）加强企业经济核算和经营管理，提高经济效益。合同的建立是为了调整经济交易关系，有利于企业对经济的调控，加强对经济的核算和经营管理，以提高企业的经济效益。

（4）促进经济技术交流合作。合同的条款规定着合同的内容，即双方权利、义务的约定。合同是为了调整经济交易关系，为企业的生产发展提供交流通道，促进经济的交流合作。

（二）合同的结构与内容

合同无论是哪种形式，其基本结构都是由标题、首部、正文、尾部四部分组成。

1. 标题

标题即合同的名称，写在合同首页正中位置，它由合同性质和文种组成。标题的写法主要有以下几种：一是"合同的性质+文种"，如《借款合同》《租赁合同》等；二是"经营范围（或标的）+合同的性质+文种"，如《生猪购销合同》《建设工程合同》等；三是"时间期限+合同的性质+文种"，如《2004年第一季度钢材货运合同》等；四是"签约单位名称+合同的性质+文种"，如《上海港务局钢材货运合同》等；五是将以上四种写法结合起来写的合同，如《四川供水局华新厂2006年供用水合同》等。

2. 首部

首部位于标题之下，包括签订合同双方当事人的名称、合同编号及签约地点、时间。当事人的名称是必须要写的内容，合同的编号可有可无，签约的时间、地点可以放在首部，也可以放在尾部。

为了便于正文的叙述,双方一般称"甲方、乙方",也可称"卖方、买方""发包方、承包方""供方、需方"等。但绝不能写"你方、我方"。当事人名称可以左右并列,也可以上下排列。

3. 正文

合同的正文由开头、主体两部分组成。

开头。即前言部分,写明当事人签订合同的依据、目的。

主体。主体部分是合同中最重要的内容,基本条款部分。关键是要写明双方当事人承担的义务和应享受的权利,这是双方履行合同承担法律责任的依据。合同的条款内容可多可少,根据需要而定,但无论哪种合同,都必须包含以下内容:

(1)标的。标的是合同当事人权利和义务共同指向的对象。合同标的可以是货物,可以是货币,也可以是工程项目、智力成果等。合同的标的要写明标的名称,使标的特定化,以便确定当事人的权利和义务。

(2)数量。数量是确定合同标的的具体条件之一。标的数量应当确切,首先应当选择双方共同接受的计量单位,然后再确定双方认可的计量方法,还应当允许规定合理的磅差或者尾差。数量条款是合同的主要条款,没有数量,权利义务的大小很难确定,因此该条款要给予明确、具体的规定。

(3)质量。质量也是确定合同标的的具体条件,是同类标的中这一标的区别于那一标的的具体标志。合同没有标的不行,而有了标的,标的不明确、不具体也不行。因此,当事人应当对质量规定得明确具体。

(4)价款或报酬。价款是根据合同取得财产的一方当事人向另一方当事人支付的以货币表示的代价。报酬是根据合同取得劳务的一方当事人向另一方当事人支付的货币,又可以称为酬金。价款或报酬是有偿合同的必备条款,合同中应说明价款或报酬数额及计算标准、结算方式和程序等。

(5)合同的期限、履行的地点和方式。合同的期限包括有效期限和履行期限。有的合同如租赁合同、借款合同等必须具备有效期限。合同的履行期限是当事人履行合同的时间限度。履行的地点和方式是确定验收、费用、风险和标的物所有权转移的依据。

(6)违约责任。违约责任是违反合同义务的当事人应承担的法律责任。合同规定违约责任有利于督促当事人自觉履行合同,发生纠纷时也有利于确定违约方所承担的责任,这是合同履行的保障性条款。违约责任大都用违约金表示。

(7)解决争议的方法。合同发生争议时,其解决方法包括当事人协商、第三者调解、仲裁、法院审理等几种。当事人在订立合同时,应当约定争议解决的方法。

4. 尾部

尾部一般包括以下内容:

(1)合同的附件。附件主要是合同条款的说明性或证明性材料,如表格、图纸、资料、实样等,它们与合同有同等的法律效力,写在正文后面并标注"附件"字样,然后使用序码依次写清附件的页数和名称。

(2)合同的有效期限。可以列在条文中,也可以放在落款后面。

(3)合同的份数和保存方法。

(4)条款未尽事宜的处理方法。

(5)署名。注明合同当事人各自的单位名称,法定代表人姓名(签字),并加盖单位印章。如果需要主管机关或签(公)证机关审批,需写上主管机关、签(公)证机关名称、意见、日期,经办人签名并盖章。

(6)日期。以签订合同的日期为准,签订日期是合同生效的标志,必须写清楚。

(三)合同写作应注意的事项

合同与协议书是当事人履行义务的依据,因此,在写作时应该注意以下几方面:

1. 注意合同和协议书的区别

合同和协议书的区别主要有以下三个方面:一是适用范围不同。合同主要适用于经济领域;协议书适用范围很广,经济、政治、科技、文化、军事等领域都可以使用。二是内容的表述要求不同。合同主要表达当事人之间就相互的权利和义务达成的一致意见,故其内容必须详细、具体、明确;协议书主要表达当事人各方就某些要点和原则达成一致意见,因此较少写履行的具体细节,内容比较简略、笼统。三是文体的效能不同。合同和协议书一般情况下都具有法律效力,但两者略有不同,合同一经签订就产生法律效力,协议书有时要经过有关部门公证或鉴证才能具备法律效力。

2. 协议过程必须坚持平等、自愿、公平、诚实和互利的原则

签订合同,双方当事人都应当坚持平等互利的原则,通过协商确定各自的权利和义务,任何一方不能以强凌弱,以大欺小,强买强卖,把自己的意志强加于人。合同中不应出现霸王条款。合同应当是双方当事人意志的客观表达。

3. 条款必须完备、严谨周密

合同的条款内容直接关系双方的经济责任和经济利益,任何一方违背了条款的规定都要承担相应的责任,因此合同必须结构完整,语言要准确,含义要精当,不能出现任何含糊和歧义的言语。另外,合同的字迹应工整,标点要正确,金额数字要用大写,文字若出现修改,必须经过双方同意,并在改动处加盖印章。

4. 内容必须符合法律、法规

签订合同的法人单位或公民,都必须遵纪守法,合同内容必须与国家的法律、行政法规保持完全一致;应当尊重社会公德,不得扰乱社会经济秩序,损害社会公共利益。如合同内容不合法,则应被视为无效合同。为了规范企业的市场行为,保障消费者的权益,政府管理部门或行业组织陆续制订了规范合同,供有关单位使用。如旅游、装修等行业就有这样的合同。因此文秘人员要熟悉有关情况,凡有规范合同的,应当采用。

例文 2

<h3 style="text-align:center">房地产代理合同</h3>

被代理人(甲方):_____

代理人(乙方):_____

第一条 订立合同的基础和目的

依据国家有关法律、法规和有关规定,甲、乙双方在自愿、平等和协商一致的基础上,就乙方接受甲方委托,代理甲方订立房地产_____(买卖/租赁)合同,并就其他委托服务事项达成一致,订立本合同。

第二条 代理事项

(一)委托交易房地产的基本情况

1. 坐落:_____;

2. 建筑面积:_____平方米;

3. 权属:_____。

(二)代理事项_____。

第三条 合作期限

(一)本合同代理期限为_____个月,自_____年_____月_____日至_____年_____月_____日。在本合同到期前的_____天内,如甲乙双方均未提出反对意见,本合同代理期自动延长_____个月。合同到期后,如甲方或乙方提出终止本合同,则按本合同中合同终止条款处理。

(二)在本合同有效代理期内,除非甲方或乙方违约,双方不得单方面终止本合同。

(三)在本合同有效代理期内,甲方不得在_____地区指定其他代理人。

第四条 费用负担

本项目的推广费用(包括报纸电视广告、印制宣传材料、售楼书、制作沙盘等)由甲方负责支付。该费用应在费用发生前一次性到位。

具体销售工作人员的开支及日常支出由乙方负责支付。

第五条 销售价格

销售基价(本代理项目各层楼面的平均价)由甲乙双方确定为_____

元/平方米,乙方可视市场销售情况征得甲方认可后,有权灵活浮动。甲方所提供并确认的销售价目表为本合同的附件。

第六条 佣金支付

(一)乙方完成本合同约定的甲方委托的事项,甲方按照下列第_____种方式计算支付佣金:(任选一种)

1. 按该房地产_____(总价款/月租金计)的_____%,具体数额为_____元支付给乙方;

2. 按提供服务所需成本计_____元支付给乙方。

(二)乙方未完成本合同约定的委托事项第_____项的,应当按照合同约定的佣金的_____%,具体数额为_____元,付给甲方。

第七条 预收、预支费用处理

乙方_____(预收/预支)甲方费用_____元,用于甲方委托的_____事项,本合同履行完毕后,双方按照合同约定再行结清。

第八条 双方当事人权利义务

(一)甲方在合同生效之后,对乙方在授权范围内的活动,不能任意干涉,双方遇有问题可随时研究协商;

(二)乙方应认真负责行使甲方授予的权利,不得弄虚作假,更不得与第三人恶意通谋,欺骗被代理人;

第九条 违约责任

(一)双方商定,有下列情形之一的,承担违约责任:

1. 完成的事项违反合同约定的;

2. 擅自解除合同的;

3. 与他人私下串通,损害对方利益的;

4. 其他过失损害对方利益的。

(二)双方商定,发生上述违约行为的,违约方按照本合同约定的佣金总额的_____%,计_____元作为违约金支付给对方。违约方给对方造成的其他经济损失,应当按照法律、法规有关规定予以赔偿。

第十条 声明及保证

甲方:

(一)甲方为一家依法设立并合法存续的企业,有权签署并有能力履行本合同。

(二)甲方签署和履行本合同所需的一切手续均已办妥并合法有效。

(三)在签署本合同时,任何法院、仲裁机构、行政机关或监管机构均未作出任何足以对甲方履行本合同产生重大不利影响的判决、裁定、裁决或具体行政行为。

（四）甲方为签署本合同所需的内部授权程序均已完成，本合同的签署人是甲方的法定代表人或授权代表人。本合同生效后即对合同双方具有法律约束力。

乙方：

（一）乙方为一家依法设立并合法存续的企业，有权签署并有能力履行本合同。

（二）乙方签署和履行本合同所需的一切手续均已办妥并合法有效。

（三）在签署本合同时，任何法院、仲裁机构、行政机关或监管机构均未作出任何足以对乙方履行本合同产生重大不利影响的判决、裁定、裁决或具体行政行为。

（四）乙方为签署本合同所需的内部授权程序均已完成，本合同的签署人是乙方的法定代表人或授权代表人。本合同生效后即对合同双方具有法律约束力。

第十一条　保密

双方保证对从另一方取得且无法自公开渠道获得的商业秘密（技术信息、经营信息及其他商业秘密）予以保密。未经该商业秘密的原提供方同意，一方不得向任何第三方泄露该商业秘密的全部或部分内容。但法律、法规另有规定或双方另有约定的除外。保密期限为_____年。

一方违反上述保密义务的，应承担相应的违约责任并赔偿由此造成的损失。

第十二条　不可抗力

本合同所称不可抗力是指不能预见、不能克服、不能避免并对一方当事人造成重大影响的客观事件，包括但不限于自然灾害如洪水、地震、火灾和风暴等以及社会事件如战争、动乱、政府行为等。

如因不可抗力事件的发生导致合同无法履行时，遇不可抗力的一方应立即将事故情况书面告知另一方，并应在_____天内，提供事故详情及合同不能履行或者需要延期履行的书面资料，双方认可后协商终止合同或暂时延迟合同的履行。

第十三条　通知

（一）根据本合同需要发出的全部通知以及双方的文件往来及与本合同有关的通知和要求等，必须用书面形式，可采用_____（书信、传真、电报、当面送交等方式）传递。以上方式无法送达的，方可采取公告送达的方式。

（二）各方通讯地址如下：_____。

(三)一方变更通知或通讯地址,应自变更之日起_____日内,以书面形式通知对方;否则,由未通知方承担由此而引起的相应责任。

第十四条 争议的处理

(一)本合同受_____国法律管辖并按其进行解释。

(二)本合同在履行过程中发生的争议,由双方当事人协商解决,也可由有关部门调解;协商或调解不成的,按下列第_____种方式解决:

1.提交_____仲裁委员会仲裁;

2.依法向人民法院起诉。

第十五条 解释

本合同的理解与解释应依据合同目的和文本原义进行,本合同的标题仅是为了阅读方便而设,不应影响本合同的解释。

第十六条 补充与附件

本合同未尽事宜,依照有关法律、法规执行,法律、法规未作规定的,甲乙双方可以达成书面补充协议。本合同的附件和补充合同均为本合同不可分割的组成部分,与本合同具有同等的法律效力。

第十七条 合同效力

本合同自双方或双方法定代表人或其授权代表人签字并加盖公章之日起生效。有效期为_____年,自_____年_____月_____日至_____年_____月_____日。本合同正本一式_____份,双方各执_____份,具有同等法律效力;合同副本_____份,送_____留存一份。

甲方(盖章):_____　　　　　乙方(盖章):_____
代表人(签字):_____　　　　 代表人(签字):_____
____年____月____日　　　　　　 ____年____月____日
签订地点:_____　　　　　　　签订地点:_____

【简评】 本合同是房地产代理合同,主要用于房地产代理方面的书面形式的合同,是当事人双方协商一致,在坚持平等、自愿的原则下,约定双方的权利与义务,其中包括订立合同的基础和目的、代理事项、合作期限、费用负担、违约责任等基本条款和特殊条款,具有法律效力。本合同结构完整、内容翔实、表述清晰、语言严谨规范。

第三节　招标书与投标书

一、招标书

(一)招标书的概念与作用

招标是指招标人根据货物、工程和服务等事先公布的采购条件和要求,以一定的方式邀请投标人在规定的时间、地点投标,并按照公开规定的程序,在投标人中选择最恰当的合伙人的行为。招标成为现代的一种经济贸易活动形式。

招标书,是招标人利用投标者之间的竞争达到优选买主或承包方的目的,从而利用和吸收各地甚至各国优势于一家的商品交易行为所形成的书面文件。招标书又称招标通告和招标广告,一般采用广告、通知、公告等形式发布。

(二)招标书的作用

招标书的作用主要有以下几个方面:

1. 招标书的宣传鼓动作用

招标书又称招标通告,通常利用大众传媒工具如网络、报纸等来传播新消息。招标书按照公开规定的程序,邀请投标人参加投标,发布招标公告的目的,就是要将事项告知于人,吸引人们参与投标,以起到宣传的作用。

2. 招标书的沟通交流作用

招标书是提供有关项目具体情况和投标事项的文书,投标者和招标者之间通过招标书沟通交流有关事项。

3. 招标书的规定约束作用

招标书是涉及具体项目的文书,其内容对招标对象双方有着硬性的约束规定,希望投标人按照双方约定来完成。

(三)招标书的结构与内容

招标书一般由标题、正文、结尾三部分组成。

1. 标题

标题写在第一行的中间。常见写法有四种:一是由招标单位名称、招标性质及内容、招标形式、文种四元素构成;二是由招标单位名称、招标性质及内容、文种三元素组成;三是招标性质及内容、文种两元素构成,如《建筑安装工程招标书》;四是只写文种名称,如《招标书》。

2. 正文

正文由引言、主体部分组成。

引言部分主要写清楚招标目的、招标单位的基本情况。

主体,即招标书的主要内容。由于招标书性质和内容的不同,其写法也有所不同,但一般包括以下部分:招标方式(公开招标、内部招标、邀请招标)、招标范围、招标程序、招标内容的具体要求、双方签订合同的原则、招标过程中的权利和义务、组织领导、其他注意事项等内容。

招标书必须写清楚以下几项内容:

(1)招标邀请函。招标邀请函由招标单位编制,简要介绍招标单位名称、招标项目名称及内容、招标形式、售标、投标、开标时间地点、承办联系人的姓名地址电话等。

(2)投标人须知。本部分是招标的一项重要内容。着重说明本次招标的基本程序;投标者应遵循的规定和承诺的义务;投标文件的基本内容、份数、形式、有效期和密封及投标其他要求;评标的方法、原则、招标结果的处理;合同的授予及签订方式、投标保证金等。

(3)招标项目的技术要求及附件。

(4)合同条件(合同的一般条款及特殊条款)。

(5)技术标准、规范。

(6)投标企业资格文件。

3. 结尾

招标书的结尾,应写明招标单位的名称、地址、电话、电报挂号等,以便投标者参与。

例文3

××大学修建图书馆楼的招标书

××大学经上级主管部门批准,拟修建一座图书馆楼,从××年1月10日起开始建筑招标。现将具体事宜告知如下:

1. 工程名称:××大学图书馆楼。

2. 建筑面积:××××平方米。

3. 施工地址:××市××路××号。

4. 设计及要求:见附件。(略)

5. 材料中钢材、木材、水泥由招标单位供应,其余由投标人自行解决。所需材料见附表。(略)

6. 交工日期:××年8月。

7. 凡愿投标的国营、集体建筑企业,只要有主管部门和开户行认可,具有相应的建筑施工能力者均可投标。

8. 投标人可来函或来人索取招标文件。

9.投标人请将报价单、施工能力说明书、原材料来源说明书以及上级主管部门的有关签证等密封投寄或派人直送我校基建处招标办公室。

10.招标截至××年2月10日(寄信以邮戳为准)。2月15日,在我校办公楼会议室,在××市公证处公证下启封开标。

××大学基建处(印章)
××年1月5日

【简评】 这则招标书标题由单位名称、招标项目名称和文种三部分组成。正文将建设单位名称、工程项目、建筑地点、建筑面积、建设工期、设计和质量要求等事项、要求逐条列出,内容清楚,简明扼要,符合一般工程项目招标书的写作要求。

二、投标书

(一)投标书的概念与作用

投标是指投标人对招标的响应,参加竞争的行为。投标书,又称标函,是指投标单位(或个人)按照招标书的条件和要求,向招标单位提交的报价并填写表单的文书。投标书是与招标书相对应的,是提供给招标人的备选方案。

投标书是对招标书的响应,投标单位应提出具体的投标方案、项目报价、投标方的各种有利条件,争取中标。因此,投标书应该严格保密。

(二)投标书的结构与内容

投标书一般由标题、正文、落款三部分组成。

1.标题

标题常见写法有三种:一是由投标方和文种组成,如《××玩具厂承包投标书》;二是由投标方、投标项目名称和文种三部分组成,如《××市建筑公司投标书》;三是只有文种的标题,一般只写上"投标申请书",如《投标书》。

2.正文

投标书的正文内容一般包括前言、主体两部分。

前言部分主要交代投标的依据和目的,介绍投标单位的基本情况以及对该投标项目的态度。投标单位的基本情况要写出企业的名称、地址、性质(国有或集体或民营)、级别;企业的历史和现有规模;企业的技术条件、设备及人员情况等。

主体部分紧紧围绕招标书提出的目标、要求而写。要提出标价(常用表格表示)、工程项目的开工竣工时间,具体提出完成该项目的措施、明确质量承诺和应标经营措施,填写标单等。这一部分必须写清楚项目的价格及保证条件,包括:

(1)标价,完成招标项目的总金额,包括每单位的金额,以及完成项目的分解金额。

(2)标函内容,承包该项目的内容,包括项目名称、地点、数量、包干形式等。

(3)保证完成项目的交货期、具体时间和总计天数。

(4)质量保证、可达到的等级和保证质量的有效措施。

(5)其他条件等。

3. 落款

落款要写出投标单位的名称及法人代表姓名,加盖印章,并且写明投标日期。

(三)投标书写作应注意的事项

(1)实事求是。投标书的写作要实事求是、具体清晰、准确准时。

(2)慎重严肃。投标活动是现代经济活动的重要形式,国家为此颁布了一系列法律法规,投标活动既受其保护,也受其监督。因此,在写作投标书时必须有法律的观念、科学的态度。

(3)适度可行。由于招标项目的性质和内容不同,因此投标的要求也就不同,所以投标前,投标人要全面了解招标项目情况、市场情况和竞争者情况,才能知己知彼,报价恰当,具有竞争力,以保证中标后取得一定的经济效益。

(4)规范简明。由于投标文书是实践性很强的文书,一定要写得具体规范,投标书要与招标书相统一,各种提法、概念、用语、数字都要规范。文字表达要考究,方案要高度概括,简明易懂,要做到准确无误,避免含糊不清,产生歧义。

例文 4

教学楼工程施工投标书

根据××铜矿兴建教学楼工程施工招标书和设计图的要求,作为建筑行业的×级企业,我公司完全具备承包施工的能力与条件,决定对此项工程投标。具体说明如下:

一、综合说明

工程简况(工程名称、面积、结构类型、跨度、高度、层数、设备等):教学楼一幢,建筑面积 $10600m^2$,主体 6 层,局部 2 层。框架结构:楼全长 70m,宽 40m,主楼高 28m,二层部分高 9m。基础系打桩水泥浇注,现浇梁柱板。外粉全部,玻璃马赛克贴面,内粉混合砂浆采面涂料,个别房间贴壁纸。全部水磨石地面,教室呈阶梯形,个别房间设空调。

二、标价(略)

三、主要材料耗用指标(略)

四、总标价

总标价 3405695.05 元,每平方米造价 360.45 元。

五、工期

开工日期:××年 5 月 8 日;

竣工日期:××年9月20日;

施工日历天数:530天。

六、工程计划进度(略)

七、质量保证

全面加强质量管理,严格操作规程;加强各分项工程的检查验收,上道工序不验收,下道工序绝不上马;加强现场领导,认真保管各种设计、施工、试验资料,确保工程质量达到全优。

八、主要施工方法和安全措施

安装塔吊一台、机吊一台,解决垂直和水平运输;采取平面流水和立体交叉施工;关键工序采取连班作业,坚持文明施工,保障施工安全。

九、对招标单位的要求

招标单位提供临时设施占地及临时设施40间,我们将合理使用。

十、坚持勤俭节约原则,尽可能杜绝浪费现象。

投标书发出日期:××年×月×日

投标单位:××建筑工程总公司(公章)

企业负责人:×××(盖章)

电话:××××

传真:××××

地址:××××

附件:本公司基本情况介绍

【简评】 这是一则教学楼工程建设项目投标书。正文先介绍了工程简况(工程名称、面积、结构类型、跨度、高度、层数、设备等),接着介绍了建设教学楼的基本情况,然后说明标价、耗材指标、工期、计划进度等,对招标书作出了明确的回答。这可以说是投标单位的正式报价单,是评标决标的依据。本投标书还包括保证工程质量的措施和达到的等级、主要施工方法、安全措施和对招标单位的要求等。文末附上公司基本情况,让招标方对己方建立信心。是一份写得较完整、规范的投标书。

第四节 市场调查与市场预测报告

一、市场调查

(一)市场调查的概念与作用

市场是买卖双方进行商品交换的场所。现代意义上的市场,还指为了买和卖某些商品而与其他厂商、个人相联系的一群厂商和个人,即商品有没有购买者。

市场调查就是指运用科学的方法,有目的、有系统地搜集、记录、整理有关市场营销的信息和资料,分析市场情况,了解市场现状及其发展趋势,为市场预测和营销决策提供客观、正确的资料。其中包括市场环境调查、市场状况调查、销售可能性调查,还可对消费者及消费需求、企业产品、产品价格、影响销售的社会和自然因素、销售渠道等开展调查。

市场调查的作用,体现在以下几个方面:

1. 了解竞争产品的市场表现

企业要稳固占领市场,提高市场竞争力,必须了解竞争对手的产品目前的价格情况、营销策略等,分析细分市场状况,寻找适合本企业发展的目标市场,恰当进行产品定位,这样才可以知己知彼,在竞争中保持优势。

2. 了解消费者需求

通过对消费者消费态度、行为的研究,了解消费者对某种产品或服务的需求,使企业在进行产品开发、设计、改进时,能充分考虑消费者意见,最大限度地满足消费者需求。

3. 评估、监测市场运营状况

企业营销决策方案一旦形成,需要不断监控实施效果。企业营销人员需要通过市场调查获知市场经营状况的反馈,了解某种营销策略的执行情况,当出现问题时,及时对方案进行调整。

4. 发现市场空缺和市场机会

市场竞争环境下的企业,必须不断寻找新的利润增长点,因此企业需要通过市场调查了解消费者的现实需求与理想需求之间的差距,了解市场动态,发现市场空缺,准确把握市场机会。

5. 制订市场营销策略

企业的新产品如何进入市场,企业如何树立并保持品牌形象,需要以市场调查为基础制订市场营销策略。

(二)市场调查的分类与方法

1. 市场调查的分类

从不同角度可将市场调查分为不同类型,这有利于对市场调查作全面系统的理解,也有利于明确调查的目的和内容。

(1)根据调查范围不同,市场调查可分为需求市场调查和供给市场调查。

(2)根据空间不同,市场调查可分为国内市场调查和国际市场调查。

(3)根据市场调查方法不同,市场调查可分为市场文案调查和市场实地调查。

(4)根据购买商品不同,市场调查可分为消费者市场调查和产业市场调查。

(5)根据商品流通环节不同,市场调查可分为批发市场调查和零售市场调查。

(6)根据时间层次不同,市场调查可分为定期市场调查和不定期市场调查。

(7)根据调查组织方式不同,市场调查可分为全面市场调查和非全面市场调查。

(8)根据调查内容不同,市场调查可分为定性市场调查和定量市场调查。

(9)根据市场调查设计不同,市场调查可分为探测性调查、描述性调查、因果性调查和预测性调查。

2. 市场调查的方法

市场调查的方法主要有观察与访问法、实验法、问卷法。

(1)观察与访问法。观察与访问法是社会调查和市场调查研究最基本的方法。调查者亲自深入调查对象,利用眼睛、耳朵等感官以直接观察的方式对其进行考察并搜集资料。这种方式适合小规模的调查。例如,调查某个专柜的品牌及包装情况。

(2)实验法。实验法是在事先确定的调查问题中,由调查人员根据调查的要求,用实验的方式,将调查对象控制在特定的环境条件下,对其进行观察以获得相应信息。这种方法主要用于市场销售实验和消费者使用实验。

(3)问卷法。也称为"填表法",是通过设计调查问卷,让被调查者填写调查表的方式获得所调查对象的信息。将调查的资料设计成问卷,让调查对象将自己的意见或答案,填入问卷中。在进行的实地调查中,问答卷采用得最为广泛;同时在目前的网络市场调查中问卷法运用得较为普遍。

例文 5

××沙发市场调查报告

一、××沙发市场概况

目前,××沙发销售地主要聚居在××大街处银座家具、富雅家具、亚欧商城、东亚商城、国贸城家具、文印家具城。从产品和品牌档次上看,亚欧商城、东亚商城属高档品牌的根据地,东亚商城、国贸城家具、文印家具则汇聚了来自天南地北的中低档沙发品牌。从经营定位上看,各商城均有自己的差异化定位,知名品牌、高档商品的专卖店向富雅家具城集中;中档商品及部分专业市场多数集中在东亚商城;低档商品的批发业务又集中在××和××家具城,亚欧则走专业化办公家具路子,与银座家具形成互补,对其他家具商城形成攻击。

二、沙发的材质及品牌

市场上的沙发按照材质主要分为真皮、布艺以及二者结合三种,目前市场上的沙发高档品牌主要有以整体家居布置、沙发配套为主的全友家私、皇朝家私、香港富得宝、香港乐其、宜家家私以及主营沙发的芝华士等;中档品牌则包括吉斯、喜梦宝、世纪博森、伊诺维绅、成都南方等;低档品牌则汇聚了一些来自××本土和其他各地区县城的小品牌,如××××、×××× 等。

三、消费者调查

1. 消费者细分特性描述一(低、中、高档):

(1)平民百姓、普通工薪族是低层次、低价位的主要消费群。他们的要求是:简洁实用而又有现代美感;功能较多,以便充分利用有限的居住空间;希望采用中高档次的设计及风格,但所愿承诺的价位偏向于中低价,心理上觉得物有所值。针对这一类消费群体的产品是杂牌的天下,因其生产者长于抄袭与模仿,拙于原创与设计研发。因此,它们利用自身的成本优势,吸引了广大中下层次的消费群。

(2)中高层次的消费群,这部分消费者包括企事业单位的管理人员、城市"白骨精"(白领、骨干、精英)。他们事业有成,思想独立,个性化追求较为明显。对家具的性价比、设计风格、用材、品牌定位较为看重。这部分生产厂家较多,他们以自己的原创设计及针对目标消费者的技术研发满足了追求不同风格消费者的需求。

(3)都市新贵或富豪的高层次群体。这部分人居于消费金字塔的顶端。一般都有别墅或宽敞豪华的住房,对家具的要求首先是品牌要与自己的社会或金钱地位相匹配,通常选择的是国际品牌或知名品牌。

2. 消费者细分特性描述二(办公、家居):

(1)办公沙发消费群主要是经济水平处于中高层次的群体。购买群也多位于这个群体。经济佳者,由于公司形象或私人喜好,他们看重品牌,因此选择的一般都是知名品牌。经济一般者,则选择中档品牌,既顾及形象,又节省了资金。

(2)家居沙发消费群的范围比较广泛,几乎涵盖所有成家立业或将要成家的消费者。对于私人使用物品,他们选择起来相当慎重,不仅注重质量,而且在与室内风格匹配上也花尽心思。由于经济状况不同,选择的品牌档次亦各不相同。

3. 影响消费者购买沙发的主要因素:

访问5人,综合如下:

消费者选择标准——无污染、没怪味、舒适、款式合理、价格实惠

高消费——大品牌

中低消费——舒服、价格便宜

现用沙发品牌——南方、泰新以及济南本地产布艺沙发

认为现在较好的沙发品牌是芝华士、皇朝家私、全友家私以及一些香港品牌等。

四、沙发产品的未来发展走势：

通过访谈和查找二手资料，沙发产品的未来发展呈现三大走势：

(1)产品设计开发方面：力求创新，国际一体化，简约、舒适成为城市中人们放松压力生活的主题。

(2)产品使用方面：力求方便搬运，使用年限减少，色彩和时装化的家具受到越来越多人的欢迎。

(3)品牌方面：由于产品日趋细分，沙发品牌呈两极化发展，知名品牌更加注重品牌建设和推广，某些中档品牌则在竞争中被淘汰，而那些杂牌、小品牌则依旧利用自己的成本、价格以及地域优势，占据中下层消费领域。

【简评】 这是一篇有关沙发市场的调查报告。主要从沙发市场的概况、沙发产品的材质及品牌、消费者调查、沙发产品的未来走势几个方面来对沙发市场进行调查，通过对沙发市场的调查，管理者能更好地了解市场的走向、趋势，从而更加理性、客观地作出决定，避免盲目生产，降低损失。这篇调查报告内容全面、材料翔实、层次清楚。

二、市场预测报告

(一)市场预测报告的概念与作用

市场预测报告就是依据已掌握的有关市场的信息和资料，通过科学的方法分析研究，从而预测未来发展趋势的一种预见性报告。它是在市场调查基础上，综合调查材料，用科学的方法估计和预测未来市场趋势，从而为有关部门和企业提供信息，以改善经营管理，促使产销对路，提高经济效益。市场预测报告实际上是调查报告的一种特殊形式。它也是应用写作研究的文体之一。

市场预测报告的作用可归纳为以下几个方面：

1. 为经济管理决策提供科学依据

对市场进行准确预测，可避免主观臆断和短期行为，减少生产和经营的盲目性。

2. 为制订计划提供有力的依据

市场形势千变万化，通过市场预测，在对滞销商品预测分析的基础上，挖掘其发展潜力；在对畅销商品预测分析的基础上，了解其何时饱和，修正计划，调整生产规模。市场预测已经成为探索经济规律，提高经济效益的重要环节。

3. 为开拓市场、提高经济效益提供可靠的依据

分析自己的产品在当地市场、国内市场、国际市场的特点、地位和作用，研究同类

企业产品的来源和去向,研究它们的特点、质量、市场反应,做到知己知彼,从而采取相应的对策,开拓市场,提高经济效益。

(二)市场预测报告的结构与内容

市场预测报告的结构一般包括标题、正文、结尾三部分。

1. 标题

标题有三种形式:

(1)直叙式标题。预测范围+预测时限+预测对象+文种。例如,《2012年安徽省汽车市场预测研究》。

(2)结论式标题。例如,《商品房市场前途并不悲观》。

(3)主副标题。例如,《经济运行高增低胀,景气回升稳中求胜——三季度经济动向分析》。

2. 正文

正文包括前言和主体两部分。

前言部分要求以简短扼要的文字,说明预测的主旨,或概括介绍全文的主要内容,交代预测背景、目的,也可以将预测的结果先提到这个部分来写,以引起读者的注意。

主体部分是市场预测报告的核心内容,包括基本情况、预测部分、建议部分三方面内容。

(1)基本情况。根据收集到的市场信息,从收集到的材料中选择有代表性的资料、数据来说明经济活动的历史和现状,为进行预测分析提供依据,这是预测的基础。

(2)预测部分。这部分是在调查研究或科学实验取得的资料数据的基础上,对材料进行认真的定性分析和定量分析后,再经过判断推理,从中找出发展变化的规律,这是预测的重点和核心。

预测部分的内容十分广泛、丰富,它包括:①消费者购买力预测。预测消费者购买力要作好两个预测:第一,人口数量及变化预测。人口数量及其发展速度,在很大程度上决定着消费者的消费水平。第二,消费者货币收入和支出的预测。②预测购买力投向。消费者收入水平的高低决定着消费结构。消费结构即在消费者的生活消费支出中商品性消费支出与非商品性消费支出的比例。消费结构的规律是收入水平越高,非商品性消费支出会越大,如娱乐、消遣、劳务费用支出增加,而商品性消费支出中用于饮食费用方面的支出比重则大大降低。另外还必须充分考虑消费心理对购买力投向的影响。③预测商品需求的变化及其发展趋势。根据消费者购买力总量和购买力的投向,预测各种商品需求的数量、花色、品种、规格、质量等。④预测市场价格的变化。企业生产中投入品的价格和产品的销售价格直接关系企业的赢利水平。

对商品价格进行预测,要充分研究劳动生产率、生产成本、利润的变化,市场供求关系的发展趋势,货币价值、货币流通量的变化以及国家经济政策对商品价格的影响。⑤预测生产发展及其变化趋势。对生产发展及其变化趋势的预测,就是对市场中商品供给量及其变化趋势的预测。

(3)建议部分。适应经济活动未来的发展变化,为领导决策提供有价值的、值得参考的建议,是写市场预测报告的目的。因此,这个部分必须根据预测分析的结果,提出切合实际的具体建议。这是预测的目的和归宿。

3. 结尾

结尾是归纳预测结论,提出展望,也可以照应前文或重申观点,以加深认识。

(三)市场预测报告写作应注意的事项

1. 注意市场调查与市场预测的区别

一是侧重点不同。市场调查的目的是预测,市场预测的前提是调查;市场调查是以现状为主,市场预测则是以未来为主。二是写法不同。市场调查报告是对市场情况和动向作详尽的调查后,经过深刻、细致的分析和研究,得出正确结论,然后写成的专题报告;市场预测报告是在市场调查的基础上,综合调查材料,用科学的方法估计和预测未来市场趋势,从而为有关部门和企业提供信息,以改善经营管理,促使产销对路,提高经济效益。

2. 讲究精准性

作市场预测本身就是为了明确企业今后的发展,因此预测的时候一定要精准。其中包括对原料市场、产品市场、技术市场以及需求市场的预测等,在设计调查方案的过程中要有明确的调查方向和目标,知道从哪里入手,采用何种方式参与调查,如何做好最后的分析工作,在制订计划之前对于这些就要做到心中有数。

3. 讲究全面性

作市场预测的时候要统筹全局,综合考虑各方面因素,事先就要对调查的结果有一定的预测,大体上掌握会出现的结果,这样才能够在调查之后作对比分析,看是否能达到预期效果,从而更好地实施调查项目,得出更准确的预测结果。

例文6

手机市场预测报告

一、前言

近年来中国的手机制造业飞速发展,创造了手机行业发展的许多奇迹。同时,国内手机生产厂商异军突起也加剧了手机行业在中国的竞争。本文通过对手机市场的调查,得出的数据和结论能在一定程度上反映手机市场的特征和发展趋势。本文先概括论述了当前中国手机市场的基本状况,根据从网上收集的关于手机市场的数据,分析国内手机碰到的问题以及提出相应建议,并对未来手机市场进行预测。

二、现状

2009年,我国手机产量为6.19亿部,占全球产量比重的49.9%,将近半数,而2008年我国基站产量为3022万信道,同比增加102.2%。2009年中国国内手机市场的销量为2.4亿部,较2009年增长8.2%。其中,中国企业在本土市场的销售量为1.2亿部,占整体市场份额的50%。中兴以3650万部的手机出货量成为2009年中国最大的手机企业,华为以3000万部的出货量排名第二。就国内市场销量来看,天语和联想成为市场份额最大的中国本土企业。受运营商补贴的刺激以及换机需求的影响,2010年国内手机出货量上升到2.66亿部,比2009年增长11%。3G手机和智能手机成为2010年的最热门产品,2010年中国国内智能手机出货量增长到2600万部以上。2014年第一季度2G手机上市新产品135款,同比下降45.6%,出货1144万部,同比下降71.7%。TD-SCDMA手机上市新产品263款,同比增长26.3%,出货4368万部,同比增长16.5%。WCDMA手机上市新产品84款,同比下降42.5%,出货2079万部,同比下降37.6%。CDMA2000手机上市新产品75款,同比增长8.7%,出货1516万部,同比下降33.0%;TD-LTE手机上市新产品50款,出货974万部。仅从智能手机来看,一季度出货8911万部,也下滑了9.8%。2014年第一季度排名TOP10的企业销量占比达74.3%,相比较而言,去年同期为54.7%。一季度国内品牌出货为6686万部,同比下降34.9%;而以苹果、三星为代表的国际厂商出货3395万部,同比逆势增长9.2%。数据显示,第一季度全球智能手机出货量为2.815亿部,比去年同期增长28.6%,但比上一季度的2.896亿部下滑2.8%。其中,位居第一集团的三星第一季度全球手机出货量占总量的62.7%,高于去年同期的50.7%。值得注意的是,三星第一季度智能手机出货量仍超过排名第二到第五的四家厂商的出货量总和。三星之所以能够称王,就是因为除在发达市场以高端智能手机为主打外,在新兴市场上出售中低端机型以开拓市场。

三、预测

(1)2014年全球智能手机总出货量将会达到12亿部,与2013年相比增长19.3%。虽然看起来增长势头不错,但与去年39.2%的同比增幅相比下降不少。可以说,全球智能手机市场正渐趋于饱和。即使是新兴市场带来新鲜的"血液",也不能改变整体走势。再加上多种智能移动终端的影响,智能手机销量未来不出现回落即为幸事。

（2）报告显示，功能机正在被淘汰，下降幅度很大。智能机总体略有下降，说明去年的疯狂增势已不在，智能手机已经进入替换期，而不是普及期。在过去几年，智能手机市场的疯狂增长，实际上是智能机替代功能机的一个过程。智能机的出现，使消费者体验到其比功能机要好用，以前用功能机的人会转向选择智能机，这就造成智能机销量持续攀升。而到2014年第一季度，智能机只剩1144万部了，去年是4000多万部，这个市场空间已经基本被填满。新智能手机和旧智能手机的实际体验差距，尚不足以让人们掏钱。

（3）品牌集中度增加，说明市场趋于成熟，小品牌生存空间越来越小，市场竞争越来越激烈。从数据看，品牌集中度在上升，这是智能手机进入替换期的结果。

（4）而从智能机到智能机，用户对下一部手机自然会有更高的要求，品牌和厂商的规模更被看重。即使不买苹果、三星，也会优先考虑华为、中兴、酷派、联想、金立、小米、OPPO、VIVO这些产销量超千万的大厂，至少大厂的保修点遍及各个城市，售后服务方便一些，质量也有一定保证。

（5）纵观市场，品牌集中度上升的趋势会来越来越明显，人们更加趋向于一线品牌和国际品牌。这使小品牌生存越来越困难。从市场份额来看，国产品牌下降，国际产品上升，说明人们对产品的消费层次需求在变化，更加注重品牌。在智能机替换智能机的过程中，随着消费水平的提高，从山寨到国产品牌，从国产品牌到进口品牌也是一种趋势。

四、建议

中国市场曾经经历过PC从上百个品牌到几十个品牌，最后到几个主流品牌的历史，由此看来，如果国产手机在技术和质量上没有大的提升，占有智能手机市场的未来并不乐观。未来智能手机市场，不仅要比功能和质量，还要拼规模采购生产、营销手段和品牌形象。

（1）产品创新。产品是生存的关键，厂商需要有产品创新与技术创新的思维，发现市场新的利益点。在这个发现过程中，最重要的是以消费者为中心，将实用性与时尚性结合，走产品差异化的道路，提升竞争力。在技术领域，国产手机需要加大研发力度，以与市场保持同步或领先市场。

（2）渠道先行。国产手机厂商继续发挥价格上的优势，以更快的市场反应进入低一级市场，抢占渠道先机。但是，在渠道下渗时，需要把握市场容纳量与消费者的消费习惯，将产品量化，尽量减少库存。

（3）联合之道。对于国产厂商来说，要在激烈的市场竞争中更好地生存，厂商之间的联合与合作将起到一定作用。在这方面，TCL、波导等国产厂商都已经开始实施走出去战略，通过合作的方式获得技术，并扩展海外市场以应对日益激烈的国内市场竞争。

(4)树立服务口碑。服务是与市场终端即消费者联系最为紧密的,优质的服务容易使消费者产生感情偏向,这也是体验式营销的重要作用。所以,对国内手机厂商来说,加强服务质量,形成良好的服务口碑,对品牌的推广有一定的促进作用。

【简评】 这是一篇手机市场预测报告。这篇报告主要是从前言、现状、预测、建议四个方面来写的,首先介绍了目前国内手机市场的现状,接着通过调查数据的对比分析,预测未来国内手机市场的趋势和走向,最后给出建议,因为预测报告的目的就是根据分析给出合理的建议,这是市场预测的最终归宿。本文格式规范、内容全面、条理清楚、语言顺畅。

第五节　商业广告

据考证,广告一词是外来语。它首先源于拉丁文 advertere,其意为注意、诱导、传播。在今天,广告即广而告之之意,它是为了某种特定的需要,通过一定形式的媒体,公开而广泛地向公众传递信息的宣传手段。广告有广义和狭义之分。广义的广告包括非经济广告和经济广告。非经济广告指不以赢利为目的的广告,又称效应广告,如政府行政部门、社会事业单位乃至个人的各种公告、启事、声明等,主要目的是推广。狭义的广告仅指经济广告,又称商业广告,是指以赢利为目的的广告,通常是商品生产者、经营者和消费者之间沟通信息的重要手段,是企业占领市场、推销产品、提供劳务的重要形式,主要目的是提高经济效益。广告是一种商业行为,但必须受到国家法律法规的制约。本节主要讲商业广告。

一、商业广告的概念与作用

(一)商业广告的概念

商业广告又称赢利性广告或经济广告,是以赢利为主要目的的广告,是指商品经营者或服务提供者承担费用通过一定媒介和形式直接或间接介绍所推销的商品或提供的服务的广告。

(二)商业广告的作用

商业广告既是一种经济现象,具有功利性;也是一种文化现象,具有思想性。因此,商业广告一方面具有促进销售、指导消费的商业功能,另一方面也服务于社会,传播适合社会要求、符合人民群众利益的思想、道德、文化观念,即具有社会功能。

1. 商业广告的经济功能

商业广告是连接生产、流通、交换和消费的信息渠道。其目的在于树立企业形象，宣传产品，以引起消费者的注意、兴趣，从而产生购买行为。随着市场经济的日益发展，商品广告已成为企业市场营销活动的重要环节，成为企业生存、发展的一条重要生命线。

2. 商业广告的社会功能

商业广告履行社会功能，会对社会文化产生广泛而深远的影响。这是因为，不管有意无意，很多广告都表达、折射了某种思想观念，体现出某种价值评判、价值追求，人们接受广告的过程就是一个被诉求、被感染、被影响的过程。而广告的传播速度快、传播范围广、重复频次高，广告每天充斥于广大受众的生活空间。可见，广告的确可以影响受众的文化心理，改变受众的思维方式和价值取向。事实上，20多年来我国社会风气的变化、思想观念的解放、生活方式的改变，无不与广告息息相关。

3. 商业广告的文化功能

商业广告是商品促销的重要手段，具有鲜明的功利特征和强大的经济功能。同时，商业广告也是一种社会文化现象，是社会文化的组成部分，因而也具有文化的特征和功能。我们在利用商业广告的经济功能的同时，还应当把广告纳入社会文化的系统中加以考察，充分认识商业广告的文化功能及其所担负的文化责任，以便更好地利用，使之在社会精神文明建设中发挥积极作用。

广告中的文化内容，特别是其中的价值观念、生活方式，无论是传统的还是现代的、积极的还是消极的，经过传播都会渗透到生活中，对受众的思想、行为产生影响。人们对商品的选择，有的是理性的，有的则是盲目从众，但它们都能说明商业广告一方面改善着人们的物质生活和行为方式，另一方面深入人们的内心，冲击人们的文化心理，影响人们的思想意识。广告文化既代表一定的物质文化、行为文化，又属于一种观念文化、精神文化。

二、商业广告的特点与分类

(一)商业广告的特点

商业广告主要有以下几方面特点：

(1)以赢利为目的。这是商业广告的根本属性。

(2)商业广告通过一定的传播媒介进行。

(3)有明确的广告主并支付费用。广告主通常通过付费来宣传其产品，在现代广告活动中，广告主是指那些为发布广告信息付钱的机构和个人。

(4)商业广告是说服的艺术，目的在于影响消费者的行为。

(5)商业广告是有目的、有计划、连续性的。

(6)广告对象是有选择的,即目标市场和目标受众。

(二)商业广告的分类

广告的分类很多,按内容和性质来分,可分为三大类:

(1)商品广告。又称产品广告。它是以销售为导向,介绍商品的质量、功能、价格、品牌、生产厂家、销售地点以及该商品的独到之处,能给人以何种特殊利益和服务等有关商品的信息,追求近期效益和经济效益。

(2)劳务广告。又称服务广告,比如介绍银行、保险、旅游、饭店、车辆出租、家电维修、房屋搬迁等内容的广告。

(3)声誉广告。又称公关广告、形象广告。它是指通过一定的媒介,把企业有关的信息有计划地传播给公众的广告。这类广告的目的是为了引起公众对企业的注意、好感和合作,从而提高知名度和美誉度,树立良好的企业形象。声誉广告传播的内容非常广泛,主要是介绍有关企业的一些整体性特点,既可以是发展历史、企业理念、经营方针、服务宗旨、人员素质、技术设备、社会地位、业务情况以及发展前景等,又可以是企业理念、视觉标志、行为标志等内容。

三、商业广告的结构与内容

商业广告文案的结构一般包括标题、正文、标语口号和随文四个部分。

(一)标题

标题是广告的生命,是广告内容的高度概括和浓缩。广告标题大致有三类:

1. 直接标题

用简洁的文字,直接揭示广告主题或点明广告主要内容,让人一目了然,例如,"农夫山泉有点甜""盖中盖含片""人头马一开,好事自然来"。

2. 间接标题

用迂回曲折的语言方式来吸引大众,引导大众进一步领会广告文案中正文的信息。例如,某洗衣粉的广告标题"妈妈的好帮手",某少儿图书的广告标题"儿童的精神家园"。这种标题具有较强的艺术性。

3. 复合标题

复合标题是上述两种标题的综合运用,具备两种标题的优点,运用更加灵活。例如,长虹电视机的广告标题"天上彩虹,人间长虹"。

(二)正文

正文是广告的核心部分,重点表现广告的主题。它的作用是进一步解释说明广告标题,更详细地介绍宣传对象,以劝诱或说服消费者接受宣传的内容。正文通常由以下三部分组成:

1. 引言

引言,即开头,是衔接标题、开启正文的过渡段,起着解题的作用。要以概括精练的语言点明标题并引出正文,引发读者阅读的兴趣。如"您想使高速公路平坦无隙,飞车急奔吗?您想使繁忙的码头千年永固,往来如梭吗?请使用新型建筑材料——钢纤维"。

2. 主体

主体是广告文本的中心,说明产品的优点和特征。这部分主要依据消费者的需求宣传商品的功能、优势、特点、价格等内容。例如,"吗丁啉R液剂"广告文案的主体内容是"专治儿童厌食、腹胀、返流、呕吐,服用方便,吸收快、见效快"。

3. 结尾

这部分主要写购买办法、优惠条件及售后服务的承诺或担保等内容,意在激发消费者的购买欲望,诱导消费者采取购买行为。售后服务保障等旨在督促人们购买商品。

(三)标语口号

标语口号又叫广告口号、广告语,是从长远的经济利益出发,在一定时期内相对稳定并反复使用的、带有较强鼓动作用的语句,是体现广告创意和主题的一两句最动人、最引人注目的精彩言辞。标语口号既可以给消费者留下持久的印象,又具有标记和识别的功能。如"中国网通——由我天地宽""美的空调——原来生活可以更美的""海尔电器——海尔,真诚到永远"。

(四)随文

广告的随文,即广告的落款,包括商标、厂标、企业名称、商品名称、通信地址、电话号码、传真、购买方式、银行账号、联系人等。一般安排在正文之后。随文是广告文本中不可或缺的部分,它对消费者的购买行为起到指南作用,是实现广告直接效果的必要条件。

四、商业广告写作应注意的事项

商业广告的写作要注意以下事项:

(1)实事求是。广告语必须真实,真实是广告的生命。广告的创意要求是实事求是,不能弄虚作假,欺骗消费者。需要说明的是广告的真实不等于广告不需要艺术夸张,相反,在真实的基础上,运用艺术的手法适当渲染夸张,可以产生更好的宣传效果,引发消费者的美好想象,让他们获得心理满足感,从而引发购买行为。

(2)主题突出。由于受传播媒介等条件的限制,在撰写广告文案的时候,只有紧紧围绕广告主题,突出产品的个性,把它作为诉求重点,才能吸引消费者购买。切忌面面俱到,"眉毛胡子一把抓"。写作时可根据产品的自身特点、竞争对手的情况、消费者的需求及心理因素等来确定主题。

（3）创意新颖。广告要不拘一格，不断推陈出新。在当今海量的信息中，如何让你的广告给人留下深刻的印象？只有立意新颖，才能出奇制胜，让人耳目一新，吸引消费者。

（4）语言精妙。一则成功的广告要善于运用语言的艺术来吸引人们，激发他们的兴趣和购买欲望。广告创意可以根据现实情况或生活发展逻辑，进行推测和想象，通过想象和联想打破时空界限，使广告富有创意；还可以运用比喻，巧用成语、双关、谐音、反复等修辞手法来增强广告的魅力，如某服饰广告的"衣衣不舍"等。

例文 7

百事可乐：新一代的选择

the choice of a new generation

【简评】 本则广告是百事可乐的宣传标语，仅仅用了几个字"新一代的选择"。对于"新一代的选择"，可以有多种理解：一是新一代人的选择；二是新一代产品的选择。一语双关，圈定主要市场的同时又彰显自己的实力。简单明了，夺人眼球，让顾客不禁想去了解该商品是什么，为什么它会是新一代的选择，很好地抓住顾客的心理需求，达到宣传效果。

例文 8

丰田汽车：动态的诗，向我舞近

poetry in motion，dancing closing to me.

【简评】 本则广告是丰田汽车的广告语。诗，本身就是优雅动人、令人愉悦的，它向你舞动，让你通过想象产生视觉和听觉的双重美感，营造出高雅迷人的意境。这就是他们的车带给你的感受，够打动人吧？让你通过想象产生视觉和听觉的双重美感。宣传的效果可想而知。

例文 9

农夫山泉："农夫山泉，有点甜"

【简评】 "农夫山泉，有点甜"字数虽少，却包含比较大的信息量：第一，将自己的品牌展示出来，这七个字首先将"农夫山泉"这个主体突出出来。第二，包含了品牌和产品信息，做到品牌产品合一，别人一看就知道你是什么品牌，你的品牌有什么东西，后面的"有点甜"则是对产品和品牌的直接陈述，是最重要的部分，它突出了自然、口感好、健康的很多特点。文字清新，俗中有雅，有质朴之美。农夫山泉不光有这么一个宣传重点，还有一个是关于它的水源的广告——来自千岛湖地下深处水源，有很多美丽的风光，或者就直接印在产品上，这些都是作为"农夫山泉，有点甜"的铺垫，使得这句话升华为有依有据的宣传语，产生一种非常可靠又深入人心的正面效果。

例文 10

中国联通:情系中国结,联通四海心

【简评】 这则广告用对仗工整的"对联"来表现,很有创意。既把中国联通四个字作为首联嵌了进去,又把中国联通泛布全国的作用写了出来,而且融入联通人的热情服务,让人印象深刻,久久回味。联通的标志是一个中国结的形象,本身就充满亲和力。联通把自己的标志和品牌名称自然融入广告语中,从外表到精神做到了和谐统一,反映了企业的精神理念。

单元思考与练习

一、填空题

1. 协议书的结构包括_____、_____和_____。
2. 合同的正文包括_____、_____。
3. 投标书一般由_____、_____、_____三部分组成。
4. 按市场调查设计不同,市场调查可分为_____、_____、_____、_____。
5. 市场预测报告的结构一般是由_____、_____、_____构成。

二、简答题

1. 协议书与合同有哪些区别?合同写作应注意哪些事项?
2. 市场调查的作用体现在哪些方面?
3. 列举商业广告的特点。
4. 商业广告的作用有哪些?
5. 招标书的作用主要有几个方面?

三、写作训练题

××学院,为了创造良好的教学环境,决定利用暑假两个月的时间,对1万平方米的教学楼进行整修,决定向社会各建筑公司公开招标(时间为7月1日至9月1日,技术高、速度快、价格低者优先)。

如果你是这所学院的负责人,应当怎样写出一份合格的招标书?

如果你是××建筑公司的负责人,应当怎样写出一份具有竞争力的投标书?

第五章 科技文书

第一节　科技文书概述

一、科技文书的概念与作用

科技文书是科学研究、科技管理工作中所形成的各种应用文的总称。科技文书的写作就是指以科学技术现象、科学技术活动、科学技术成果以及科学技术管理为表达内容的一种专业写作。科技文书写作既离不开科学技术研究的实践，又要掌握各种科技文书的写作理论，掌握科技文书的体裁、特点、规律、要领、要求、方法和技巧，以便更好地描述和反映科学技术研究的成果，反映科学技术研究的各种实践活动，为科学技术的运用创造良好的基础条件。

科技文书写作在很好地描述、总结、贮存、传播、交流和维护科研成果方面发挥着重要作用。现代科技工作、科技活动与社会各方面的联系十分密切，如果没有这些联系，得不到社会各方面的关注、支持和帮助，科技工作和科技活动就寸步难行。而加强这些联系和协作，就离不开运用科技写作来统一认识、协调步骤，从而使科技写作成为整个科技工作、科技活动不可或缺的重要组成部分。同时，任何科学研究的最终成果都需要通过科技学术论文、科技报告来描述和反映,或通过其他形式公之于世,以被社会所认可。

二、科技文书的特点与分类

(一)科技文书的特点

1. 科学性

所谓科学性是指反映事物的客观规律、客观事实及本质属性。科学性是科技文书写作的本质特点,是衡量科技文书质量最重要的标准之一,是科技文书的生命和灵魂之所在。

科技文书的科学性主要有两个方面的含义:一是指反映内容的科学性。科技文书主要是传达、描述和反映自然科学、社会科学方面的信息,揭示客观事物的规律、本性,反映和解决科技工作中的情况和问题,因此文章内容必须符合真实、正确、成熟、先进、可靠、可行的要求。二是指文章表达的科学性。即根据科学研究中科学性的事实内容进行科技文书写作,实事求是,不虚构情节,内容、结构上具有严密的逻辑性和层次的不可变易性。

2. 专业性

科技文书有明确的读者对象和具体的专业范围,因而专业性是十分明显的,同时要求写作者有必需的专业知识和专业语言知识。科技文书的专业性主要表现在三个方面:第一,思想内容的专业性。科技文书写作是反映科学技术领域某一学科或专业范围的科技活动及其成果,因而具有一定的专业性。第二,写作主体的专业性。科技文书的写作者一般是专业科技工作者;其他人员往往难以为文。即使是有关科技日常管理方面的应用文,其撰写者也应当了解和熟悉有关方面的情况。第三,表述手段及语言上的专业性。科技文书的写作必须根据受众的不同,有针对性地行文,在写作内容、表达重点以及文体和方法技巧上有所不同;既能体现专业性要求,又能根据不同的受众做到通俗易懂。

3. 规范性

科技文书的规范性主要是指其写作必须遵循文体格式的规范要求。科技文书写作是一种创造性的认识和书写实践活动,长期以来形成了约定俗成的体式规范,这些规范中的一些,国家行政部门已经以法规的形式予以确定,因此,在进行科技文书写作时,必须严格遵循规范,并且熟练地加以运用,以发挥科技应用文应有的作用。

4. 语言独特性

科技文书是一种专业性强的文体,因此,在语言上除具有其他应用文语言平实、质朴、简洁、精练等共性特征以外,还具有自身的独特性。这种独特性主要表现在三个方面:一是使用科技专用术语。科学概念、科技术语、科技专用词汇等都是科技应用文的专用语言,也就是通常所说的"行话"。这些语言往往用压缩的形式表达丰富的科技知识,反映科学认识的成果,具有高度的概括性和专业性。二是在定性与定量上的确切性与精确性。科技应用文的遣词造句要力求准确,即使是意思相近的概念也要严格区分,定性准确,含义清晰,具有事实与逻辑的力量。特别是有关的定量分析,其数据必须精确无误,重要数据必须采用绝对值,要绝对真实可靠。如各种药品配方、用量,人造地球卫星、原子能利用等尖端科技项目的数据必须达到很高的精确度,否则可能造成无法弥补的巨大损失。三是科技应用文经常会使用一些意译外来词和音译外来词,有的为了表示确切的含义,甚至夹杂使用一些外语名称或词语,有时文章标题及摘要、关键词等要使用外文。四是大量使用非自然语言的图形与符号语言系统。图形语言有表格、图解、照片等;符号语言有公式、符号等。图形语言的最大优点是直观、形象、简洁,并能准确、鲜明地表述含义,能达到较好的阅读效果。符号语言是一种高级形式的语言,是对自然语言的再次抽象。符号可以代替自然语中的科技术语和语法词,表示一定的概念。用符号组成的公式能代替自然语言的书写叙述,表示某种过程、关系和结果。符号语言具有结构紧凑、形式简洁的特点,有利于增加信息容量,且给阅读、书写以及翻译工作等带来很大的便利。

(二)科技文书的分类

1. 科技论说类

科技论说类应用文主要是指表达科学研究成果,反映科学思想、见解和主张,对某一学科领域的学术问题进行分析、论证和探讨的论理性学术应用文体。它一般具有科学性、理论性(学术性)、规范性、创新性的特点。其内容主要反映某个时期、某一科学领域的研究状况、技术发展水平和最新成果。其文体包括学术论文、学位论文、科技专著、专业教材等。它主要用于科研成果的公布、交流与传播等。

2. 科技报告类

科技报告类应用文是描述科学技术活动进展情况以及有关结果的应用文体。这类应用文具有告知性、技术性,以及一定时期的保密性等特点。其文体包括科技立项申请报告(开题报告)、科技项目进度报告、科学考察(调查)报告、科技实验报告、可行性研究报告等。它主要用于立项审批以及沟通信息、报告情况、提供应用、促进学术交流等。

3. 科技说明类

科技说明类应用文是指对某项工程设计的方案,或对所设计产品的性能、原理、用途、使用方法等进行介绍、说明的应用文体。这类文体应用范围广、使用量大、实用性强,具有明确性的特点。其文体主要有工程设计说明书、产品设计说明书、产品说明书、毕业设计说明书等。

4. 科技合同类

科技合同类应用文是开展科学技术活动时双方以上的行为主体为实现一定目的经过协商而制订的具有约束力的契约性文书。其文体包括技术开发合同、技术咨询合同、技术服务合同、技术转让合同、专利实施许可合同以及科研立项合同等。

5. 知识产权类

知识产权类应用文是指按照国家有关法规需要申报的、用来保障发明者知识产权和专利权益的应用文书。这类应用文的主要特点是知识性、专有性和获得批准的认可性。其文体主要有发明申请书、专利申请书、专利无效宣告请求书、商标注册申请书、商标异议书等。知识产权类应用文主要用于发明及专利技术的申请保护、商标的注册保护等，以维护科技发明者的合法权益。

6. 科技成果鉴定与奖励类

科技成果鉴定与奖励类应用文是指依据有关法规在对科技成果进行审查、鉴定、评估、奖励过程中所形成的各种应用文体。这类文体具有实用性、目的性、时效性、规范性的特点。其文体主要有科技成果鉴定申请书（报告）、科技成果鉴定书、发明奖励申报书、自然科学奖申报书、科技进步奖申报书、重大科技成果奖申报书、科技成果推荐书等。

7. 科技日常管理类

科技日常管理类应用文是指在开展科技活动、科技工作，进行日常管理工作中所形成的有关应用文体。其文体主要有科技建议书、科技工作计划、总结、会议纪要、简报等。它主要用于交流信息、处理事务、协调关系、进行管理工作。

8. 科技信息类

科技信息类应用文是指在搜集、研究、整理以及交流科技信息过程中所形成的应用文体。这类文体具有传递性、知识性、时效性、资料性的特点，主要发挥传递科技信息、评论科技发展、综述科技工作、介绍科技成果的作用。其文体主要有科技综述、科技述评、科技题录、索引、文摘以及科技动态等。

9. 科普类

科普类应用文是指为普及科学技术知识而形成的应用文体。主要包括科普说明文、科技小品、科技常识等。这类应用文具有科学性、知识性、通俗性，有些还具有艺术性的特点。科普应用文体写作的主要目的是采用各种通俗易懂的方法和深入浅出的语言，传播和普及科学知识、技术技能，提高全体人民的科学素质。

第二节　毕业论文

一、毕业论文的概念与作用

毕业论文是高等院校应届毕业生为了完成学业，综合运用所学基础理论、专业知识和技能，就某一领域某一课题的研究（或设计）成果加以系统表述的具有一定学术价值或应用价值的议论文体。毕业论文的写作具有总结理论学习成果，培养独立分析问题和解决问题能力的性质，不能简单地重复已有结论，而是从已知求未知，必须具有一定的思想深度和自己的观点、主张。

大学生撰写毕业论文的目的主要有两个方面：一是对学生的知识能力进行一次全面考核。二是对学生进行科学研究基本功的训练，培养学生综合运用所学知识独立分析问题和解决问题的能力，为以后撰写专业学术论文打下良好的基础。

毕业论文作为一种理论性很强的议论文，首先要具备议论文的一般特点。同时，毕业论文作为一种学术论文，还应该具备学术性、科学性和创见性的特点。学术性即毕业论文在主旨、材料、结构、语言表达等方面，要与限定的专业学科相符合，必须符合或突出教学大纲规定的专业知识、考核环节和目标要求。毕业论文的科学性要求它是科学的、符合客观规律的、有事实和理论根据的。毕业论文的科学性体现在两个方面：一是要求立论的观点正确。二是表现为知识、材料准确。如果知识、材料不准确，不仅不能确切地反映客观事物的规律，而且会给读者带来困惑或误导。创见性是学术论文的价值所在，如果没有创见性，就不能称其为学术论文。从这个意义上说，创见性是学术论文的核心，是学术论文的生命。

二、毕业论文的结构与内容

毕业论文的基本格式由标题、摘要和关键词、正文、参考文献等内容构成。

1. 标题

标题的主要作用是概括整个论文的中心内容。题目要确切、恰当、鲜明、简短、精练。

2. 摘要和关键词

摘要是论文的高度概括，是论文不可或缺的组成部分。摘要要求以精练的语汇摘出论文中的主要观点，便于读者一看就能掌握论文内容的要点。摘要字数不要太多。关键词一般3~5个。

3. 正文

正文是论文的核心内容，包括导论、正论、结论三大部分。导论部分又称前言、序言和导言,用在论文的开头。一般要概括写出写作者的意图,说明选题的目的和意义,并指出论文写作的范围。导论要短小精悍、紧扣主题,通常几百字即可。正论部分是论文的主体,写作者要对所研究的问题进行分析、论证,阐明自己的观点和依据。应包括论点、论据、论证过程。这部分要以充分有力的材料阐述观点,要准确把握文章内容的层次、大小段落间的内在联系。结论部分是论文的归结收缩部分,要写论证的结果,做到首尾一贯,同时要写对课题研究的展望,以及进一步探讨的问题或可能的解决途径等。

在一篇论文中,导论、正论和结论都要有,但这三部分内容却不一定是严格按三个层次来表述。有的论文三部分齐全,导论提出问题,正论分几层进行论证,最后得出结论;有的论文把结论提前融进导论,以解决问题导入,正论再一层一层分析论证,最后没有结论,或只有一个结尾;还有的论文导论提出问题,正论分析问题,得出结论后,然后提出对策,再写个结尾。

4. 参考文献

为了反映论文的科学依据和写作者尊重他人研究成果的严肃态度,同时向读者提供有关信息的出处,正文之后一般应列出主要参考文献。

(1)参考文献一般应是写作者亲自考察过的对论文有参考价值的文献。

(2)参考文献应具有权威性,要注意引用最新的文献。

(3)引用他人的学术观点或学术成果,必须列在参考文献中。

(4)参考文献在整个论文中按出现先后依次列出。

(5)参考文献的书写顺序:序号,作者,论文名,杂志名,期号,出版社,年份,页码。

三、毕业论文写作应注意的事项

(1)理论客观,具有独创性。文章的基本观点必须来自对具体材料的分析和研究,所提出的问题在本专业学科领域有一定的理论意义或实际意义,并通过独立研究,提出自己一定的认知和看法。

(2)论据翔实,富有确证性。论文能够做到旁征博引,多方佐证,对所用论据有自己的看法,主证和旁证分明。论文中所用材料应做到言必有据,准确可靠,精确无误。

(3)论证严密,富有逻辑性。写作者提出问题、分析问题和解决问题,要符合客观事物的发展规律,全篇论文形成一个有机整体,使判断与推理言之有序,天衣无缝。

(4)体式明确,标注规范。论文必须以论点的形成构成全文的结构格局,以多方论证的内容组成文章丰满的整体,以较深的理论分析辉映全篇。此外,论文的整体结构和标注要求规范得体。

(5)语言准确、表达简明。论文最基本的要求是读者能看懂。因此,要求文章想得清,说得明,想得深,说得透,做到深入浅出,言简意赅。

例文 1

浅析《边城》中的翠翠形象

摘　要：翠翠是《边城》中的女主人公,这一形象是迷人的。她不仅是人之子,而且更是大自然的女儿。翠翠的形象来源于现实生活中的三个人物原型。沈从文把她描绘成真、善、美的理想化身,在她身上体现了中华民族的传统美德,凝聚着作者向往的生命价值理想,同时投射了作者对于优美、健康、自然的人性的诠释,其人性美更具有传统儒道文化的内涵。作者通过对主人公从幼年到童年以及青春期成长过程中心路历程的描绘,细腻地再现了人物内心情感的微妙变化,将一个天地之灵赋予的清纯灵醒的天工造物——翠翠的形象鲜活地呈现在我们眼前。翠翠形象的成功塑造,使《边城》在中国现代文学史上占有重要地位,其作品中的人性美不仅在当时具有深刻的美学意义,而且对于今天的社会依然具有启示意义,它所提供的理想人性范式是我们对人类未来永恒的憧憬。

关键词：翠翠；形象；人性美

前　言

沈从文是我国现代的著名作家,被称为"京派文人",在文学史上占有显著地位,尤其是他的代表作《边城》曾一度引起全社会的广泛注视,如今早已饮誉中外。《边城》描写了一位老人和他的外孙女翠翠相依为命的生活,以及当地掌水码头船总的两个儿子天保和傩送同时爱上翠翠的故事。在作品中作者塑造了一群正直、单纯、诚实、无私、倔强、豪爽的人物形象。由此可看出《边城》中的人物身上大都具有鲜明的自然性、诗意化的自然环境和牧歌式的社会环境,以其和谐的内涵造就了边城中人自然、健康、优美的生命形式,而这种优美的生命形式在主人公翠翠的身上得到了最好的体现。

小说《边城》中的主人公翠翠是集真、善、美于一身的理想艺术形象,是艺术化边城世界的核心,更是全篇小说的灵魂。翠翠是沈从文塑造的一个自然感性的生命形式,在她的身上可以发现作者所向往的生命价值。如果没有翠翠,边城世界就失去了一切美好想象的基础。有人称:"如果说《边城》里的湘西世界是沈从文先生刻意建起的'希腊小庙',那么翠翠就是这座小庙里爱情女神的化身。"[1]对于翠翠的评价可谓仁者见仁,智者见智。本文主要以精读文本的方法来分析翠翠这一人物形象,围绕翠翠形象的原型、翠翠形象塑造所体现的审美意蕴、翠翠形象的艺术刻画、翠翠人生悲剧的根源以及翠翠形象塑造的意义几个方面来展开论述的。

一、翠翠形象的原型

翠翠这个人物,寄托着作者的最高理想,是现实生活中女性美的聚合,而这个人物形象又是来自于实实在在的生活中的人物原型。

(一)泸溪县绒线铺的女孩子(略)

(二)在青岛崂山看到的女孩子(略)

(三)作者的夫人张兆和(略)

二、翠翠形象塑造所体现的审美意蕴

(一)体现了中华民族的传统美德(略)

(二)表现了作者的生命理想(略)

(三)揭示了优美健康的人性(略)

(四)体现了传统文化的内涵

1. 儒家文化(略)

2. 道家文化(略)

三、翠翠形象的艺术刻画(略)

四、翠翠人生悲剧的根源

(一)《边城》中人物性格的弱点

1. 爷爷与翠翠之间缺乏沟通(略)

2. 翠翠与傩送之间缺乏沟通(略)

(二)社会性因素(略)

五、翠翠形象塑造的意义

翠翠这一形象的成功塑造,使沈从文的《边城》在中国现代文学史长河中具有重要的地位。首先,《边城》是乡土文学的继续。沈从文自称是"乡下人",《边城》也是以一个"乡下人"的态度来对待社会,对待人生的。沈从文因受到鲁迅乡土文学的影响,所以《边城》取材于偏僻的山区,但表现的却是山区的古朴民风和人们的纯洁操守。当然,沈从文得以在乡土文学的众多作品中别具一格,主要因为他在题材的处理上很有特色,他的作品没有以前乡土文学的那种缺少战斗精神和批判力量,而是具有诗一般的和哲理般的气质。尽管《边城》写的只是湘西一个小山城一户普通人家的一个平凡的少女平凡的爱情故事,但透过它,我们所领悟到的却是作者寄托其中的一种健康的人生追求;我们所倾听到的却是旧一代知识分子在当时腐朽、黑暗的人生形式重压下所发出的深沉而充满希望的疾声呼号。可见,沈从文的乡土文学是一种新的发展趋向。它不但填补了湘西,而且填补了中国乡土文学的空白。不愧是中国现代文学题材的一大开拓。其次,《边城》是浪漫派的发展。因作者受五四新思潮以及当时文学活动的影响,便产生了一种强烈的自我意识,试图"自己来支配一个自己",因而明确声称要用笔来好好保留最后一个浪漫派在20世纪生命取予的形式。《边城》中以人生种种与道德这个主体为中心,表达改善社会和人类关系的愿望,企图弥补现代生活的缺乏。如:写到妓女生涯,他以独特的道德观念告诉人们,"身当其事的不觉得如何下流可耻,旁观者也就从不用读书人的观念,加以指责与轻视",只要人们重义,社会各种各样的关系都能够调节得各得其所。显而易见,《边城》表现的是一个社会和人生所"取予的形式"的浪漫派。它的浪漫主义是郭沫若开创的现代小说浪漫主义的延伸,把浪漫文学创作推向了一个新的阶段。

最后,《边城》是现代文学民族化的精彩之作。作者直接抓住茶峒的风俗化。如:端午节用划船竞赛的方式来庆祝,竞赛还有一些长官与民同乐,"派兵士把三十只绿头长颈大雄鸭脖上缚上红布条子,放入河中,尽善于泅水的军民人等,自由下水追赶鸭子,不拘谁把鸭子捉到,谁就成为这鸭子的主人""船与船竞赛,人和鸭子竞赛,直到天晚方能完事"。作品描写的这些风土人情是那样的实在,那样的古朴,令人可信可亲。这看似平常却奇特的风俗化描写就是这样恰到好处地表达出歌颂和追求淳朴风尚的主旨,显示特别感人的艺术力量。可见,《边城》的民族化成就是很高的。

  当然,翠翠形象塑造的意义并不仅在于以上内容,翠翠自身所表现出的人性美也具有重要的意义。当年,沈从文从湘西出走,来到大城市。于是他决定在作品中展现我们民族"过去的伟大处及现代的堕落处",目的是"用农村原始淳朴的人性美来改造黑暗现实,恢复民族元气,重塑民族品格"。而《边城》就是一部描绘慈爱祥和、相濡以沫、同舟共济的理想社会,寄托着作者对国家前景的思考,同时也批判了人性丑陋的现代都市人。从中可以看出沈从文不仅是个文学家,他也像鲁迅一样担负着思想家的重任。他想通过翠翠的爱情悲剧来唤醒那个时代愚昧的群众,他想唤起人们内心深处的那份真挚感情,因为他始终坚信在民族堕落的阴影下,藏着的是纯真的人性。同时翠翠身上所体现的人性美对我们今天来讲依然具有重要的启示意义。今天,我国正处于发展时期,因受商业文明的冲击,社会上出现了人心不古、世风日下、道德沦丧、物欲横流的现象,人性已呈现出严重的扭曲。此外,在现代化的发源地西欧,人们的精神世界也普遍面临危机。有人说:"拯救西方的精神危机需要到东方古代学说中去找,东方智慧可以为现代科学的整体化趋势提供有益的启示,21世纪将是中国人的世纪。"这些都说明翠翠所体现的人性美的优越性及对人类文明的独特贡献。在今天的社会,守住自己的精神家园,完善自己的人性,选择优美、健康的人性,将是我们共同思考的话题,而《边城》所描绘的理想人性范式会成为我们对未来的憧憬!

结束语

翠翠是沈从文小说《边城》中的主人公，是集真、善、美于一身的理想艺术形象，是全书之魂，是作者以自觉、清醒的人性意识塑造的一个充满着人性之美的农村女孩的形象，更是作者人性论文学思想最成功的实践。只有把握翠翠这一形象，才能更好地看边城世界。否则，边城世界就是不可想象的。

在写作论文前看过相当一部分关于《边城》研究的文章，研究者们往往从地域特色、风俗人情等方面进行研究，从而湮没了对翠翠形象的全面分析，未能透彻地把握翠翠的形象。于是便引起我写这篇文章的兴趣。通过这次撰写论文，不仅让我对翠翠有了更深刻的认识，而且帮我养成了认真思考问题的良好习惯，特别在论文指导老师的精心指导下，懂得了学者应该有对学术一丝不苟的严谨治学态度，这将使我终生难忘，受益无穷。

本文简单地从翠翠形象的原型、翠翠形象塑造所体现的审美意蕴、翠翠形象的艺术刻画、翠翠人生悲剧的根源和翠翠形象塑造的意义五个方面浅显地分析了翠翠这一人物形象，但由于个人知识水平和研究能力的不足，谈得比较肤浅，阐释得也不尽全面。所有这些不足，都有待今后作进一步探讨。

参考文献

[1]赵濛.令人惋惜的爱情悲剧——《边城》从善良的人性中描绘出无奈的凄美[J].济宁师范专科学校学报,2007,(04).

[2][3][4]汪曾祺.汪曾祺全集[M].北京:北京师范大学出版社,1998.

[5]沈从文.沈从文选集:第5卷[M].成都:四川人民出版社,1983.

[6][9][10][11]严家炎,孙玉石,温儒敏.中国现代文学作品精选[M].北京:北京大学出版社,2001.

[7]梁实秋.文学的纪律[M].北京:人民文学出版社,1998.

[8]龙长吟.翠翠形象论[J].民族文学研究,2007,(03).

[12]黄庆山.生命存在的无常与无奈——对《边城》"故事悲剧性"因由的阐释[J].河南社会科学,2001,(09).

【简评】 这是一篇中文系本科学生的毕业论文。全文格式规范，逻辑严谨，思路清晰，观点鲜明，论据具有较强的说服力，能将专业知识与分析论证的问题有机结合起来。论证方法合理，参考的文献资料充分且符合论题需要，文章整体性较强，符合中文本科毕业论文的要求。

第三节　学术论文

一、学术论文的概念与作用

学术论文是某一学术课题在实验性、理论性或预测性上具有的新的科学研究成果或创新见解、知识的科学记录，或是某种已知原理应用于实际取得新进展的科学总结，用以提供学术会议上宣读、交流、讨论或学术刊物上发表，或用作其他用途的书面文件。

学术论文的写作是非常重要的，它是衡量一个人学术水平和科研能力的重要标志。在学术论文撰写中，选题与选材是头等重要的问题。一篇学术论文的价值关键不只在写作的技巧上，也要注意研究工作本身。科学研究的实践证明，只有选择了有意义的课题，才有可能取得较好的研究成果，写出较有价值的学术论文。所以学术论文的选题和选材，是研究工作开展前具有重要意义的一步，是必不可少的准备工作。

按研究的学科，可将学术论文分为自然科学论文和社会科学论文。每类又可按各自的门类来分。如社会科学论文，又可细分为文学、历史、哲学、教育、政治等学科论文。

按研究的内容，可将学术论文分为理论研究论文和应用研究论文。理论研究，重在对各学科基本概念和基本原理的研究；应用研究，侧重于将各学科的知识转化为专业技术和生产技术，直接服务于社会。

按写作目的，可将学术论文分为交流性论文和考核性论文。交流性论文，目的只在于专业工作者进行学术探讨，发表各家之言，以显示各门学科发展的新态势；考核性论文，目的在于检验学术水平，成为有关专业人员升迁晋级的重要依据。

二、学术论文的结构与内容

1. 标题

标题要求简明扼要。字数不宜超过20个汉字。如有特殊要求，可加注副标题。标题是论文内容的概括，向读者说明研究的主要问题。标题有多种形式，可以明确点题，也可以只指出研究问题的范围，或是以问题的方式表述。

2. 摘要

论文摘要应以浓缩的形式概括研究课题的内容，作用在于使读者通过这段简洁的概括文字，了解全文的主要内容和结论。中文摘要应在300个汉字左右，英文摘要应与中文摘要相对应。

3. 关键词

从标题或正文中挑选3~5个最能表达主要内容的词或术语作为关键词。

4. 目录

目录文字应简明扼要。标题层次清晰。目录中的标题应与正文中的标题一致。

5. 引言

引言应说明本课题的意义、目的、主要研究内容、范围及应解决的问题。引言应简明扼要,字数控制在 400 字以内。

6. 正文

正文是对研究工作的详细表述,一般由标题、文字、图、表格和公式等部分组成。该部分要运用各方面实验结果、研究方法,分析问题、论证观点,尽量反映出科研能力和学术水平。

7. 结束语

结束语应概括说明所进行工作的情况和价值,分析其优点和特色,指出创新所在,并应指出其中存在的问题和今后的改进方向,特别是对工作中遇到的重要问题要着重指出,并提出自己的见解。结论要简单、明确,篇幅不宜过长。

8. 参考文献

参考文献是学术论文不可缺少的组成部分,也是写作者对他人知识成果的承认、尊重,正文中引用他人的观点及原话、主要数据等必须在正文后注明出处。

三、学术论文写作应注意的事项

(1)杜绝剽窃抄袭,遵守学术规范。撰写学术论文必须充分尊重他人的学术成果,不抄袭,不剽窃,不作假,遵守学术规范。诚实的学术态度如同血液流淌在论文的字里行间,是保证学术论文具有生命力的第一要素。文如其人。人品、文品从来是联系在一起的,我们要注意人品、文道的修养。

(2)独抒己见,勇于创新。撰写学术论文要勇于提出新观点,创立新理论,运用新方法,开创新领域,开辟新视角,形成新的理论体系,确立认识的新高度,提供研究的新材料。一篇学术论文如果没有自己的见解和独创性,就失去存在的价值和意义。

(3)论证过程严密。学术论文要有严密的论证过程,不经过论证的观点是站不住脚的,也是没有说服力的。论文常见的毛病是教材化、讲义化、公文化、中心不集中、不突出,最大的问题是缺少分析,花很大的篇幅去谈一些不知所云的东西。

(4)语言简明,格式规范。一篇合格的论文应该规范地使用语言文字,没有错别字,没有病句,正确使用标点符号,正确运用各种科学公式、计量单位,不随意生造词语。论文的书写格式也要符合要求,这都是学术论文内容表达的需要。

例文 2

刍议云南民族民间文学的伦理主题研究

摘　要:鉴于伦理意蕴与云南民族民间文学的深度关联,云南民族民间文学的伦理主题研究运用比较文学的主题学和民间故事类型研究的思路、方法,以不同的伦理主题为线索统摄、分析云南民族民间文学。本项研究既深度阐释民族民间文学蕴含的伦理观念,也探寻特定伦理主题产生与演变的民族社会生活和文化思想渊源,同时还审视民族民间文学的伦理旨趣与汉文化正统伦理观念的顺应和差异。本项研究在民间文学和伦理学等诸多方面均具有一定的学术价值和现实意义。

关键词: 云南;民族民间文学;伦理主题

作为民众生活文化和思想感情的直接再现,民间文学负载着民众丰富的伦理观念与诉求。对于主要借助于口头形式张扬、传承民族文化的云南少数民族而言,民间文学的百科全书性质和道德教化功能尤为突出,云南民族民间文学渗透着生动而厚重的伦理内涵。云南民族民间文学的伦理主题研究正是基于云南民族民间文学和伦理意蕴的深度关联而展开的分析与思考。

1. 云南民族民间文学伦理主题研究的基本思路和方法

"云南民族民间文学的伦理主题"这一表述本身已经暗含了本项研究的基本思路:借鉴比较文学主题学研究的方法,以不同的伦理主题统摄纷纭而繁富的云南民族民间文学,梳理、分析伦理旨趣相同而形态各异的民间文学作品。(略)

以主题为线索系统地审视民间文学,需要运用"类型"和"母题"这两种民间文学领域常见的微观角度与宏观视野密切结合的分析手段。(略)

云南民族民间文学的伦理主题研究以民间散文体叙事文学的记录文本作为研究的对象与基础,通过对文本的解读发掘民族民众的伦理思想。(略)

2. 云南民族民间文学伦理主题研究的主要内容

首先,云南民族民间文学的伦理主题研究需要梳理反映特定伦理主题的不同故事类型及突出母题,探寻这些民间故事与情节单元的发展和流变,阐释其中蕴含的民众伦理观念,这是研究的基本目的与重点。(略)

其次,云南民族民间文学的伦理主题研究应超越民间文学的记录文本,对民间文学中再现的伦理内涵给予合理的解释,探索特定伦理主题产生与演变的民族社会生活和文化思想渊源。(略)

另外,云南民族民间文学的伦理主题研究需要全面审视民族民间文学的伦理意趣与汉文化正统伦理观念的顺应和差异,重点关注二者之间不同的价值取向,这是深度把握云南民族民众伦理思想的重要步骤。(略)

3.云南民族民间文学伦理主题研究的意义

3.1 云南民族民间文学伦理主题研究在民间文学领域的意义(略)

3.2 云南民族民间文学伦理主题研究在伦理学领域的价值(略)

3.3 云南民族民间文学伦理主题研究的其他学术价值和现实意义(略)

云南民族民间文学伦理主题研究,系统审视民族地区丰厚的道德积淀及其显示的独特风貌,对弘扬云南少数民族优秀的伦理思想与构建现代和谐的精神文化体系有着重要意义。民族伦理观念既随着社会生活和文化环境的改变而发展,又表现为承继与延续的历史联系性过程。民族地区的文明建设需以民族伦理传统为基础,云南民族民间文学渗透的伦理观念为理解民族伦理传统提供了坚实的依据。

参考文献

[1]乐黛云.比较文学简明教程[M].北京:北京大学出版社,2003.

[2][美]斯蒂·汤普森.世界民间故事分类学[M].上海:上海文艺出版社,1991.

[3]刘守华.比较故事学论考[M].哈尔滨:黑龙江人民出版社,2003.

[4][德]约瑟夫·狄慈根.狄慈根哲学著作选集[M].上海:三联书店,1978.

[5]钟敬文.中国民间文学讲演集[M].北京:北京师范大学出版社,1999.

[6]肖群忠."生活伦理"论[J].中国人民大学学报,2006,(01).

【简评】 全文以"刍议云南民族民间文学的伦理主题研究"为题,重点探讨分析民族民间文学蕴含的伦理观念、特定伦理产生与演变的民族社会生活和文化思想渊源,同时还审视民族民间文学的伦理旨趣与汉文化正统伦理观念的顺应和差异。全文结构严谨,思路清晰,论据充分,观点表达准确,语言流畅,具有一定的学术价值和现实意义。

第四节　产品说明书

一、产品说明书的概念与作用

产品说明书是产品的生产单位向用户介绍产品的性能、规格、用途、保养和使用方法等知识的实用性书面材料,是一种指导消费的说明文。

产品说明书的作用有三方面：一是宣传产品，以引起消费者的购买欲望，从而实现购买，促进产品流通，是产品说明书的基本属性；二是扩大消息，产品说明书在普及科学文化知识，扩大信息流量，以及信息传播、复制、交流、利用、反馈等方面的作用十分明显，因为它实现了生产、交换、分配、消费四个环节中交换和消费两个环节的必然链接；三是传播知识，产品说明书的内容常常涉及知识、科技等的普及、宣传和利用，凝聚着知识的结晶而被人们传播、吸收。生产者实现销售，是从制作产品说明书起步，消费者认识产品，往往是从认识产品说明书开始。产品说明书是创造品牌的必需环节。通过产品说明书的推波助澜，人们会对品牌产生形象、直观的视觉效果。

二、产品说明书的特点与分类

（一）产品说明书的特点

1. 真实性

产品使用涉及千家万户，关系广大消费者的切身利益，绝不允许夸大其词，鼓吹操作，甚至以假冒伪劣产品来谋取经济利益。

2. 科学性

产品说明书是指导消费者科学认识和使用产品的指导文书，必须实事求是，客观表述，不能为了推销而任意夸大产品的功用和指标，应当符合国家质量标准，其数据应力求准确无误，具有科学性。

3. 通俗性

很多消费者没有专业知识，就有必要用通俗浅显和大众喜闻乐见的语言，清楚明白地介绍产品，让消费者使用产品时得心应手，对注意事项做到心中有数，产品的维护维修方便快捷。

4. 实用性

强调产品的实用性，目的在于突出"我的比你的好用"这个重要指标，有利于突出产品优势，便于消费者使用。

（二）产品说明书的分类

产品说明书应用广泛，类型多种多样，按不同的标准可分类如下：

(1)按对象、行业的不同，可分为工业产品说明书、农产品说明书、金融产品说明书、保险产品说明书等。

(2)按形式的不同，可分为条款(条文)式产品说明书、图表式产品说明书、条款(条文)和图表结合说明书、网上购物产品说明书、音像型产品说明书、口述产品说明书等。

(3)按内容分类，可分为详细产品说明书、简要产品说明书等。

(4)按语种分类，可分为中文产品说明书、外文产品说明书、中外文对照产品说明书等。

(5)按说明书的不同性质,可分为特殊产品说明书、一般产品说明书等。

三、产品说明书的结构与内容

产品说明书的结构一般由标题、正文、落款三部分组成。

(一)标题

产品说明书常见的标题有三种:

(1)直接以文种作标题。例如,《产品说明书》《使用说明书》《使用指南》等。

(2)以产品名称作标题。例如,《三九胃泰》《紫光扫描仪》等。

(3)以产品名称加文种作标题。例如,《盖中盖口服液产品说明书》《步步高 DVD 使用说明书》等。

(二)正文

正文是产品说明书的核心部分,各种产品不同,需要说明的内容也不同,有的说明产品的用法,有的说明产品的功能,有的说明其构造,有的说明其成分等,千差万别,各有侧重。例如,食品说明书重在说明其成分、使用方法及保质期限;药物说明书重在说明其构成成分、基本效用及用量;电器说明书重在说明其使用和保养方法等。一般包括以下几个方面内容:产品的概况(如名称、产地、规格、发展史、制作方法等);产品的性能、规格、用途;安装和使用方法;保养和维修方法;附件及其他需要说明的内容。

正文的写法多种多样,如说明文式、条文式、对话式、表格式、故事式、解释式等,比较常见的有概述式、短文式、条款式、图文结合式。

(1)概述式。一般只有一两段文字,简明扼要地对产品作概括介绍。

(2)短文式。对产品的性质、性能、特征、用途和使用方法作简要介绍,多用于介绍性的内容说明。常用产品多采用这种方法。

(3)条款式。这是详细介绍产品说明书的写法。它分成若干个部分,将有关产品的规格、构造、主要性能和指标参数、保养方法、维修保修方式逐一分条列项介绍给消费者。常用的家用电器说明书多采用这种方式。

(4)图文结合式。即图文并茂地介绍产品。既有详尽的文字说明,又有照片和图示解说,辅之以电路图、构造图、分子式(医药)等。这种产品说明书往往印成小册子作为产品附件。

(三)落款

落款要写明产品的制造厂家的名称、地址、邮编、E-mail 地址、电话、传真、电挂及产品的批号、生产日期、优质级别等。不同的产品说明书,落款项目有所不同,应根据实际需要落款。

四、产品说明书写作应注意的事项

(1)用语既要科学又要通俗易懂。所谓科学,就是要准确严谨地介绍产品,正确使用专业术语。所谓通俗,即尽量用平实的语言将专业术语解释明白。有些操作性产品,为了加强表述的形象性、直观性,还需要用图文配合的方式说明操作的步骤和方法。

(2)内容要全面、真实。尤其对某些大型产品、贵重产品、特定使用范围的产品,应尽量作全面、真实、客观的介绍,使消费者正确认识产品,避免因不了解产品、错误操作而造成损坏,或因不能满足消费者需要而造成消费者与经销者或厂家之间的争议。

(3)要有责任意识和大众意识。撰写产品说明书要有强烈的责任意识,尤其是技术含量高或事关人身、财产安危的产品说明书,更要做到字斟句酌,周到细致,对消费者负责。要考虑大众特点,树立为大众服务的观念,尽可能适应和满足广大消费者的需要。

例文 3

鹿王羊绒衫系列制品消费说明书

本羊绒系列产品,是中国名牌产品之一,曾获"中国市场抽验优质产品"、"94 中国国际名牌产品博览会金奖"、1995 年首届中国国际纺织面料及辅料博览会金奖、"95—97 免检产品"……企业是"中国企业最佳形象 AAA 级",信誉度入选"全国信誉度百佳企业"。1995 年被西班牙政府特授予"优秀服务和优良品质国际金奖",以确认其企业形象和声誉。董事长高丰被评为 1995 年中国纺织会发展中国服装事业特殊贡献功臣,1996 年被国家企业家协会和企业管理协会授予"金球奖"。

本系列制品采用素以"纤维宝石""软黄金"著称的产于中国内蒙古的世界最优质的山羊无毛绒,并采用国际先进工艺、设备精制而成,具有柔、轻、滑糯、保暖等特性,因而羊绒制品穿着、洗涤和保养对于每一位羊绒衫拥有者来说是非常重要的。

(一)穿着羊绒制品时注意

1. 由于羊绒衫纤维的物理特性,羊绒衫易起球,起静电。请穿着时注意,西装内袋勿装有硬物,勿插笔类等,以免局部摩擦起球。

2. 羊绒衫穿着时注意间歇期,以防羊绒制品的疲劳和静电。

3. 穿着时注意防腐蚀性物质和油污。

(二)羊绒制品的洗涤

1. 一般情况下应干洗,精编羊绒衫则必须干洗。

2. 对粗纺羊绒衫来说,洗涤之前,要仔细检查衣服,上面是否有油污,若有,请用软的棉布蘸上乙醚倒于上面轻擦。

3. 将去完油污的羊绒衫放到温度不超过30℃并加有适量毛织物专有洗剂的水中,用手轻洗,脱水后放在下铺毛巾的平台上,用手整理至原形,阴干,用蒸气熨斗熨平即可。切忌悬挂暴晒。

(三)羊绒制品的保养

1. 羊绒衫在不穿时切忌悬挂。

2. 避强光,装袋后保存,不与其他衣类混装一袋。

3. 羊绒大衣和羊绒毯则宜干洗。不使用时不要与其他类衣服混放,装袋保存,这样就会使羊绒制品风格依旧。

"鹿王"献给人类的情和爱!

【简评】 该则说明书采用短文式对产品进行了详细的介绍说明,具有科学性、实用性、条理性和简明性的特点,是一则便于消费者使用的产品说明书。

例文4

尼莫地平片

【药品名称】通用名称:尼莫地平片

【英文名称】Nimodpin Tablets

【汉语拼音】Nimodiping Pian

【成　　分】本品主要成分为尼莫地平。其化学名称为:2,6-二甲基-4(3-硝基苯基)-1,4-二氢-3,5-批啶二甲酸-2-甲氧乙基-(1-甲乙基)脂。

【性　　状】本品为淡黄色片。

【适 应 症】适用于各种原因的蛛网膜下腔出血后的脑血管痉挛和急性脑血管病恢复期的血液循环改善。

【规　　格】20mg

【用法用量】

(1)缺铁性脑血管病:口服每日30～120mg,分3次服用,连用1个月。

(2)偏头痛:口服一次40mg,一日3次,12周为一个疗程,对血管性、紧张性和丛集性以及混合型头痛等均能减轻疼痛程度,减少发作频率和持续时间,并能防止先兆症状的出现。

(3)蛛网膜下腔出血所引起的脑血管痉挛:口服一次40～60mg,一日

3~4次,3~4周为一个疗程,如需手术的患者,手术当天停药,以后可以继续服用。

(4)突发性耳聋:口服一日 40~60mg,分 3 次服用,5 天为一个疗程,一般用药 3~4 个疗程。

(5)轻、中度高血压病:高血压病合并有上述脑血管病者,可优先选用。口服开始一次 40mg,一日 3 次,一日最大剂量为 240mg。

【不良反应】大量临床实践证明,蛛网膜下腔出血者应用尼莫地平治疗时约有 11.2%的病者出现不良反应。最常见的不良反应有:

(1)血压下降,血压下降的程度与药物剂量有关。

(2)肝炎。

(3)皮肤刺痛。

(4)胃肠道出血。

(5)血小板减少。

(6)偶见一过性头晕、头痛、面潮红、呕吐、胃肠不适等。此外,口服尼莫地平以后,个别病人可发生碱性磷酸酶(ALP)、乳酸脱氢酶(LDH)、AKP 的升高,血糖升高以及个别人的血小板数升高。

【禁　　忌】药物可由乳汁分泌,哺乳妇女不宜应用。

【注意事项】

(1)脑水肿及颅内压增高患者须慎用。

(2)尼莫地平的代谢产物具有毒性反应,肝功能损害者应当慎用。

(3)本品可引起血压的降低。在高血压合并蛛网膜下腔出血或脑卒中患者中,应注意减少或暂时停用降血压药物,或减少本品的用药剂量。

(4)可产生假性肠梗阻,表现为腹胀、肠鸣音减弱。当出现上述症状时应当减少用药剂量和保持观察。

(5)避免与 β—阻断剂或其他钙拮抗剂合用。

【药物相互作用】

(1)与其他作用于心血管的钙离子拮抗剂联合应用时可增加其他钙离子拮抗剂的效用。

(2)当尼莫地平 90mg/日与西咪替丁 1000mg/日联合应用 1 周以上者,尼莫地平血药浓度可增加 50%,这可能与肝内细胞色素 P450 被西咪替丁抑制了尼莫地平代谢有关。

【贮　　藏】避光,密封保存。

【包　　装】固体药用塑料瓶包装,每瓶 50 片。

【有 效 期】36 个月

【执行标准】《中国药典》2005年版二部

【批准文号】国药准字 H14022821

【生产企业】亚宝药业集团股份有限公司

【简评】 这是一则药品说明书,对药品的成分、效用、用法用量进行了详细的介绍说明,语言明晰、准确,具有实事求是、指导消费者消费的特点。

第五节　申　论

一、申论的概念与作用

申论是指针对给定材料或者特定话题而引申开来、展开议论的一种文体,是随着公务员录用考试制度而出现、推行的一种新兴文体。从字面上理解,"申"可以理解成申述、申辩、申明,"论"则是议论、论说、论证。所谓申论,也就是对某个问题阐述观点、论述理由,合理推论材料与材料以及观点与材料之间的逻辑关系。

申论有着明显区别于其他诸论的特点。它不是那种凭主观好恶选材、尽情张扬个性的放言宏论,而是要求准确把握一定的客观事实,作出必要的说明、申述,然后在此基础上发表中肯见解,提出方略,进行论证。它的功能,与社会交际中广泛使用的议论文完全不同。作为一种专用于选拔录用国家公务员的应试文体,申论适当地借鉴了我国古代科举应试中"策论"的一些经验与做法。"策论"和"申论"都是选拔人才的一种方法,都要求考生表现出出众的文字表达能力、分析判断能力,提出的对策(方案)都要有可行性。但"申论"在内容上比"策论"更具有现实针对性,在形式上比"策论"更加灵活多变。"策论"大多要求考生就一些重大问题展开论述,即论证某项国家政策或对策的可行性与合理性,侧重于考查考生解决问题的能力。"申论"则要求考生从一大堆反映日常问题的现实材料中去发现问题并解决问题,全面考查考生搜集和处理各类日常信息的素质与潜能,充分体现了信息时代的特征,也适应当今国家公务员实际工作的需要。从考试大纲规定及历年实际出题情况来看,申论考试为考生提供了一系列反映特定实际问题的文字材料,要求考生仔细阅读这些材料,概括出它们反映的主要问题,并提出解决此问题的实际方案,最后对自己的观点进行较详细的阐述和论证。申论的写作,避开了传统"作文"中那些未必适合于考查公务员的因素。

二、申论的结构与内容

(一)申论试卷的结构

一份规范的申论试卷是由注意事项、给定资料、作答要求三部分组成的。

1."注意事项"部分

(1)申论考试与传统的作文考试不同,它注重考查写作者分析、驾驭材料的能力与表达能力。

(2)作答时限:总时间为180分钟,建议阅读材料50分钟,作答130分钟。

(3)仔细阅读给定的材料,按照后面提出的申论要求依次作答。

2."给定资料"部分

材料约三四千字,内容不局限于某一方面,政治、经济、法律、文化、教育等均有涉及,一般都是社会热点或者大众媒体关注的焦点,即背景不生僻,具有普遍性。

3."作答要求"部分

(1)用一定的篇幅(大约150字),概括出给定材料所反映的主要问题。

(2)用一定的篇幅(大约350字),提出给定材料所反映问题的解决方案。要有条理地说明,要体现出针对性和可操作性。

(3)就给定材料反映的问题,用一定的篇幅(大约1200字),自拟标题进行论述。要求中心明确,论述深刻,有说服力。

申论要求每年虽有变化,但大体是一致的。

(二)申论试卷的分类

申论考试按照省级以上(含副省级)综合管理类、市(地)以下综合管理类和行政执法类职位的不同要求,设置两类试卷。

(1)省级以上(含副省级)综合管理类职位申论考试,主要测查报考者的阅读理解能力、综合分析能力、提出和解决问题能力、文字表达能力。

阅读理解能力。要求全面把握给定资料的内容,准确理解给定资料的含义,准确提炼事实所包含的观点,并揭示所反映的本质问题。

综合分析能力。要求对给定资料的全部或部分内容、观点或问题进行分析和归纳,多角度地思考资料内容,作出合理的推断或评价。

提出和解决问题能力。要求借助于自身的实践经验或生活体验,在对给定资料理解分析的基础上,发现和界定问题,作出评估或权衡,提出解决问题的方案或措施。

文字表达能力。要求熟练使用指定的语种,运用说明、陈述、议论等方式,准确规范、简明畅达地表述思想观点。

(2)市(地)以下综合管理类和行政执法类职位申论考试,主要测查报考者的阅读理解能力、贯彻执行能力、解决问题能力和文字表达能力。

阅读理解能力。要求能够理解给定资料的主要内容,把握给定资料各部分之间的关系,对给定资料所涉及的观点、事实作出恰当的解释。

贯彻执行能力。要求能够准确理解工作目标和组织意图,遵循依法行政的原则,根据客观实际情况,及时有效地完成任务。

解决问题能力。要求运用自身已有的知识经验,对具体问题作出正确的分析判断,提出切实可行的措施或办法。

文字表达能力。要求熟练使用指定的语种,对事件、观点进行准确合理的说明、陈述或阐释。

(三)申论测试的特点

1. 测试形式灵活多样

申论测试除所给出的材料部分外,其答卷一般由三部分组成:一是概括部分,二是方案部分,三是议论部分。就文体而言,概括部分可能是记叙文、说明文、议论文、应用文中的某一种形式,也可能综合了多种文体形式;方案部分则是应用文写作;第三部分自然是议论文写作了。从这个意义上说,申论测试既考查了普通文体的写作能力,也考查了公文写作能力,测试形式灵活、实用。

2. 测试的背景资料涉及面广

申论测试的目的是为了选拔国家公务员,因此十分注重对考生分析、判断、解决问题能力等综合素质的测试。为反映这一要求,申论所给定背景资料涵盖了政治、经济、法律、教育等诸多方面的内容,涉及范围极其广泛,且表述比较准确,一般不会出现偏差。申论的背景资料所反映的问题大部分已有定论,也有一些问题尚无定论或存在争议,需要考生自己去理解、分析和判断,并得出结论。至于一些难以定论的问题,特别是一些争议激烈的前沿问题,一般不会成为背景材料。

3. 测试目的针对性强

申论测试考查的目的明确,针对性很强,即主要考查考生阅读、分析、概括、解决问题的能力。这些能力主要通过对背景材料的分析、概括、论述体现出来,从所提出的方案对策是否具有针对性和可行性体现出来。从这一角度看,考查的目的与测试的命题是密切相关的有机整体:目的具有针对性,试题也具有针对性;试题为测试的目的服务,目的则是试题设计的指导思想。

4. 没有确定的标准答案

申论测试没有也不可能有一个确切、固定、唯一的标准答案。从资料背景来看,都是关于当前政治、经济、法律、教育等社会问题的,有的已有定论,有的尚无定论,完全要考生自己来解决。从这个角度来看,无论是提出对策或是对对策进行论证,都不会有一个确切、固定、唯一的标准答案。以对策部分为例,这部分是要提出解决问题的办法,这个办法要具有针对性和可行性。但是针对性和可行性是相对的,在不同地区以及发展的不同阶段,解决问题的办法不可能一样,更何况有的目前还没有一个确切合理的方案,因此哪一种方案更为合理,针对性与可行性更强,须在对若干方案比较论证后方能确定。又比如论证部分,抓住什么问题、从什么角度论证、采取什么方法与结构,要适合自己的特长,因而也绝不会有一个具体唯一的标准。因此,论证(作文)部分的评定,也只能是综合的、全面的、等级式的,不可能有确切唯一的标准。正因为申论测试没有确定的答案,这给了考生发挥的空间,不同的考生可以较充分地展示各自不同的能力和水平。同时也有利于选拔者挑选到满意的人才。随着国家公务员考试的不断发展,申论考试主观试题客观化的趋势已经越来越明显。在一定程度上,归纳概括、综合分析、贯彻执行、提出对策和申发论述五类题型均已经出现内部标准答案,立意错误将直接导致低分现象的出现。

5. 测试具有前瞻性

申论测试注重考查考生综合运用所掌握的知识解决实际问题的能力。社会在不断发展变化,公务员考试命题不仅会与这种发展趋势相适应,还会体现出一定的前瞻性。申论是测试考生写作水平的一种方法,但与传统考试方法不同。作文只是要求考生根据给定题目展开论述,侧重考核的是考生的文字功底。考生可以凭自己的主观好恶去立论选材,尽情张扬个性地放言宏论,因此,作文考的只是"纸上谈兵"的能力。申论不只对应试者的阅读能力和文字表达能力进行考查,更侧重考查应试者发现问题和解决问题的实际能力。

三、申论写作应注意的事项

(1)语言平实,符合公文风格。

(2)结合材料写作,不能抛开、偏离材料内容。问答题要全部成为材料的直接反映和总结,大作文也要"从材料中来,到材料中去",与材料主题相结合,与材料内容相呼应,深化和发挥时也不要脱离材料主题。

(3)内容第一,而不是文采第一。申论答案或详细或简略,但都预设了一定的正确答案。在大作文方面,也有一定的主题、观点、原因、对策的简要答案,限定了文章的主题和内容轮廓。不可以无限制发挥,天马行空地抒发自我想法。要内在地考虑,作为一篇政策性文件和社论来写作。

(4)结构完整。申论要写好开头和结尾、每段第一句话,最好在文中能写出几个经典句子,条理清楚。谈到几个方面的时候,最好用一、二、三,而不要用首先、其次、再次等,因为数字显得更清晰,公文一般是不用"首先、其次、再次"的。要高度重视各段落和段落中的条理性。如条理性不强,得分一定不高。段落中句子的条理性更多地体现为逻辑严谨、层次清晰,不要经常使用"因此""因为,所以""从而"等关联词,要靠内在的逻辑论证,而不能过度使用关联词。

(5)字迹工整。字迹潦草、难以辨认,精彩文章也无从识别,是非常吃亏的。

例文5

2014年安徽省公务员申论真题(节选)

给定材料:

1.略

2.略

3.略

4.随着网络和电视制造业的发展,全球电视剧市场已经进入了"大航海时代",随意按动鼠标就能看到世界另一端同样在看的剧集,观众可以坐在家中尽享顶级剧集的极致体验,"追剧"俨然成为都市白领的一种生活方式。

而作为2011年最为火爆的美剧代表《纸牌屋》一经推出便极度受宠,引起全民热议。连美国总统奥巴马也是《纸牌屋》的忠实粉丝,有观众看完《纸牌屋》后表示对美国政治产生了浓厚的兴趣,对权力和爱情更有了新的认识,甚至翻出以往讲述美国政治历史的书籍、影片观看,参与这部剧的讨论。

美国电影和电视节目的总出口额是143美元(2011年)。畅销100多个国家。2012年在法国播出美剧多达数十部,其中30多部单集观众超过百万,《超感神探》还一举成为当年的电视剧收视冠军。在德国,美剧基本处于垄断地位,占据90%以上的播出份额。2011年韩国也从美国引进了122部电视剧。

"美剧《纸牌屋》这类全球剧的热播趋势有目共睹,他们真正开创了'24小时全球联播'的奇迹。"英国某传媒的中华区首席执行官梁先生如此评价。专家认为,电视文化产品的价值日益凸显,中国应该从中借鉴经验,提升电视剧制作水平,同时加强文化产品对外输出能力。

《纸牌屋》的热播并不影响《来自星星的你》赚取过亿眼球。由于两部电视剧对受众有明显的划分,出现了同期上映却"平分天下"的局面。《来自星星的你》在韩国播出时,网络最高收视率达68.9%。

美剧、韩剧在全球热播并非偶然。"以受众为导向,创新电视剧制作、播出模式,直接对接市场,接受评判。全新的制作模式给了电视剧全新的生命。"S大学新闻传播学唐教授认为,与中国电视剧传统意义上的播出模式不同,美剧大都按"季"播出,通常一星期只播一集,边拍边播,由于美国电视剧播放平台不多,每年能在季播期黄金时间段播出的不到2000集,因此竞争异常激烈,近年来韩剧也采取边拍边播的模式,《来自星星的你》每周播出两集,每次网上更新剧集都会引发下载热。

这种开放的模式可以使制作方充分感受到观众对剧集的关注程度,根据每周更新的收视率和观众的反映,及时调整创作方向。美剧《越狱》第一季播放时,收视率曾高达1800万人次;而《生活大爆炸》主人公谢尔顿的性格就是根据观众的反馈几经改变才定型的。

更值得关注的是,这些热播剧大多高水准、大投入,保证质量精良,季播和周播的模式本身就拉高了电视剧制作成本。而对制作团队、剧本、导演、演员、道具等精益求精的追求,使得热播剧拍摄成本很高。

对比艾美奖得主《广告狂人》《斯巴达斯克》等美剧每集200万美元左右的制作费用,《纸牌屋》近400万美元的单集平均成本大大超过了一般制作标准。2011年美剧《史前新纪元》,重金打造的首集拍摄费用就接近2000万美元,甚至超过众多电影的投资成本。

这些热播剧还有一个特点,就是不同于中国的"武侠剧""清宫剧""名著剧",而以现实为题材,用写实手法描述生活中的酸甜苦辣,与观众不疏远,除科幻剧外,美剧大多务求内容真实,有时涉及技术层面还要请顾问或相关专家亲自操刀,《生活大爆炸》剧组甚至拥有一个真正的"科学顾问",专门负责剧本中关于科学部分的内容创作。

现实题材的电视剧制播能最充分地反映电视剧生产流程的市场化属性。《来自星星的你》尽管有科幻成分,但人物感情进展、尊老爱幼优良传统贯穿其中,传递出韩国的普世价值观。

唐教授说,美剧和韩剧都通过简单的日常生活与谈话交流传递价值趋向,剧中对生活中可能遇到的情感问题、生活细节问题的揭示,让人觉得真实可信,贴近生活中的文化输出才容易被外国观众认同。

在国产电视剧产量猛增的背景下,专家建议中国加强对产品质量的把关,积极探索并生产出既承载中国文化价值观,又符合国际主流"文化经验"和"感觉结构"的电视产品。

5.针对近日在中国内地掀起的追韩潮,政协委员G在2014年3月2日接受记者采访时称:"韩剧热潮,已经不仅是韩剧的问题了,这让我们的文化自尊受到伤害,文化自尊的伤害是由于文化自信的缺失。"

韩潮来袭,韩迷们自然是喜不胜收,来者不拒,多多益善。而如同G这样的文化人士则不免有些心存疑虑,担心韩流损害我们的文化自尊。一方是欢迎,一方是反对,究竟谁说的更有道理?有网站发起"我们该如何面对韩剧热潮"的讨论,引发了大量跟帖。有网民把跟帖中的核心观点摘录如下:

观众喜欢韩剧,当然有其理由。比如情感细腻、演员养眼、制作精良等。相比于国内电视剧而言,这些都是韩剧的优势所在。在这个文化多元开放的时代,其实不管是韩剧,还是好莱坞的电影,我们都有选择的自由。原因很简单,观众自然是什么好看什么。从某种程度上说,观众所看中的更多是韩剧的娱乐功能而非文化入侵。有人认为,韩剧逻辑性较差,观看时无需动脑子,可以单纯地"感情发泄",换而言之,观众在看韩剧的时候,绝不会去想韩国文化怎么就伤害了中国传统文化这样的宏大命题,在他们看来,只要故事足够精彩就足够了。

任何一种文化的体现都需要一定的载体。韩国的电视剧、美国好莱坞的电影,这些都是外来文化的表现形式,同时也是外来的"文化鲶鱼"。从某种意义上讲,我们的文化自尊受到伤害并非是从韩剧或者好莱坞电影开始。因为自西方人用坚船利炮打开清政府的大门开始,无论是洋务运动,还是新文化运动,我们的传统文化可以说一直在与西方文化的斗争中不断地延续和发展。可以说,现在中国传统文化式微,有些好的传统,好的习惯,好的做法都被抛弃了,但中国文化或者说华夏文明依然有一脉相承。

不可否认,韩剧是韩国文化的一种体现,韩剧热无形之中会带来韩国文化的影响,对中国文化带来一定的伤害。韩剧在大陆风行已经不是一天两天了,我们可以看到人们穿韩版的衣服,说一两句"欧巴""思密达",吃几次韩餐,可并没有见到有谁因为喜欢看韩剧就改一个韩国名字或者移民韩国。韩剧的影响当然是客观存在,但说伤害了我们的文化自尊则未免太高估韩国文化的影响。

看看韩剧,天不会塌下来,文化自尊也不一定会受到伤害。换个角度说,我们正视"韩流"的影响,可更该思考如何让中华文化走向世界。

6.(题目)＿＿＿＿＿＿＿＿＿＿

2011年10月审议通过的《中共中央关于深化文化体制改革、推动社会主义文化大发展大繁荣若干重大问题的决定》提出,文化在综合国力竞争中的地位和作用更加凸显,维护国家文化安全任务更加艰巨,增强国家文化软实力、中华文化国际影响力要求更加紧迫。

文化输出已被提升至前所未有的高度,并具备明晰的政策导向。

(小标题一)＿＿＿＿＿＿＿＿＿＿

回顾2011年,我国文化产业的海外市场"遍地开花"

9月至10月,"中国文化月"在美国举办,一批优秀作品上演;11月,原创杂技芭蕾舞剧《胡桃夹子·海上梦》亮相后,与多家海外演出商签订为期5年的欧洲巡演合同;12月,土耳其中国文化年拉开序幕;截至2011年年底,我国已正式运营巴黎、柏林、东京等9处海外中国文化中心……

在中国国际图书贸易集团的M看来,近年来,伴随着与世界各国经贸领域合作的日渐深入,我国文化市场的开拓氛围在不断加强。

"不仅出口企业的数量在增加,输出产品的种类也日渐繁多。"他以自己所在的企业为例说,国图集团出口业务已经从图书、报刊、音像制品等实物出口领域,扩展至数据加工和物理加工为一体的增值服务贸易出口,并开展了国外展览业务。

"经济发展态势良好,文化产业才有走出去的资本和空间。"某大学文化创意产业研究所所长J说。

"在世界各地,都能看到中国公司、中国人的身影,是文化输出的'经济和人文基础'。"J说,"从另一个角度看,日渐增多的国际间经贸合作也在倒逼文化输出加速。"

当前,在中国企业迅速增加海外投资的过程中,一个不容回避的问题是:面对思维方式、价值取向迥异,文化背景天壤之别的海外合作者,我们如何实现无障碍交流?

"经济合作归根结底是人与人的合作。随着合作深入,我们必然要与不同人群进行深层次交流。文化产业有义务承担起建立沟通、化解误会的责任。"J说,"文化输出不仅具备经济基础,也成为经贸深度合作的必然需要。"

(小标题二)_____

"在没来到中国之前,我对中国的印象主要是:美食、长城、秀水街等,但基本都是些片面的概念。"英国女孩娜姆说,"但在北京生活了3年后,我反而不知道怎么概括对这儿的印象了。因为了解越深,越觉得有很多文化是我不知道的。"

"这是对中国文化理解片面化的个例。如果本土文化产品没有大量投入海外市场,当地消费者只能面对极有限的选择,而这部分产品由于不具备生产规模,难免存在内容片面等问题,传递给国外消费者的'中国印象'也不可能完美。"J说。

于是,真正的中国文化精髓没有畅通的输出渠道,反而一些细枝末节的文化枝桠被广泛认知。比如,伴随着海外华人数量的急剧增长,养生、菜谱等种类书籍因与生活密切相关而广泛传播。

"但这些枝节根本无法还原中国文化的全貌。久而久之,就导致一些外国人对中国印象的片面化、表面化。更严重的是,文化领域的误解会伴随着人与人的交往,辐射至各个领域。"J说。

"当别人不了解,甚至选择性误解你时,你更需要澄清自己。但为何我们屡次遭遇误解却难以澄清?因为长期以来,我国在文化传播领域仍处于弱势地位。"J说,"目前,国际舆论导向仍牢牢把握在欧美媒体手中。我们难以呈现一个全面而真实的形象。"

"近年来,中国文化作品、艺术展演在海外亮相,无论从频率、水准和反响看,都是前所未有的。这一方面满足了艺术爱好者的需求,一方面也纠正了部分人对中国文化的误读。"J说。

"文化输出的本质,是传递真实、全面的中国文化,获得公平的话语权、化解误会。从这个角度看,我们仍有很多需要改善之处。"某新闻学院院长Y说。

(小标题三)_____

"我国文化产业仍处于起步阶段,因此市场经验缺乏、优质品牌不足、版权意识不成熟仍是普遍存在的问题。这都属于软件上的缺失。"中国知识产权律师网的许律师说。

"种种政策导向都在释放信号:文化输出必须接受市场规则,顺应海外市场特点,以此提高本土企业的软实力。"J说,"有一些地区因为发展心态浮躁,出现了'揠苗助长'的现象。比如,一些地区盲目设立发展目标,导致政策制定和发展现状脱节。"

"要真正实现文化输出的目标,文化企业不仅得学会运用资本手段,武装企业硬件,更应创造出多元化、理念先进的文化产品。"Y说。

"日本动漫、韩国偶像剧等,都是营造良好国家形象的手段和符号。在通往国际市场的文化快车上,我们虽然起步晚了点,但中国文化底蕴深厚,又有极强的创新意识,一定能赶上世界的步伐。"J说。

7.略

作答要求:

(一)请从"给定资料4"所介绍的美剧、韩剧的成功事例中,概括出值得我们借鉴的经验。

要求:(1)概括为数条经验,并分条表述;(2)内容全面准确,语言简明扼要,不超过200字。(15分)

(二)阅读"给定资料6",在填空横线处依次拟制这则资料的题目和3个部分的小标题。

要求:(1)在答题卡上按规定的形式作答;(2)准确简明,每处不超过20字。(20分)

(三)某次辩论赛的辩题是"韩剧在中国的风靡,无损于我们的文化自尊"。假设你是参赛正方的第一辩手,请结合"给定资料5"及"给定资料4",并联系实际,阐述你方的观点和理由。

要求:(1)观点明确,理由充分,富有思辨性和说服力;(2)思路清晰严密,写成结构完整的短文;(3)语言简洁有力,控制在450~500字。(20分)

(四)略

【简评】 该套试题难度系数中等,主要以"文化"为主题进行命题。通篇材料阐明一个道理:在国际文件交流中,中国处于文化逆势的境地。当前中国发展的一个重要任务就是打造优质文化产品,大力发展文化产业,提升国家文化软实力,提高中华文化的国际影响力。

单元思考与练习

一、填空题

1. 科技应用文的作用是_____。科技应用文的分类主要有_____、_____、_____、_____、_____、_____、_____、_____。

2. 毕业论文写作应注意的事项是_____、_____、_____、_____。

3. 学术论文的写作要求是_____、_____、_____、_____。

4. 产品说明书的特点主要有_____、_____、_____、_____。

5. 申论试卷结构由_____、_____、_____三部分组成。

二、简答题

1. 科技应用文有哪些特征?

2. 什么是毕业论文?根据你的理解,谈谈毕业论文的作用。

3. 学术论文包括哪些内容?

4. 什么是产品说明书?撰写产品说明书应该注意什么?

5. 什么是申论?申论考试的目的是什么?

三、写作训练题

阅读下面的申论考试试卷,然后模拟练习。

2015年国家公务员考试《申论》真题卷

(满分100分　时限180分钟)

题号	(一)	(二)	(三)	(四)	(五)	总分	核分人
得分							

一、注意事项

1. 申论考试与传统的作文考试不同,是分析驾驭材料的能力与表达能力并重的考试。

2. 仔细阅读给定资料,按照后面提出的作答要求依次作答在答题纸指定位置。

3. 答题时请认准题号,避免答错位置影响考试成绩。

4.作答时必须使用黑色钢笔或圆珠笔,在答题纸有效区域内作答,超出答题区域的作答无效。

二、给定资料

1.1867年,约瑟夫在加利福尼亚一个牧场工作,常常一边放羊一边看书。在他埋头读书时,牲口经常撞倒放牧的铁缝栅栏,跑到附近田里偷吃庄稼。牧场主对此事十分恼怒,威胁要将他辞掉,约瑟夫经过观察发现,羊很少跨越长满尖刺的蔷薇围墙。于是,一个偷懒的想法浮上心头:何不用细铁丝做成带刺的网呢?他把细铁丝剪成小段缠在铁丝栅栏上,并将铁丝末端剪成尖刺。这下,想要偷吃庄稼的羊只好"望网兴叹",约瑟夫再也不必担心会被辞退了……

约瑟夫恐怕做梦也没有想到,他的小发明竟然造就了这样宏大的景观,也没想到他最初用来限制羊的带刺铁丝网,不久就被用来限制人了:带刺铁丝网除在监狱、集中营、战俘营中用来圈住人外,还在战场上得到了广泛应用。有人把这种铁丝网列为"改变世界面貌的七项专利之一",因为这项技术的创新,带来了制度的创新。有经济学家说,铁丝网催生了美国西部的早期产权制度(铁丝网帮助牧场确定了边界,并因此推动了经济和社会的发展),这才是铁丝网最大的贡献。

铁丝网的发明也由此启示人们,新技术的创意和发明,与人们的生活方式以及制度的改变,都有直接的关联性。

近百年来,人类的科技只能用突飞猛进这样的词汇来形容,如果让一个1900年的发明家来看今天的世界,他会认得汽车、电话、飞机,也能想象出宇宙飞船、深海潜艇,但他绝对会对计算机、互联网、基因工程、核能一无所知。现在,知识爆炸给人类带来前所未有的自信和乐观,有位作家这样写道:"我真诚地相信,我们生活在人类历史上最伟大的知识时代,没有任何事物我们不了解……只要是人能想到的事,总有人能做到。"20世纪是科学技术空前辉煌的世纪,人类创造了历史上最为巨大的科学成就和物质财富。这些成就深刻地改变了人类生产和生活的方式及质量,同时也深刻地改变了人类的思维、观念和对世界的认识,改变并继续改变着世界,也使人类思考的方向有所变化。由此带来的,是对人类不断创新的深刻认识。而技术的更新具有一种加速度的特质,尤其是新世纪以来电子产品例如电脑、手机等的更迭,更是呈现出几何级数的速度,更新换代往往在两三年内就得以完成。以致有人认为:<u>新技术是一种创造性的毁灭力量</u>。

习近平在2014年6月9日召开的中国科学院第十七次院士大会、中国工程院第十二次院士大会上强调,我国科技发展的方向就是创新、创新、再创新。(略)

2.(标题)＿＿＿＿＿＿＿＿＿＿＿＿＿＿

9月28日上午,在××博览中心,第七届大学生I—CAN物联网创新创业大赛中国总决赛颁奖仪式举行。本次比赛共有来自全国63所学校的267支队伍参加了角逐、野战"活点"沙盘、意世界、笔记本防护装置、蜜蜂之家等作品获得了特等奖,另外,全息3D成像、仿生鲶鱼、防丢宝、煤气智能报警系统、安全小车系统、太阳光雨水发电等颇为接"地气"的作品获得一二三等奖。据主办方介绍,今年参加大赛的作品涉及面更广,专业领域包括家居、医疗等多方面,并且评委在评分中更加注重作品的市场潜力和应用价值。

(小标题一)_____

上午9点,颁奖仪式预约举行,依次颁发了60个三等奖、40个二等奖、15个一等奖与5个特等奖。一个个充满活力的年轻获奖队员鱼贯上台领奖,对于他们来说,更多的是一种团队参赛的快乐和创意成真的成就感。某工程大学的一位参赛选手告诉记者:这次参赛他们从创意设计到做成成品总共花了8个月的时间,前前后后少不了同学们通宵达旦的钻研,"在团队合作中,大家都听队长的,对自己分工的活认真仔细,遇到难题一起研究。现在获得了三等奖,非常有成就感。"

而在会场上,也有不少企业代表对这些创新技术非常感兴趣。一位企业家表示,年轻人有梦想,敢想敢干,看好他们作品的市场前景,鼓励他们创业,如果有机会会与大学生团队开展合作。

(小标题二)_____

"太阳光雨水发电器,非常适合多雨的南方。""交通事故警报APP,发生事故后,软件会自动发信息给你的家人。"看到这些品种繁多的获奖作品,真让人有种只有你想不到,没有你做不到的感觉。记者在采访中发现,今年的获奖作品中出现了不少新颖有特色、生活味道十足的作品,不仅有防丢钥匙的智能锁,还有各种趣味盎然的新发明。北京某大学的发明团队发明了一款"M—Fish智能鱼缸",这款鱼缸可以与手机联通,使用者可以通过手机发送信号,控制鱼缸的充氧量,精确把握鱼食喂养。

某大学分校的参赛团队研发的"舒心电风扇",是利用物联网技术制造的感应风扇,如果人体皮肤靠近,风扇就会自动关停,这样可以预防小孩子不小心将手伸进电风扇之中受伤,或者具体太近造成感冒。太原某大学团队设计的煤气智能报警系统,通过计算火焰、煤气流量等,能够及时发现煤气有没有泄露,从而报警。

(小标题三)_____

获奖作品中,那些与人身安全相联系的几款作品尤为引人注目。获得一等奖、由湖北某师范学院团队研发的安全校车系统,就是从新闻中校车闷死儿童的消息有感而发、创造出一款防止在校车中遗落儿童的软件。据获奖团队介绍,他们4个伙伴用四五个月的时间,从多套方案中挑选了2套,这款作品应用了物联网技术,根据探头、座椅压力等信号综合计算,判断车内是否有人遗落,并且批量生产的成本适合市场推广。

具有市场潜力并且经过市场验证的作品更是脱颖而出,获得特等奖的一款"蜜蜂之家"作品是某科技大学团队研发的。他们曾经将自己的作品带到田间地头,"我们去湖北的蜂农农场呆了3个月,就是想实地检测一下这款产品到底有没有用。"团队队长小程说,他们通过实地检验,发现作品真的可以解决蜂农养蜂中的温度控制问题。该作品的实用性得到了评委的一致好评,成功摘金。

3.长三角地区生猪的重要产区P市,其养猪业正处在转型升级的关键期。记者走进P市,探寻信息化时代这种后养殖模式究竟改变了什么。

"村里以前有34000到35000头猪,每天都有猪仔出生、肉猪出栏、病猪死去,具体多少就不清楚了。"P市某村村委会李主任说。

该村有2000多户村民,位置比较偏僻。养殖是村里的传统产业,也是不少农户的收入来源之一。以前村民随意倾倒猪粪,随意处理病死猪,村里环境越来越差。要恢复环境,拆除违建猪舍,起码要知道村里有多少头猪。这个简单的问题,却难倒了很多村委会主任。

据P市畜禽养殖污染治理办公室工作人员林先生解释,以前,如果上面要求统计生猪养殖的某一项数据,他们就要将任务派到各镇、街道,镇、街道再把任务派到村、社区,由村、社区的工作人员到每个养殖户家中询问状况,汇总统计之后,逐级上报。一般来说,完成一项统计最快也要1个月。

除了费时费力,准确度也是个问题。等到各村农户一家家跑下来,数据交上去,实际情况总会和报上去的不太一样。要对生猪养殖户进行管理,还涉及诸多相关的问题:猪舍面积多少,沼气池、沼液池、三格式化粪池建设情况如何,是否按照生猪数量收取养殖污染处置费……必须利用现代化信息技术,对生猪养殖进行精细化管理。

下午2时,该村村委会工作人员小徐来到二组村民老曹家。猪舍里,一窝刚生下来没几天的小猪仔见到生人来了,吓得挤成一团。

"一、二、三……"小徐一只只数了起来。前两天,老曹家的母猪生了12头仔猪。而一周前来统计的时候,这窝猪仔还没出生。

跑了十几家农户的猪舍后,小徐回到村委会,登录进入电脑上的"P市生猪信息化管理系统",找到老曹家的档案。档案里,农户基本信息、联系方式、治污设施、猪舍面积、养殖规模、存栏头数、出栏、出生、仔猪、母猪、肉猪情况等清清楚楚。

小徐动动鼠标和键盘,将仔猪数量从"0"改成"12"。接着根据刚刚走访了解到的情况,逐户进行修改。随着老曹家仔猪数量的变化,全村、全镇、全市仔猪数量也随之发生了变化。"现在实时更新,效率高,更准确,而且每家农户都建立了一个档案,方便管理。病死多少,出栏多少,存栏多少等一清二楚。"林先生对新系统赞不绝口。

截至目前,系统里有"一户一档"养殖基本信息2.45万户,其中,现有存栏生猪养殖户0.94万户,退养户1.51万户。而整个系统里包括养殖生猪管理、动物防疫管理、动物检疫管理、流通监管、溯源管理五个模块,涵盖50类数据情况的记录统计,还能实时导出线形图和柱状图,变动情况也很明晰。

为了配合这套系统,P市在人员配置方面建立了市、镇、村三级网络,96个行政村,村村都有1名专职管理人员,负责基础信息的收集、更新。从上到下,构建一张信息网。

除了一些类似于"人口统计指标"的基本情况,生猪养殖业要减量提质,生猪养殖污染和养殖安全问题必须要解决。这套系统在这方面也大有作为。

生猪养殖污染曾经让老百姓苦不堪言。根据"谁污染谁治理"的原则和"村规民约"的要求,村民们按照自家养殖的生猪数量,向村里缴纳费用来治污。养几头猪、交多少钱。虽然已经有"村规民约"的约束,但由于以前生猪数量不明晰,因此在执行上存在一些问题。

现在,通过将缴费信息录入系统,对照养殖户的生猪存栏数等基本情况,一旦出现数字对不上的情况就能及时发现,杜绝村民随意处置病死猪和畜禽废弃物的可能性,确保了制度的全面推行和长效管理。

小徐向我们展示了一张生猪养殖污染处置费缴纳证明,在系统里,记者看到,和纸质证明相对应的,该农户的收费金额、存栏头数、收费标准、收费凭证编码等很清楚。继续点开,还能看到该农户在这段时间的所有养殖行为详情,比如母猪产下猪仔情况、出栏前检疫证明情况等,都可以随时查看。

最近一个月,系统内记录了1053户养殖户的生猪养殖污染处置费缴费登记信息、57户养殖户能繁母猪的收费登记信息,同时由于数据实时更新,系统基本实现了从仔猪出生免疫、出售检疫、屠宰检疫的全程实时动态管理,为相关部门提供翔实可靠的决策依据。

此外,该系统已与农业部动物追溯系统联网,能更大程度地保证猪肉来源的可靠,一旦出现问题,也能更准确、迅速地追溯到源头。

4.略

5.略

6.略

三、作答要求

(一)结合给定资料1,谈谈你对文中画线句子"新技术是一种创造性的毁灭力量"的理解。(10分)

要求:(1)准确、全面;(2)不超过150字。

(二)阅读给定资料2,在横线处填入这则资料的标题和三个部分的小标题。(10分)

要求:(1)准确、精练;(2)标题和三个小标题须分条写,小标题要标注序号;(3)每条不超过20字。

(三)P市某村的生猪养殖进入了信息化时代。假如你是该村驻村干部,要向其他市县养殖村的管理人员介绍经验,请根据给定资料3写一篇在经验交流会上的讲话稿。(20分)

要求:(1)全面准确、符合实际;(2)语言得体、有感染力;(3)不超过500字。

第六章 法律文书

第一节　法律文书概述

一、法律文书的概念与作用

法律文书的概念有广义和狭义之分。广义的法律文书是指一切涉及法律内容的文书。它是具有普遍约束力的规范性法律文件，具体指各种法律、行政法规、地方性法规及规章等。狭义的法律文书是指国家司法机关、律师及律师事务所、仲裁机关、公证机关和案件当事人，依法制作的处理各种诉讼案件以及非诉讼案件的具有法律效力或法律意义的非规范性文件的总称。它是不具有普遍约束力的非规范性法律文件，只适用于特定的人和特定的事。

法律文书必须依据《中华人民共和国刑事诉讼法》《中华人民共和国民事诉讼法》《中华人民共和国行政诉讼法》和公证、仲裁等方面的法规以及最高司法机关的有关司法解释制作，违背这些法律和法规所制作的文书是不具备法律效力的。

法律文书是进行各种法律活动和处理法律事务的产物，它对各种法律活动的启动、深入发展以及法律实务问题的解决都具有明显作用。具体表现在：它是具体实施法律的重要手段;是生动宣传法律的现实教材;是记录法律活动的文字载体;是考核法律人才的重要内容;是保存法律事务的文书档案。

二、法律文书的特点和分类

(一)法律文书的特点

法律文书主要有以下几个基本特点:

1. 适用法律的严肃性

适用法律的严肃性主要表现在两个方面:一是法律文书的制作必须严格依法办事,事实必须真实清楚,证据必须确凿充分,论证必须严密,理由充足,结论必须严谨明确,切忌模棱两可、含糊其辞;二是法律文书的制作必须严格依照法律程序进行。程序法是确保各种实体法(实体法是规定、确认权利和义务以及职权和责任为主要内容的法律,如宪法、行政法、民法、商法、刑法等)得以贯彻实施的保障,也是确保法律文书具有法律效力和法律意义的必要条件。

2. 事实认定的客观性

认定事实的客观性包括以下三个方面:一是准确地揭示案件的本来面目;二是全面阐述案件的各个侧面;三是准确表达案件关键部分的事实。

3. 生效执行的权威性

法律文书由法律保障其生效执行的权威性,这种权威性具体表现在法律文书制作的合法性、执行的强制性和解释的单一性三个方面。

4. 体裁格式的规范性

法律文书在长期的法律实践过程中逐步形成相对稳定的体裁和格式,依照法律的规定,按照一定的格式,把特定的内容和项目简明扼要、条清理晰地表达出来,不仅是形式上的需要,也是法律文书管理规范化和科学化的需要。

5. 语言文字的准确性

法律文书的语言必须与法律精神相一致,必须与法律规定的提法相同,语言风格力求朴实简练、通俗易懂。

(二)法律文书的分类

法律文书的分类主要有三种:

第一种是根据制作主体的不同,可分为公安机关的刑事法律文书,通常称侦查文书;人民检察院的检查文书、人民法院的法律文书,称诉讼文书或裁判文书。依次类推还有公证文书、仲裁文书、律师事务文书及监狱文书等。

第二种是根据写作和表达方式的不同,可分为文字叙述文书、填空式文书、表格式文书和笔录式文书。

第三种是按文书的具体功能,可分为报告类文书、通知类文书、判决类文书、诉状类文书、命令类文书、裁定类文书、决定类文书等。

第二节　起诉书

一、起诉书的概念与作用

起诉书是指人民检察院经侦查或审查确认被告人的行为构成犯罪,依法应当交付审判,而向人民法院提起公诉的文书。因为它是以公诉人的身份提出的,所以也叫公诉书。根据《中华人民共和国刑事诉讼法》规定,凡需要提起公诉的案件,一律由人民检察院审查决定。人民检察院在对公安机关、国家安全机关、走私犯罪侦查机关等侦查终结移送起诉的案件,以及对本院直接侦查终结的案件进行审查后,认为犯罪嫌疑人的犯罪事实已经查清,证据确实充分,依法应当追究刑事责任的,应当作出起诉决定,制作起诉书,按照审判管辖的规定,向人民法院提起公诉。

对侦查机关来说,起诉书是确认侦查案件终结,犯罪事实清楚,证据确凿充分,侦查活动合法的凭证;对检察机关来说,起诉书是代表国家对被告人追究刑事责任交付审判的文书,又是出庭支持公诉、发表公诉意见、参加法庭调查和辩论的基础;对审判机关来说,起诉书既是人民法院对公诉案件进行审判的凭据,又是法庭审理的基本范围;对被告人及其辩护人来说,起诉书既是告知已将被告人交付审判的通知,又是公开指控被告人犯罪行为的法定文书。

二、起诉书的结构与内容

起诉书为文字叙述式文书,根据最高人民检察院印发的样本,起诉书的基本结构由首部、正文、尾部三部分构成。

（一）首部

(1)制作文书的人民检察院名称。对于无国籍或外国国籍的,应当冠以"中华人民共和国"字样。

(2)标题。写明"起诉书"。

(3)起诉书的"编号"。其排列顺序应当是:院名,部门,文书性质,年度及顺序号。例如,皖检刑诉〔2013〕52号。

(4)被告人的基本情况。第一,被告人的姓名。应当写户口簿或身份证件等法定文件中使用的姓名,如有曾用名用括号注明,化名、笔名、绰号等,可选择与本案件事实有关的用括号注明。第二,性别。写明是男是女,如有变性,应当写明具体变性情况。第三,出生日期。应当写清身份证上的出生年月日,确实查不清出生日期的,可以注明年龄(周岁)。第四,身份证号码。如果被告人是聋哑人或盲人,应当在被告人身份证号码之后注明。第五,民族。应写规范全称。第六,文化程度。一般写明受学历教育情况。第七,职业状况。对于一般犯罪,写明从事何种职业,没有正当职业写"无业";对于职务犯罪主体,应当写明工作单位和职务或岗位。第八,住址。应写被告人经常居住地,与户籍所在地不一致时,应加括号注明户籍所在地。第九,行政处罚、刑事处罚的情况。因本案采取强制措施的情况,包括刑事判决时间和原因种类、审判机关名称、处罚种类及刑期。

如果是单位犯罪案件,被告单位基本情况写法:被告单位的名称、住所地、法定代表人姓名和职务以及被告单位出庭的诉讼代表人姓名、年龄、工作单位和职务。

一案数名被告人的排列,应当按照先重犯、后轻犯,先首犯、主犯,后从犯、胁从犯的顺序,依次逐人分段写明。被告人是外国人的,其基本情况应视具体案件材料而定;姓名使用两国文字,先用汉字写明其译名全称,后用括号注明其外文原名;重复使用该被告人的名字时,可只写汉文译名。

(5)案由和案件审查过程。为说明本案办理符合我国刑事诉讼法规定的程序,应当依次写明侦查终结移送起诉的机关名称、被告人姓名、涉嫌罪名、移送时间,本院审查起诉工作情况。

(二)正文

起诉书的正文包括:案件事实和证据、起诉的理由和法律根据两部分。

1. 案件事实和证据

案件事实必须客观、准确。起诉书的犯罪事实,必须是检察机关经过审查起诉认定的;依法应当追究刑事责任的事实,还必须是情节清楚、证据确凿充分的犯罪事实。

案件的事实要素必须完整。事实要素包括犯罪时间、地点、经过、手段、目的、动机、情节、危害后果等。犯罪事实的叙述还包括犯罪构成要件事实,尤其是具有犯罪主观方面和客观方面特征的要素事实,必须具备。共同犯罪的,各被告人的犯罪地位、作用,从重或从轻情节等也要作为事实的基本要素写明。写单位犯罪的事实,必须写明单位犯罪构成要件的本质特征,如单位犯罪决策活动及其实施犯罪的过程、行为结果、数额等。

案件事实叙述必须符合人们的认识习惯。犯罪事实的具体叙述方法:一次作案犯一罪的,可按行为过程顺序来叙述。多次作案犯同罪的,可以按各次作案的时间顺序分别叙述;也可以先写情节最重、犯罪特征最典型的罪行,后叙述其他罪行。一案数罪或数名被告人犯数罪的,有以下三种写法:第一种,先重后轻顺序。即先叙述性质、危害程度、情节上都比较重的犯罪事实,后叙述较轻的犯罪事实。第二种,客观过程顺序。即按照每个犯罪行为事实的客观发展顺序进行叙述。第三种,被告人顺序。即以被告人为单位,将各被告人所犯之罪集中叙述。

叙述事实要正确处理特殊问题。有些特殊问题,在起诉书犯罪事实部分叙述时要掌握分寸。一是遇到涉及党和国家机密时,注意保守机密;二是遇到有伤风化的情节时,注意尊重被害人隐私;三是犯罪后自首的,要用简要文字写明自首概况,有立功表现的,也应叙述清楚;四是必须涉及非本案被告人的人员姓名时,应当按具体情况妥善处理;五是对共同犯罪的案件,起诉书在写该罪犯姓名时,可在姓名后用括号注明"另案处理"。

叙述事实必须说明证据情况。在集中叙述犯罪事实部分之后,应当写明认定上述犯罪事实的证据情况,须随附证据目录和证人名单。

2. 起诉的理由和法律根据

起诉的理由和法律根据,是起诉书的核心内容,是最为关键和实质的部分。它包括"起诉的理由"和"起诉的法律根据"。这部分要写清楚以下四个方面内容:

(1)概括阐明被告人行为的犯罪性质和构成罪名。这部分内容须准确概括犯罪性质、认定罪名及犯罪情节,针对不同案件的特点,用法律、政策和犯罪构成的法理,抓住被告人行为的实质,高度概括分析被告人犯罪的危害性、主观性、犯罪情节恶劣程度,从而阐明认定该罪的理由和要求法院依法判处的理由。概括罪行性质,要突出个性,针对本案与其他案件的不同特点加以概括。比如,一件危害公共安全罪案的起诉书中写到"被告人×××目无国法,在光天化日之下,驾驶汽车高速向广场人群冲撞,致使无辜群众死伤多人,公共财产遭受重大损失"。

(2)指出被告人犯罪行为触犯的法律条款,这是定罪和追究刑事责任的根据;这部分引用法律的基本要求是:针对、准确、完整、规范。

(3)认定被告人是否具有从重、从轻、减轻处罚的情节和法律依据,依法量刑的倾向性意见。认定被告人在共同犯罪中的地位、作用以及应负责任时,认定被告人犯罪行为处在某一犯罪阶段时,认定被告人具有自首情节,认定被告人具有其他从轻、减轻、从重情节时,都应引用相应的法律。

(4)写明作出起诉决定的法律依据。即依据《中华人民共和国刑事诉讼法》第一百四十一条的规定,提起公诉,依法惩处。

(三)尾部

起诉书的尾部要写清楚以下几方面内容:

(1)写明本起诉书主送的人民法院全称。如:此致,(另起一行)×××市人民法院。

(2)写明起诉案件的检察人员法律职务、姓名,另起一行写明制作文书的年月日(为签发起诉书的日期),检察院公章加盖于检察人员姓名和日期上。

(3)附则。内容包括:被告人现在处所,羁押的写明羁押处所,未羁押的写起诉时所在处所;证据目录、证人名单、主要证据复印件或者照片名称及数量;如果被害人提出附带民事诉讼状,也要注明"附:本案被害人附带民事诉讼状×份。"

三、起诉书写作应注意的事项

(1)起诉书以案件为单位制作,一式多份。一个案件只有一个被告人时,向法院送达起诉书8份(其中包括被告人、辩护人、被害人及其诉讼代理人的份数);每增加一个被告人,向法院增加送起诉书3份;抄送移送起诉的侦查机关副本1份;附检察卷、检察内卷各1份。

(2)起诉书一般用汉字。在少数民族聚居或多民族共同居住的地区,被告人是少数民族的,起诉书应当用该民族的文字制作。如果该少数民族在本民族中有通用文字,则按照该民族的语言文字习惯,使用该民族通常使用的文字制作文书。

(3)外国人犯罪的案件,起诉书用汉字制作,以体现国家主权原则。同时,为方便诉讼,也应用外国籍被告人所在国官方语言文字制作起诉书翻译件,不盖公章,送达被告人及有关方面。发生歧义的,以中文正本为准。

例文 1

刑事附带民事诉讼状

附带民事原告人:×××,女,汉族,××年×月×日出生于××,现住址×××,×××,系受害人×××之妻。

附带民事原告人:×××,女,汉族,××年×月×日出生,住址同上,系受害人×××之女。

附带民事原告人:×××,女,汉族,××年×月×日出生,住址同上,系受害人×××之女。

附带民事被告人:×××,男,汉族,成年,×××,现在押。

一、诉讼请求

(一)依法判令刑事被告人×××构成故意杀人罪,对其从重处罚。

(二)依法判令附带民事被告人对众附带民事原告人赔偿造成被害人×××人身损害的赔偿金共计人民币92939元。

二、事实与理由

2009年12月27日晚19时许,在被害人×××家中,被害人×××因与附带民事被告人×××发生纠纷,被被告人×××用刀砍死(详见检察院对×××的《起诉书》)。根据以上事实,众附带民事原告人认为:

(一)被告人×××构成故意杀人罪,应依法从重处罚

1.被告人×××构成故意杀人罪

被告人×××作为一个有正常民事行为能力的成年人,应当知道用刀朝被害人头部猛砍会发生致人死亡的后果,而仍然实施了这一犯罪行为,显然是希望致受害人死亡的后果发生;退一步,即使被告人×××没有杀人的直接故意,但

在应当知道用刀朝被害人头部猛砍可能会发生致人死亡的后果的情况下,而仍然实施了这一犯罪行为,至少是放任致受害人死亡的后果发生。《中华人民共和国刑法》第十四条规定:"明知自己的行为会发生危害社会的结果,并且希望或者放任这种结果发生,因而构成犯罪的,是故意犯罪。"故被告人×××的犯罪行为不论是希望还是放任致受害人死亡的结果发生,都已经构成故意杀人罪。

2. 对被告人×××应从重处罚

根据《中华人民共和国刑法》第二百三十二条规定:"故意杀人的,处死刑、无期徒刑或者十年以上有期徒刑。"故意杀人的判刑原则第一选择是死刑,应当判处死刑;根据本次犯罪致人死亡拒不赔偿事实和手段特别残忍的表现,并且激起了很大的民愤,不判死刑,于法、于情、于理不符!

(二)附带民事被告应对附带民事原告赔偿92939元

根据最高人民法院《关于审理人身损害赔偿案件适用法律若干问题的解释》第十七条第三款、第二十七条、第二十八条、第二十九条,应当赔偿附带民事原告人丧葬费、死亡补偿费以及受害人亲属办理丧葬事宜支出的交通费、住宿费和误工损失等其他合理费用;根据(2008—2009年)××省道路交通事故损害赔偿项目计算标准公布的数据,被告对众原告应当赔偿的具体数额如下:

1. 丧葬费

按照受诉法院所在地上一年度职工月平均工资标准,以6个月总额计算为月工资1642.58×6=9855元。

2. 死亡赔偿金

按照受诉法院所在地上一年度农村居民人均纯收入标准,按20年计算3904.2元×20=78084元。

3. 其他损失

包括交通费、住宿费、误工费,共计5000元。

以上合计:92939元。

因附带民事被告人拒不对受害人近亲属赔偿,表现了犯罪后的猖狂态度,请求人民法院依法裁决,以维护当事人的合法权益,维护法律的尊严。

此致

××市中级人民法院

原告人:×××(受害人之妻)

×××(受害人之女)

×××(受害人之女)

二〇一〇年三月五日

【简评】 这是一则刑事附带民事诉讼书。格式规范严谨,法律条款援引准确恰当,叙述事实要素完整,证据详细具体。

第三节　上诉书

一、上诉书的概念与作用

上诉书是指当事人对一审法院的判决书或裁定不服时,在拿到判决书的一定期限(民事案件是 15 天,刑事案件是 10 天)内,即判决生效前,向上一级法院递交说明情况并提出上诉,请求上一级法院对案件进行二审审理的法律文书。

上诉书的意义和作用在于,如果一审法院定罪量刑适用法律不当,或者判决不公正,可以通过二审予以纠正,使得被告人的合法权益得到最大程度的保护,也可以最大程度减少冤假错案的发生。

上诉书可分为刑事上诉书、民事上诉书和行政上诉书三种。

二、上诉书的结构与内容

上诉书由首部、上诉请求和理由、尾部和附项组成。其书写的顺序和内容如下:

(一)首部

首部包括标题、当事人基本情况和不服判决的事由。

(1)标题。根据案件性质,写明"刑事上诉书""民事上诉书""刑事附民事上诉书"等字样。

(2)当事人基本情况。具体写法与起诉书相同。

(3)写明不服原判决(裁定)的事由。一般写"上诉人×××因××案不服××人民法院××年×月×日×字第×号×事判决(或裁定),现提出上诉。上诉请求和理由如下:"作过渡,引出下文。

(二)上诉请求和理由

上诉请求。主要写明上诉人不服原审裁判,要求第二审人民法院撤销、变更原审裁判或请求重新审判。要求撤销原审裁判的一部分或全部,要写得明确具体。

上诉理由。上诉理由是论证上诉人的上诉请求的,是否充分有力,关系上诉请求能否成立。上诉理由本着"以事实为基础,以法律为准绳"的原则,主要从以下几个方面来写:

(1)认定事实方面。如果原审裁判认定事实有错误,或有出入,或遗漏了重要事实,或缺乏证据,那么作出裁判就不可能正确。

(2)定性方面。无论是刑事案件,还是民事案件,对事实定性错了,裁判就不可能正确合理。

(3)适用法律方面。原审裁判适用的法律错了,应先将检察机关查清认定的事实写明,然后具体指出原判在适用法律上的错误,再阐明本案应如何正确适用法律。

(4)审判程序方面。原审判法院在审判活动中有不合诉讼规定之处,就可能影响案件的公正裁判。要先写清原审法院违反诉讼程序的事实表现,包括时间、地点、审判人员或合议庭的违法行为等情况,再阐述法律规定的正确的诉讼程序。

(三)尾部和附项

尾部的具体写法和第二节的起诉书相同。

附:

上诉状格式

一、民事上诉

  上诉人:名称:_____ 住所:_____ 电话:_____

  被上诉人:(同上)

  法定代表人:名称:_____ 职务:_____

  委托代理人:姓名:_____ 性别:_____ 年龄:_____

  民族:_____ 职务:_____ 工作单位:_____

  住所:_____ 电话:_____

  上诉人因_____一案,不服_____法院于_____年_____月_____日_____字第_____号判决,现提出上诉。

  上诉理由及请求:_____

  此致

  _____人民法院

上诉人:_____(盖章)
法定代表人:_____(签章)
_____年_____月_____日

  附:1.本上诉书副本_____份。

    2.有关证明材料_____件。

二、刑事上诉

  上诉人:名称:_____ 住所:_____ 电话:_____

  被上诉人:(同上)

  法定代表人:名称:_____ 职务:_____

  委托代理人:姓名:_____ 性别:_____ 年龄:_____

民族：_____ 职务：_____ 工作单位：_____

住所：_____ 电话：_____

上诉人因_____一案，不服_____法院于_____年_____月_____日_____字第_____号判决，现提出上诉。

上诉理由及请求：_____

此致

_____人民法院

上诉人：_____（盖章）
法定代表人：_____（签章）
_____年_____月_____日

附：1. 本上诉书副本_____份。
　　2. 有关证明材料_____件。

三、行政上诉

上诉人：名称：_____ 住所：_____ 电话：_____

被上诉人：_____（行政单位）

法定代表人：名称：_____ 职务：_____

委托代理人：姓名：_____ 性别：_____ 年龄：_____

民族：_____ 职务：_____ 工作单位：_____

住所：_____ 电话：_____

上诉人因_____一案，不服_____法院于_____年_____月_____日_____字第_____号判决，现提出上诉。

上诉理由及请求：_____

此致

_____人民法院

上诉人：_____（盖章）
法定代表人：_____（签章）
_____年_____月_____日

附：1. 本上诉书副本_____份。
　　2. 有关证明材料_____件。

三、上诉书写作应注意的事项

(1)刑事上诉书与民事上诉书格式相同，可以通用，但标题应加以改动。刑事诉讼中的公诉案件无被上诉人，只须写出上诉人基本情况即可。

(2)二审程序的上诉书，应在法定期限内送达原审人民法院，并由其向上一级人民法院移送和送达被告人、辩护人。审判监督程序的上诉书,应向同级人民法院送达。

例文 2

民事上诉书

上诉人:深圳龙岗××服装有限公司

法定代表人:××

地址:深圳龙岗××村×号

被上诉人:××,女,身份证号:×××××××

住址:×××

联系电话:×××××

上诉人与被上诉人因劳动合同纠纷一案,不服龙岗区人民法院(2014年)深龙法民(劳)初字第10号判决书,提起上诉。

上诉请求:

1.撤销原判,改判上诉人不须支付被上诉人未签订劳动合同的双倍工资差额68120元。

2.诉讼费用由被上诉人承担。

事实及理由:

一、上诉人与被上诉人存在实质的劳动合同,被上诉人故意不与上诉人改签规范的劳动合同,无权要求双倍工资。

上诉人与被上诉人签订了《2008年财务文员考核制度》,该文件明确约定了用人单位的名称、劳动者的姓名、劳动合同期限、工作内容和工作地点、工作时间和休息休假、劳动报酬等事项,符合《劳动合同法》第十七条的规定,名为考核制度,实为双方签订的实质的劳动合同。

双方签订的《2008年财务文员考核制度》第三条第九小条,约定被上诉人的工作职责为:严格按员工聘任管理制度和程序办理员工入职、在职和离职手续。负责具体考勤统计,每月按时统计和打印考勤表,提供财务核算及发放工资的依据。办好新员工入职手续和保管好员工的一切资料。而依照《员工聘任管理制度》第三条规定,被上诉人本应在入职后一个月内为自己改签劳动局规范的劳动合同,但其为达到谋取双倍工资的目的,给其他员工改签了规范的劳动合同,却未为自己改签。因为保管人事档案是被上诉人的职责,所以员工的劳动合同都保存在被上诉人手上,上诉人一直以为被上诉人为自己签订了规范的劳动合同。

综上所述,被上诉人为了个人私利,利用工作便利,在与上诉人签订

《2012年财务文员考核制度》后,故意不与上诉人改签规范的劳动合同。属于广东省高级人民法院、广东省劳动争议仲裁委员会《关于适用〈劳动争议调解仲裁法〉、〈劳动合同法〉若干问题的指导意见》第二十一条第二款之情形,依法不须支付双倍工资。

二、原审法院判决书认定双倍工资差额为19.6万元存在明显的错误。

依照原审法院在事实查明部分的数据,可以计算得出被上诉人2010年8月9日至2013年8月9日的工资总额为19.6万元,但原审判决认定上诉人应支付被上诉人二倍差额为39.2万元,重复计算了19.6万元,属于明显计算错误。

综上所述,一审判决认定事实错误,适用法律不当,请求贵院依法查清事实,支持上诉人的诉讼请求。

此致

深圳市中级人民法院

上诉人:深圳龙岗××服装有限公司
二○一四年七月二日

附件:(2014年)深龙法民(劳)初字第10号判决书

【简评】 该则民事上诉书格式符合要求,内容能抓住要害问题,在认定证据和使用法律方面据理力争,文字通顺流畅,层次分明。

第四节 答辩书

一、答辩书的概念与作用

答辩书也称为答辩状,是指被告和被上诉人在收到人民法院送达的起诉书副本或上诉书副本之后,针对被诉的事实和理由进行答复或辩驳的文书。《中华人民共和国民事诉讼法》第一百一十三条规定:人民法院应当在立案之日起5日内将起诉书副本发送被告,被告在收到之日起15日内提交答辩状。

被告和被上诉人通过答辩状,可以针对原告或上诉人提出起诉或上诉事实、理由和根据以及请求事项,进行有的放矢的答辩,阐明自己的理由和要求,提出事实和证据,帮助人民法院全面了解事实真相,有利于人民法院作出公正的裁判,也有利于维护当事人,尤其是被告和被上诉人的合法权益。

二、答辩书的结构与内容

答辩书分刑事、民事、行政答辩书三种,但基本格式一样,都有首部、正文、尾部和附项三部分组成。

(一)首部

首部包括标题和答辩人基本情况。

(1)标题。应写明"刑事答辩状""民事答辩状""行政答辩状",对上诉的答辩,标题不必标明"上诉"字样。

(2)答辩人基本情况。应写明答辩人的姓名、性别、民族、籍贯、职业、工作单位和住址。如有代理人,另起一行写代理人的基本情况。对方当事人的情况不一定列写,可在答辩理由中说明。

(二)正文

正文包括答辩案由和答辩理由两部分。

(1)答辩案由有两种不同的写法:一审案件答辩人是被告人,答辩案由的具体行文如下"现将×××为××一案告我一事,答辩如下:";上诉案件答辩状的答辩人是被上诉人,答辩状的具体行文为"上诉人××因××一案不服×××人民法院××年×月×日×字第×号×事判决(或裁定),提起上诉,现答辩如下:"。

(2)答辩理由是答辩书最重要的部分,在写法上没有统一的规定,但要针对原告在诉状中提出的事实和理由,或上诉人在上诉状中提出的上诉请求和理由进行答辩,并明确回答原告人、上诉人所提出的诉讼请求,清晰地阐明自己对案件的看法和意见,做到有理有据。必要时要进行反诉,反过来对原告或上诉人提出诉讼请求。

(三)尾部

结尾有以下四项内容:一是答辩状致送的人民法院名称,写"此致",另起一行"×××人民法院"。二是答辩人或答辩单位签名盖章。三是书写答辩书的时间。四是附项。证明证据的名称和件数。

三、答辩书写作应注意的事项

写好答辩理由是写答辩书的关键。这部分写作中,应注意以下几个方面:

(1)针对性。答辩书一定要针对原告的起诉书或上诉人的上诉内容提出反驳的论点和论据,明确表示同意什么或不同意什么。

(2)抓住要害。应当根据双方当事人在案件中的争执焦点,抓住影响胜诉和败诉的关键性问题,集中辩驳,阐明理由。

(3)尊重事实。答辩书要按照事实的本来面貌,如实、客观、全面地答复起诉或上诉中提出的诉讼请求,不能片面或强词夺理。

例文 3

民事答辩书

答辩人:金手指饰品有限公司

法定代表人:×××部长

被答辩人:武陵百货商场

法定代表人:×××经理

答辩人就金手指公司诉武陵百货商场买卖合同纠纷一案,现提出答辩意见如下:

一、被答辩人所诉与事实不符

(一)我单位从未派人到被答辩人处赊购商品,接到诉状后,经详细调阅财务档案,从来都没有被答辩人所诉的财务档案或欠款记录。几任单位领导更换进行财务交接时也从来都没有被答辩人所诉债务的交接手续。

(二)我单位作为国家机关,遵循单位严格的财务制度和报销流程,不可能指派工作人员到没有签订挂账协议的商店随意挂账。我单位与被答辩人没有采购合同,没有授权工作人员到被答辩人处采购商品。

二、被答辩人提供的证据有重大瑕疵,不能采信

(一)关于被答辩人所诉100万元的欠条。证据瑕疵一,我单位印章的全称应为"金手指饰品有限公司",而被答辩人提供的欠条证据中的印章为"金凤凰饰品公司"。此印章不属我单位印章。证据瑕疵二,该欠条仅加盖了公章,没有任何经办人员或财务人员或单位领导的签字,被答辩人没有提供购物明细。经查,我单位既没有该笔欠款的财务记录,也没有相关物资的入账资料。证据瑕疵三,欠条下半部分所谓的还款记录,仅有部分个人签字,没有加盖我单位公章。

因此,被答辩人提供的该证据与我单位没有关联性,我单位不应承担责任。

(二)关于被答辩人提供的有个人签字的××张"销货清单"。我单位从未授权任何人到被答辩人处赊购商品,也没有收到销货清单上的任何商品。根据《中华人民共和国民法通则》第六十六条规定:"没有代理权、超越代理权或者代理权终止后的行为,只有经过被代理人的追认,被代理人才承担民事责任。未经追认的行为,由行为人承担民事责任。"所以该赊购行为的民事责任不应由我单位承担。

(三)被答辩人提供的××张"销货清单",其记载日期均为2006年和2007年,根据《中华人民共和国合同法》第一百六十一条之规定:"买受人应

当按照约定的时间支付价款。对支付时间没有约定或者约定不明确,依照本法第六十一条的规定仍不能确定的,买受人应当在收到标的物或者标的物单证的同时支付。"上述销货清单的诉讼时效起算时间应以销货清单上记载的时间为准,到今早已超过2年的诉讼时效。即使买卖事实成立,被答辩人也早已丧失胜诉权,人民法院应驳回其诉讼请求。

综上,被答辩人所诉无事实依据,证据有重大瑕疵,与待证事实毫无关联,不能证明其主张。被答辩人的各项诉讼请求均应予以驳回。

此致

武陵县人民法院

答辩人:金手指饰品有限公司××(签名盖章)

二〇一五年十月二十一日

【简评】 这是一则民事答辩状。被告人针对原告诉状中提出的事实和理由进行了辩驳,阐明了自己对案情的看法,并进而提出自己的主张,内容具体、全面,条理清晰,语言逻辑性强。

第五节　申诉书

一、申诉书的概念与作用

申诉书,是指诉讼当事人及法定代理人、刑事被害人及其家属或其他公民,不服已经生效的裁决,向人民法院或者人民检察院提出的要求重新审理案件的文书。

申诉是法律赋予公民的权利。申诉人提出申诉,经过人民法院审查,证实原判决或裁定在认定事实或者适用法律上确有错误时,依照审判监督程序重新审理,根据不同情况,分别作出全部或部分改判的结论,这样,既纠正了错判,维护了法律的尊严,又保护了申诉人的合法权益。

申诉必须由当事人、被害人及其家属或者其他公民和民事案件中的当事人或其法定代理人提出。申诉可向人民检察院、原审人民法院提出,也可向原审人民法院的上级人民法院提出,且不限于"上一级",可以越级。民事案件的申诉,不向人民检察院提出。

申诉书与上诉书既有相同点,又有区别。它们都是认为原判决或者裁定有错误而要求依法予以纠正的诉讼文书。但两者又有明显的区别:一是对象不同。提出申诉的是对已经发生法律效力的判决或者裁定,包括二审终结的甚至已经执行完毕的判决或者裁定;而上诉只限于尚未发生法律效力的一审判决或者裁定。二是期限不同。申诉不受时间限制;而上诉应在法定期限内提出,如无正当理由耽误期限的,逾期不能上诉。三是接受书状的机关不同。接受申诉的可以是原审法院,也可以是上级法院,还可以向人民检察院提出申诉;而接受上诉的只能是作出第一审判决、裁定的上一级人民法院。四是处理程序不同。接受申诉的机关对申诉案件经过审查,认为原裁判正确的,通知驳回申诉,原裁判确有错误的,按照审判监督程序提起再审;而上诉案件必须由上诉人民法院按照第二审程序进行审理,依法作出终审判决或者裁定。

二、申诉书的结构与内容

申诉书的格式和内容与上诉书基本相同,包括首部、申诉请求和理由、尾部和附项三个部分。

(一)首部

首部写清楚争议当事人(申诉人与被申诉人)的基本情况。个人应写明姓名、性别、年龄、民族(国籍)、用工性质、工作单位、住址、通信地址等;单位应写明名称、单位性质、地址、法定代表人姓名、职务;有委托代理人的,应写明代理人的姓名、工作单位等情况。首部还要写出申诉人对××法院××年×月×日( )字第×号的判决提出申诉。

(二)申诉请求和理由

这部分写清楚请求事项并说明事实和理由。

(三)尾部和附项

(1)尾部首先写明申诉书提送的司法机构名称、提交的副本份数(按被申诉人人数提交)、物证及书证件数;其次写"此致",另起一行空两格写"××人民法院";最后写申诉人姓名及申请时间(年月日)。

(2)附项。附原审判决书一份。

三、申诉书写作应注意的事项

(1)申诉书供各类案件申诉时通用,用碳素黑墨水钢笔、毛笔书写或印刷。

(2)申诉人栏,如是公民,应写清楚姓名、性别、出生年月日、民族、籍贯、职业或工作职务、住址;如是法人或其他组织的,应写明其名称、所在地址、法定代表人。

(3)申诉人如是法人或其他组织,应写明全称,由法定代表人或代表人签字,加盖单位公章。

例文 4

民事申诉书

申诉人：××县人民政府××街道办事处

法定代表人：×××，办事处主任

被申诉人：×××，女，××年×月×日出生，原××县电机厂职工，现住××县××办事处××村××号。

关于被申诉人×××诉××县人民政府××街道办事处劳动争议一案，申诉人××县××街道办不服(2015)××法民申字第01652—1号《民事裁定书》，依据有关法律法规和事实，现提出申诉意见如下：

一、请求事项

1. 依法驳回对原告×××的再申请的诉讼请求。

2. 请求最高人民法院依法撤销(2015)××法民申字第01652—1号《民事裁定书》，依法维护(2015)驻民终字第324号《民事裁定书》。

3. 本案的诉讼费用由原告×××承担。

二、事实与理由

(2015)驻民终字324号《民事裁定书》，即原一、二审认定事实清楚，适用法律正确，应予以维护。由于××省高级法院(2015)××法民申字第01652—1号《民事裁定书》和省高院关于××劳动争议一案的指导函，××县人民法院2015年2月1日又作出了(2015)西民初字第1003号《民事判决书》，判决××办事处按照国家规定为"原告×××申报补办退休手续，缴纳基本养老保险金和医疗保险金"和"补发×××自达到退休年龄时(××年8月)至办理退休手续期间的退休工资"，这些违背事实与法律的判决，必将会引起强大的社会反响，影响和谐稳定的政治大局。我们认为××省高院的裁定有悖于事实和法律，并且不了解基层的情况，作出了偏袒一方的指导意见；另一点，省高院的误区是认为政府工作好做，个体户难缠，才把问题压给了我们基层政府，但他们没有考虑社会效果。处理任何问题，都应依法和依据事实，不能抛开历史和现实。×××的退休和保险问题之所以形成诉讼，一是她与××政府不构成劳动关系；二是因为2015年以前的政策不允许；三是她没参加养老保险范畴，过去劳动和社会保险部门无法给她办理。而原××镇政府，现××街道办事处没有任何责任。理由如下：

(一)××县××街道办事处(原××镇人民政府)与原告×××不构成劳动关系。

首先，×××是电机厂职工，不论是人事关系或是工资关系均在电机厂,并非是在原××县××镇。同时,电机厂是独立的企业法人,根据《中华人民共和国民法通则》的有关规定,应独立承担民事责任。

其次,××县××街道办事处(原××镇政府)是一个行政机关,是一个独立的机关法人,人、财、物都是由政府管理,特别是人员编制,都是根据县委、县政府的文件规定而制订的。不能多一人,也不能少一人,而×××根本就不在镇政府的人员编制内,不属镇政府编制的人员,怎能让镇政府给她办理或补办申报退休手续,并给她补发退休工资和补贴。特别是乡镇机构改革以来,其人员定编定岗,她一不在岗,二不在编,三未与镇政府构成劳动关系,因此政府不能为她办理退休手续和补发工资。办理退休待遇的前置条件必须是用人单位与劳动者形成劳动关系,而×××没有与政府构成劳动关系,政府就无法为她办理退休手续以及补发工资。

(二)原××镇人民政府对被申诉人×××已经承担过相应的民事责任,不等于与其就构成了劳动关系,因此不承担×××的诉讼请求。

×年西劳裁5号《裁决书》、(××)西民初字第112号《民事判决书》、××市中级人民法院(××)驻民终字第259号《民事判决书》判决原××镇政府赔偿×××各项费用共计53067.63元,并终止工伤保险关系。这完全是从民事赔偿的角度对×××伤残的赔偿,这种赔偿并不能说明原镇政府就与×××形成了劳动关系。这种赔偿是说明原镇政府在处理原电缆材料厂的债权债务时应承担的民事责任,而对×××的劳动关系以及劳动保险待遇并不承担责任,更不能说承担了厂里的债权债务就应当承担解决职工养老保险待遇的责任。如这样认为,就是混淆了债权债务和劳动关系以及劳动保险待遇的法律关系。

镇政府为什么当时会承担×××的工伤待遇,实际上镇政府只是承担清算责任,并不是应当承担她的工伤待遇。按照法律规定,企业注销后主管部门应当成立清算组织,清算组织成立后,债权人申报债权(这个债权人也包括被申诉人),被申诉人在规定期限内没有申报债权的视为放弃,镇政府并不承担职工的劳动保险责任,更不能将这种责任转嫁到镇政府身上,应当区别对待。

实际上(××)驻民终字第259号《民事判决书》是一个错误的判决,×××与××县××镇政府没有任何劳动关系,××镇政府不应该赔偿她的伤残损失,×××与××县电机厂构成劳动关系,××县电机厂是一个独立的企业法人,××县电机厂应该承担×××的工伤保险的赔偿责任和为×××办理退休、保险等一切责任。

(三)×××的劳动关系原来在电机厂,后为了照顾其工伤,调到电缆材料厂任会计职务,后又被安排回电机厂,她的劳动关系始终就在电机厂,应由原企业为她办理退休手续。

依据劳部发(1997)285号《劳动部对〈关于因破产、被工商部门吊销营业执照或自行解散的企业拖欠职工工资引发的劳动争议如何确认被诉人的请示〉的复函》,关于被注销的企业电缆材料厂发生劳动争议,××街道办事处(原××镇人民政府)是不能被列为劳动争议被告的。《中华人民共和国国有企业法人登记管理条例》第三十三条规定:"企业法人被吊销《企业法人营业执照》,登记主管机关应当收缴其公章,并将其注销登记的情况告知其开户银行,其债权债务由主管部门或者清算组织负责清理。"最高人民法院《关于贯彻执行中华人民共和国民法通则若干问题的意见》第五十九条规定:"企业法人解散或者被撤销的,应当由其主管机关组织清算小组进行清算。"最高人民法院《关于企业开办的企业被撤销或者歇业后,其民事责任承担问题的批复》(法复〔1994〕4号)中规定,"企业开办的企业被撤销、歇业或者依照《中华人民共和国国有企业法人登记管理条例》第二十二条规定视为歇业后,其债务问题应依据以下不同情况分别处理:企业开办的企业,领取了《企业法人营业执照》并在实际上具备企业法人条件的应当以其经营管理或者所有的财产独立承担民事责任……"××街道办事处(原××镇政府)与×××不构成劳动关系,××镇政府,现在的××街道办事处无法为×××办理退休保险等有关手续,更不承担×××退休、参保等各项责任。

(四)依据法律规定,××街道办事处不能为×××办理退休手续,更不能为其申报参保手续和补缴养老保险金等,××街道办事处不承担因此而产生的一切责任。

×××提出工伤和退休是两码事,我们按照法律法规规定,同样认为工伤赔偿和退休是两码事,是不同的两个概念,依据劳动部《企业职工工伤保险试行办法》(以下简称《办法》),第二十四条"职工因工致残被鉴定为五级至十级的,原则上由企业安排适当工作,并可以享受以下待遇:(一)按伤残等级发给一次性伤残补助工资。其中五级十六个月,六级十四个月……(四)伤残程度被评为五级和六级且企业难以安排工作的,按月发给相当于本人工资百分之七十的伤残抚恤金……"××年7月,××被县×××劳动鉴定委员会鉴定为六级伤残,在企业难以安排工作的情况下,按规定应按月发给相当于本人工资百分之七十的工资至退休年龄,到退休年龄后,方可办理退休手续。在处理此项劳动争议时,××县劳动争议仲裁委员会应用了《办法》第二十七条"领取伤残抚恤金的职工和因工伤死亡职工遗属,本人自愿一次性领取待遇的,可以一次性计发有关待遇并终止工伤保险关系,具体计发办法由各省、自治区、直辖市劳动行政部门规定"。××县劳动争议仲裁委员会依据上述规定和《办法》第五十八条和××劳险(1997)2号第三条第五款第一项之规定,按12年6个月一次性计发领取伤残抚恤金的标准裁决后,并得到驻市中级人民法院的终审判决。×××于××年8月1日自愿从××镇领取了53067.00元的一次性伤残抚恤金和假肢安装费,并终止了用工保险关系。

在×××办理退休及保险的问题上,×××犯了一个逻辑性的错误,就是一味地追查××镇的责任,而不是积极地按劳动人事保障的政策渠道去努力,直到今天,仍然是要求××镇去为她申报各项手续、补偿费用、补发费用和补贴,甚至她已经核算过,什么时间发多少钱。无论什么情况,她没有办理退休,怎么去核算退休费,补发从××年×月到××年×月的退休金,补发基本养老保险和调整数额。

(五)西人劳(2015)27号文件,《关于××办事处原电机厂职工×××、×××等要求加入社保的调查处理报告》已明确提出三点调查处理意见:(略)

(六)×××在××县电缆材料厂××年注销抵债后,间隔时间多年,不积极到劳动部门申请办理退休手续,而是一味去追查××街道办事处的责任。因此,耽误了她办退休手续的时间,再一点,×××因未参加社会保险统筹,过去有关文件未出台,依据国发(××)8号、××政(××)50号等文件规定,无法办理各项保险关系,目前,省、市有了新的文件规定,她的问题,应由社会劳动部门按文件规定的政策执行办理。

综上所述,××街道办事处与×××不构成劳动关系,更不能为×××去申报退休手续,补发退休费和补贴,更无法为×××申报社会养老保险手续,不承担申报参保手续并清偿欠缴的社会保险费用,更不存在基本医疗费、基本养老保险费的缴费比例等问题,因此,××街道办事处不承担×××申请再申诉请求的各项责任。请贵院查明事实,依法撤销(2015)××法民申字第01652—1号《民事裁定书》,维护(2015)驻民三终字第324号《民事裁定书》。驳回×××的诉讼请求,本案的诉讼费用由被申诉人承担,以维护我办事处的权益不受侵犯和维护法律的尊严。

此致
中华人民共和国最高人民法院

申诉人:×省××县人民政府××街道办事处
二〇一五年×月×日

【简评】 这是一则民事申诉书,符合申诉书的格式规范,抓住认定的事实和诉讼程序、适用法律方面的不足,提起申诉,表述全面具体,语言流畅。

单元思考与练习

一、填空题

1. 法律文书的作用是_____、_____、_____、_____、_____。
2. 起诉书是指_____经侦查或审查确认被告人的行为构成犯罪,依法应当交付审判,而向_____提起公诉的文书。因为它是以_____的身份提出的,所以也叫公诉书。根据_____规定,凡需要提起公诉的案件,一律由_____审查决定。
3. _____是指当事人对一审法院的判决书或裁定不服时,在拿到判决书的一定期限(民事案件是15天,刑事案件是10天)内,即判决生效前,向_____递交说明情况并提出上诉,要求_____对案件进行二审审理的法律文书。
4. 答辩状分_____、_____、_____答辩状三种。
5. 申诉可向_____、_____提出,也可向原审人民法院的_____提出,且不限于"上一级",可以越级。_____的申诉,不向人民检察院提出。

二、简答题

1. 什么是法律文书?法律文书有哪些特点?
2. 起诉书的理由应阐明哪些内容?
3. 上诉书在写作时应注意哪些事项?
4. 申诉书与上诉书的异同点有哪些?

三、案例分析题

材料:某市郊区有东西走向的一条道路,宽6.2英尺,路北侧有一正在维修的建筑,其中有一脚手架钢管向路南面伸出0.5米,横亘于路北侧距地面高约1.5公尺处。某天夜晚,李某酒后骑车自西向东经过此地,由于天黑,路灯毁坏较多,能见度低,不幸撞在伸出的钢管上,造成颅骨骨折,严重脑震荡,入院治疗花费2000元。李某于2014年1月向人民法院起诉,要求施工单位赔偿医疗费2000元和误工费800元。

请以被告施工单位委托代理人的身份,根据上述案情写一份民事答辩状。

第七章 传播文书

第一节 传播文书概述

一、传播文书的概念与作用

传播是指为扩大政府、单位、人物、商品或某一事件的影响,向公众进行有目的的宣传的各种方式和手段的总和。而传播文书就是有目的地将特定信息传播、散布给大众的专用文体。传播文书服务于日常信息的传播活动,通常包括大众传媒所采用的文书,以及社会组织、个人经由大众传媒和公众渠道传播相关信息所采用的文书。大众传媒主要是指报刊、广播、电视、网络、通讯社、出版社、邮政等传播媒体,公众渠道则包括公共场所、大众集会、公共交通等途径。

传播以各种宣传手段和信息传递方式为媒介,对于信息发布者来说,其目的是使公众知晓自己及所发布的信息并给公众留下深刻的印象;对于公众来说,是获取有用信息的重要来源;对于媒介来说,是获取信息传播费用的商业行为。

二、传播文书的特点与分类

(一)传播文书的特点

1. 真实性

传播文书是以传播信息为主要目的,它不等同于文学创作,必须客观地反映存在的现实。虽然有时为了达到某种宣传效果而采取一定的传播手段和传播策略,但是传播的信息本身必须是真实可信的。

2. 公开性

传播文书的主要功能就是将特定消息传播、散布给大众,为了达到预定的宣传目的,传播范围越广越好。所以,传播的内容是公开的,是大众所共享的,知道的人越多,传播效果越明显。

3. 可读性

为了扩大传播文书的传播范围,增强宣传效果,传播文书在表述上往往采用文学表现手法,使其传播内容具有很强的可读性,以此来引起读者的关注或感情上的共鸣。如有些通讯人物形象鲜明,事情发展曲折起伏,叙述中充满感情色彩;一些广告灵活运用对偶、比喻等各种表现手法,一下子就吸引了读者的注意,如日本丰田汽车的广告"车到山前必有路,有路必有丰田车",德芙巧克力的广告"牛奶香浓,丝般感受"等。

(二)传播文书的分类

传播文书种类繁多,如新闻、通讯、广告、启事、海报、演讲稿、解说词等,也包括简报和快报。本章主要介绍新闻、通讯、演讲稿、解说词这四类常用的传播文书。

第二节　新闻(消息)

一、新闻的概念与作用

(一)新闻的概念

新闻是对新近已经发生和正在发生,或者早已发生却是最近发现的有价值的事实进行的报道。

"新近发生"是一个很容易理解的话语,新闻的"新"主要就体现在这里。我们又把新近发生区分为"已经发生"和"正在发生"两种情况,前者是已经结束了的事件,后者是正在发展变动、尚未出现结局的事件。当下的新闻由于传输设备的现代化,报道速度越来越快,正在发生的事件尚未出现结局就已经被报道出来。对一个事件连续追踪报道,甚至干脆进行实况转播,让报道和事件的发生发展同时进行,已经是新闻界常常采用的手段。据此,我们在定义中补充了"正在发生"的话语。

还有必要解释一下"早已发生却是最近发现的"这一话语。现代新闻报道的对象未必都是新近发生的事件。有些早已发生的事件,由于这样那样的原因在当时不为人们所知,虽已时过境迁,但发现它的时候,它仍然有很强的报道价值,这样的事件仍然可以被作为新闻报道出来。例如,二战期间日本海军总司令山本五十六的座机被美军击落,一些详情细节直到20世纪80年代才被报刊披露。2000年美国总统竞选,副总统戈尔正努力角逐民主党总统提名时,美国报刊突然披露"戈尔年轻时嗜大麻",把几十年前的往事抖搂出来。这些事件差不多算是"旧闻"了,但由于是刚刚发现的,仍能给人以新鲜感,所以新闻报道也少不了这样的类型。

(二)新闻的作用

1. 传播信息

人们看新闻,首要目的就是获取有效的信息,了解客观世界的变化。如果一则新闻,不能提供受众需要的信息,就没有存在的价值。新闻的基本功能是告知,它帮助受众清除或减少对外部世界认识的不确定性。新闻是一种具有新闻价值的社会信息,能沟通人际关系,使上情下达、下情上达、内外交流、横向沟通,把个人与国家乃至整个世界连接起来。

2. 进行宣传

新闻可以发挥、承担的宣传功能是多方面的,而且会对社会产生巨大的影响。新闻要阐述国家发展的目标和社会理想,从而力图把整个民族的力量聚集在一起,实现共同的目标和理想;新闻要不断分析政治、经济形势,解释国家的重大方针政策,实行舆论导向,保证政令通畅,把人民群众的注意力集中到国家的发展上;新闻要惩恶扬善,扶正祛邪,维护主流的价值系统,保证正常的社会秩序。新闻强大的宣传作用是通过反映、影响、引导社会舆论来实施的,通过社会舆论获取力量,又通过宣传来形成新的社会舆论,从而影响、控制人们的思想和行为。

3. 舆论监督

政治学上有一条铁律,没有监督的权力必然是腐败的权力。监督有很多种,如行政监督、司法监督、党的纪律监督,但是新闻舆论的监督,会对违法乱纪行为和腐败分子产生强大的威慑力。中国的新闻舆论是党和人民的耳目喉舌,代表国家的利益来实施舆论监督。新闻舆论监督的范围是广泛的:它可以监督法律条文的制定和政府重大决策是否符合法定秩序;可以监督国家法令和政府纲领的执行、实施;可以监督国家工作人员遵纪守法、勤政廉政;可以监督市场运行的公开、公正、公平等。很多新闻节目通过强大的舆论监督功能来惩恶扬善、扶正祛邪,深受观众的喜爱,如《焦点访谈》《新闻调查》等。

4. 提供知识与娱乐

新闻提供的知识是与人们的生活、生产、工作有密切关系的,以及科学技术上的新发现、新创造,社会科学的新探索、新观点、新材料,能开阔人们的视野,让人们不断了解社会科学文化的发展。新闻还传播许多奇闻逸事、各地风土人情、娱乐节目等趣味性内容,让人们在紧张工作后得到高尚情趣的享受,培养提高人们的欣赏兴趣和水平,满足人们正当的好奇心理,丰富人们的业余生活。

二、新闻的特点与分类

(一)新闻的特点

1. 真实性

客观真实是新闻的灵魂和生命,新闻报道要求绝对真实,不允许夸张和虚构,这是新闻工作的根本原则。新闻记录的是前进中的历史,其真实性对现时和后世的人都是极其重要的。真实是人们正确了解社会、认识问题的基础。

2. 时效性

时效性是新闻的生命力之所在。具体地说,时效性包括"新"和"快"二字。所谓的"新",就是新鲜、新颖、新生。新闻离开了"新",便成为明日黄花,就不能称为新闻,而只是旧闻了。新闻的这一特性决定了新闻要反应迅速,及时报道新近发生或发现的事物,向读者提供多方面新鲜的信息。值得注意的是,报道新闻要在真实、确凿和不泄密的基础上求快,即要注意掌握新闻报道的时效性。

3. 指导性

新闻的指导性就是指新闻通过报道新近发生的事实来宣传一定的观点,影响受众的思想,把受众引导到既定目标上。对我国的新闻业来说,新闻的指导性就是新闻工作者运用马克思主义的立场、观点、方法,用党的方针、政策来影响、指导受众的思想和行动,歌颂正义,鞭挞丑恶,帮助受众明白形势,明辨是非,成为社会进步和健康的引导者。

4. 可读性

可读性指的是新闻写作要直截了当、简单明了、通俗易懂,尽量使用短句,避免用生造、生硬、生僻的词语,要做到妙趣横生,能激起人们的阅读兴趣。增强新闻的可读性,要在标题制作、导语写作、叙事方法、描写技巧、选词炼句、篇章结构等方面下功夫。

(二)新闻的分类

按照不同的标准,新闻一般可分为以下几大类:

按事实发生状态分为:突发性新闻、持续性新闻、周期性新闻。

按事实发生与报道的时间差距分为：事件性新闻与非事件性新闻。

按新闻发生的地区与影响范围分为：国际性新闻、全国性新闻、地方性新闻。

按新闻事实的材料组合分为：典型新闻、综合新闻、系列新闻。

按传播渠道与信息载体分为：文字新闻、图片新闻、电声新闻、音像新闻。

按反映社会生活的内容分为：政治新闻、经济新闻、法律新闻、军事新闻、科技新闻、文教新闻、体育新闻、社会新闻等。

三、新闻的结构与内容

新闻，从狭义上理解，也称为消息。消息是以简要的文字迅速报道新闻事实的一种体裁。消息在新闻中数量最大，受众最多，也是最广泛最常用的体裁。这里主要介绍消息写作的基本知识。

消息的结构包含两个方面的内容：一是指消息的结构形式，即写作者对已过滤的新闻材料进行总体性安排或布局的方式。二是指消息的构成要素，即一篇消息稿内容上的构成要素。

（一）消息的结构形式

消息的结构形式，目前采用最多的是倒金字塔式结构。

倒金字塔式结构是指头重脚轻地安排组织材料，把新闻的高潮和结论放在最前面，然后以事实重要性递减的顺序来安排，从大到小，突出最重要、最新鲜的事实。

这种结构最大的优点在于：一来便于阅读。消息开门见山，重要的事实摆在最前头，即使工作很繁忙的读者，刚一接触消息就能掌握其主要事实。没有时间或没有兴趣可以不再看下去，不会造成新闻漏看，有时间或有兴趣可以接着往下看。二来便于写稿。新闻要求"快"，记者可以根据新闻事件中多种事实的重要性排列次序，很快组织材料，设计成篇，争分夺秒地发出报道。三来便于编辑。采用倒金字塔结构形式的消息，编辑删减起来十分容易，编辑拿到稿件，不必细读全文，就能掌握新闻内容，如果因版面所限需要压缩，可以从消息的末端开始删减，虽大刀阔斧也不会伤筋动骨，即使只保留第一段内容，也仍是一则可读的消息。

（二）消息的构成要素

消息一般由标题、导语、主体、结尾几部分组成。

1. 标题

标题是消息的"眼睛"，是吸引读者、引导读者的重要手段。

按照形式区分，标题常用的有主题、引题、副题等几种形式。主题，又称为主标题，常用于概括消息中最主要的事实和观点，文字十分简洁。引题，又称眉题、肩题，用于多行题中，置于主题之前，常用于交代背景、说明原因、烘托气氛、揭示意义。副题，用于多行题中，位于主体之后，常用于补充交代新闻中的次重要事实，弥补主标题的不足。

按照内容区分,标题可分为实标题和虚标题。实标题重在叙事,着重具体表现新闻事实中的人物、事件、地点等要素;虚标题重在说理、抒情,着重揭示新闻事实中所蕴含的道理、思想、原则。消息标题一般以实为主,以虚为辅。

消息标题按结构可分为单一型和复合型两类。

(1)单一型标题,一般为单行标题,也有作两行的。不管是单行题还是双行题,都应是实标题。例如:

例1:吻蛇被咬　女游客获赔2.2万

例2:"南海Ⅰ号"出土文物14000余件套

例3:"鲇鱼"今登陆粤东——广州塔或闭塔避风

以上三例,前两例是单行题,例3是双行题,都属于单一型标题,其内容都是写实的。

(2)复合型标题,由引题+主题,或主题+副题,或引题+主题+副题构成,至少必须有一个实标题。例如:

例1:工会热心肠　人走茶不凉　（主题　虚标题）
　　　锦屏化工厂安排好退休工人的晚年生活　（副题　实标题）

例2:我国航天技术又一新成就　（引题　虚标题）
　　　试验通讯卫星发射成功　（主题　实标题）

例3:知否？知否？应是贱"肥"贵"瘦"　（引题　虚标题）
　　　爱吃瘦肉者,请您多付钱　（主题　实标题）
　　　本省十几个县市调整猪肉各品种之间的差价(副题　实标题)

撰写消息标题,应力求做到:内容新颖,形式醒目。具体采用哪一种标题形式,需要写作者根据消息的内容和报道的需要来设计。

2. 导语

导语是消息的开头部分。一般指开头部分的头一句或几句话,或第一个自然段。它用最简明、生动的文字,把消息中最重要、最新鲜、最吸引人的事实及其意义展示在开头部分,以吸引读者的注意。消息导语是消息这一新闻体裁特有的概念,是消息区别于其他文体的重要特征。常见的导语形式有四种:

(1)叙述式。即直接叙述新闻事实的导语。其特点是概括性强,突出消息的主要内容。它是导语中最主要的类型。例如:

集歌舞、娱乐、健身功能为一体的鞍山"皇家不夜城"开业不到7天,即被责令关闭,目前仍在停业中。鞍山市委、市政府对此的解释是:它位于鞍山烈士纪念馆一侧,"不能够容忍在烈士头上跳舞"。

这条导语,直接叙述了消息的事实,引述了市委、市政府的解释,引人思考。这样就不仅叙述了事实,而且起到了引人注意的作用。

2000年4月22日上午10时,广西华盛拍卖公司受南宁地区中级法院的委托,对广西巨贪李军良(原南宁地区公安局副局长,交警支队队长)的三处豪华住宅和南宁市商业中心地带的两个黄金铺面进行公开拍卖。

这条导语将时间、地点、人物、背景交代得很清楚,而且人物背景的叙述使受众想更进一步了解事情原委。

叙述式导语适于写动态消息,可开门见山地把最重要、最新鲜的主要事实突出出来,给读者以深刻印象,或引发其兴趣。

(2)描写式。消息一般不像文学作品那样进行细致的描写,但若抓住某个事件或人物有意义的特征作简单描写,也是写导语的一种好方法。它可以用三言两语勾勒出报道对象的形象或报道事件的特定背景,既形象又传神,且具有现场感。例如:

听说上海一东一西镶有两块玉,西边是块"汉白玉",即波光粼粼的淀山湖;东边是块"祖母绿",那就是满园覆翠的森林公园……

这条导语像是在高空俯瞰要报道的对象,抓住了它们的主要特征。使用描写式导语需要注意的是,消息是新闻事实的简要报道,其描写不能精雕细刻,要注意把握尺度。

(3)评议式。即在叙述后引入议论,或是从议论事实入手,或是叙议结合,采用这些形式的导语,都属于评议式导语。评议式导语表明了写作者的态度和对报道对象的看法,对读者具有导向性作用。例如:

新中国成立以来长江上游的最大洪峰,今天凌晨顺利通过葛洲坝水利工程,我国这座最大的水利工程成功地经受了考验。

这条导语的最后一句议论,点明了报道的目的。

(4)提问式。就是根据消息的主要内容归纳出一个警醒、引人瞩目的问题,以提问的方式推出,然后加以解释、解答、解说,形成消息的提问式导语。例如:

据哈尔滨市石油公司反映:目前全市有私人轻便摩托车5300多辆,而上半年,到石油公司来买石油的还不到70户。那么,天天在街上跑的5000多辆"轻骑"都烧谁的油呢?

这条导语提问得好,能引发读者思考。需要注意的是,提问式导语需要写作者在消息中准确地分析出实质性问题,问题要突出消息主题,针对性强。在典型消息和评述性消息中常采用这种导语方式。

导语还有其他形式,如背景式、引述式、数字式等。归根结底,决定导语形式的是其内容和报道目的。导语在消息中起引导读者阅读的作用,如何准确报道新闻事实,以吸引读者,是写好导语的关键。

3. 主体

主体是导语的展开或续写部分,也是消息的主干部分。虽然导语已经包含并突出了最重要的新闻事实,但对整个新闻事实的全部内容表现得还不是很充分。因此,主体承接导语对新闻事实作进一步报道,以满足读者对事实进一步了解的需要。主体写作时,要注意以下几个方面:

(1)要注意变换角度,不要重复导语。写作时,要处理好主体与导语的关系,要围绕主题,通过不断变换角度将导语中涉及的事实深化、具体化,而不是简单地重复导语。

(2)材料要具体、内容要充实。需要写作者深入采访,尽可能掌握大量丰富的素材,写起稿来才有可能具体、充实。

(3)行文要有波澜起伏。掌握大量的素材后,要精心选择、巧妙构思,行文要有波澜起伏,文字表达要有灵活的变化,切忌罗列事实,让读者读起来索然无味。

(4)事实要紧扣主题。消息的主体必须围绕一个主题来展开,尽量做到集中、明确,不要把无关的事实塞进主体。这样,主体才能层层深入地揭示主题。

(5)层次要分明。主体由诸多事实组成,事实与事实之间的衔接要自然,层次要清楚,防止出现紊乱、缺乏逻辑性等问题。

4. 结尾

消息的结尾,可以是最后一段,也可以是消息的结束句而不另起一段。常见的几种结尾写法有:

(1)自然收束法。大多数新闻采用这种方法,尤其是倒金字塔式消息,故又被称为"倒金字塔式结尾法"。当材料已按照重要程度的递减顺序安排完毕,或者是当必要的新闻内容、新闻要素、事件过程交代完毕,全文已具有水到渠成之势时,就可以自然结束,不必另作段落结尾。

(2)卒章见义法。在结尾处,用画龙点睛式的语言,一语中的地点明新闻事实的本质或问题的实质,或总结全篇,或提示读者,让新闻主体更加明朗、突出,甚至得以升华。

(3)别开生面法。写法上显得比较灵活,往往在结尾处另辟蹊径,与主要新闻事实相映成趣,从另一角度对主体加以表现或深化。

(4)展示预告法。新闻事实是在不断变化发展之中的,现有的事实可能蕴含了今后的发展趋势。同时当报道某一事件的现状时,要让读者还有兴趣知道下一步发展;或启发读者的思路,让人看到前景,增添信心;或预告事件动态,让人对此作出进一步关注。

(5)拾遗补缺法。这种结尾往往补充新闻导语和主体部分未提及的新闻要素,使新闻报道完整、圆满;或者补充有关的背景材料,使新闻报道的内容更加充实、可信。

四、新闻写作应注意的事项

1. 要用事实说话

事实构成新闻的主要内容,用事实说话是新闻写作的基本方法和要求。事实指的是新闻事实和背景事实;说话指的是隐含在事实中的意见、观念,即指导性、导向性。文学写作依靠的是虚构,评论写作依靠的是论理,而新闻写作依靠的是事实。新闻的特殊价值,就在于它能通过报道客观存在的事实,以体现某个道理、观点、思想,从而感染、影响、教育受众。新闻的作用和威力全在事实中。受众喜爱新闻,是因为新闻事实中有他们需要知道的信息和值得信服的道理及思想观点。

2. 要出新求快

新闻这种文体区别于其他文章体裁的显著特点之一是它对现实的反映必须迅速,要及时报道新近发生的事实,向受众传播最新的信息。要求写作者对新闻具有敏感性,能认识事物的客观规律,发现事物变化之中的新特点、新个性、新矛盾,即发现事物所显现的新闻价值,尽可能挖掘身边的信息。写作要出新求快,但也不能只顾"快",还要考虑"适宜性",即新闻报道要讲究时机,恰到好处,符合时宜。如一部分政治性、政策性很强,意义重大的新闻就要选准发稿时机,适时而发。

3. 要篇章简短

简明扼要、短小精悍,是新闻写作的基本要求之一。这样要求的原因在于:可以突出重点内容,避免材料堆砌;有利于在报纸有限的版面和广播、电视有限的时间里刊登、播放更多的新闻,增加信息量;短,在某种意义上说也有利于"快",增加新闻的时效性;可以节省受众的时间,让受众用最少的时间了解尽量多的信息。

例文 1

看个"咳嗽"要掏 1065 元

7日,武昌杨先生带着2岁的女儿到市儿童医院看病,没想到看个"咳嗽"就要花1000多元。因此,他于昨日投诉到本报新闻110。

据称,杨先生被导医引到专治哮喘的陈教授诊室,陈问了几句,让他先带女儿去验血,发现孩子对常见的31种物质的过敏反应均呈阳性。

陈教授根据孩子患过湿疹,判定孩子是过敏性体质,便在病历和处方单上分别开了处方。杨先生见药开得很多,病历上字又看不懂,便问孩子得的什么病,陈教授说:"按我开的药吃就行了。"

一划价,药费加治疗费765元,加上验血费300元,共1065元!有医务人员小声提醒杨先生:"你的药开多了。"杨先生返回诊室问陈教授,陈教授称这是一个疗程的药。

杨先生回家后发现,一种叫"贝亚宁"的药上写着:过敏性体质慎用。杨不解:既然孩子是过敏性体质,为什么还要给孩子开这种药呢?细看病历又意外发现:陈教授开给药房的处方里写的是"贝亚宁6盒、臣功华芬愈美颗3盒、力欣奇4盒……"而病历上没有"贝亚宁"和"臣功华芬愈美颗"这两味药,"力欣奇"也只写有2盒。再深入解读药品说明书:6盒"贝亚宁"可用5个半月!

　　面对杨先生的质疑,陈教授昨日解释:"贝亚宁"是一种免疫调节剂,虽然是"过敏性体质慎用",但她是在给孩子开了脱敏药的前提下开出这种药的。至于为何病历上处方药品数量比购药处方单上少,陈的原话是:为患者家长的经济承受能力作考虑。

　　该院负责人就此表示:陈教授的行为肯定是有差错的,院方会根据院内质量管理条例对其进行处理。

　　最后,应杨先生要求,院方将杨手上价值210元的"贝亚宁"退掉。

(原载《武汉晚报》2002年8月10日)

【简评】　这则消息获得第十三届"中国新闻奖"消息类一等奖。首先,这则消息选题关注民生、关注社会热点,针对性强。记者从一个普通患者的经历入手,将"大处方"背后的"医药回扣"黑幕公之于众,揭示了卫生体制改革中的一个关键问题。其次,用事实说话。在事实叙述过程中,通过当事人的反映来贬褒是非,借他人之口来作定论,具有很强的说服力,也增强了新闻的价值。再次,这则消息的标题活用动词,表示出惊奇和诧异,对受众具有强烈的吸引力,成功地制造了悬念,令受众看题后迫不及待地想看下文。

例文2

沙市奶农见识市场残酷

5万公斤鲜牛奶倒进农田

谁来助农走"有效供给"之路

　　沙市区城郊奶农见识了市场的残酷。由于少人收购,他们不得不将5万多公斤鲜奶倒进农田。

　　25日,记者接到沙市窑湾农场奶农打来的求助电话,反映他们养的奶牛每天产奶1000多公斤,由于少人收购,一半牛奶只能倒进农田作肥料。

　　记者赶到现场,空气中弥漫着一股刺鼻的酸腐味,奶农们正把一桶桶豆腐脑似的变质牛奶倒进田里,一位满脸愁容的奶农告诉记者,鲜奶仅能保存3天,由于收购的人少,3个月来他们已倒掉5万多公斤,实在可惜。为减少损失,他们只好克扣奶牛的"口粮",许多牛饿得皮包骨头。

　　窑湾奶农是去年9月开始养奶牛的。当时,牛奶市场价格高达每公斤2

元,还供不应求。附近的一家乳品企业也鼓励他们多养奶牛,并口头承诺收购。他们引进黑白花和俄罗斯奶牛,每头单价高达1万多元,加上饲料、人工和冰柜等配套设备,大户投入10多万元,小户也投了二三万元。他们非常后悔当初没和那家乳品公司签订购销合同。

当时鼓励农民养牛的力能达公司也有苦衷。经理助理杨妙林告诉记者,去年市场行情十分看好,他们就鼓励农民多养奶牛,一来农民可以增加收入,二来也可多给公司提供鲜奶原料。但今年以来,大量私人作坊生产的假冒伪劣奶制品涌入市场,加上向周边学生供奶的计划搁浅,市场对鲜奶的需求大幅下降,他们也无法兑现当初的承诺。

奶农们说,他们曾推车沿街叫卖,但收效甚微。也曾想过组织人员将牛奶送到武汉、宜昌等地,可租一辆冷冻罐装车来回成本至少要3000元,实在难以承受。按现在的情形,今年至少还得倒掉10万公斤牛奶。

采访中,不少干部和奶农表达了同样的担忧:加入WTO,市场变化系数更多,农产品竞争更加激烈。如何帮助农民走"有效供给"之路,是当前亟待破解的难题。

(原载《湖北日报》2002年4月26日)

【简评】 这则消息简洁明了,很具思想性。导语开门见山,将所要表达的重要事实和盘托出。标题采取多行题形式,引题揭示消息背景,主题讲述新闻事实,副题提出问题,准确全面地概括了新闻主题。消息主体内容恪守客观性原则,用了大量事实,通过对倾倒牛奶场面的描写,同时叙述当事人的看法,真实反映了这一事件的全貌。从新闻价值上说,这则消息很符合当时的农业政策和农业发展状况,而且结合当时中国加入WTO不久的背景,选题很具时代性、代表性和典型性。

第三节　通　讯

一、通讯的概念和作用

通讯,是指运用叙述、描写、抒情、议论等多种手法,具体、生动、形象地反映新闻人物或新闻事件的一种新闻报道形式。通常情况下,它比消息的篇幅要大,反映重大题材的长篇通讯甚至可以整版刊发,或者进行系列性、连续性报道。通讯是记叙文的一种,它和消息一样,是报纸、广播电台、通讯社常用的文体。

有了消息,为什么还要有通讯呢?一个重要原因是:消息和通讯有不同的功能,各自满足着读者的不同阅读需求,是不能相互替代的。通讯的作用主要有以下几点:

(一)为读者提供更多的新闻细节

按说,有了消息,新闻受众就可以即使不出门,也知天下事了。消息把国内国外、各行各业有价值的新闻都作了报道,保证了新闻的全面性。可是,读者不会因此而满足,对于他们特别关心或感兴趣的新闻,他们总是想知道得更详细。

举例说,中国女排首次夺得世界冠军之后,中国出现了"女排热",女排的国际比赛成了人们关注的焦点。如果报道一场女排的重要国际比赛,只用消息的形式,说什么时间在什么地方,中国女排战胜了××国家女排,比分是多少。有些读者关心的东西则没有报道出来:双方派出了什么样的主力阵容?比赛过程是一边倒还是有起伏波澜?教练在关键的时候采取了哪些措施?××球星的表现如何?比赛中有哪些扣人心弦的场面发生?观众有哪些反映?……对于这些方面,消息即使有所涉及也多是语焉不详。为此,我国各个媒体在报道关键性比赛的时候,在刊发消息的同时还要刊发相应的通讯,以满足读者了解详情的需要。

(二)使新闻具有感染心灵的艺术品格

新闻固然主要靠新闻事实本身的魅力征服读者,写作者采取的形式是第二位的。但是我们不能忽视形式的重要作用,有的时候,形式甚至就是内容。一个新闻事实,采用消息的形式给读者这样一种印象,采用通讯的形式就可能给读者那样一种印象。

通讯和消息的本质区别在于消息是概括的实用性的反映,而通讯则是详细的在实用的基础上还有些审美化的反映。通讯是有文学性的,文学性一方面表现在形象性方面,另一方面表现在情感性方面。有了一定的文学性,形象感强了,感染力强了,阅读的效果就大不一样。就某些题材而言,具有艺术品格的通讯要比消息更感人。例如,穆青等人的著名人物通讯《为了周总理的嘱托》,所报道的吴吉昌事迹如果用消息的形式加以报道,肯定没有这篇通讯魅力大。

(三)在消息不能有所作为的地方发挥作用

有些有价值的新闻题材,不适合写成消息。因为消息是以新闻事件为基本内容的,而有些新闻是非事件性新闻。例如,一个平平常常的劳动者,在平平常常的一天之中度过,这其中有没有新闻呢?按过去的眼光来看,没有新闻,可是在现代记者的眼中,它很可能是有价值的新闻。如全国各大媒体都刊登或热播的"记者走基层"节目,讲述老百姓自己的故事,受到观众的一致好评。那些出现在其中的普通百姓的普通生活,如果用消息的形式去报道,很可能无话可说——除琐琐碎碎的细节之外,并没有什么能够惊动世人的"新闻事件"。可是用通讯的形式写出来,就可以是十分动人的。有一些记者把眼光盯向普通人的生活,有的还整天跟随扫马路的清洁工、变电站的巡线员、出租车司机等,跟他们一起劳动一起生活,感受他们的生活艰辛和喜怒哀乐,然后写成通讯发表。这样的新闻有时更为感人。

二、通讯的特点与分类

(一)通讯的特点

1. 新闻性

通讯作为报刊、电台等媒体常见的新闻报道形式,新闻性是其最基本的特征。首先,通讯的内容要完全真实,不允许虚构或"合理想象"。通讯的内容只有真实,才能取信于民,才能谈得上发挥它应有的作用。违反真实原则,通讯不仅失去存在的价值,而且和新闻一样,还会产生恶劣影响。其次,通讯虽不及消息快速敏捷,有时为将人物、事件报道细致完整需要时间较长,但也必须及时。最后,通讯的报道对象应该具有必需的思想性和典型意义。

2. 生动性

各种文字体裁,都各有其相适应的、为内容服务的表现方法。消息在表达上主要是平面的叙述,语言追求简洁、明快、准确;而通讯的表现方法灵活多样,不拘一格,可以叙述、描写、抒情、议论,也可以用比喻、象征、拟人等修辞。因此通讯在语言和表达方法上都具有一定的文学性,它在报道真实的人和事的过程中,善于再现情景,平添许多生动和形象,给人以立体感、现场感。此外,通讯虽然一般以第三人称叙述为主,但在"见闻""采访记"一类的通讯中,也采用第一人称。不过其中的"我"主要起见证人或采访线索的作用。在效果上第一人称的使用,也增加了一些亲切感。

3. 完整性

通讯须相对完整、具体地报道人物或事件的过程。消息侧重于写事,叙述简明扼要,一般不展开情节。通讯可写人物也可写事件,其材料比消息丰富、全面,其容量比消息厚实、充足。通讯要求详尽、具体地报告事件的经过、演绎人物的命运,充分展开情节,甚至描写细节和场面。这些既是生动性的表现,也是内容完整性、具体化的要求。

4. 评论性

通讯可运用夹叙夹议的方法对人或事作出直接的评论。消息是以事实说话,除了述评消息,一般不允许写作者直接发表议论。通讯则在报道人物或事件的同时,表露记者的感情与倾向。然而通讯的评论不同于议论性文体的论证,它须时时紧扣人物或事件,依傍事实作适时的、恰到好处的评价点拨。因此这是一种通过描写、叙述、抒情等表达手段进行的议论,它的特点是以情感人,理在情中。

(二)通讯的分类

按照不同的标准,通讯可分为不同种类:

(1)按报道对象的不同,通讯可分为人物通讯、事件通讯、风貌通讯、工作通讯。
(2)按表现形式的不同,通讯可分为一般记事通讯、新闻特写、专访、侧记、巡礼、速写、小故事、集纳式通讯、采访札记等样式。

这里,简要介绍一下人物通讯、事件通讯、风貌通讯、工作通讯。

人物通讯:人物通讯是一种真实、及时地报道特定人物,展示其行为及精神境界的通讯体裁。人物通讯并非仅仅是"名人通讯",报道对象的选择取决于其蕴含的新闻价值,一般来说,人物必须具有先进性或典型性。可以集中笔墨通篇只报道一个典型人物,也可以在同一篇中同时报道几个典型人物,也可截取片断着重写人物的某个侧面或阶段。人物通讯在我国报刊、广播中经常出现,是使用频率最高的一种通讯体裁。许多优秀的人物通讯,在人民群众中产生了广泛而深远的影响,通讯所报道的主人公,成为人们学习的楷模、做人的榜样。人物通讯的这种传播效果和巨大力量,是其他通讯文体难以匹敌的。

事件通讯:事件通讯是以报道典型的、富有意义的新闻事件为内容的通讯样式,是报纸、广播中常见的一种通讯体裁。事件通讯和事件新闻一样,报道的对象、范围极为广阔,大到国际、国内的重大政治、军事事件,小到日常生活中一件极为寻常的小事,只要有新闻价值,都可予以报道。事件通讯时效性较强,它围绕中心事件选材,虽不着力刻画人物,但往往通过典型事件表现一群人或一个集体。所以它通过较为详尽地展示事件的完整过程,挖掘其意义,揭示其本质,进而反映社会风尚,弘扬时代精神。

工作通讯:工作通讯就是反映贯彻执行党的路线、方针、政策中的成绩,总结实际工作中的经验和教训,或者探讨有争议的亟待解决的问题的通讯。它能够深入细致地报道我国社会主义建设中出现的新经验、新情况、新成绩,形象生动地揭示工作中出现的新问题,客观全面地探讨解决问题的办法,直接推动各项工作的开展,在实际工作中起着重要作用。

风貌通讯:亦被称为概貌通讯、旅途通讯,是以报道某地社会新貌、风土人情为内容的通讯样式。风貌通讯与我国古代的旅游文学一脉相承,是运用旅游文学的笔法与取材视角写成的新闻报道,是旅游文学与新闻的结合体。当然,风貌通讯不是纯照相式地录下一些场景,它还可回顾过去,展望未来,既可叙述某一地方的经济文化现状,也可说一些地方的风土人情、民间传说等,在给人以教益的同时,又获得一种艺术美的享受。

三、通讯的结构与内容

通讯一般由标题、开头、主体和结尾组成。

(一)标题

题好一半文。陆机《文赋》说:"立片言而居要,乃一篇之警策。"通讯的标题就是"片言"之一。所以,又有标题是通讯的眼睛一说。

通讯的标题从形式上看与消息的标题有所区别,消息标题有单行式和多行式,而通讯的标题多数为单行式,有的有副标题,也只是交代报道的对象和新闻的来源。消息的标题要直接揭示新闻事实,而通讯的标题既可以直接揭示新闻事实,也可以曲笔达意。如果说消息的标题要求直、露、透,那么通讯的标题则讲究寓意、美感、形象,有意境,有艺术效果。例如:

领导干部的楷模——孔繁森　　　　（直接叙述新闻人物）
急诊,你为什么急不起来?　　　　　（曲笔引发思考,用了拟人和设问的手法）
小孩掉进了豹窝……　　　　　　　（曲笔引发阅读兴趣,用了设置悬念的手法）
"飞鸽"展翅　力争再上一重天　　　（比喻双关。在标题中适当运用比喻双关等修辞手法,可以使文字更加生动优美,形象更加鲜活。）

虽然通讯标题拟写起来灵活多样,但并不是信马由缰,应注意以下几点:

(1)题文相符。这是通讯标题最基本的要求。无论是内容还是风格,无论是长短还是节奏,都要题文一致,统一协调。

(2)适当使用副标题。为了使标题确切,不致产生歧义引起误会,可以使用副标题。当主标题较虚,不能给人确切的信息时,就应加一副标题补充。如,《扶摇直上七万里——记我国第一颗同步通信卫星的研制者》。

(3)画龙点睛。标题是通讯的眼睛,画蛇不可添足,画龙则不可不点睛。睛点好了,能传神,能引人。有人将《新春佳节运客忙》改为《新春佳节送客忙》,一个"送"字,跳出了"运"的机械呆板,改出了人情味,不能不说是点睛之笔。

(二)开头

通讯作品的优劣,开头起着关键作用。通讯的开头千变万化,不拘一格,主要有直起式和侧起式。

1. 直起式

直起式是指开门见山直述其人其事,直接抒发感情或直接发表见解。例如,通讯作品《千里追踪擒"飞龙"》的开头:

1999年9月15日上午10时,福建省厦门高市闹市区——连板步行街。一名男子走下汽车,他环顾四周后,快步向街口站着的一名女子走去。正当他张口问话时,路边上站着的3名男子快步冲上前去,猛力将其摔倒在地,"咔嚓"一声,将其双手铐住后,转身拦下两辆出租车,将这名男子塞进车里。

很快,1993年"1·7"旅客列车特大团伙持刀抢劫案主犯、公安部重点缉捕的负案逃犯查海清,在潜逃近7年后落网的消息,迅速通过电波向上海铁路公安局和南京铁路公安处通报。

作者采用了倒叙的方法,将主犯被抓的情节放在最前面,然后回到事件的开端进行叙述,这样的处理使文章极富故事性。

2. 侧起式

侧起式是利用铺垫的方法,源源说起,娓娓道来,然后再进入正题。例如,通讯作品《海市蜃楼》的开头:

在平坦宽阔的迪拜沙岸边,一座被命名为"阿拉伯塔"的摩天大厦宣告建成,从外表看,它的模样确实有些奇特,似一轮插入黄沙的弯月,似一张顺风鼓胀的风帆。据悉,设计师受《天方夜谭》故事的启迪,企盼追回阿拉伯天堂的梦幻,将全部设计灵感赋予这座高塔。如今,每当夜幕降临,七色彩光照射直冲天穹的塔身,煞似阿拉伯梦幻世界再现。

这篇风貌通讯运用了比兴手法,然后再引出下文。

(三)主体

主体是通讯的主干部分,是继开头之后,对事件或事实报道的核心。从通讯的内容来看,叙述单一事实的,多采用时序结构;而综合性通讯,则多采用逻辑结构。

1. 时序结构

时序结构是指按事实发生的先后顺序安排主体层次,以事实过程为线索,这种写法易于读者了解原委始末,适合于事件通讯。采用时序结构时要注意叙述方式,可根据报道的需要,插入背景介绍,或适当采用倒叙或插叙的方法。通讯应叙述生动,所以尽量避免过于平铺直叙。

2. 逻辑结构

逻辑结构是指按事物的内在联系、问题的类型来安排结构。这种结构有助于反映事物的内在联系,揭示事物的本质、规律和意义,具有较强的说服力。其常见的形式有因果式、并列式和递进式。

(1)因果式,顾名思义,就是要报道清楚事实的前因后果。消息的因果虽然可以用议论的方式构成,但重要的还是事实,切忌把通讯报道写成大段议论,因为新闻要靠事实讲话。

(2)并列式,是围绕主题,将事实分门别类的结构方式。它适合于综合性通讯。并列在思维上,是分类或分解的问题。例如,报道一个综合事件,可以从不同侧面反映事实;一篇政治性通讯,也可以将事件进行分解,分项叙述。

(3)递进式,是围绕主题叙述或评议,反映的问题是层层递进的。这种结构有利于反映事态的发展或问题的演变。

需要说明的是,通讯的结构仅仅是占有材料之后的整体构思,是写作时的思路。而通讯在叙述过程中还必须有细节的介绍。正因为这些细节介绍,才使得通讯比消息能够提供更多的新闻信息,叙述得更为生动感人。

(四)结尾

通讯的结尾通常采用自然收束、卒章显志的方法。

(1)自然收束。就是按叙述过程自然结束的结尾。这样的结尾虽然不是专用的,但干净利落,自然简约。

(2)卒章显志。即在结尾点明主题或写作目的,有的通过事件表明作者的看法。对读者理解文章有提示或总结的作用。

四、通讯写作应注意的事项

(1)主题要明确。有了明确的主题,取舍材料才有标准,起笔、过渡、高潮、结尾才有依据。

(2)材料要精当。按照主题思想的要求,去掂量材料、选取材料;把最能反映事物本质、具有典型意义和最有吸引力的材料写进去。

(3)写人离不开事,写事为了写人。写人物通讯固然要写人,就是写事件通讯、概貌通讯、工作通讯,也不能忘记写人。当然,写人离不开写事。离开事例、细节、情节去写人,势必写得空空洞洞。

(4)角度要新颖。写作方法要灵活多样,除叙述外,可以描写、议论,也可以穿插人物对话、自叙和作者的体会、感受;既可以用第三人称的报道形式,也可以写成第一人称的访问记、印象记或书信体、日记体等。通讯所报道的新闻事实,可以从各个不同角度去观察、去反映,角度不同,形象各异。若能精心选取最佳角度去写,往往能使稿件增添新意,写得别具一格、引人入胜。

例文3

勋章背面的未了情

——记黄河水利委员会绥德水保站总工程师徐乃民

这几年,黄河水利委员会绥德水保站总工程师徐乃民怕出差,尤其怕去大城市出差,因为每一次的启程,都会勾起他伤痛的回忆——那一段绵绵的未了情。

他觉得他和她的命运,有些像文学作品中的男女主人公。那是50年代、新中国百废待兴的年月,刚满20岁的徐乃民,和伙伴们一起,怀着创业的激情,按着毕业分配通知上的路线找到了黄河管理委员会绥德水保站。他是学水土保持专业的,想在治理黄土高原水土流失方面大干一番。放下行囊一看,傻眼了,这是"站"吗?一个5平方米的破庙就是站址。更没有什么仪器设备,出门是望不到边的黄土荒沟。当地十七八岁的大姑娘,因为没衣穿而出不了门。

她来了，扎两条大辫、一脸纯真浪漫的学生气。她是学师范的，正幻想做个苏联电影中瓦尔瓦娜式的乡村女教师。来这儿一看，哪有学校的影子，有的只是遍地荒芜，满目凄凉。她哭了，她要走，还要他一起走。见他不说话，她一气之下自己扛着行李翻山越岭到了长途汽车站。就在她最后告别黄土地时，远远地见他跑来，四目相对。她哭着央求："一起走吧！"他也满眼噙泪。良久，他痛苦地摇摇头："你走吧，走得远远的，我只是想来送送你。"从这时起，她就意识到，他已铁了心，他的事业、他的生命都已属于脚下这片黄土地。她扑过去，两人紧紧抱在一起。

徐乃民有了一个家。从此，她用瘦弱的双肩挑起了生活的重担，又用关心和体贴支撑起他事业的精神支柱。

徐乃民常年在黄土沟里滚打，他不知道妻子是怎样安排日常生活的，也不知道儿女们是怎样长大的。但是，他还记得那一个寒冷的春节，他在离驻地几十里外的山沟里搞试验，干冷的风飕飕地刮着，她带着过节才舍得吃的白面馍，领着孩子去和他团圆，可没走多远就被黄沙迷了路，直到两天后，冻僵的娘儿俩才被一位牧羊人发现送回了家。

他总是忙，难得有时间和妻子、孩子一起享受天伦之乐。他常常愧疚自己是个不称职的丈夫和父亲。有一次，他深情地对妻子说："等我退了休，我们一定要好好清闲一下，到外面的大城市去看看。"他看见，妻子的眼里闪着兴奋的光。他知道，那是妻子想了很久的事情。

时光飞快流逝，一晃30年过去了。经过徐乃民和同事们的共同努力，他们开辟的水土流失治理的试验地——无定河畔韭曲沟，如今已是泥不下山，水不出沟，成为全国治理水土流失的十大样板之一。昔日的荒山沟已成为当地有名的"花果山"，梯田绕山腰，果树满山坡，满目青翠欲滴。为此，徐乃民多次被评为优秀党员和先进工作者。

徐乃民明白，没有妻子的帮助，他就不可能取得这些成绩。他在心里盘算着，再过几年就该退休了，他要满足妻子的最大愿望，带她去看看外面的世界。然而，命运对他们俩似乎过于残酷，几年前的一天，正当他奔波在外搞试验的时候，妻子突然病危，当他得到消息赶回来时，跟他20多年进了山沟再没出过山沟的妻子已经离开了人间。他欲哭无泪，只是拉着她的手，喃喃地说："你为什么走得这么急，我们不是说好再过几年？"妻子已经听不见、她带着永远无法实现的梦去了，却将终身的遗憾留给了徐乃民。

去年，当水利部把一枚镶嵌着"功在禹上"四个大字的勋章授给他时，他默默地将它放在"花果山"边妻子的坟前，他在心里轻轻地和妻子交谈着："这几十年我对不起你，让你受苦了，但我知道，你是能够理解我的，我是心里急啊,恨不能一天当两天用,早日让黄土高原变绿洲。"

风轻轻吹动他发白的双鬓,像妻子温柔的抚摸,又像她的低诉,他又听见她说:"这辈子嫁给你虽苦无怨。"

他擦擦眼泪转身离去,又要去着手制订下一个治理目标,像平时的每一次出门一样,他觉得妻子又在目送他远行。

(原载《光明日报》1991年8月8日)

【简评】 这篇通讯是报道典型中的另辟蹊径之作。作者将先进人物徐乃民的非凡业绩推到背景上,而将其"未了情"置于作品的中心位置,在事业成功与欠情未了的矛盾中凸显先进人物的精神境界和人格力量,这篇通讯与报纸人物典型报道的惯常做法相背离,因此使文章别具特色,进而能给其他典型报道以诸多启示。

作品一开头,就设了一个"伏笔",什么样的"未了情"?引起读者的好奇心。随着作品的深入,读者渐渐明白,"未了情"是徐乃民对妻子的思念内疚之情,是妻子对徐乃民"虽苦无怨"的牺牲之情,是徐乃民对水利事业的奉献之情……让人为之动容。这篇通讯的报道技巧也是值得称道的。

第四节 演讲稿

一、演讲稿的概念和作用

演讲稿,也叫演讲词,是演讲者为了在公共场合演讲而事先写的书面材料。

演讲稿是人们在工作和社会生活中经常使用的一种文种,是进行演讲的依据,是对演讲内容和形式的规范、提示。它体现着演讲的目的和手段、演讲的内容和形式。它可以用来交流思想、感情,表达主张、见解;也可以用来介绍自己的学习、工作情况和经验。演讲稿具有宣传、鼓动、教育和欣赏等作用,它可以把演讲者的观点、主张与思想感情传达给听众、读者,使他们信服并在思想感情上产生共鸣。

二、演讲稿的特点与分类

(一)演讲稿的特点

1. 针对性

演讲是一种社会活动,是用于公众场合的宣传形式。它为了以思想、感情、事例和理论来晓谕听众,打动听众,"征服"群众,必须要有现实的针对性。所谓针对性,首先是作者提出的问题是听众所关心的问题,评论和论辩要有雄辩的逻辑力量,要能为听众所接受并心悦诚服,这样,才能起到应有的效果;其次要能根据不同场合和不同对象,设计不同的演讲内容,演讲才会有现场效果。

2. 可讲性

演讲的本质在于"讲",而不在于"演",它以"讲"为主、以"演"为辅。由于演讲要诉诸口头,拟稿时必须以易说能讲为前提。如果说有些文章和作品主要通过阅读欣赏,领略其中的意义和情味,那么演讲稿的要求则是"上口入耳"。一篇好的演讲稿对演讲者来说要可讲,对听讲者来说应好听。因此,演讲稿写成之后,写作者最好能通过试讲或默念加以检查,凡是讲不顺口或听不清楚之处(如句子过长),均应修改与调整。

3. 鼓动性

演讲是一门艺术。好的演讲自有一种激发听众情绪、赢得好感的鼓动性。要做到这一点,首先演讲稿的思想内容要丰富、深刻,见解精辟,有独到之处,发人深省,语言表达要形象、生动,富有感染力。如果演讲稿写得平淡无味,毫无新意,即使在现场"演"得再卖力,效果也不会好,甚至适得其反。

4. 临场性

演讲者在演讲时要面对听众,听众会对演讲内容及时作出反应,或表示赞同,或表示疑问,或表示反对,或感兴趣,或表示冷淡。演讲者应根据听众的反应随时调整自己的演讲。即使有预定的讲稿或腹稿,也要改变演讲的某一部分结构,以免听众感到厌倦。所以,写演讲稿时,要充分考虑它的临场性,在保持内容完整的前提下,注意留有伸缩的余地,充分考虑演讲时可能出现的种种问题,做到有应付各种情况的对策。总之,演讲稿要具有弹性,要体现出必要的控场技巧。

(二)演讲稿的种类

根据不同的标准,演讲稿可以有不同的分类。按照演讲的内容、性质划分,有政治演讲稿、学术演讲稿、军事演讲稿和社会生活演讲稿等;按照演讲稿的使用场合划分,有比赛演讲稿、竞聘演讲稿、事迹报告稿、典礼发言稿、开幕词、闭幕词、欢迎词、欢送词、论辩词等;按照演讲稿的表达方式划分,有以叙述为主的演讲稿、以议论为主的演讲稿和以抒情为主的演讲稿等。

三、演讲稿的结构与内容

演讲稿的结构可分为标题、称谓、开头、主体、结尾五部分。

(一)标题

演讲稿标题的拟订常见的有以下几种方式:

(1)概括式。概括主题或演讲范围。

(2)设问式。提出演讲的主要问题,引发听众思考。

(3)鼓动式。常用祈使句点明演讲目的,号召听众行动起来。

(4)比喻式。用比喻点明演讲的主题。

(5)场合、背景式。在标题中点明演讲的场合、背景。

(二)称谓

写对观众的称呼。如"各位老师、同学们""女士们、先生们""各位来宾"等。

(三)开头

开头也叫开场白。它在演讲稿的结构中处于显要地位,具有特殊作用。演讲稿的开头,通常有以下几种方式:

1. 开门见山,揭示主题

一般政治性或者学术性的演讲稿都是开门见山,直接揭示演讲的中心。比如,邓小平《党和国家领导制度的改革》的开头:"这次扩大会议,主要是讨论党和国家领导制度的改革以及一些有关问题。"又如,宋庆龄《在接受加拿大维多利亚大学荣誉法学博士学位仪式上的讲话》的开头:"我为接受加拿大维多利亚大学荣誉法学博士学位感到荣幸。"

运用这种方法,必须先明确把握演讲的中心,把要向听众揭示的论点摆出来,使听众一听就知道讲的中心是什么,注意力马上集中起来。但这种方法易显得过于平淡、冷静,很难吸引人。

2. 说明情况,介绍背景

开头对事情发生的时间、地点、人物作出必要的说明,为进一步向听众揭示论题作准备。比如,恩格斯《在马克思墓前的讲话》的开头:"3月14日下午两点三刻,当代最伟大的思想家停止思想了——但已经永远地睡着了。"

运用这种方法开头,一定要从演讲的中心论点出发,不能信口开河,离题万里,更要防止套话、空话,败坏听者的胃口。

3. 提出问题,引起关注

围绕演讲稿的主题向听众抛出问题,以吸引听众的注意,引起大家的思考。比如,老舍《文学创作和语言——在作协湖南分会办的文学讲座会上的报告》的开头:"文艺主要的干些什么呢?是要创造。它不像工厂那样制造出大量的、一个样子的产品。文艺产品是多种多样,五光十色的。作家虽然不能随便在大地上添一座山,加一道河。我们还没有那么大的本事。但能创造人……解放后我们的小说、戏剧创作有很大的成绩,但是究竟创造了多少人呢?我看的东西不多,能说的上来的,如赵树理、周立波等同志的小说,是有人物的,他们活在我们的心中。就是世界上那么多小说、剧本,创造了多少人?我看也很有限。我们讲提高,不从创造人下手,就不能提高,因此,应在这方面努力。"

这个开头,连续三个发问,然后加以解答,不仅使听众产生兴趣,而且迫使听众同演讲者一起动脑筋思考问题,把注意力都集中到演讲上来。值得注意的是,所提的问题应该新颖、独特,确实能促使听众去思考。

4. 引用名言,提纲挈领

比如,左英《生命之树常青》的开头:"伟大的诗人歌德曾有这样一句话'生命之树长青。'是的,生命是阳光带来的。应该像阳光一样,不要浪费它,让它也去照耀人间。"

这个开头运用了名言,对演讲的内容起到提纲挈领的作用,并能引起读者的思考。

总之,开头的方法是多种多样的,写演讲稿时可以任意选择。但是,必须注意的是,开头不能太长或啰嗦,必须简明扼要。

(四)主体

演讲稿在开头后要迅速转入主体,这是演讲的正文和核心部分,也是演讲稿的高潮所在,能否写好,直接关系演讲的质量和效果。写演讲稿的主体要注意如下几点:

1. 紧承开场白

开场白提出问题,主体就要紧接着加以阐述。如果开头提出一个问题,主体则讲另一个问题,上下不接茬,势必造成整篇演讲的结构松散,甚至文不对题。

2. 选好重点

任何一篇演讲稿都有重点和非重点、主要部分和次要部分。一篇演讲稿如果没有重点,没有主次,那么,无论演讲者或是听众都会抓不住要领。演讲稿的重点是指那些能体现演讲中心和目的的、蕴含深刻思想与充满感情的段落和语句。

例如恩格斯的《在马克思墓前的讲话》。这篇讲话就全文来说,分为三部分:第一部分,提出了全文的中心论点;第二部分,具体讲述马克思的杰出贡献;第三部分,阐述马克思所作贡献产生的影响,表达人们对他的深切悼念。其中,第二部分是全篇的重点。这部分深刻论述了马克思不仅是一个伟大的思想家、革命家,而且是一个伟大的科学家,既突出了实践第一的观点,也体现了理论和实践的统一。由于这部分采取突出重点的写法,全篇讲话就显得观点鲜明,论证严密。

3. 安排好讲述的层次

层次,是演讲稿思想内容的表现次序,它体现着演讲者思路展开的步骤,也反映演讲者对客观事物的认识过程。演讲稿划分层次的主要方式有:

(1)平行并列。这种讲述层次安排的特点是对演讲中心所涉及的几个主要问题分别进行讲述。几个层次之间的关系是并列的,它们从不同角度来表现演讲的中心。

(2)层层深入。这种形式是分论点、段落之间步步深入,层层推进。所谓"层层深入",分论点、段落之间必须有严密的逻辑关系,先讲什么,后讲什么,顺序不能随意变动。这种讲述方式一般有两步递进、三步递进或四步递进。

(3)正反对比。这种讲述层次是把分论点与分论点之间、段落与段落之间形成一正一反的对照,使听众从两种事物的不同或对立中辨明谁是谁非,认识中心论点的正确性。

上述是演讲稿主体部分安排层次的基本方法,应当注意,这几种方法并不是机械死板或互相孤立的,在具体运用时,常常是综合使用,富于变化。

4. 划分段落

层次是反映演讲内容的表现次序,而段落是表达演讲思路的一个步骤。构段时,要注意其内容统一与完整、各段之间有内在联系以及长短适度。统一,就是一段集中表达一个意思。如果一段中有几个意思,就会使听众抓不住中心。完整就是一个意思要在一段里集中讲完,不要分散到几段中重复讲。各段之间有内在联系是指各段之间内容连贯,上下段之间在内容上有逻辑联系,体现出下一段是上一段意思的必然发展。长短适度,就是说构段不能奇长奇短。段过长或过短都不利于演讲的进行。过短,段分得零碎,无论演讲者或听众都难以掌握这一层的意思。过长,会使一段的内容出现几层意思,而且讲起来缺少停顿,听众听起来紧迫,容易产生疲劳。

5. 构筑演讲高潮

一个成功的演讲,不可能没有高潮。演讲高潮要体现三个特点:一是思想深刻、态度明确,最集中体现演讲者的思想观点。二是感情强烈。演讲者的爱恨、喜怒在这里得到尽情宣泄。三是语句精练。如何构筑演讲高潮呢?首先要注重思想感情的升华。必须对某个问题有较为全面深刻的分析、论证,演讲者的思想倾向要逐渐明朗,听众也能逐渐领会演讲者的思想观点,并有可能与演讲者产生思想感情的共鸣,从而将演讲推向高潮。其次要注意语言的锤炼,使用排比、反问等句式增加气势,也可借助于名言警句把思想揭示得更深刻。

(五)结尾

结尾是演讲内容的自然收束,是演讲稿的有机组成部分。成功的结尾或揭示主题;或启示未来,鼓舞斗志;或抒发感情,增强演讲的感染力;或富有哲理,发人深省。

演讲稿的结尾有以下几种常见形式:

(1)总结全文式。即在结尾总结全文的要点,以加深听众的印象。这是最常见的结尾形式。

(2)鼓动听众式。即在结尾提出希望或号召,以饱满的激情鼓动听众。

(3)主题升华式。即在结尾进一步揭示所讲事件和主题的深刻意义。

(4)表态式。即在结尾进一步表明自己的态度和决心。

总之,好的演讲稿的结尾,是演说的一个终点,也是引发听众思维的起点之一,可收到言有尽而意无穷的效果。

四、演讲稿写作应注意的事项

(1)了解对象,有的放矢。演讲稿是讲给人听的,因此,写演讲稿首先要了解听众:了解他们的思想状况、文化程度、职业状况;了解他们所关心和迫切需要解决的问题是什么,等等。否则,不看对象,演讲稿写得再花工夫,说得再天花乱坠,听众也会感到索然无味,无动于衷,也就达不到宣传、鼓动、教育和欣赏的目的。

(2)观点鲜明,感情真挚。演讲稿观点鲜明,显示出演讲者对一种理性认识的肯定,显示出演讲者对客观事物见解的透辟程度,能给人以可信度。演讲稿观点不鲜明,就缺乏说服力,就失去演讲的作用。演讲稿还要有真挚的感情,才能打动人、感染人,有鼓动性。因此,它要求在表达上注意感情色彩,把说理和抒情结合起来。既有冷静的分析,又有热情的鼓动;既有所怒,又有所喜;既有所憎,又有所爱。当然这种深厚动人的感情不应是"挤"出来的,而要发自肺腑,就像泉水喷涌而出。

(3)行文变化,富有波澜。构成演讲稿波澜的要素很多,有内容,有安排,也有听众的心理特征和认识事物的规律。如果能掌握听众的心理特征和认识事物的规律,恰当地选择材料,安排材料,就能使演讲在听众心里激起波澜。换句话说,演讲稿要写得有波澜,主要不是声调的高低,而是内容的有起有伏,有张有弛,有强调,有反复,有比较,有照应。

(4)语言流畅,深刻风趣。要把演讲者在头脑里构思的一切都写出来或说出来,让人们看得见,听得到,就必须借助于语言这个交流思想的工具。因此,语言运用得好还是差,对写作演讲稿影响极大。要提高演讲稿的质量,不能不在语言的运用上下一番功夫。写作演讲稿在语言运用上应做到口语化、通俗易懂、生动感人、准确朴素。

例文 4

在马克思墓前的讲话

3月14日下午两点三刻,当代最伟大的思想家停止思想了。让他一个人留在房里还不到两分钟,当我们进去的时候,便发现他在安乐椅上安静地睡着了——但已经永远地睡着了。

这个人的逝世,对于欧美战斗的无产阶级,对于历史科学,都是不可估量的损失。这位巨人逝世以后所形成的空白,不久就会使人感觉到。

正像达尔文发现有机界的发展规律一样,马克思发现了人类历史的发展规律,即历来为繁芜丛杂的意识形态所掩盖着的一个简单事实:人们首先必须吃、喝、住、穿,然后才能从事政治、科学、艺术、宗教等等;所以,直接的物质的生活资料的生产,从而一个民族或一个时代的一定的经济发展阶段,便构成基础,人们的国家设施、法的观点、艺术以至宗教观念,就是从这个基础上发展起来的,因而,也必须由这个基础来解释,而不是像过去那样做得相反。

不仅如此。马克思还发现了现代资本主义生产方式和它所产生的资产阶级社会的特殊的运动规律。由于剩余价值的发现,这里就豁然开朗了,而先前无论资产阶级经济学家或者社会主义批评家所做的一切研究都只是在黑暗中摸索。

一生中能有这样两个发现,该是很够了。即使只能作出一个这样的发现,也已经是幸福的了。但是马克思在他所研究的每一个领域,甚至在数学领域,都有独到的发现,这样的领域是很多的,而且其中任何一个领域他都不是浅尝辄止。

他作为科学家就是这样。但是这在他身上远不是主要的。在马克思看来,科学是一种在历史上起推动作用的、革命的力量。任何一门理论科学中的每一个新发现——它的实际应用也许还根本无法预见——都使马克思感到衷心喜悦,而当他看到那种对工业、对一般历史发展立即产生革命性影响的发现的时候,他的喜悦就非同寻常了。例如,他曾经密切注视电学方面各种发现的进展情况,不久以前,他还密切注视马赛尔·德普勒的发现。

因为马克思首先是一个革命家。他毕生的真正使命,就是以这种或那种方式参加推翻资本主义社会及其所建立的国家设施的事业,参加现代无产阶级的解放事业,正是他第一次使现代无产阶级意识到自身的地位和需要,意识到自身解放的条件。斗争是他的生命要素。很少有人像他那样满腔热情、坚韧不拔和卓有成效地进行斗争。最早的《莱茵报》(1842年),巴黎的《前进报》(1844年),《德意志—布鲁塞尔报》(1847年),《新莱茵报》(1848—1849年),《纽约每日论坛报》(1852—1861年),以及许多富有战斗性的小册子,在巴黎、布鲁塞尔和伦敦各组织中的工作,最后,作为全部活动的顶峰,创立伟大的国际工人协会——老实说,协会的这位创始人即使没有别的什么建树,单凭这一成果也可以自豪。

正因为这样,所以马克思是当代最遭忌恨和最受诬蔑的人。各国政府——无论专制政府或共和政府,都驱逐他;资产者——无论保守派或极端民主派,都竞相诽谤他,诅咒他。他对这一切毫不在意,把它们当作蛛丝一样轻轻拂去,只是在万不得已时才给以回敬。现在他逝世了,在整个欧洲和美洲,从西伯利亚矿井到加利福尼亚,千百万革命战友无不对他表示尊敬、爱戴和悼念,而我敢大胆地说:他可能有过许多敌人,但未必有一个私敌。

他的英名和事业将永垂不朽!

(原载于《马克思恩格斯选集》第三卷,人民出版社1995年版)

【简评】 这篇演讲词通过对马克思一生的评述,热情赞颂了马克思对无产阶级革命事业所作出的伟大贡献,表达了对马克思的崇高敬意和深沉的悼念之情。文章结构严谨,逻辑严密。作为演说词的主体部分,第二自然段通过两个"对于"提出议论中心;第三到第八自然段分别从科学理论和革命实践的贡献方面进行正面论证;进而从敌我对马克思的不同态度进行侧面论证,最后得出结论。结构前后连贯,步步深入,层次分明而又浑然一体。

第五节　解说词

一、解说词的概念与作用

解说词是对人物、画面、展品或旅游景观进行讲解、说明、介绍的一种应用性文体,采用口头或书面解释的形式,或介绍人物的经历、身份、所作出的贡献(成绩)、社会对他(她)的评价等,或就事物的性质、特征、形状、成因、关系、功用等进行说明。

解说词的作用有:一是发挥对视觉的补充作用,让观众在获得对实物和形象直观感受的同时,接受语言的概括性介绍,从而受到感染和教育;二是发挥对听觉的补充作用,即通过形象化的描述,使听众感知故事里的环境,犹如身临其境,从而达到情感上的共鸣。

二、解说词的特点与分类

(一)解说词的特点

1. 说明性

解说词是配合实物或图画的文字说明,便于观众一目了然。一般用不多的文字把实物介绍给观众,使观众借助于简明的文字介绍,对实物或图画有个深刻认识。

2. 顺序性

解说词是按照实物陈列的顺序或画面推移的顺序、时间顺序编写的。陈列的各实物或画面有相对的独立性,反映在解说词里,应该节段分明,每一件实物或一个画面有一节或一段文字说明。在书面形式上,或用标题标明,或用空行表示。

3. 通俗性

解说词不仅要让人看,而且要让人去听,是通过语言的表达来发挥其作用的,所以语言文字必须雅俗共赏,明白易懂,读起来要朗朗上口,为广大群众所喜闻乐见。

4. 文艺性

解说词虽名曰"解释说明",但不是干巴巴的说教和背诵,而是通过富于感染力的、形象的语言对实物和形象进行描绘,使一些表面上看起来普普通通的实物、平淡无奇的画面变得生机勃勃,甚至震撼人心,感人肺腑。所以一篇好的解说词要富有文采,要美丽动人。

按照解说对象的不同,解说词可以分为电影解说词、电视解说词、风景名胜解说词、文物古迹解说词以及专题展览解说词等。

三、解说词的结构与内容

解说词的结构一般包括标题、开头、主体和结尾四个部分。

(一)标题

制作标题的主要方式是"解说对象＋解说词"。如《〈壮丽的长江三峡〉解说词》《〈舌尖上的中国〉解说词》《古龙山风景解说词》等。还有一种方式是概括解说对象的主要特征来命名,如某奇石艺术展解说词的标题《好山好水出奇石》。

(二)开头

解说词的开头是全篇的基础,基础打好了,观众进入了状态,后面就能顺利展开。能否引起观众的注意,开头的几句解说词发挥着至关重要的作用。解说词开头的写作方法主要有:

1. 平铺直叙

平铺直叙,即交代事件。把事件直接向观众叙述清楚,使观众一听到解说的开头,就能知道这是一个什么样的事件。比如,科普片《蝎子趣闻》的开头是这样写的:"谷雨前后,天气渐暖,正是捕捉蝎子的大好时节。"接着第二段叙述了蝎子是什么样的,不但是名贵中药材,而且可以食用。通过这一段解说,人们进一步了解了这种小动物。

2. 直接点题

直接点题,也就是开门见山,开头就对题目进行说明。这种开头要比叙述式的开头更加明了,更易理解。标题要短小精练,解说词更要言简意赅,它不允许过多的描述。如《中国搜救犬》这样开头:"狗是人类的忠实朋友,它不但不攻击自己的主人,甚至在关键时刻会为主人牺牲自己的生命。"很简单的一句话就把狗与主人的关系说得明明白白。

3. 提问式

提问式,就是直接提出问题,给观众留下一个悬念或提示,观众看后脑子里有一点时间进行思索,接着想往下看,想弄个水落石出。如电视科普片《雪花》的开头语:"壮丽多娇的北国冬天,到处银装素裹,遍地碎玉琼瑶。是谁把这五彩缤纷的人间打扮成银色的世界,噢,是雪花。"

4. 比喻(拟)式

比喻比拟式的解说写法,其实就是打比方。这种解说的开头,形象活泼,比较有情趣,容易吸引人。如科普节目《血液的奥秘》的开头是这样写的:"血液被人誉为生命之河,鲜红的色泽,象征着沸腾的生命力。"这是用生命之河来比喻血液,非常形象。

总之,解说词开头没有一定之规或几种固定套路,需要根据具体作品的情况灵活处理。但是,新颖、独特、自然、接近观众,具有冲击力和吸引力,是解说词开头的共同要求。

(三)主体

主体是对事物深入细致的说明和介绍,包括事物的历史概况、性质特点和发展现状等,在解说时可根据对象的不同而有所侧重。在写作解说词主体时,要注意内容层次的安排。无论是阐明道理,或是叙述事件,都得有条理,有系统。解说词要将内容材料按照一定关系加以组织,一层一层有步骤地表达出来,前后连贯,最后达到充分表现主题的目的。层次的安排主要有以下几种方法:

1. 以时间的推移为顺序

这种层次的安排方法在记录性电视节目中大量使用。但这种方法有时难免流动感太强,处理内容显得平淡无奇,像记流水账,中心不突出,不利于表现时间流程不很清楚的节目内容。

2. 以空间位置的变换来安排层次

空间位置变换也就是写作者立足点的转变,这种方法能不断给人们提供新鲜感、神秘感,满足人们的好奇心。《话说长江》就是成功地使用了空间位置变换法,顺江而下几千里,写作者以不断变换的位置,清晰展示了长江沿岸的风貌。

3. 以内容性质的分类来安排层次

这种方法是把表现主题的众多材料,按其性质加以分类。把相同的材料归在一起,作为一个层次,从各个不同侧面来表现主题。这种方法在创作电视片的时候大量采用。在采访与写作中,有的材料不适合时间表现,有的材料不宜于空间表现,于是,更多的选题按材料分类来安排层次。如纪录片《一把好手》,主要从对"一把好手"的了解,以及主人公的工作态度、时间观、人生观等方面塑造了一个女工程师的丰满形象。

4. 以作者认识发展的顺序来安排层次

这种方法含有较强的主观色彩,写作者思想每推进一步,解说内容便展开一个层次,层层递进,完成主题的不断升华。如纪实性节目《早起的北京人》,是通过写作者对早起北京人的寻访,不断认识各种北京人,从而展示了一个又一个层次,最后认识升华,从早起的北京人上升到劳动的北京人、学习的北京人、长寿的北京人。

(四)结尾

一个好的结尾和一个好的开头同样重要。解说词常见的结尾方法有:

(1)总结性结尾。总结全文内容,起到深化主题的作用。

(2)照应性结尾。首尾呼应,照应全文。这种结尾方法,使结构严谨,有条理,开头与结尾的呼应,使全篇结构趋于一体。

(3)抒情式结尾。用抒情的笔法总结全文,给人留下回味余地。这种方法结尾时,一定要注意由内容自然引发出来,是写作者激情的自然流露,绝不能生加硬安。

(4)号召式结尾。用简洁有力的话语对观众提出希望,发出号召,具有某种煽动性,给人以力量和鼓舞。

解说词的结尾没有一成不变的公式和规律,常常是几种方法兼用,究竟用什么样的结尾,要根据解说的具体内容而定。

四、解说词写作应注意的事项

(1)了解解说对象。大量收集有关材料,深入了解解说对象的有关知识,对其作全方位研究,是精确介绍、生动描述解说对象的前提。

(2)抓住解说对象的特征和本质。在解说中应恰当运用对比联想、点面结合、由此及彼、由表及里等多种方法,来突出事物的特征,揭示事物的本质,说明事物的意义。这是保证解说质量的关键。

(3)富有审美意义。优美的文字能愉悦心情,净化心灵,说者娓娓道来,听者(看者)如痴如醉,这就要求写作者熟知解说对象,对所解说的事物,或褒或贬,爱憎分明。对赞扬的事物,要充满爱的感情;对否定的事物,要有切肤之恨的感情,这样的解说才能感染听众,产生共鸣。

(4)语言准确生动。解说的用语要准确,力求将抽象的事理形象化、高深的知识通俗化、复杂的程序简单化、静止的事物动态化、枯燥的东西趣味化等。解说中还可以用一些修辞方法,以增强语言的生动性和感染力。解说词不同于纯理论描述的教科书或论文,它主要是以听觉形式进行信息传播的,所以在解说词中应多增添文学色彩。

例文5

纪录片《话说长江》解说词
——第十一回《壮丽的三峡》

提起三峡,大家一定会记得,毛泽东同志曾经在《水调歌头·游泳》这首词中给我们展示了一幅这样宏伟的蓝图:"更立西江石壁,截断巫山云雨,高峡出平湖。神女应无恙,当惊世界殊。"大家知道,三峡控制了整个长江上游的来水,水量几乎占长江总水量的一半,而且从重庆到宜昌这600多公里的河段中,落差达140米,这意味着长江三峡蕴藏着多么丰富的水力资源。瞿塘峡、巫峡、西陵峡总称三峡,它地跨四川的奉节、巫山和湖北的巴东、秭归、宜昌等五个县市,全长近200公里。

有人说三峡像一幅展不尽的山水画卷,也有人说三峡是一条丰富多彩的文化艺术长廊,依我们看,三峡倒更像一部辉煌的交响乐,它由瞿塘雄、巫峡秀、西陵险这三个具有各自不同旋律、不同节奏的乐章所组成。

瞿塘峡从奉节县的白帝城,到巫山县的大溪,全长 8 公里。"朝辞白帝彩云间,千里江陵一日还。两岸猿声啼不住,轻舟已过万重山。"唐代大诗人李白的这首诗,可以说是歌咏三峡的千古绝句,也可以说是我们这部交响乐最好的序奏。

瞿塘峡是三峡交响乐的第一乐章,如果称它为"英雄颂"似乎更恰当。

您听,瞿塘嘈嘈急如弦,由江流组成的主旋律是多么高亢多么雄壮。

您看,山水相争各不相让。在夔门口展开了一场惊心动魄的大搏斗。长江紧束腰身使出浑身力气,终于突门而入,从巫山中间挤出一条弯弯曲曲的水路,奔腾咆哮,勇往直前。激流冲击巨石,跳荡出震撼天地的音响。它是那么百折不挠,锐不可当。

正如陈毅同志诗中所说:"三峡束长江,欲令江流改。谁知破夔门,东流成大海。"莫非这就是长江的性格、长江的胸怀。

在如此陡峭的绝壁下,我们的古人真是好样的,他们居然在岩壁上留下了这么多的碑文题刻。从这些字大如斗、笔法洒脱遒劲的历代碑刻,可以看出我国古代文化艺术的高超水平。冯玉祥先生的这幅题词反映了一个爱国将领反对外来侵略的坚强决心。读此题刻,祖国山河不容侵犯之感油然而生。

最令人惊叹的还是那些在绝壁上留下的方形石孔,人们叫它"孟良梯"。其实这是古栈道遗址。可想而知,在那么险恶的地形上凿石架梯铺路,这难道不是一件英雄行为吗?

在右岸的崖壁缝中存放的壮如风箱之类的东西,是几千年前巴楚民族悬棺葬的遗物。把那些物件,放置到上不着天下不着地的场所去,实在也称得起是一件壮举呀!

瞿塘峡,你不愧为一条英雄的峡,短短 8 公里,你一路雄风唱高歌,从古到今,洋洋洒洒,写不尽啊唱不完。

过大溪经大宁河宽谷,便迎来了风景旖旎的巫山城,巫峡的起点就在城东的峡口。

巫峡西起四川省巫山县的大宁河口,东到湖北省巴东县的官渡口,全长 40 公里。"十二巫山见九峰,船头彩翠满秋空。朝云暮雨浑虚雨,一夜猿啼月明中。"巫峡作为三峡交响乐的第二乐章,我们不妨称它为云雨吟。

您听,大江翻澜神曳烟,由江流组成的主旋律是多么飘逸多么舒展啊!

您看,巫山十二峰云缠雾绕雨朦朦,多么婀娜多么多情,多么幽深秀丽。

唐代诗人元稹写过"曾经沧海难为水,除却巫山不是云"的诗句,来赞叹巫山云彩的美。那飘浮在十二峰上的白雾,是烟非烟,是云非云,使巫山群峰,显得如此富丽多彩。

巫峡被人看作是三峡神话传说的摇篮,美丽的神话、迷人的传说几乎俯拾皆是,而神女峰的传说是最美的一个。

据说,神女是西天王母的幼女瑶姬的化身。她相邀十二仙女下凡人间,帮助大禹治水,又为船民导航。古往今来,这迷人的山峰流传着许多动人的传说,曾引起多少诗人的遐想而为她赞颂啊。

在集仙峰下有一处凹形岩壁,它像一块巨大的石碑。这六个苍劲的大字,传说是当年诸葛亮领兵进蜀途中,路过此地刻下的,因此就叫它孔明碑。

啊,巫峡,你称得上是一条美丽的峡,你绵蜒40公里,朝云暮雨,脉脉含情,从古到今,写不尽啊唱不完。

从过巴东不远就到了湘西,在那绿水幽幽的香溪之滨,历史上曾经出现过两个著名人物。

这两个人物,一个是伟大的爱国诗人屈原,另一个是汉代名妃王昭君。

有人把屈原看成是三峡里的第一流才子,他的故乡就在这山清水秀的乐平里。屈原是一位政治无私、具有远见卓识的政治家,也是中国文学史上第一位大诗人。他忧国忧民,留下了《离骚》《九章》等光辉诗篇,他是受到全世界敬仰的伟大诗人,他是中华民族的光荣和骄傲。

有人把王昭君看成是三峡里的第一流佳人,湘西河畔的宝坪村就是她的故乡。"昭君自有千秋在,胡汉和亲见识高。"昭君出塞的故事流传千古,家喻户晓。

西陵峡全在湖北境内,西起秭归县的香溪河口,东到宜昌的南津关,全长76公里。"扁舟转山曲,未至已先惊。白浪横江起,槎牙似雪城。"西陵峡是三峡交响乐的第三乐章。我们权且叫它勇士赞。

您听,十丈悬流万堆雪,今天如看广陵涛,由险滩与江流组成的主旋律是多么跌宕多么激烈啊。您看,"西陵滩如竹节稠,滩滩都是鬼见愁。"在漫长的历史岁月中,多少行船,多少生灵,被那无情的激流所卷走。有一个民谣这样唱:脚蹬石头手扒沙,当牛做马把船拉,一步一鞭一把泪,恨得要把天地砸。

但是,西陵人敢于同险滩搏斗,更敢于向命运挑战,长年累月,他们练就了一身闯险滩破万难的非凡本事,他们肩负着时代的重荷,一步一个脚印,拉着历史的巨轮向前走。

解放后,有多少勇士参加了航道整治工作,他们治滩排险,不畏艰难,结果,人力拉纤被绞滩船所代替,劳动力得到了解放。

　　近年来,由于葛洲坝工程的修建,水位升高,回水上涨,昔日的险滩变成今天的坦途,西陵峡已经通行无阻了。那沉重悲咽的号子声也随着日夜奔流的江水一去不复返了。

　　啊,西陵峡,你无愧一条奋斗着的峡,在你身边出现了多少治山治水的好汉,在你身边造就了多少闯滩夺险的猛将。从古到今,洋洋洒洒,写不尽啊唱不完。

　　峡尽天开朝日出,山平水阔大城浮。出了南津关,长江便进入了极目楚天舒的江汉平原了,长江第一坝就横卧在这大江之上。

　　我们这部三峡交响乐暂时到此结束了,但是我们的人民却正在谱写一首比三峡交响乐更加伟大、更加壮丽的乐曲。在《话说长江》的下一回里,您将看到葛洲坝水利工程建设的真实情景。

　　"无边落木萧萧下,不尽长江滚滚来。"啊,长江三峡,你给人增添了多少壮志豪情,你给人多少美的享受,你更给人无穷尽的勇气和力量!

　　放歌吧,长江三峡,我们要歌唱你那永不休止的奔流;放歌吧,长江三峡,我们要赞颂你那永不停顿的追求。

【简评】　这是大型纪录片《话说长江》第十一回《壮丽的三峡》解说词。这篇解说词用极其优美的语言和满腔深情,向人们介绍了三峡的壮丽,听之令人神往。解说词开头引用毛泽东的诗句,初步描绘三峡的壮观图景,紧接着用数据将三峡的雄伟及重要性具体化,真实可信。主体采用空间位置变换法,依次介绍了瞿塘峡、巫峡、西陵峡,向人们展示了三峡的壮丽景象及人文景观。结尾使用抒情式结尾,表达了对长江三峡浓烈的感情,让人回味无穷。

单元思考与练习

一、填空题

1. 新闻的作用是_____、_____、_____、_____;消息的标题按结构可分成_____、_____两类。

2. 倒金字塔式结构的优点是_____、_____、_____。

3. 通讯按报道对象的不同,可分为_____、_____、

_____、_____。

  4.演讲稿的特点是_____、_____、_____、_____。

  5.解说词写作应注意的事项有_____、_____、_____、_____。

二、简答题

  1.什么是新闻？如何理解。
  2.新闻写作时应注意哪些问题？
  3.有人说,有了消息,通讯就没了存在价值。你怎么认为？
  4.演讲稿层次划分的主要方式是什么？
  5.解说词的作用主要体现在哪些方面？

三、写作训练题

  1.给下面这则新闻拟一个标题(不超过15个字)。

  新华社北京3月23日电　文化部日前要求各地文化部门查处《臭作》等四款存在非法内容的电脑游戏。

  记者了解到,文化部门在市场上发现的这几款违法游戏产品,存在大量不健康的内容,违反了我国的法律规定,危害了青少年的身心健康。

  文化部办公厅日前下发紧急通知,要求各地文化部门立即会同公安、工商、电信等部门,组织执法人员对传播这些违法游戏的网站、场所进行检查,一经发现上述电脑游戏,立即查禁、收缴,并根据线索,追根溯源,严查彻究,依法予以处罚。

  2.这是一则采访笔记,请据此写一则消息,要求字数在500～600字。

  采访笔记内容：

  时间:2011年12月20日上午

  地点:武昌任文林家

  记者(以下简称记):任文林,你好！据说你有121项申请专利,其中40多项获得国家授权专利,被圈内人称"发明大王"。能请你介绍一下你的情况好吗？

  任文林(以下简称任):1958年我出生于钟祥市冷水镇,当过木匠,上过大学,做过老师,也下过海。1992年,迷上发明之后,我从江汉油田辞职,做起了独立发明人。13年来,我专心搞发明,前后申请121项发明专利,其中被国家授权的有40余项,是湖北省申请专利和拥有授权专利最多的人。

  陈××(武汉市知识产权局规划发展处副处长,以下简称陈):称任文林是"发明大王"并不过分。在任文林的专利中,有3项是发明专利,这是国家授权专利中最高级的,这种专利,一般发明人能拥有一个就非常不错了。

记：你这几项发明的市场采用情况如何？一定给社会带来了巨大的经济效益吧？

任：我这几项发明，基本被市场采用。像"高保险叶片门锁及其制造方法与应用"和"锁"两项发明专利，已在防盗门和防盗锁上体现。而另一项发明专利"积木地板"，市场上也有销售。

记：社会效益这么好，你自己也该收益丰厚了吧！可看你的住所并不宽裕啊！

记者这时环顾了这套简陋的房子：这是一个两室一厅，客厅里两个自制的扶手沙发已经坏了，一间小房里，有张木板床，一套过时的音响和一台电视机，上面布满灰尘。另外一间房里，有一张同样的木板床，比床更显眼的，是一张很大的自制办公桌和高高的柜子。没什么其他东西可放，房间里显得空荡荡的。

任：这套房子是一位朋友支持我搞发明借给我用的。我一个人住，很安静。

在房间的墙上贴着他的专利申请统计表，已编到121号。

记：你有多少被国家授权的专利技术？

任：每年都有新的，每年也有因交不起钱而失效的。现在到底有多少个我也说不清楚。

他从柜子里翻出一大摞满是灰尘的专利授权证书，一数有37个。接着，又从墙上夹报纸的地方取下三四张刚寄来的专利授权通知书。他说：这几个要交了钱，才能办下专利证，我现在没钱，不打算要了。

陈：任文林还被人们称为"发明疯子"，原因有三：一是他埋头搞发明，不管别人用不用；二是不吃不喝，也要交专利费，13年来，他用于申请、维持专利的费用就达20多万元；三是他自称是"家破人亡，妻离子散，一无所有"，却仍乐此不疲。

记：按理，你这个"发明大王"应该是企业竞相争夺的人才，不成百万富翁，也应是衣食无忧吧！

陈：任文林一心痴迷发明，不管别人用不用，专利能不能及时转化成产品。这显现出发明人的思维缺陷，发明人应该针对市场搞发明，否则就无法在市场生存。如任文林，到1999年，他光对锁的专利就拥有7项，掌握着防盗锁最核心的专利技术，却没有一个产品。而此时，许多依照他的专利生产出来的产品，已陆续上市，每年的市场价值达亿元。

这时，任文林向记者简单地介绍了自己的家庭生活：

我35岁才结婚，婚后全国到处跑，偶尔跟住在娘家的妻子团聚，孩子出生后，生活还是按原样进行着。几乎没给过妻子生活费。孩子病了，上学了，都是妻子一人操心。这样的生活，妻子自然无法忍受。一年难得见几次面，每次都要吵架。

2000年我们离了婚,孩子归妻子抚养,我每月承担200元的抚养费。但从1999年,我只埋头搞发明,早就没有了固定的经济来源。每月200元,对我也是巨大的压力。

2001年,我和单位买断工龄后,得到几万元的补偿,我又一股脑地拿去交了专利费。迫于生计,我不得不申请了为期两年的失业救济金。

这就是任文林整整13年埋头苦苦发明的最终结果。值得吗？后悔吗？任文林很浪漫地对记者说:"你不是小草,又怎么知道小草的快乐呢?"

现在,已经负债30多万元的任文林,再也无钱申请专利,也没有人再愿意借钱给他。

记:你最近有什么发明没有?

任:最近我搞了一套汽车发明,可使汽车节能50%以上,安全性能提高50%以上,造价降低50%以上,而且环保。这项发明"可使中国成为全球首富"。

为了这笔专利费,我曾给省长写信。后来省长请人对我的发明进行调查。今年7月,省知识产权局在给省政府的回复中称:他们将协助我申请技术创新基金。

我要维权,收回我7项锁专利的专利使用费。

目前市场侵犯我"锁"专利的厂家至少有1万家,"可追溯的侵权产值达1000万元以上,每年侵权产值达50亿元,如果按提取3%到5%的国际惯例计算,有3亿多元的专利使用费可以收回",而我只要拿回1000万元,便能对我的所有发明申请专利进行保护。

记:你目前靠什么生活啊?

任:2001年9月,我向省劳动和社会保障厅申请了"失业救济金",每月300元。

第八章 医卫文书

第一节 医卫文书概述

一、医卫文书的概念与作用

医卫文书是卫生医疗机构或卫生技术人员在防病治病、传播医疗卫生知识等活动中所使用的一种文书。它是记录病情变化的重要资料,是医务人员诊断和治疗疾病的重要依据,是医学科学研究的重要资料来源,也是患者了解病情、获得医学知识、提高自我保健能力的参考资料。因此,写好医卫文书是医务工作者的一项基本功和应尽职责,也是衡量医院医疗护理质量和水平的重要标志。

二、医卫文书的特点与分类

(一)医卫文书的特点

1. 内容的科学性

医卫文书记录和传播的是医疗卫生知识,和生命、健康直接相关。可以说,科学性是医卫文书的生命。不论是医学知识的介绍,还是医疗技术的运用,都必须做到内容正确无误,方法科学实用,数据准确可靠。绝不能疏忽大意,似是而非,更不能"合理想象""信笔写来"。记录病情的变化、诊治护理的过程,必须真实客观,清楚明了;宣传普及正确的医学理论,推广切实可行的医疗技术和方法,要以全面和发展的观点,做到观点正确、概念准确、数据可靠、推理严密。

2. 广泛的实用性

医卫文书比起其他文书来,它的服务面更广。它涉及社会的各行各业,关系每个人的衣食住行和生老病死,因此它具有很强的社会性和群众性。与其他文书相比,它的读者最多,读者面更广,实用价值最大。因此,无论是宣传方针政策、卫生动态,或是介绍医疗卫生常识、推广医学科学知识,都要注意贴近人民群众的生活实际,做到内容真实,方法实用。

3. 语体的规范性

医卫文书所用的医卫语体,是科技语体的一个分支,由于交际的具体对象和表达的实际要求不同,医卫语体分为通俗医卫语体和专门医卫语体两类。医卫科普文章一般使用通俗医卫语体,临床文书则一般使用专门医卫语体。专门医卫语体除具有通俗医卫语体所具有的准确、简明、平实等特点之外,还特别要求具有严谨性和精密性,做到概念准确、判断恰当、推理周密。医卫论文在语言材料应用上的特征:

(1)词语特征。

①不使用描绘性和带感情色彩的词语,而使用常规的客观性语言。例如,表示颜色的词语"黄色"与"黄澄澄",前者为颜色词的"原形式",后者具有描绘性和形象性。在医卫语体中,必须使用前者而排斥后者。如,描述粪便性状,只能写为"黄色稀便",而不能写成"黄澄澄的稀便"。专门医卫语体也不用"黄黄的""黑黑的"等形容词的重叠式。文艺语体常用的儿化词,如"菌儿""肉芽儿"等,绝不用于医学语体。

②不使用口语词、方言词、土俗俚语、惯用语、歇后语等,也不使用意义未经精确规定的多义的日常生活用语。例如,"畏寒"与"怕冷"、"唾液"与"唾沫"、"肾"与"腰子"、"怀孕"与"有喜"、"疟疾"与"打摆子"、"月经"与"例假"、"手术"与"开刀"等,在专门医卫语体中必须选用每组的前者。

③大量而准确地使用单义性的专业术语。单义性指词语所代表的概念严格限定,表意专一而确定。这正是专业术语的本质特征。如,丘脑、蛛网膜、三叉神经、血压、血象、氨苄青霉素、阿托品、流行性出血热、钩端螺旋体病等,在医卫科学体系中,所代表的概念是明确而单一的,内涵和外延都被严格限定。使用单义性的专业术语,可避免因一词多义而造成概念不清和记述、论证上的混淆。在专门医卫语体中,这类单义性专业术语使用频率很高。

④较多地运用外来词和国际通用词。现代医卫学界已逐渐形成一套严格的、国际通用的医卫学术语体系。我国的现代医卫术语主要是根据国际现代医卫术语翻译而来,因此在专门医卫语体中外来词、国际通用词占有很大比重,且运用频率较高。

⑤术语的简称和符号化。在专门医卫语体中,广泛使用术语的缩写、简称形式和代表符号。如,磺胺嘧啶,缩写为 SD;系统性红斑狼疮,缩写为 SIE,是取词组中每个单词第一个字母的大写形式。再如,甲亢(甲状腺功能亢进)、虹膜炎(虹膜睫状体炎)、冠心病(冠状动脉粥样硬化性心脏病),是术语的简称形式。术语的符号性可使表述简洁而明确。如:♀(雌性)、♂(雄性)、G+(革兰氏阳性)、G-(革兰氏阴性)、Sc(皮下注射)等。这种"缩写""简称"和"符号化"倾向,有助于医卫语体表意准确、简洁,但在通俗医卫语体的科普宣传中一般避免使用。

(2)语法特征。

①大量运用限制性、修饰性词语。对术语进行限制或修饰,目的在于使概念表达精确无误。从医卫术语的结构来看,有几种类型:一是限制性词语+中心词。如:心源性休克、感染性休克、过敏性休克、创伤性休克;擦伤、刺伤、裂伤、切伤、大面积皮肤剥脱伤等。二是修饰性词语与中心词语构成术语,对概念加以限定。如:海马沟回、蜗神经、犁骨、心室、子宫;玫瑰疹、蜘蛛痣、奔马律;杆菌、链球菌、金黄色葡萄球菌等。三是修饰性词语后加"样""状""性""型""式"等词缀与中心词构成短语,对概念加以限定。如:水样便、刀割样痛、剪刀样步态、鳞状上皮癌、管状呼吸音、大叶型肺炎、"O"形腿、结节性甲状腺肿、潮式呼吸等。

②句类、句型较为单一。在句类上主要使用陈述句,有时也用疑问句,但基本不用感叹句、祈使句。在句型上除用主谓句外,还大量使用非主谓句,如"观察对象""观察方法""材料与方法"等。多用短句和省略句。

(3)修辞特征。专门医卫语体一般不使用拟人、夸张、双关、反语等带有情意性的修辞,尽管偶尔也使用比喻,但与文艺语体不同,必须无损于科学性。因此,一般只在描述现象、形态、颜色、行为等具有表象特征的事物时使用比喻,本体与喻体之间也仅在表象特征上具有相似性,绝不涉及事物的本质特征。例如,描述尿液的颜色为"酱油样尿",就不能写为"尿像酱油",因为本体所要说明的科学特征(尿色)与喻体所表示的整体概念(酱油)并不构成比喻关系。由此又可看出,专门医卫语体使用比喻,与文艺语体用"像""如""是""仿佛"之类的比喻词连接本体和喻体是有区别的。其常用的表现手段是:"××样""××型""呈××样(色、状)"。

(4)表述特征。专门医卫语体常用的表述方式有叙述、描述、说明和议论。一般而言,介绍医学科技领域事物的现象、形态、性状、结构等用描述;介绍事物发展过程和事情经过等用叙述;解说事物性质、特征、状态、功能、用途等用说明;阐释科学原理,证明科学观点等用议论。专门医卫语体一般不用抒情。

在专门医卫语体中,描写与叙述经常是综合运用的,合称为"描述"。描述虽有"描"的成分,但与文学作品中的描写是有区别的,它不为塑造形象,不诉诸感情,只为真切、具体而科学地反映医卫领域客观事物的特征。

（二）医卫文书的分类

医卫文书的分类主要有以下几种：一是医务记录。它包括病历、处方、病情记录、体检表单、护理记录等。二是医卫情报。它包括病例讨论、医卫消息、典型报道、医卫文摘、医卫综述、医药广告等。三是医卫科技报告。它包括病例报告、治疗经验、医卫科研简报等。四是医卫科技论文。它包括观察性医卫论文、实验性医卫论文、调查性医卫论文、分析性医卫论文、说理性医卫论文等。五是医卫科普文。它包括医卫科普知识、医卫问答、医卫对话等。

第二节　医卫科普文

医卫科普文是用生动活泼、通俗易懂的语言形式向社会大众传播医疗卫生知识的一类实用文体。它运用喜闻乐见的表现形式推广医学知识，具有科学性、实用性和通俗性的特点。随着社会经济的飞速发展，人民的生活质量不断提高，对提高健康水平的需求也日益增强。在医学科学技术日新月异的今天，我们不但需要有精深的医学论著，也需要有医卫科普文。医卫科普文是在医务工作者与广大人民群众之间架设的知识桥梁，可以帮助人们获取最新的医学信息和医药卫生知识，提高全民族的保健意识，保障人民的身体健康，促进社会主义物质文明和精神文明建设。

医卫科普文种类很多，按其内容性质来划分，有知识性医卫科普文和技术性医卫科普文两种。知识性医卫科普文的任务是丰富读者的医学知识，引起人们对医学奥秘的兴趣，获得各方面的医疗保健知识。技术性医卫科普文是通过对各种医学新技术、新方法的介绍，使读者了解医学科技发展动态。按其表达形式来划分，有说明性医卫科普文和文艺性医卫科普文。说明性医卫科普文是以说明为主要表达方式来介绍医学知识，它是普及医学知识，推广医学技术，介绍新产品、新方法和新经验的好形式。文艺性医卫科普文是医学科普文中较常见的形式，它运用生动活泼的文艺性表现手法，采用报告文学、小品、诗歌、童话、科幻、小说、寓言、电影、电视、传记、漫画等多种形式，向读者传播医学科技知识和信息。

一、医卫科普文的结构与内容

医卫科普文的结构形式多种多样，主要由标题、引言、正文、结尾组成。

（一）标题

标题以概括文章的中心为主，如"颈椎病的防治""高血压防治200问"等。有时也采用形象的手法，使标题更为醒目，以吸引读者，例如，"血栓的自述"就用了拟人的修辞手法，使之形象化。

（二）引言

引言部分的作用是提示文章的主旨，或者解说事物的定义、来历，或者表明事物的意义、作用、危害等，用以承接标题，衔接主体，引起读者的阅读兴趣。如，《血栓的自述》的引言部分，在解说了"我的名字叫血栓""在我们栓子大家族中排行老大"之后，揭示了"我有一个坏脾气，喜欢在人们的血管里横冲直撞，惹是生非，大家可得提防着点"的主旨，这就会引起读者阅读的兴趣。但也有不少科普文没有引言部分，而直接把主体内容告诉读者。

（三）正文

正文对事物进行具体的介绍或解说。在结构的安排和材料的组织上，都按一定的顺序进行。常见的形式有按照时间顺序来组织材料、按照空间顺序组织材料、按照逻辑顺序组织材料。

（四）结尾

结尾以概括内容、方法、意义、作用为主，也有的医卫科普文没有结尾部分。

二、医卫科普文写作应注意的事项

（一）科学性

科学性是医卫科普文的生命。首先，要求材料的真实性和内容的严肃性。医卫科普文传播的是医学卫生知识，和生命、健康直接相关。写作者在收集、积累资料和进行写作的过程中，对选取的材料、确定的内容，必须仔细考证，搞懂弄通，以确保依据的可靠性。绝不能疏忽大意，似是而非，更不能"合理想象""信笔写来"。其次，要求准确使用概念、实例、数据和语言。宣传普及正确的理论，推广切实可行的技术和方法，要以全面和发展的观点来传播医学科学知识，做到观点正确、概念准确、数据可靠、推理严密。

（二）通俗性

医卫科普文失去通俗性，就会失去阅读对象。通俗性是指：第一，构思精妙、想象丰富。为增强吸引力与可读性，在结构方式或表现形式上要力求独特、新颖、有趣。常用的形式有：把人体器官、细菌等用第一人称"我"来自述；用对话体或第二人称"你"来对述，在互相问答讨论中把卫生知识介绍给读者；把某种疾病经历编成故事，借故事说明知识；借用诗词、典故、文学形象、民间谚语及精巧比喻等来漫谈医学保健知识等。第二，语言表述，方式多样。与其他说明文相比，医卫科普文在表达方式上常常有较多的描写、议论和抒情，并大量运用比喻、拟人、夸张、排比、借代、设问、反问等修辞手法，精心选择生动、优美、形象的词语和节奏鲜明、朗朗上口的语句，使人们在轻松愉悦的阅读中接受医学卫生知识。第三，深入浅出，给人新知。要善于把比较深奥的医学知识,特别是新的医疗理念、新的科学发现、新的技术进展介绍给没有多少专业功底的读者,使他们愿意读,能读懂,通过阅读获得新知。这就要求写作者要善于选取生活中有趣的事例,运用生动活泼的语言,编织富有哲理性和启迪性的有趣故事。如高士其的《笑》,将"笑"这种平常的生理现象作了深入浅出的介绍,从它的健康作用联想到它的辩证法、哲学、心理学、教育学、文学、艺术,直到它的社会意义,使人们在受到启迪的同时也获得了新鲜的知识。

(三)实用性

著名科普作家高士其指出:"普及有着广泛的实用价值,普及能够创造巨大的物质财富,科学技术正是通过普及的途径与手段而变为生产力的。"著名科学家茅以升热情赞扬"科普是传输科学技术的桥和船",医卫科普文无疑具有这种社会功能、社会价值,这就是它的实用性。而实用性的大小、社会价值的大小,又取决于作品的针对性、普及性和通俗性。医学卫生知识比起其他科学知识来,它的服务面更广。它涉及社会的各行各业,关系每个人的衣食住行和生老病死,因此它具有很强的社会性和群众性。疾病的发生和发展,跟季节、地域、人群和环境因素有着密切的关系,所以在进行医卫科普文写作的时候,必须注意时间、地域、人群和环境的针对性。

例文 1

笑

高士其

随着现代医学的发展,我们对于笑的认识,更加深刻了。

笑,是心情愉快的表现,对于健康是有益的。笑,是一种复杂的神经反射作用,当外界的一种笑料变成信号,通过感官传入大脑皮层,大脑皮层接到信号,就会立刻指挥肌肉或一部分肌肉动作起来。

小则嫣然一笑,笑容可掬,这不过是一种轻微的肌肉动作。一般的微笑,就是这样。

大则是爽朗的笑,放声的笑,不仅脸部肌肉在动作,就是发声器官也动作起来。捧腹大笑,手舞足蹈,甚至全身肌肉、骨骼都动员起来了。

笑在胸腔,能扩张胸肌,肺部加强了运动,使人呼吸正常。

笑在肚子里,腹肌收缩了而又张开,及时产生胃液,帮助消化,增进食欲,促进人体的新陈代谢。

笑在心脏,血管的肌肉加强了运动,使血液循环加强,淋巴循环加快,使人面色红润,神采奕奕。

笑在全身,全身肌肉都动作起来,兴奋之余,使人睡眠充足,精神饱满。

笑,也是一种运动,不断地变化发展。笑的声音有大有小;有远有近;有高有低;有粗有细。笑有快有慢;有真有假;有聪明的,有笨拙的;有柔和的,有粗暴的;有爽朗的,有娇嫩的;有现实的,有浪漫的;有冷笑,有热情的笑。如此等等,不一而足。这是笑的辩证法。

笑有笑的哲学。

笑的本质,是精神愉快。

笑的现象,是让笑容、笑声伴随着你的生活。

笑的形式,多种多样,千姿百态,无时不有,无处不在。

笑的内容,丰富多彩,包括人的一生。

笑话、笑料的题材,比比皆是,可以汇编成专集。

笑有笑的医学。笑能治病。神经衰弱的人,要多笑。

笑可以消除肌肉过分紧张的状况,防止疼痛。

笑也有一个限度,适可而止。有高血压和患有心肌梗塞毛病的病人,不宜大笑。

笑有笑的心理学。各行各业的人,对于笑都有他们自己的看法,都有他们的心理特点。售货员对顾客一笑,这笑是有礼貌的笑,使顾客感到温暖。

笑有笑的政治学。做政治思想工作的人,非有笑容不可,不能板着面孔。

笑有笑的教育学。孔子说:"学而时习之,不亦说乎!"这是孔子勉励他的门生们要勤奋学习。读书是一件快乐的事。我们在学校里,常常听到读书声,夹着笑声。

笑有笑的艺术。演员的笑,笑得那样惬意,那样开心,所以,人们在看喜剧、滑稽戏和马戏等表演时,剧场里总是笑声满座。笑有笑的文学,相声就是笑的文学。

笑有笑的诗歌。在春节期间,《人民日报》发表了有笑的诗。其内容是:"当你撕下八一年的第一张日历,你笑了,笑了,笑得这样甜蜜。是坚信:青春的树越长越葱茏?是祝愿:生命的花愈开愈艳丽?呵!在祖国新年建设的宏图中,你的笑一定是浓浓的春色一笔……"

笑,你是嘴边一朵花,在颈上花苑里开放。

你是脸上一朵云,在眉宇双目间飞翔。

你是美的姐妹,艺术家的娇儿。

你是爱的伴侣,生活有了爱情,你笑得更甜。笑,你是治病的良方,健康的朋友。

你是一种动力,推动工作与生产前进。

笑是一种个人的创造,也是一种集体生活情感融洽的表现。

笑是一件大好事,笑是建设社会主义精神文明的一个方面。

我这篇科学小品,再加上外国的资料,可以在大百科全书中,在笑的项目下,占有一席的地位。

让全人类都有笑意、笑容和笑声,把悲惨的世界变成欢乐的海洋。

(本文选自1981年4月15日《光明日报》,个别文字、标点有改动。)

【简评】 这是一篇文艺性医卫科普文。文章用比喻和拟人的手法,将"笑"这样一种平常的生理现象,从健康作用联想到哲学、医学、心理学、政治学、教育学、艺术、文学,直到它的社会意义,并寄托"让全人类都有笑意、笑容和笑声,把悲惨的世界变成欢乐的海洋"的美好愿望。文章短小精悍、富有哲理,用语亲切自然、生动优美。

例文2

血栓的自述

童一秒

我的名字叫血栓。在我们栓子大家族中排行老大,我有一个坏脾气,喜欢在人们的血管里横冲直撞,惹是生非,大家可得提防着点。

我出生在人们有病的心脏里。风心病、冠心病以及感染性心内膜炎患者的心脏是我最喜欢呆的地方。平时,我还挺老实,整天在病人的心脏里睡大觉,可当他们发生心房颤抖时,我就被震得受不了,就会发起脾气,跑出心脏,在血管里闯祸了。

当我来到血管里,就像进了黑洞洞的迷宫,自己也不知道该往哪儿跑,只得听天由命,任凭血液把我冲到陌生的地方。如果我闯进脑血管,就会引起脑栓塞,也就是平时大家所说的"中风";如果跑到心脏的冠状血管里,就会引起心肌梗塞;而到了肢体的血管,就会引起肢体缺血、坏死,严重时还得锯掉坏死的肢体。

不知为什么,我常常闯进大腿的股动脉,到了那里以后,想上上不去,想下下不来,血管被我挤得直哆嗦,原来在血管里的血液就会凝结成块。这时来自心脏的新鲜血液被我堵住,没法再给下肢运送营养品。病人常会突然感到下肢动脉剧烈疼痛,皮肤颜色变得苍白、温度明显下降、小腿和脚的感觉减退。检查时会发现下肢动脉搏动减弱或者消失。严重时肢体还会溃烂、坏死。人们通常把这种病称为"急性股动脉栓塞"。

有一次,我听医生说,得了动脉栓塞这种病,如果马上就诊(一般在6~8小时以内),肌肉组织还没有发生变性坏死,治疗效果一般都比较好。医生可以在病人的大腿根部打一点局部麻醉药,开一个小口子,然后往股动脉里插入一根带小气囊的导管。可别小看这根导管,当它头上的小气囊挤到我的身边,再由医生向导管灌进空气或盐水,就把我给紧紧地勒住了,一点也动弹不得,这时,医生慢慢地拉出导管,我也只得乖乖地被拖出血管。医生把我拖出来后,再用一些药,如尿激酶、肝素、低分子右旋糖酐等,就可以使下肢恢复血流,保住肢体了。如果就诊太晚,肌肉已经坏死,那医生也爱莫能助,只好截去坏死的肢体了。

  今天我把自己的脾气告诉大家,就是想请大家有所防备。凡是有心脏病、房颤的朋友,很可能我已经躲在你们的心脏里了,平时要积极治疗,按时服用医生开给你的药,尽可能定期到门诊复查。如果遇到下肢突然剧痛,伴有皮肤颜色苍白,温度降低,感觉减退,就有可能是我不安分守己,又在闯祸了,这时你就应该马上躺平,下肢稍微下垂,一般在15度左右。即使感到下肢发凉,也不要用热水擦洗,更不要用热水袋外敷(这一点必须切记),应当立即去医院急诊。在那里,血管外科医生会帮助您的。

【简评】 这篇知识性医卫科普文,介绍了血栓引起疾病的原因、症状表现以及防治措施等。文章采用拟人的手法,用"自述"的方式介绍血栓的知识,使内容的科学性与表达的生动性相结合,这是本文的突出特点。因为是"自述",所以在语言上给人以"倾诉心声"的亲切感,这也是本文的一大特色。

第三节　医卫文摘

  文摘是将文献内容以简练的形式写成的摘要,是向读者提供的浓缩情报,使读者能以较少的时间与精力,掌握有关文献的状况及其内容梗概。文摘是文献内容的简短总结,是信息传播的重要方式。医卫文摘是医疗卫生方面的论文、科技报告及科普文章的内容摘要和摘录,是传递医卫科技情报的重要手段。

  文摘兼有报道和检索两种作用,既可报道文献信息和科技动态,又可为读者提供找到这些文献资料的线索,因此,它既是获取科技信息的途径,也是检索有关文献资料的工具。特别是在医学科技发展迅速、信息量成倍增长的今天,用文摘的形式来传递医卫信息和掌握医卫情报,可以有效地节约广大医务工作者查阅文献资料的时间,使之能在较短的时间内看到较多、较全面的有关专业资料,掌握科技动态,从而大大提高医学科研的效率。

  文摘的种类很多,医卫文摘大致可分为以下四类:一是报道性文摘,又称概述式文摘,是将原文的主要内容概括地介绍给读者。它适用于文摘刊物刊载或作为学术论文的内容提要,也适用于技术报告和专利说明书等,篇幅一般在300字左右。二是指示性文摘,又称简介式文摘,这类文摘只介绍原文的主题范围和内容纲目,不涉及具体的数据、方法、结果和结论等,所以它只起检索作用。一般适用于篇幅过长或内容不太集中的文章(综述、评述、科研总结)及图书等,通常控制在100～200字。三是引语性文摘,又称片段式文摘,是摘编者根据需要将原文的有关重要句、段抄录下来而编制的文摘,常用于做文摘卡片或摘要式笔记。四是题录性文摘,又称索引式文摘,只将题录各项摘录出来,不摘内容,专为检索服务,供读者需要时查阅。如有些刊物每年最后一期总要刊登全年的总目次,即属题录式文摘。

一、医卫文摘的结构与内容

医卫文摘一般由题录、正文、署名三部分组成。

(一)题录

题录包括文题、原文作者、发表原文的期刊名称或出版单位、出版地、年份、卷(期)、起止页码。

(二)正文

医卫文摘的正文应该包括前言、方法、结果和结论等几部分。具体地说,文摘的第一部分应写明提出该课题的根据和研究目的。第二部分写明研究所用的材料和主要方法。第三部分是研究所得的主要结果,这一部分往往是文摘的主要部分,应该把原来文献中提供的信息尽可能多地反映出来,包括重要的数据,但原文中的图和表一般都不录入文摘中。文摘要求简明扼要,所以,对原文中结果的讨论不再摘录。摘录者如果认为原文中对某一问题的讨论很重要,也可以在文摘中写上"文中对……进行了讨论"。但文摘的最后部分应该写出原文的主要结论,这往往是一篇研究论文的归结点。特别在当前,文献的数量迅速增加,科研工作者要全部阅读与自己研究领域直接相关的文献,往往不可能,因此在读一篇文摘时,首先要看题目和写作者,然后再看一下文摘最后的结论,就可以大致抓住原文最核心的部分。文摘对原文引用的参考文献一般都不再转录,只有在少数情况下,文摘后面可列出一两篇参考文献。

(三)署名

指摘录者或摘译者及审核者的署名。署名可放在文末的括号内,也可另起一行署在文末的右下角。

二、医卫文摘写作应注意的事项

(一)客观性

首先,标题照录。文摘的题目应该和论文的题目完全相同,不应改动,否则读者看了文摘后无法查到原文。其次,真实客观。写作文摘要客观地归纳原文的内容,真实地反映写作者的观点,不能加入主观解释和评论,不作补充和解释性的说明,不能断章取义,以偏概全。一篇优秀的文摘,它是在忠实于原文阐明事实的基础上,把原文的内容浓缩成一篇语义连贯的完整短文。在二次出版物上它可以作为一篇独立的文章来发表,因此,文摘又被称作"二次文献"。

(二)时间性

所选用的文献最好是一年或半年以内的近期期刊。因为目前资料流转的速度较慢,出版周期较长,从搜集资料、写成原稿,到投寄稿件、付印成刊,再到发行传递,直到读者手中,至少需要一年左右的时间,而医学科学技术的发展却在日新月异变化着。所以若从一年以前的过期期刊上选题,即使内容很好,从时间性上来说,也不是最先进的,价值也不高。

(三)实用性

所选论题应力求适合我们的需要,符合我国的国情,特别是要选择那些对目前实际工作确有帮助或启发的内容,以及一些值得参考或借鉴的东西。

(四)情报性

有关国内外一些新的发明创造、研究方法、治疗手段、学术观点等,尽管有的目前还难以立即采用,但作为一种新的情报,它可以帮助我们及时掌握国内外一些新动向和新知识,也可以为某一课题的研究提供有价值的资料。

(五)新鲜性

主要是要注意避免与其他文摘的重复和雷同。文摘应挑选国内医卫界未见报道的一些有价值的东西,才能使人阅读后有新的收获。要想达到这一点,必须经常浏览群刊、搜集信息,做到心中有数。

(六)专业性

作为一名医卫专业人员,在不断充实、提高医学理论和医学技术水平的过程中,选题必须从本专业的范围着手。即使不是为了发表,对自己的业务提高也有很大帮助。结合专业进行选题的另一个优点是深刻了解本专业领域的"行情",知道哪些内容是新的、实用的、有价值的,有利于自己的工作和科研,为进一步提高医学科研水平提供帮助。

为了掌握最新的专业信息,要学会利用文摘类报刊。这些文摘类报刊也为我们学习文摘写作提供了丰富的范例。例如,《中国医学文摘·护理学》为《中国医学文摘》17个分册之一,所收文献来自国内公开发行的护理杂志、医药学杂志和医学院校学报,共200余种。每年摘录其中有关基础护理、专科护理、护理教育、护理科研、护理管理等方面的专业文章3000余篇。它是我国目前护理界知识密度最高、信息量最大、实用性最强、查找文献最方便的刊物。该刊每期有正文分类类目和使用说明,年终附有主题索引和著者索引,读者查阅十分方便。刊内条目采用文摘、简介、题录三种形式。每条文摘末尾均署文摘员姓名。文摘顺序号由6位数组成,前两位数表示年号,后四位数为流水号。每年流水号及页码连续编排(如:920024 护理专业生物化学课程结构的研究与改革/沈剑平/中华护理杂志/1991,26(6)•275～277)。此外,一些专业性期刊也辟有文摘栏目。如《健康报》《中华护理杂志》等。综合性文摘刊物有《报刊文摘》《中国剪报》《新华文献》等,其中也有医学方面的内容。

例文 3

四原发性癌一例/沈学明/中华肿瘤杂志/1989,11(5)•331

患者女,58 岁,1957 年咳嗽、痰血,行右下肺叶切除术,病理诊断为右肺腺癌 I 级。1969 年出现大量血尿,行肿瘤电灼切除,病理诊断为膀胱乳头状癌。1973 年因不规则的阴道出血而行全子宫切除术,病理诊断为子宫肌瘤及子宫内膜增生。1982 年 3 月因右乳头血性溢液、右乳腺出现渐增性肿块,行全乳切除术,病理诊断为右乳房派杰病,个别导管有癌。1987 年又因无痛性全程血尿,行部分膀胱切除术,病理诊断为膀胱移行细胞乳头状癌。两次膀胱癌,发生在同一脏器,但发生于完全不同的两个解剖部位,且两癌发生的时间间隔长达 18 年之久,可以排除癌复发或转移。四重癌极少见,本例在 30 年间先后发生四重癌更为特殊。

【简评】 这是一则概述式文摘。四原发性癌极少见,且本例在 30 年间先后发生于同一个脏器更为罕见,具有较强的学术性和报道性。本文内容高度概括,格式规范,层次清楚,语言严谨。

附:

例文 3 原文　　　　四原发性癌一例

患者女,58 岁,1957 年因咳嗽、痰血,胸片见右中下肺块影,旋行右中下肺叶切除术,病理诊断:右肺腺癌 I 级。1969 年出现大量血尿,膀胱镜检查发现左输尿管口外方有两个小乳头状肿物,蒂细小。行肿瘤电灼切除,病理诊断:膀胱乳头状癌。术后以噻替哌膀胱灌注一疗程。1973 年因不规则的阴道出血而行全子宫切除术,病理诊断:子宫肌瘤及子宫内膜增生。1982 年 3 月因右乳头血性溢液,右乳腺出现渐增性肿块 2 个月入院。查体:右乳头轻度糜烂,右乳外上方触及 2cm×3cm 肿块,质硬,活动;同侧腋窝及锁骨上淋巴结未及。行全乳切除术,病理诊断:右乳房派杰病,个别导管有癌。术后行右乳淋巴引流区 60Co 外照射。1987 年 7 月因无痛性肉眼全程血尿 1 周再次入院。膀胱镜检查:膀胱三角区偏右处可见新生物,活检报告:膀胱移行细胞乳头状癌。8 月行膀胱部分切除术,术中探查膀胱,于右输尿管口外上方 1.5cm 处发现 2.5cm×3cm 乳头状新生物,有蒂。术后恢复良好,病理诊断:膀胱移行细胞

> 乳头状癌。随访1年健在。
>
> 　　四原发性癌极少见,本例在30年间先后发生四原发性癌更为特殊。第2、4原发癌尽管病理类型相同,发生在同一脏器,但发生于膀胱完全不同的两个解剖部位,且两癌发生的时间间隔长达18年之久,按照刘复生提出的多原发癌的诊断标准,可以排除癌复发或转移。

例文4

　　　　穴位封闭治疗顽固性腹泻/王振海/医学科普/1991,(5)·35

　　作者在临床实践中应用穴位封闭治疗顽固性腹泻,取得较满意的效果。药物配方:维生素B12～4ml,如有阵发性腹痛者加0.5%的阿托品1ml。取穴及方法:穴位:足阳明胃经,双侧在足三里略下0.5～1cm,胫骨外开1寸。方法:可用8号式长针头,局部常规消毒后进针,由外向内斜刺,一般深度2～4寸。进针后可以上下提擦,大幅度捻转,有酸胀感并充分得气后,快速边拔针边推进药物。

【简评】　这是一则片段式文摘。写作者根据需要对原文的有关内容进行必要的节录,具有较高的检索和保存价值。文章客观性、实用性强,内容详略得当,语言简短明确。

> 附:
>
> **例文4原文　　穴位封闭治疗顽固性腹泻**
>
> 　　腹泻——是临床常见多发病之一。主要是长期或反复发作的大便次数增多,粪便稀薄,含有黏液,常伴有程度不一的腹部疼痛。临床上常常应用一些解痉止痛、助消化、消炎等药物治疗,效果不理想。腹泻的发生过程比较复杂,主要是因肠道的炎症、消化吸收障碍及胃肠功能紊乱等,使肠壁炎性分泌物增多,肠蠕动亢进,肠内容物通过加快,营养吸收不良而致。
>
> 　　临床上我们对于顽固性腹泻的治疗,应用穴位封闭取得较满意的效果。
>
> 　　药物配方:维生素B12～4毫升,如有阵发性腹痛者加0.5%的阿托品1毫升。
>
> 　　取穴及方法:穴位:足阳明胃经,双侧在足三里略下0.5～1厘米,胫骨外开1寸。方法:可用8号式长针头,局部常规消毒后进针,由外向内斜刺,一般深度2～4寸。进针后可以上下提擦,大幅度捻转,有酸胀感并充分得气后,快速边拔针边推进药物。

> 按中医的经络学说，经络不但对内脏有特殊密切的连贯传导作用，而且对人体具有抗御外邪、通达气血、运输营养、维持正常功能活动的重要作用。
>
> 腹泻发生后，肠失去正常功能，内脏神经受刺激，有关经络常常会发生一些异常反应。一般在足阳明胃经以下出现反应点。根据经络传导作用的原理，给予治疗性刺激，传导到有关部位和内脏，发挥人体自身的调节功能，使气血运行通畅，去邪扶正，达到促使肠功能恢复正常的目的。
>
> 维生素 B1 虽然有营养神经、促使神经代谢的作用，但对局部刺激较强。阿托品对肠道有解痉止痛和收敛作用，如有延续药给予经络封闭，可进一步提高治疗效果。

第四节 护理记录

护理记录是护理文书的统称，是护理人员对病人的病情观察和实施护理措施的原始文字记载，主要包括体温单、医嘱单、特别护理记录单和病室报告。护理人员及时、准确、完整地作好各种护理记录，是临床护理工作一个重要的组成部分，是对病人、对工作的责任，也是对道义、对法律的责任。

护理记录在临床工作中具有重要作用。

(1)信息载体。护理记录动态、连续、全面地记录与保留病人的病情发展、心理变化及相关资料，以及治疗、护理的全过程。它最主要的作用是为医护人员了解、沟通情况，提高医疗护理质量提供及时、准确、翔实、可靠的信息。

(2)研究资料。完整的护理记录是护理科研的重要资料，对临床回顾性研究具有重要的参考价值。同时，它也为流行病学研究、传染病管理、防病调查等提供了统计学方面的原始资料，是卫生主管部门制订方针政策的重要依据。

(3)教学资源。一份标准、完整的护理记录可使学生看到理论在实践中的具体应用，是教学的最好教材。一些特殊病例还可用作护理个案分析与讨论。

(4)考核凭据。整体护理表格的填写、危重病人护理观察记录等可反映出护理服务及技术质量，各项护理记录既是评定医院管理水平的重要信息资料，又是医院考核临床科室和护理人员工作情况的重要参考资料。

(5)法律依据。护理记录反映了病人住院期间病情发展、变化和接受治疗、护理的具体情形，在法律上可作为医疗纠纷、保险索赔、犯罪刑案等方面的有效证据。因此，只有认真书写护理记录、保存好护理记录，才能保护护理人员的合法权益。

一、护理记录的结构与内容

护理记录的书写包括体温单、医嘱单、病室报告、病人入院及出院护理评估单、特别护理记录单等。近年来,随着整体护理的开展,填写各类护理表格也成为护理人员必须掌握的护理记录内容。

(一)体温单

体温单以图表的形式记载病人各项生命体征(体温、脉搏、呼吸、血压)及其变化过程,反映病人入院、手术、分娩、出院、转科或死亡时间,以及大便、液体出入量、体重等情况,是病人病情重要事项的索引,住院期间排列在病历最前面。体温单由护士负责及时填写相关内容,并绘制体温、脉搏、呼吸曲线等。

(二)医嘱单

医嘱单记载医生直接开写的医嘱,包括长期医嘱、临时医嘱和备用医嘱。医嘱单以表格的形式记载书写及执行医嘱的日期、时间、病人姓名、床号、护理常规、护理级别、饮食、体位、药物、各种治疗、检查及医生、护士的签名。医嘱单是护理人员执行医嘱的依据,护士负责记录医嘱的执行情况,并对医嘱单进行整理。

(三)病室报告

病室报告亦称交班记录,是值班护士对值班期间病区情况及重点患者病情动态变化的书面交班报告。值班护士负责填写患者总数、入院、转入、出院、转出、手术、分娩、病危、死亡人数,重点写明新入院或转入病人、危重病人、已手术病人、产妇、预备手术病人、待行特殊检查或特殊治疗病人、老年病人、小儿和生活不能自理的病人的病情及病情变化、心理状态和需要接班者重点观察、完成的事项。

通过阅读交班记录,接班护士可全面掌握病区患者情况,了解病区全天的工作动态,明确需要重点观察的患者和实施的治疗护理措施。

(四)护理记录单

护理记录单是护士对住院病人的护理记录。记录内容包括病人的姓名、性别、年龄、科别、住院病历号(或病案号)、床号、页码、记录日期和时间,以及体温、脉搏、呼吸、血压、意识、瞳孔、出入液量等病情动态变化;采取的治疗、护理措施以及患者的反应、效果等。危重、大手术后或特殊治疗须严密观察病情的病人,应作好详细的护理记录,以便及时了解病情变化、观察治疗或抢救后的效果。

二、护理记录写作应注意的事项

(一)及时准确

各种护理记录要及时反映病人病情变化和护理工作实际,执行任何治疗、护理后都应立即记录,以保证记录的时效性,留下最新资料。不能因事务繁忙忽略记录,事后再根据回忆记录大概、可能的情况;也不能因担心漏记将拟做而未做的内容提前记录,更不能请他人代为记录,记录者必须是执行者。病情变化较快的危重病人,或使用特殊药物需要密切观察的患者,应每隔 15～30 分钟记录一次,以便及时发现病情变化,及时处理。

护理记录必须准确无误,符合病人客观情况,符合治疗护理的实际过程。准确性是建立在真实性基础上的,只有通过经常巡视和密切观察,才能作出准确、具体、真实的病情记录。记录时要避免使用含糊不清的字词,如"患者血压较高",应注明患者具体的血压值。记录内容应为客观事实,尤其对病人的主诉和行为应真实描述,不能有护理人员的主观解释和偏见,如"病人拒绝更换卧位"则不能记为"不合作",后者是护士的主观判定。

(二)规范完整

各种护理记录要按照规定的书写内容、书写顺序和书写要求完成,逐项填写,避免遗漏。护理记录应该是完整的、连续的和动态的,一个病人从入院到出院(或死亡)的所有病情变化、围绕该病人所做的各项护理工作都应有记录。

书写护理记录要认真、仔细,字体的颜色、各种记录符号和标记方法的运用,都要符合规范。绘制各种表格,要位置恰当,圈圆线直,点线分明。书写中注意衔接紧密,每项记录后应紧接着签全名,不留空白,以防添加。记录时间时,应为实际给予药物、治疗、护理的时间,而非事先排定的时间。

(三)简明扼要

护理记录应条理清晰,简洁流畅,以方便护理人员快速获取所需信息,节约时间。书写时要抓住重点,如危重病人的病情记录和抢救记录,不需要把病人的全部情况一一罗列,只要重点记录病情变化的经过,如神志、血压、脉搏、瞳孔等变化,按时间顺序记录抢救过程中所采取的主要措施。

叙述的文字要简洁,句子要力避铺陈繁杂,不使用过长的定语或可有可无的句子成分。选用的词语要精练,尽量使用规范的术语或简称,避免用"比较正常""基本好转"一类含糊其辞的语言。

(四)字迹清楚

护理记录关系病人的生命与健康,也关系法律责任,一定要注意文面清洁,用字规范,书写工整,字迹清晰,易于辨认。不能因潦草而出现"左""右"二字难辨,因使用错别字产生"预后"与"愈后"不明,因误写导致"阳性"与"阴性"颠倒之类的错误,影响病人治疗甚至引起医疗事故。

书写好的护理记录不能随意涂改、剪裁、补贴。书写有错误,不能用墨水涂抹、修正液掩盖、刀片刮除或在原字上反复涂描。正确的修改方法是在保持原记录的同时,在错字上画两条横线,在错字的上方写出正确的字,并签全名。如果错误较多,应由原记录者重抄,不能让他人代劳。

例文 5

病室报告

日期:2007 年 6 月 16 日　　　　　　　　　　　　　　　　　　　　科别:内科

病人变动情况 / 病情记录			日班	中班	夜班
			总数 34　入院 1　出院 1	总数 34　入院 1　出院 0	总数 34　入院 1　出院 0
			转出 0　转入 0　手术 0	转出 0　转入 0　手术 0	转出 0　转入 0　手术 0
			出生 0　病危 1　死亡 0	出生 0　病危 1　死亡 0	出生 0　病危 1　死亡 0
床号	姓名	诊断			
3	唐进远	高血压病	于今日 10am 出院		
13	朱荣瑞	冠心病"新"	患者,男,74 岁,于 9am 入院,T36℃ P70 次/min,R20 次/min,BP150/100mmHg。主诉:劳累后胸闷、气短 1 周,加重 7h。入院后给予一级护理,低盐低脂饮食,10%葡萄糖 250ml 加葛根素 0.4g,门冬氨酸钾镁 30ml 静滴,西地兰 0.2mg 速尿 20mg 入壶。现补液已结束,嘱患者绝对卧床休息,请继续观察病情变化。	6pm T36.3℃,P72 次/min,R2 次/min,BP140/80mmHg,诉偶感胸闷,给予低流量间断吸氧,现患者半卧位休息,请继续观察病情变化。	T36.6℃,P74 次/min,R18 次/min,BP110/60mmHg,于 2am 自诉入睡困难,给予安定 5mg 口服,30min 后安静入睡。

续表

23	刘瑞光	急性前壁心肌梗死"危""危"	10am T36℃, P84次/min, R20次/min, BP110/80mmHg。患者半卧休息,诉心慌、乏力、精神紧张,给予精神安慰,输液泵输入5%葡萄糖250ml加硝酸甘油10mg,速度30ml/h,液体未输完,嘱患者卧床休息,给予间断吸氧,心电监护提示窦性心律, HP波动在84～90次/min,请继续观察病情。	6pm T36.5℃, P86次/min, R2次/min, BP110/80mmHg, 未诉特殊不适、心电监测HR82～96次/min,窦性心律,请继续观察病情变化。	6am T36℃ P90次/min, R20次/min, BP100/80mmHg, 患者夜间睡眠较好,仍嘱其卧床休息,给予低流量吸氧,心电监护HR86～91次/min。
			签名:刘燕	签名:谢小梅	签名:王灿

【简评】 这份病室报告对病人变动情况逐项填写清楚,病情记录详细,药物名称、计量单位使用规范,文字简洁流畅,重点突出,用语准确,尤其是接班护士提出的观察重点明确具体。同时,中班、夜班填写的所有内容均按照规定用红笔书写,新病人、危重病人也用红笔表明,是一份符合要求的规范的护理记录。

例文 6

护理记录单

姓名 __高敏__   科别 __皮肤科__   床号 __18__   住院病历号 __592358__

2007/18/8 3:30 pm

  T37.2 P84 R20 BP156/86 诉右侧头面部阵发性疼痛,给予芬必得0.3g口服;皮疹处给予0.08%的庆大霉素生理盐水持续性冷湿敷,指导患者湿敷方法。

张雅

19/8 8:00am

  昨夜患者睡眠差,今晨进食少,右眼部有少许新出现的水疱,疼痛明显,给予阿昔洛韦眼药水滴双眼,嘱患者安心治疗,进易消化、高蛋白饮食。

王晶

20/8　10:00am	
右眼睑红肿明显消退,未出现新的皮疹,疼痛减轻。	
	张雅
21/8　10:00am	
右眼睑红肿基本消退,水疱已结痂,疼痛明显减轻。	
	王晶
22/8　10:00am	
皮疹干燥,痂皮部分脱落,但仍诉疼痛,给予 He — Ne 激光局部照射。	
	张雅
23/8　10:00am	
皮疹痊愈,疼痛消失,明日出院,向患者作出院指导(饮食、休息、用药)。	
	张雅

【简评】　这是一份住院病人的护理记录单。记录了患者入院到出院整个疗程所采取的治疗、护理措施以及患者的反应、效果等情况。写得简明扼要,具体准确,语体规范,文面整洁。

第五节　医卫综述

医卫综述是写作者以医疗卫生方面的某一专题为中心,从一个学术侧面,围绕某个问题,收集一定时期的最新文献和有关资料,以自己的实践经验为基础,进行消化整理、综合归纳、分析提炼而写成的概述性、评述性专题学术论文。它最显著的特点是夹叙夹议。

医卫综述是医学科研工作过程中不可缺少的一个步骤。它能全面系统地反映国内外医学领域某一方面的发展历史、当前的状况及发展趋势,使读者在较短的时间内就可以了解某一方面的概貌,从而借鉴新的方法,了解自己所研究课题的水平。医卫综述的特点:

(1)综合性。综述既要以某一专题的发展为纵线,反映当前课题的进展;又要从本单位、省内、国内到国外,进行横的比较。只有如此,文章才会占有大量素材,经过综合分析、归纳整理,使材料更精练、更明确、更有层次和逻辑,进而把握本专题发展规律和预测发展趋势。

(2)评述性。评述性是指比较专门地、全面深入系统地论述某一方面问题,对所综述的内容进行综合、分析、评价,反映写作者的观点和见解,并与综述的内容构成整体。一般来说,综述应有写作者的观点。

(3)先进性。综述不是写学科发展的历史,而是要搜集最新资料,获取最新内容,将最新的医卫信息和科研动向及时传递给读者。

一、医卫综述的结构与内容

医卫综述一般包括标题、著者、摘要、关键词、正文、参考文献几部分。其中正文部分由前言、主体和总结组成。

(一)前言(引言、导言)

用二三百字的篇幅,以前言的形式提出问题,包括写作目的、意义和作用,综述问题的历史、资料来源、现状和发展动态、有关概念和定义,选择这一专题的目的和动机、应用价值和实践意义。如果属于争论性课题,要指明争论的焦点所在。

(二)主体

主体部分主要包括论据和论证。通过提出问题、分析问题和解决问题,比较各种观点的异同及其理论根据,从而反映写作者的见解。为把问题说透彻,可分为若干个小标题分述。这部分应包括历史发展、现状分析和趋向预测几个方面内容。

1. 历史发展

要按时间顺序,简要说明这一课题的提出及历史阶段的发展状况,体现各阶段的研究水平。

2. 现状分析

介绍国内外本课题的研究现状及各派观点,包括作者本人的观点。将归纳、整理的科学事实和资料进行排列,并作出必要的分析。对有创造性和发展前途的理论或假说要详细介绍,并引出论据;对有争论的问题要介绍各家观点或学说,进行比较,指出问题的焦点和可能的发展趋势,并提出自己的看法;对陈旧的、过时的或已被否定的观点可从简;对一般读者所熟知的问题只要提及即可。

3. 趋向预测

在纵横对比中肯定所综述课题的研究水平、存在问题和不同观点,提出展望性意见。这部分内容要写得客观、准确,不但要指明方向,而且要提示捷径,为有志于攀登新高峰者搭梯铺路。

主体部分没有固定的格式,有的按问题的发展历史依年代顺序介绍,也有的按问题的现状加以阐述。不论哪种方式,都应比较各家学说及论据,阐明有关问题的历史背景、现状和发展方向。

(三)总结

总结部分主要是对主体部分所阐述的主要内容进行概括,重点评议,得出结论。最好是提出自己的见解,表明赞成什么,反对什么。

(四)参考文献

写综述应有足够的参考文献,这是撰写综述的基础。参考文献除表示尊重被引证者的劳动及表明文章引用资料的根据外,更重要的是为读者提供查找有关文献的线索。综述是通过对各种观点的比较来说明问题的,不可能将每一问题都全面反映出来。读者如有兴趣深入研究,可按参考文献查阅原文。

二、医卫综述写作应注意的事项

(一)广集资料

文献资料是综述的基础,搜集文献应注意时间性,必须是近一两年的新内容,四五年前的资料一般不应过多列入。查找文献资料的方法有两种:一种是根据自己所选定的题目,查找内容较完善的近期期刊,再按照文献后面的参考文献,去收集原始资料。通过这种"滚雪球"式的查找文献法,可收集到自己所需要的大量文献。这是一种比较简便易行的查阅文献法,许多初学综述写作者都是这样开始的。另一种较为省时省力的科学方法,是通过检索工具书查阅文献。常用的检索工具书有文摘和索引类期刊,通过它们能较快找到需要的文献。此外,在平时的工作学习中,随时积累,做好读书文摘或笔记,以备用时查找,可起到拾遗补缺的作用。

(二)钻研文献

撰写医卫综述要深刻理解参考文献的内涵,做到论必有据,忠于原著,让事实说话。作者必须通读、细读、精读文献资料的原文,并对阅读过的资料进行加工处理,这是写综述的必要准备过程。要根据综述的选题,对阅读时所做的文摘卡片或笔记进行整理,分类编排,使之系列化、条理化。然后再对整理好的资料轮廓进行科学分析,最后结合自己的实践经验,写出自己的观点与体会,这样客观资料中就融进了主观资料。

(三)有述有评

写医卫综述,要处理好"述"和"评"的关系,不能只"述"不"评"。综述的内容切忌面面俱到,成为堆积罗列大量材料的拼盘。浏览式的综述,对读者收益不大。综述一定要有作者自己的综合和归纳,有作者自己的观点。而这些观点必须来自对所掌握资料的全面客观分析。一篇好的医卫综述,应当"述""评"结合,既有骨又有肉,既有观点又有材料,能给读者新的知识、新的启迪。

(四)善于表达

写医卫综述,要注意内容的先进性、科学性和实用性。作者在写作时思路要清晰,先写什么,后写什么,写到什么程度,前后如何呼应,都要有一个统一的构思。行文中力求做到论点鲜明而又有确切的依据,阐述层次清晰而又合乎逻辑,表达上做到内容具体,语言流畅,文字精练,笔调生动。这样的综述才会受人欢迎,发挥应有的作用。

例文7

人文护理在护理工作中的应用

贾艳　朱丹

早在一百多年前,护理学创始人南丁格尔就曾说过:"要使千差万别的人,都达到治疗和健康所需要的最佳身心状态,本身就是一项最精细的艺术。"这其中就包含有人文的思想在里面。现今知识经济时代对人才的要求是人文素质与科学素质的有机结合。护理既是高科技、高技术含量的知识密集型行业,又是一项最具有人性、最富人情的工作;它必须是科技性和人文性的完美结合和统一[1]。本文就人文护理在护理工作中的应用现状综述如下:

1. 人文、人文学科、人文精神、人文素质及人文护理的内涵

人文是指人类社会的各种文化现象,其实质是一种文化。没有人文,人充其量就是努力地完成某一项工作,这样的人人格非理性化,世界观、价值观平庸化,缺乏专业责任感和使命感[1]。人文学科则是指哲学、语言、文学、心理学、伦理学、历史学等不同学科知识体系的总和,它从不同侧面反映了人类对自己的精神世界,对人与人的关系、人与社会的关系、人与自然的关系,对真善美的创造与享受的认识水平和实践水平。人文精神是指人类文化创造的价值和理想,是指向人的主体生命层面的终极关怀[2]。在护理工作中,人文精神集中体现患者的价值,即对患者的生命与健康、权利和需求、人格和尊严的关心和关注,它既可以体现为整体护理内部环境所需的人性氛围,也可显现为护士个体的素养和品格[1]。人文素质包括人文知识和人文精神,是由知识、能力、观念、情感、意志等多种因素综合而成的个人内在品质,表现为一个人的人格、气质、修养,成为个人相对稳定的内在品质[3]。人文素质是一个人综合素质的重要体现,是人的整体素质的一个重要方面,是人们所具备的基本素质中运用学习文化而形成的一种基本属性,其养成主要得力于学习哲学、史学、文学、语言学、心理学、艺术学及文体实践等[4]。人文素质要求现代医护人员具有广博的知识、高尚的道德、积极而稳定的情

绪、良好的性格、良好的沟通技巧、良好的人际交往能力[5]。人文护理则是指具备良好人文素质的护理人员对护理对象进行的具有人文关怀的护理。

2. 人文护理在护理工作中的重要性

2.1 加强人文护理是护理服务对象扩展的需要

护理从治疗扩大到预防,从生理扩大到心理,从个体扩大到社会。这就要求护理人员的综合素质必须提高,在掌握医护专业知识的同时,还必须掌握心理学、伦理学、社会学等人文学科知识。

2.2 加强人文护理是临床整体护理的需要

整体护理重视患者生理、心理需要,侧重于护理的文化内涵,将人类学、社会学、伦理学、心理学等多学科融合于护理学中,强调护理工作的全面性和完整性[6]。加强护理管理,完善护理程序,强化护士的责任心等都是整体护理向纵深发展不可缺少的促进要素,而人文护理始终是整体护理向纵深发展的内在动力和灵魂。

2.3 加强人文护理是由护理专业的特点决定的

护理服务的对象是人,护理学的本质属性就包含人文性,它是研究并最终服务于人的科学,是自然科学与人文社会科学高度综合的复合体[6]。现代研究表明,患者在患病期间,除对生理需要更强烈外,当然也存在不同程度的刺激需要、安全需要、爱与归属的需要、自尊和自我实现的需要[7]。人文文化的渗入将使医学科技形成某种协调,从而完善科学技术,完成人文与科技的互补[3]。人文护理也必然是护理专业必有的内容。

3. 护理人员与人文护理工作

3.1 护理人员对人文护理重要性的认识

在以患者为中心的整体护理思想指导下,护理人员只有具备正确的人生观、价值观和崇高的道德情操,才能忠诚于护理事业,把毕生的精力奉献给每位患者[8]。近年来,护理人员对人文护理重要性的认识有所提高。史瑞芬等[9]对学校开设《护理人际学》这门课的调查结果表明,100%护生认为开设这门课程很有必要,60.40%护生认为教学内容很实用,98%护生认为这种训练方式使自己的人际沟通能力有较大的提高。另有调查表明,在设置关爱课程的态度上,在校护生认为很有必要占53.49%,有必要占30.23%;临床实习护生认为很有必要占81.97%,有必要占11.00%[10]。目前,一种体现护患、医患、患际、医际及护际、医护间的温馨、和谐、指导、互助互爱的家庭式人文氛围正被现代模式病房倡导和推崇[11]。

3.2 人文护理在护理工作中的应用成果

3.2.1 人文护理的开展提高了护理人员的自身素质。人文护理的开展使护理人员对工作、生活及职业形象的认知都有了明显改观,其业务素质亦相应提高。研究表明,首先,人文护理的开展改变了护士的需求层次,使其精神面貌积极向上,提高了护士对工作的认同感;其次,人文护理的开展不仅能挖掘护理人员的个人潜能,激发她们的工作热情,而且为每个个体提供充分展示自己才能的机会,从而增强护理人员生活的幸福感;再者,人文护理的开展不仅使护理人员认识到自身形象的价值,同时也促使她们自觉、主动地维护自身形象,从而提高护士的职业形象;最后,人文护理的开展,通过制订以患者为中心的质量保证计划、业务发展计划,使工作更具有科学性、创新性,从而促进护士业务技能的巩固和素质的提高[12]。因此,人文护理的开展,拓展了护理人员的知识面,丰富了护理人员的情感体验,增强了护理人员的责任心,提高了护理人员的自身素质。

3.2.2 人文护理的实施促进了护理管理的发展。人文护理通过提升护理人员的整体素质,从而提升护理人员的人文素养,使护理工作成为护理人员的自觉行为及体现其人生价值的必要途径,使护理管理不再是强制性手段,而是护理人员从事护理工作的必要保障。在护理管理中通过建立人文护理的物质层、制度层、精神层来开展人文护理,而人文护理的开展反过来又有利于现代护理规章制度的建立,有利于提高护士的整体素质,促进护理质量可持续发展[13],从而提高护理管理的效率和质量。

3.2.3 人文护理的开展提高了患者的满意度。人文护理既关注患者的身体层面,又对患者的精神层面给予关心和关注,它既表现在护士个体的素养和品质中,又表现在人文护理所提供的整个人文氛围中。人文护理充分体现患者的价值,可提高患者的满意度。人文护理通过提高护士职业形象、专业水平和技术水平,满足患者对疾病及心理的护理需求,并通过社会支持调整患者的社会关系,促进护理质量的持续性提高,从而提高患者对护士职业形象的满意度。

3.2.4 人文护理的实施提升了医院的形象。人文护理开展下的护士群体所展示的精神风貌、伦理道德、行事风格,以及以质量保证为目标的护理管理模式,优秀的护理工作模式,营造了一种稳定的以患者为中心的医院文化环境,可改善医院的形象,拓宽医疗市场[13]。

4. 影响人文护理开展的因素

4.1 护理教育

教育观念、教师素质、课程设置、教学内容、教学方法及护生对人文课的态度等方面都制约人文护理的良性发展。中国教育中人文教育的相对薄弱导致护士缺乏人文精神,这造成护理理念与职责内涵内化障碍,直接影响人文护理[1]。国内医学院校的人文社会科学课程学时大约只占总学时的8%,并且以意识形态教育类课程为主;而国外医学院校的医学课程基本上由自然科学、社会人文科学、医学三大类组成,其中医学人文课程占总学时的比例,以美国、德国为多,达20%~25%[14],英国、日本为10%~15%。由此可见我国院校开设的人文科目偏少,课程开设形式不合理,课程设置不齐全[15],往往重视医学基础知识,忽视人文社科知识。另外,同基础课、临床课相比,学生认为人文、社会学知识不太重要。

4.2 临床护理

一方面,在医院管理上,没有把人文护理放在一个适当的认识高度,没有从制度上构建一个人文护理开展与实施的平台。另一方面,目前,护士职业满意度低,护士数量严重不足,床护比例倒置,工作超负荷,这也是护士在工作中与患者有效沟通及实施人文护理的直接制约和影响因素,护士常忙于完成技术性护理操作而忽略患者心理和情感需要的满足。

4.3 护理人员自身

一方面,由于护理人员对人文护理的重要性认识不足,导致对其重视程度不够,在临床护理上,人文护理并未像生活护理及技术护理那样纳入护理人员的工作职责;另一方面,护理人员由于所受人文教育相对薄弱,人文知识积累少,人文方面的情感体验也相对少,因此即使在临床上有足够的时间做人文护理,护理人员也不可能有足够的人文知识储备和人文素养来提升人文护理开展的深度。

5. 加强人文护理实施的建议

①要从教育理念上充分认识到"立业先立人",把人文学科的教育纳入护理核心范围,加强师资培养,充分运用教师的人格力量,提高整体素质,并构建多层次、立体的课程体系,形成立体化的人文教育框架。②人文素质的培养需要终身教育、培养与学习。人文素质的培养重在实践,在人文领域,情感体验永远比理论对人的影响大[16]。③人文素质的培养不仅仅依赖于课程教学,人文关怀也应融入整个护理教学和临床护理活动中,在临床教学与护理实践中建构人文关怀氛围。这对人文护理也有着重要作用。④人文护理重在建设,医院领导应重视人文精神的培养,积极营造浓厚的文化氛围,开拓人文环境,为人文护理的开展构建管理平台。一方面,应该把敬业精神、服务意识、自身学历、科研创新能力、专业论文的质量、业务水平等作为选拔护理拔尖人才的硬指标[14];另一方面,应建立开展人文护理的计划体系,制订实施内容,定期进行检查、评价、反馈,及时纠正偏差,并与激励机制相结合,以强化"全员、全面、全程"的管理方法。

护理学以人为服务对象,负担着保护人类健康和救死扶伤的神圣使命,是一门最富人文关怀和人性温暖的学科。通过人文护理不仅可促进护理人员的自身发展,也可使患者得到更好的护理照顾。但目前人文护理在临床中并未像生活护理及技术护理那样纳入护理人员的工作职责,加上人文护理虽然能加快患者的身心康复,但并不能起到直接治疗疾病的作用,往往受到轻视。期待在护理研究、教育和临床各个方面对人文护理给予重视,将其真正应用于临床护理,发挥护理的独特功能,从而全面提升护理服务质量。

参考文献

[1] 梁立.开设《护士人文修养》教程——护士人文教育创新的思考与实践[J].实用临床医药杂志,2005,9(2):54~55.

[2] 程红梅.护理模式转变与护士人文素质教育的思考[J].中华临床医药杂志,2005,6(2):112~113.

[3] 张亚男,林彦山.论现代护理教学中的人文素质教育[J].护理学杂志,2004,19(1):28~30.

[4] 宣扬,申正付.医学生人文素质缺陷与对策[J].中国高等医学教育,1997,(4):16.

[5] 袁耿清.医用心理学[M].南京:东南大学出版社,1991:212~217.

[6] 何宇芬,谭斌.浅谈临床护理队伍的人文素质教育[J].中华实用中西医杂志,2004,4(17):1407~1408.

[7] 卢美秀,许淑莲.现代护理实务全书[M].深圳:海天出版社,1998:35.

[8] 陈峰,腾桂臻,王永春.浅谈护士素质与病人健康[J].实用护理杂志,2000,16(10):55~56.

[9] 史瑞芬,唐弋,曾丽芳.护生临床人际沟通能力的培养[J].护理学杂志,2003,18(4):301~302.

[10] 吴亚君,冯金娥.人文护理和护士关爱行为[J].实用护理杂志,2003,19(5):58~59.

[11] 吴赛云.护士人文素养在整体护理中的实践意义[J].医学文选,2004,23(1):89~90.

[12] 张建凤,于卫华,陈社新,等.临床护理实践中的护理文化建设探讨[J].实用护理杂志,2003,19(1):63~64.

[13] 余梅,张建凤.护理文化建设在护理管理中的应用[J].现代护理,2001,7(1):48~49.

[14] 孙英梅,岩磊,张甦,等.现代医学教育中医学生人文素质教育的几

点思考[J].中国医学论理学,2002,16(4):56～57.

[15]蔡江兵,唐淑英.现代护理教育中人文素质教育思考[J].护理学杂志,2003,18(7):527～528.

[16]贾启艾.护理学的人文底蕴[J].护理研究,2002,16(2):63～65.

（选自《护理学杂志》2006年9月第21卷第17期,略有改动。）

【简评】 本文全面阐述了人文护理的内涵及其在护理工作中的重要性、应用现状,详细分析了影响人文护理展开及实施的因素,并提出了加强人文护理实施的建议,具有一定的前瞻性,为将人文护理更好地应用于临床实践提供了指导性依据。文章资料先进翔实,内容充实客观,条理清楚,结构完整,符合医卫综述的写作要求。阅读时应重点把握本文评述结合的特点。

例文8

一场意义深远的大讨论①
——兼作《我谈安乐死》专栏结束语
周方正

一起看来是普普通通的偶发事件,经过新闻媒介一传播,有时竟能激起颇为壮观的社会波澜。1986年6月陕西汉中发生的一起安乐死事件,至今牵动着千千万万人的心,便是最好的佐证。

本报自今年②4月始,在《读者来信》版内特辟《我谈安乐死》专栏,近4个月便收到读者来信500余件。参与讨论的除医务人员外,还有党政干部、厂矿职工、乡村农民、部队官兵、学校师生;一些重病患者及家属也尽吐衷肠。他们或联系国情,或结合法律,或以耳闻目睹,或用现身说法,从实践和理论上畅谈安乐死的价值及可行与否,来信之多,论述之精,涉及面之广,情词之切,是编者始料未及的。由于版面所限,我们只能从各种不同角度,选择有代表性的文章刊登。余稿掩玉埋金③,自属难免,敬希读者谅察④。

"安乐死"一词,出自希腊文Euthanasia,意即"安逸死亡"。有人说它是舶来品⑤,在中国还算是一件新鲜事。一位从医40余年的专家说,他是近2年才听到"安乐死"这个词的。然而,安乐死公诸报端后,便迅速吸引了广大读者的注意,从本报接到的来稿分析,居然有90%的读者赞赏它、支持它。他们认为,安乐死是"解除死前痛苦的最佳选择"、"解除死前痛苦比延长生命更重要",因此,安乐死符合人道主义精神。从优生学和生命价值来说,安乐死"使生命更具有意义和光彩"。从维护人的尊严看,安乐死比起喝卤吞金、卧轨怀沙⑥、跳楼上吊,不知优越多少倍。安乐死给家庭和社会带来的经济效益也是许多读者所称道的。

一些读者对汉中安乐死案中被关押的蒲医生深表同情。有的甚至指出,如要批倒这位医生,那就会像50年代批倒正确的人口学家马寅初一样,使国家背上沉重的包袱。

部分读者认为安乐死可行,可早行,希望国家早日为之立法。也有读者认为安乐死好,但实行还得有个过程,立法之前不能轻率行事。

持反对意见的人数虽少,但说理并不示弱。他们认为:安乐死不符合我国传统的伦理道德,容易被不肖子孙遗弃老人和医生故意杀人找到借口;安乐死是见死不救,有悖于医生救死扶伤的天职;医学是在与顽症斗争中发展的,总有良药可治病,安乐死则会阻碍医学发展;求生是人的本能,既然是"死",就谈不到什么"乐"。这些读者谴责安乐死,甚至视安乐死为"异端邪说"。他们主张"宁可等着死,也不安乐死"。

编者也征求了一些专家学者对安乐死的意见。

陈敏章教授说:"我作为一个医务工作者,确实看到过一些病人临终前的痛苦挣扎,然而医术上至今又无任何途径挽回其生命和解除其痛苦,因此,总体来说,我是赞成安乐死的。安乐死的宗旨是好的,是为了使垂死病人摆脱痛苦。当然,如果今后医学更发达,有更好的办法来代替安乐死,当然更好。"

陈敏章教授严肃指出:"因为安乐死涉及人的生命终止问题,所以是一件十分严肃的大事,在没有立法时,决不能随意滥用。"他认为,对安乐死应有严格的定义,而且不能含含糊糊,要十分明确。他赞赏在报纸上讨论安乐死。他说过去这是个禁区,现在讨论起来了,让各种意见充分发表,是件好事。

60年代在我国首先开展肾移植的专家吴阶平教授,在客观冷静地分析了中国国情之后说,现阶段谈安乐死立法为时太早,尸体解剖、器官移植、脑死亡问题都没有立法,哪能轮得上立安乐死的法呢?他认为:"要是今后有条件,头一步先解决被动安乐死的立法问题。主动安乐死不宜多谈。否则,尽管是一番好心,也会招来许多麻烦。"这位教授毫不隐讳地抱怨国民在这些方面素质较差。他肯定报纸展开讨论的作用,可使广大群众增强对这些问题的理解。

医院管理学专家刘振声副教授对安乐死的前景持乐观态度。他认为这场讨论有助于扭转人们的思想观念。他反对将有限的珍贵医药资源用于明知是毫无意义的抢救。他还对让植物人存"活"多年的做法提出质疑。

安乐死不仅涉及医学问题,而且涉及社会、伦理、法律诸问题,对它的认识只能在多学科、跨学科的综合探讨中才能逐步深入。凑巧得很,7月上旬，来自 17 个省市的近百位各界专家学者聚首上海医科大学，进行了第一次全国性的安乐死学术讨论会。会议就安乐死的概念、对象、条件、伦理及立法诸问题进行了广泛、深入的讨论。会上百家争鸣，各种意见得到发表，然而在很多问题上见解不尽一致，有时形成了鲜明的对立，如：

安乐死的概念。一种意见认为，安乐死是一种不同于自然死亡、意外死亡、自杀死亡和他杀死亡的特殊死亡类型和方式。它是在不违背临终病人意愿或受其委托的前提下，出于对病人的同情和帮助，以及对其死亡权利和个人尊严的尊重，不给或撤除无益的或引起疼痛、痛苦的治疗，或采取措施使病人无痛苦地结束生命的一种行动。另一种意见认为，这并不能与他杀死亡相区别。

有部分代表认为安乐死有主动（积极）、被动（消极）之分。但法学界代表认为不可能在法律上将主动安乐死与被动安乐死分别开来，肯定一个否定一个。

安乐死的对象是谁？一种意见认为是脑死亡病人、极其疼痛和痛苦的临终病人、有严重缺陷的新生儿和极低出生体重儿。另一种意见认为，不应包括脑死亡病人，因为他们已经死亡；不应包括那两种新生儿，因为他们没有意愿。

对于安乐死的条件，很多学者认为，最主要的应有三条：身患绝症，极度痛苦，本人自愿。然而，它的每一条都遭到了反驳："绝症"，从时空观来看是相对的——今天的不治之症到明天很可能是可治之症，此地的不治之症在别处很可能是可治之症。"极度痛苦"，有可能是来自精神方面的，即使是肉体上的，现代医术也可帮助减轻。至于出自本人意愿，这很难判断，因为在外界的压力下，本人迫不得已也可以承认是"自愿"的。因此，安乐死的这三个条件都不能成立。

一些代表认为，安乐死可在伦理学上得到证明，因为它符合有利原则（有利于病人）、自主原则（尊重病人选择死亡方式的权利）和公正原则（将不足的资源过多地用于这类病人而使更多人得不到应有治疗是不公正的）。可是反对意见从道义论（违背医务人员救死扶伤天职）和后果论（阻碍医学发展）上进行了反驳。

至于安乐死的法律问题，一种意见认为构成犯罪。另一种意见认为不构成犯罪，因为它与现行法律的某些条款并不冲突，只是一个如何解释的问题，而且它对社会并不构成危害，反而有益于病人和社会。

就安乐死的立法问题，有的认为迫在眉睫；有的认为距离尚远；也有一种意见主张分层次过渡，先在一些单位、地区、省市制订有规范性的规定、准则,积累经验,逐步提高和扩展。

在这场大讨论中,各方面意见一致认同的只有两条:一是脑死亡概念的确认;一是提倡人们学习邓颖超同志立遗嘱的行动。

万事开头难。有关安乐死的讨论分歧虽多,但它毕竟向这个禁区迈开了第一步。我们相信,随着改革开放的深入,科学的普及和法律的不断完善,人们对安乐死也必然会有更深刻的认识。也许,西方发达国家争论几十年未见结果的东西,在我们国家率先结出丰硕之果。

①选自1988年8月2日《健康报》第二版。

②[今年]指1988年。

③[掩玉埋金]金、玉皆为贵重之物,此处用来比喻内容、观点有价值的来稿被忽略、埋没。

④[谅察]谅解、体察。

⑤[舶来品]就是指进口的货物。舶,航海的大船。

⑥[怀沙]本为《楚辞·九章》篇名,《史记》谓此篇为屈原自投汨罗江前的绝笔。此处以"怀沙"代替投水自溺的行为。

【简评】 这是一篇关于讨论的综述。关于"安乐死"问题的讨论,涉及面之广,参与人数之多,问题之繁杂,为一般专题讨论资料所罕见。文章在全面、充分占有资料的基础上,对讨论情况进行了合乎逻辑的归纳分类,从群众的来信到专家的讨论,再到学术会议的研讨,极自然地形成一个由浅入深的内容体系,充分体现了综述综合性的特点。本文材料丰富,层次分明,条理清晰,引人思考,是一篇成功的医卫综述。

单元思考与练习

一、填空题

1. 医卫文书的作用是_____,_____,_____,_____。医卫文书的分类主要有_____、_____、_____、_____、_____。

2. 医卫科普文写作应注意的问题是_____、_____、_____。

3. 医卫文摘的写作要求是_____、_____、_____、_____、_____。

4. 护理记录在临床工作中的作用是_____、_____、_____、_____。

5. 医卫综述的特点是_____、_____、_____。

二、简答题

1. 医卫语体有哪些特征?
2. 什么是医卫科普文?根据你的理解,谈谈医卫科普文的作用。
3. 文摘的类别容易混淆,请说出它们的不同点。
4. 临床护理记录包括哪些内容?护理记录的书写有哪些要求?
5. 医卫综述一般包括哪些内容?医卫综述有哪些写作要求?

三、写作训练题

1. 改正下列病句,并说明理由。

(1)高血压下降,即浮肿消失。

(2)心慌、气短、伴头昏、左上肢麻木。

2. 阅读下列短文,回答问题。

向癌细胞开火

目前,一些国家的科学家们正在日夜奋战,研制一种救人的"生物导弹",全力拯救世界上数以百万计的癌症患者的生命!

"生物导弹"的大名叫单克隆抗体。请你不要嫌它的名字陌生难懂,它是当今医学科学舞台上刚刚露面的"大明星"。今后几十年中,你将会像说到"抗生素""爱克斯光透视"那样随便地提到它。

克隆是英文 clone 的译音,指的是一个细胞,经过连续分裂,一变二、二变四……由少到多,成了一群。它又叫无性细胞系。可惜它至今还没有一个确切的意译名字,只能像"沙发""咖啡""可可"似的直呼其英文读音——"克隆"。

说它像导弹,名不虚传,它确能像那些长着"眼睛"的定向导弹一样,进入人体后直奔目标——癌细胞,而且能像带核弹头的导弹一样,在它身上也可带上"核武器"——足以杀死癌细胞的放射性同位素,去"轰炸"身上的癌灶;甚至有人把蓖麻毒素分子或抗癌药物附在单克隆抗体上,不偏不倚地直奔癌细胞,将其毒死。

单克隆抗体何以有如此神奇的"眼力"呢?原来,现代免疫学认为:一种抗体是由一个B淋巴细胞克隆产生的。人体内大约有1亿种不同的B淋巴细胞!也就是说,可以产生1亿种不同的抗体!真可谓"卤水点豆腐,一物降一物"。为此,医学家千方百计地培养出各种人的癌细胞株。此举实非易事。倘若把这种癌细胞株接种到老鼠身上,使其长癌,老鼠体内就会产生一种针对此癌的B淋巴细胞抗体。然后,再把这种B淋巴细胞取出在体外培养繁殖,于是就得到单一的专攻此癌的抗体。可是困难接踵而来,B淋巴细胞在体外寿命太短。有人巧妙地把它与一种能在体外无限生长的骨髓瘤细胞进行杂交,结果产生了一个"混血儿"——既能无限生长,又能产生B淋巴细胞抗体的杂交瘤。人们把杂交瘤注射进老鼠的腹腔里,杂交瘤便产生出一批批"生物导弹"——单克隆抗体,并被源源不断地运到"抗癌战场",向着癌细胞开火!

最近,我国已试制成功第一枚"生物导弹"——"抗胃癌单克隆抗体"。虽然还处于实验阶段,但征服癌症的曙光毕竟已露,单克隆抗体就像一颗启明星似的在闪着光芒。我们期待着更多"生物导弹"的出现。

(选自1984年1月16日《新民晚报》,作者冰子,文字略有改动。)

(1)本文标题运用了什么修辞手法?运用这种修辞手法有什么好处?

(2)文章主要说明单克隆抗体的抗癌原理和生产过程,有很强的医学专业性,但读后并不感到深奥难懂,这是为什么?请说出原因。

(3)文章第二自然段用了第二人称"你",阅读时使人有亲切感。作者在后文中没有再用人称,但这种娓娓交谈的亲切感贯穿始终。这种用第二人称的写法在科普文中称为"对述体"。请到图书馆旧的科普杂志或报刊上再找一篇"对述体"科普文,读后向其他同学推荐,并交换阅读,交流看法和感想。

(4)以"注意饮食卫生"为话题,写一篇科普文。

第九章 礼仪文书

第一节 礼仪文书概述

一、礼仪文书的概念与作用

(一)礼仪文书的概念

礼仪文书是在社交礼仪场合使用或为表示礼节的文书,是常用的应用写作文体之一。在这里,礼仪文书指的是对外礼仪应用文书。

礼仪文书使用范围非常广泛,使用频率相对较高,在日常生活和平时工作交际中都需要使用。比如,工商企业的领导,在举办企业年会时,常需要用到开幕词和闭幕词等;在举办产品推介会,邀请客户参会时,常需要用到邀请函等。即使个人生活工作中,也需要用到感谢信和请柬等。写好礼仪文书不仅是一个人文化水平的直接体现,也是一个人文明素质的综合表现。在现代社会中,写好、用好礼仪文书对维护个人或组织形象、维系人们的社会关系等都具有重要意义。

(二)礼仪文书的作用

礼仪文书因使用场合和礼节性质的不同而起着不同作用,概括起来主要有以下

几个作用:

1. 沟通交流

礼仪文书是与人们日常生活联系最为紧密的应用文体。在现实的人际交往中,礼仪文书可以用来沟通交流、传递信息等。感谢信、慰问信是特定主体之间用来交流感谢、同情等思想,沟通彼此间的关系,增强彼此间的联系的文体。在日常生活中,人们会通过请柬向亲友传递喜讯、沟通信息等。概括起来,沟通交流是礼仪文书最基础的功能体现。

2. 处理事务

有的礼仪文书也起着处理日常事务的作用,与人们某些日常生活息息相关。例如,邀请函就是以礼节的形式邀请个人或组织,参加某种工作或事务活动。对于邀请函的发出者和接受者来说,邀请函是处理事务的信息载体。

3. 表示礼节

礼仪文书最大的特点就是礼节性,是表示礼节的应用文体。任何一种礼仪文书都表达着文书写作者的文明礼貌,文书写作者通过礼仪性词句和规范性表达,来体现中华传统文化的礼节。

4. 塑造形象

规范的礼仪文书是写作者个人素质的直接体现,对个人形象的塑造具有重要影响。社会生活中,个人能合理运用礼仪文书,会给他人留下美好的印象。可以说,规范地使用礼仪文书,是社会交流和人际交往中塑造形象的重要途径。

二、礼仪文书的特点与分类

(一)礼仪文书的特点

经过长期的沿革,礼仪文书逐步形成了鲜明的个性特征。

1. 交际性

交际即社会交际与人际交往,它是人类社会生产和生活中普遍存在的基本活动之一,社会组织需要内外有效协调,个人也要改善人际关系。礼仪文书大多是应用文,如启事、请柬、致辞;也有少数的文学体裁,如诗歌、楹联。无论是何种文体,都以书面的形式进行交际。从目的上看,礼仪文书为交际而作,要解决交际中的实际问题;从内容上看,礼仪文书有很强的针对性,处理邀约送别、庆贺哀挽、鸣谢致歉、荐举婉辞、设立变更、赞颂纪念等事务;从功效上看,礼仪文书有利于塑造形象、增进友谊。因此,礼仪文书是为交际活动服务的,可以保证交际正常有序,并收到预期效果。例如,海尔集团形象用语"真诚到永远"、海尔手机——听世界打天下、海尔家居——一站到位、海尔水器——安全为本,目的都是为宣传顾客至上的经营理念。可以说,交际性是礼仪文书最基本的特点。

2. 规范性

礼仪文书是应用文书的一种，规范性是其最明显的特征。礼仪文书的规范性主要体现在以下几个方面：

(1)格式上有固定的样式。礼仪文书一般都具有比较固定的格式，是一种比较规范化的文体，有时要特别注意。礼仪文书在格式上一般分为开头、正文和结尾三部分，在带有邀请意思的礼仪文书中还经常使用表示恭祝等礼节性用语。比如，开幕词，其称谓语、开头、结尾的问候都有很多讲究。

(2)表达上有固定的方式。不同的礼仪文书在表达方式上有很大不同，要注意区分。比如，感谢信是用直接表述的方式来表达感激之情，在语言表达和运用上需要一种情感的渲染。

(3)场合上有固定的要求。不同的场合使用的礼仪文书有很大不同，如果用错了场合或不合于情境，就影响交际效果，损害双方感情。比如，悼词只能用在追思某人去世的悼念会上。只有符合场合情境的礼仪文书，才能起到显示礼仪和沟通交流的作用。

3. 综合性

礼仪文书具有鲜明的综合性。首先，经过几千年的文化传承与民俗风情的约定俗成而形成的礼仪文书，蕴含了中华五千年丰富的礼仪文化内涵。礼仪文书的文化性不仅体现在文书内容上，还体现在它的外在形式上。行文内容中不能出现错字、别字等，遣词造句要反复斟酌。在外在形式上，书写款式要大方、得体、自然，从中要体现有关交际中的礼节、礼貌要求。其次，它作为一种边缘性理论，尚未形成一门独立的学科。作为行为科学的一门理论，它与哲学、政治学、法学、管理学、公共关系学、社会学、民俗学、历史学、语言学、文学、写作学等学科密不可分，它们都对礼仪文书写作有一定的指导作用。另外，表示礼仪的手段很多，口语、书面语、体态语及现代化传播方式均可使用。如书面语的礼仪文书，经常使用报纸、杂志、广播、电影、电视、电话、网络等多种手段传递信息。

4. 情感性

大部分应用文书强调客观性和纪实性，行文都较为严肃，不带任何感情色彩。而礼仪文书则不同，许多礼仪文书都是为了表达文书制作者某种情感的载体，需要通过文书的内容体现出制作者的特定情绪或真实情感，并需要将特定情绪或真实情感传递给接受对象，这就决定了其具有浓重的感情色彩的特性。因此，礼仪文书是进行情感交流的主要书面形式之一。可以说，每一种礼仪文书都是一种情感的真实写照。如欢迎词表示的是庆贺、欢迎等的感受；悼词、慰问信则是表示哀悼、同情等的感受。成功的礼仪文书往往把各种情感拿捏得恰到好处，使阅读方产生一种身临其境的感觉。在表达情感时要注意两点：一是要真诚适度。它是写作者对客观事物的真实感受,不能矫揉造作地随意表达;同时在表达时,要注意把握分寸,根据情感的色彩和浓淡妥善处理。二是要方式多样。情感属于复杂的心理活动,语境不同,表达方式各异。要根据情感来选择表达方式,不可囿于套路。

5. 时效性

一般来说,礼仪文书的应用是在一定时间段内有效的,过时可能就作废或失去其原有意义了。一方面,要写得快、发得快、办得快,见效也快。及时写作,快速发送,限时办理,立即见效。如果事情已经办完或者经过较长时间,礼仪文书才姗姗来迟,那就违背了使用礼仪文书的初衷,不仅没有达到应有的功效,还会导致不良影响。此外,这里所讲的时效是指在一定时间内所起的作用,没有法律意义上的时效那样严格。如为欢迎某位重要宾客的到来而准备的欢迎词,应在宾客到来当天发言发稿,如果在宾客到来几日之后再发言发稿,虽然也能表达欢迎之情,但是效果和被欢迎人的心情肯定会受到一些影响。所以说情感的表达和感受只有在最佳时机才能达到最好的效果。另一方面,有些礼仪文书在失去效用之后,其中重要的文章转化为档案资料,以供查阅,有些领袖人物所撰或在社会上反响很大的文学作品,也有可能成为传世名篇。

(二)礼仪文书的分类

鲁迅曾指出:"凡有文章,倘若分类,都有类可归。"现代礼仪文书是一个既相互联系又相互独立的有机整体,为它们建立一个分类体系是必要的。由于礼仪文书具有明显的综合性,根据不同的分类标准,可对礼仪文书进行不同的分类。

1. 按性质分类

(1)迎送类礼仪文书。包括欢迎词、欢送词、答谢词等。

(2)喜庆类礼仪文书。包括贺信、祝词、题词、喜庆联语等。

(3)邀聘类礼仪文书。包括邀请书、请柬、聘书等。

(4)慰唁类礼仪文书。包括慰问信、讣告、悼词等。

(5)公关类礼仪文书。包括求职信、推荐信、求助启事、感谢信等。

2. 按文体表现形式分类

(1)礼仪致辞类。包括欢迎词、欢送词、开幕词、闭幕词、答谢词、主持词、祝贺词等。

(2)礼仪书信类。包括感谢信、表扬信、批评信、慰问信、公开信、倡议书、邀请信、推荐信、介绍信等。

(3)礼仪帖卡类。包括请柬、聘书、名片、贺卡、贺电、题词等。

第二节 感谢信 慰问信

一、感谢信

(一)感谢信的概念与作用

感谢信是指单位或个人对给予自己的关心、支持、帮助、支援、款待等而表示衷心感谢的书信。

感谢信是表达感谢的一种形式,也是一种感恩的方式。同时,它还具有宣传好人好事、颂扬知恩图报美德的社会功能。随着经济的发展,感谢信还被作为一种公关手段在一些商务活动中使用。例如,非合同关系的一方受惠于另一方,就应该使用感谢信及时表达谢忱,使对方在付出劳动后得到心理上的慰藉。总之,感谢信对于弘扬正气,树立良好的社会风尚,促进社会主义精神文明建设有着重要意义。

感谢信依据不同的标准可以有不同的分类。按照感谢对象来分,可以分为写给集体的感谢信和写给个人的感谢信。按照感谢信被公众知悉的程度来分,可以分为公开的感谢信、相对公开的感谢信和不公开的感谢信。公开的感谢信就是通过电台、电视台、网络播放或在报刊、杂志上刊登的感谢信,这是通过媒体播放和宣传被公众所知悉的。相对公开的感谢信是指被一定范围的公众所知悉的感谢信。例如,被送至感谢对象所在单位或居住所在地居委会的感谢信,其产生的社会影响一般就限定在感谢对象所在单位或居住所在地范围内。不公开的感谢信就是以信函的形式寄给感谢对象本人,只是感谢人和感谢对象之间的情感互动。也就是说,感谢人可以自主选择感谢信是直接寄、送至感谢对象或对象的所在单位,也可送交电台、电视台、网站播放或报刊、杂志社刊登。

(二)感谢信的结构与内容

感谢信的结构一般由标题、称谓、正文、结尾、署名与日期五部分构成。

1. 标题

标题居中。可只写"感谢信"三字;也可加上感谢对象,如"致×××同志的感谢信""致××公司的感谢信";还可加上感谢者,如"××致××××学院的感谢信"。

2. 称谓

标题之下顶格写感谢对象的单位名称或个人姓名,如"×××公司"。在个人姓名之后加上适当的称呼以示尊重和礼貌,如"×××同志""×××女士"。如若不清楚感谢对象的身份或姓名,可使用泛称、代称,如"×××好心人"等。

3. 正文

在称谓下一行空两格起书写。主要包括两方面内容：一是说明感谢的缘由，即真实、具体、生动地叙述对方在什么时间、什么地点、由于什么原因，做了什么好事，对自己或单位有什么支持和帮助，事情有什么好的结果和影响。二是直接表达感谢之意。在叙述和评论的基础上直接对对方表达感谢之意，同时应表明向对方学习的态度和决心，还可以根据情况写明为感谢对方将采取的实际行动。

4. 结尾

一般要写上致敬语，这是书信的固定格式要求。致敬语有"此致敬礼""致以诚挚的敬意"等。其中"此致敬礼"有固定写法，即正文收束后另起一行空两格写上"此致"，换一行顶格写上"敬礼"。也可自然收束全文。

5. 署名与日期

在结尾下方的右下角分行写明感谢者的、姓名（或单位名称）及写信时间。

(三)感谢信写作应注意的事项

(1)感谢信应以叙述事实为主，力求说明的事件真实、准确，赞语应恰如其分，不可为了生动而蓄意捏造或夸大事实。整体内容以感谢为主，篇幅应短小精悍。

(2)感谢信的用语要求精练简洁，遣词造句把握好度。正文部分写被感谢的时间、行为、事由，应力求清楚、具体，这也是感谢信的关键部分。

(3)表示谢意的话应得体，符合感谢者和感谢对象的身份，感情应真挚、诚恳。

例文 1

感 谢 信

××县农机厂全体同志们：

　　我村今年遭到百年不遇的旱灾，在党的领导下，大家同心协力，终于战胜了旱灾，获得丰收，粮食增产12%，出现了"天旱地不旱，旱年粮增产"的奇迹。我们能取得丰收，和你们的无私援助分不开。在抗旱斗争中，你们为我们赶制了抽水机，还派技术工人给我们送来，他们一到这里就立即帮助我们安装，保证了农田的及时灌溉。你们这种共产主义协作精神值得我们好好学习。为此，特向你们表示衷心的感谢。

　　我们决心努力搞好生产、多种经营，以实际行动来感谢你们，支持城市的经济改革。

　　此致

敬礼

××村党支部
××年×月×日

【简评】 这是一封单位写给单位的感谢信。××村在××年遭到旱灾,得到县农机厂的大力支援,战胜了旱灾,获得了丰收,他们在年终的时候,向××县农机厂写了感谢信,感谢他们的大力支援。

例文2

感 谢 信

致所有帮助过我的好心人:

我是北京××大学99级法学专业的学生张××。在此,我首先要感谢国家对我们贫困大学生的关怀,并对那些帮助过我的人们致以最崇高的敬意。

我来自××省××市一个偏远的山区,家人为了我完成高中学业已经耗尽了积蓄。当收到大学录取通知书的时候,我在激动的同时心怀忐忑,既为考上大学感到兴奋,又为每年几千元的学费发愁。是家乡的父老乡亲为我凑足了学费和路费,即使现在想起那些5元、10元凑成的零钱,我仍忍不住落泪。我不敢说谢谢,因为一句谢谢实在无法表达我满腹的感激之情,但现在的我只能说谢谢,因为我现在还一无所有。然而"滴水之恩当涌泉相报",我会用我最大的努力,学习知识,完成我的学业,并用我的知识服务于家乡,以不辜负大家对我的恩情。

来到大学之后,我知道国家对我们这种贫困学生有助学贷款,我有幸申请到了助学金,不必再为学费和生活费而发愁了。

在过去的4年中,我始终坚持刻苦学习,并且一直保持着优异的学习成绩,并多次获得了奖学金。这是我努力的结果,但更重要的是国家、是我的父老乡亲们给了我这个努力学习的机会。

我知道上大学的不易。因此我勤奋努力,从不敢懈怠,也从不奢望物质上的满足,我不能跟其他同学一样,买名牌衣服和随意消费。我只知道要一心学习,争取在大学期间掌握扎实的理论知识,以便为今后的工作打下坚实基础,回报在大学期间帮助我的那些好心人,报答父母的养育之恩。

在学习上我态度端正,努力刻苦,严于律己,始终坚持学习第一的原则。为了自己的目标和理想,我利用课余时间阅读了大量有关提高自身素质和专业技能的书籍。在生活上,我省吃俭用,尽量减少家庭负担,在空闲和休息时间不影响自己学习时,我还参加了勤工俭学等活动以解决我的部分生活费用。

此外,我要感谢帮助过我的老师和同学们,感谢他们在生活上和学习上对我悉心、耐心的帮助。

我会用青春的激情和毅力创造更加绚丽灿烂的明天。

请允许我再次感谢你们！谢谢！

张××
××年×月×日

【简评】 这封感谢信是一个贫困大学生对帮助过他的人们表示感谢的书信，字里行间流露出真实情感，充分表达出感谢之情。全文朴实无华，是一篇较好的感谢信范文。

二、慰问信

(一)慰问信的概念与作用

慰问信是机关、团体、企事业单位或个人在特定情况下向受信一方表示问候、关怀、鼓励时所使用的专用书信。表示慰问的单位或个人可以是同级或上级单位、领导，也可以是亲朋好友。所慰问的对象可以是属下员工、协作单位，或是子弟兵或军烈属，也可以是留学生或海外同胞等。慰问的时机，可以是节日，可以是对方执行一个艰巨任务需要精神鼓励的时刻，也可以是对方处于特殊情况下（如战争、自然灾害、事故、疾病等）。慰问信发文一般公开，大多以张贴、登报的形式出现，也可直接书信给本人。它具有情真意切、精神关怀、希望号召等特点。

慰问信能体现组织的关怀及亲友、同志之间的情谊，给人以精神上的鼓励与慰藉。还能起到宣传、鼓励的作用，鼓励人们无论是在成绩还是在困难面前都应勇往直前，增强必胜的决心与信心。

慰问信根据慰问内容的不同可以分为三种类型，即表彰性的慰问信、安慰性的慰问信、节日慰问信。

(二)慰问信的结构与内容

慰问信一般由标题、称谓、正文、结尾、署名与日期五部分构成。

1. 标题

一般有三种写法：一是单独由文种名称组成，如"慰问信"；二是由慰问对象和文种名称组成，如"致四川汶川地震灾区人民的慰问信"；三是由发文单位、慰问对象及文种名称共同组成，如"北京奥组委致大学生志愿者的慰问信"。

2. 称谓

标题之下另起一行，顶格书写称谓，后加冒号。单位要写全称；个人姓名之前可加"敬爱的""尊敬的"等字样，姓名之后可加"同志""先生"等，以示尊重。

3. 正文

在称谓下一行空两格起书写。这部分一般包括两方面内容：发文目的、慰问缘由及慰问事项等。发文目的这部分内容要开宗明义，写清楚此信的目的是代表何集体或何人向何集体或何人表示慰问；慰问缘由及慰问事项这部分内容重点叙述对方的先进事迹、忘我的工作态度及其作出的贡献,或战胜困难、舍己为人、不怕牺牲的可贵品德和高尚风格,或对方所遭受的困难和损失。最后应表示出发文方的关切之情,以及所采取的慰问或支援行动。

4. 结尾

另起一行,空两格,写上鼓励或祝愿的话作结。如"祝早日康复""祝新春愉快,万事如意"等。

5. 署名与日期

在结尾下方的右下角分行写明慰问者的姓名(或单位名称)及写信时间。

(三)慰问信写作应注意的事项

(1)一信一对象。

(2)根据对象确定内容。根据不同的对象、不同的情况,表达诚挚的、自然的、真切的慰问之情,以真正达到打动人心、安慰人的目的。

(3)全面概括,提出希望,勉励努力。

(4)表示关切,措辞确切,篇幅短小。

例文 3

致大学生志愿者的慰问信

志愿者朋友们:

　　你们好,你们辛苦了!

　　在2015年元旦即将到来之际,共青团××省委、××省大学生志愿服务西部计划项目办向你们致以崇高的敬意和节日的祝贺!

　　2014年是我们省取得经济社会发展辉煌成就的一年,这是党中央、国务院正确领导的结果,是全省人民解放思想、开拓奋进、埋头苦干、励精图治的结果,也是包括大学生志愿者在内的各族青年团结奋斗、甘于奉献、顽强拼搏的结果。

　　从你们来到××、下到基层的那一天开始,我们就一直为你们的精神所感动。

　　在西部大开发如火的热潮中,你们毅然响应党和人民的召唤,作出"走向西部、走向基层"的神圣选择。在过去的时间里,你们同当地干部群众打成一片,勤奋学习,努力工作,默默奉献,赢得了基层干部群众的信任和赞誉。省项目办一直关注你们的工作、学习和生活,社会各界也热切盼望着你们取得好成绩。从你们身上,我们看到了当代青年心忧天下、志存高远、甘于奉献、锐意进取、奋发有为的可贵品质。我们为你们感到骄傲,也为我们这个时代有一大批像你们一样的有志青年感到无比的兴奋与自豪。

我们衷心祝愿你们元旦快乐。祝愿你们在新的一年取得新的更大的成绩！

共青团××省委
××省大学生志愿服务西部计划项目办
2014年12月28日

【简评】 这则慰问信是对在西部大开发建设工作中作出贡献的大学生志愿者表示问候和关怀的信函。全文内容符合慰问信的要求，结构规范，用语准确恰当，情感真挚。

例文4

习近平向全国广大教师致慰问信

全国广大教师们：

第二十九个教师节到来之际，我正在遥远的乌兹别克斯坦进行国事访问。

首先，我代表党中央、国务院，向全国1400万教师，致以诚挚的问候和崇高的敬意！祝大家节日快乐！

长期以来，我国广大教师认真贯彻党的教育方针，默默耕耘、无私奉献，用爱心、知识、智慧点亮学生心灵，培养了一批又一批优秀人才，为我国教育事业发展、为国家发展和民族振兴作出了突出贡献。

百年大计，教育为本。教师是立教之本、兴教之源，承担着让每个孩子健康成长、办好人民满意教育的重任。希望全国广大教师牢固树立中国特色社会主义理想信念，带头践行社会主义核心价值观，自觉增强立德树人、教书育人的荣誉感和责任感，学为人师，行为世范，做学生健康成长的指导者和引路人；牢固树立终身学习理念，加强学习，拓宽视野，更新知识，不断提高业务能力和教育教学质量，努力成为业务精湛、学生喜爱的高素质教师；牢固树立改革创新意识，踊跃投身教育创新实践，为发展具有中国特色、世界水平的现代教育作出贡献。

各级党委和政府要把加强教师队伍建设作为教育事业发展最重要的基础工作来抓，提升教师素质，改善教师待遇，关心教师健康，维护教师权益，充分信任、紧紧依靠广大教师，支持优秀人才长期从教、终身从教。

全社会要大力弘扬尊师重教的良好风尚，使教师成为最受社会尊重的职业。

祝全国广大教师身体健康、工作顺利、生活幸福！

习近平
2013年9月9日

【简评】 写节日慰问信的目的是对被慰问人表示节日的问候,更重要的是赞颂被慰问人的成绩和贡献。本篇即是如此。习近平对广大教师队伍的工作进行肯定,作出指示,同时加以鼓舞:要使教师成为最受社会尊重的职业,具有强大的感召力,是一篇经典的节日慰问信范文。

第三节　开幕词　闭幕词

一、开幕词

(一)开幕词的概念与作用

开幕词是指在大型会议或重大活动中,由主持人或参加的主要领导人代表组织者发表的具有宣告性、方向性和引导性的致辞。开幕词是大会正式召开的标志,主要领导人亲临大会并发表开幕词显示组织者对大会的重视。开幕词所提出的会议宗旨,是大会的主导思想;所阐述的目的、任务、要求等,对于会议有着重要的指导作用。会议结束之后,与会者回本单位传达会议精神时,同时也会传达开幕词所包含的重要信息。

开幕词通常要阐明会议或活动的性质、宗旨、任务、要求和议程安排等,集中体现了大会或活动的指导思想,起着定调的作用,对引导会议或活动朝着既定的正确方向顺利进行,保证会议或活动圆满成功,有着重要意义。

开幕词的分类,按内容可以分为侧重性开幕词和一般性开幕词两种。侧重性开幕词往往对会议召开的历史背景、重大意义或会议的中心议题等作重点阐述,其他问题简要带过。一般性开幕词则只对会议的目的、议程、基本精神、来宾等作简要概述。按照使用场合,开幕词可以分为会议开幕词、活动开幕词、比赛开幕词等。

(二)开幕词的结构与内容

开幕词一般由标题、称谓、正文和结束语四部分组成。

1. 标题

标题一般有四种写法:一是单独由文种名称组成,如"开幕词";二是由事由和文种名称组成,如"××会议开幕词";三是由致辞人、事由和文种名称构成,如"××同志在××会议上的开幕词";四是复式标题,即主标题揭示会议的宗旨、中心内容,副标题与前两种标题的构成形式相同,如"我们的文学应该站在世界的前列——中国作家协会第四次会员代表大会开幕词"。

2. 称谓

标题之下另起一行,顶格书写称谓,后加冒号。单位要写全称;个人姓名之前可加"敬爱的""尊敬的"等字样,姓名之后可加"同志""先生"等,以示尊重。

3. 正文

正文包括开头、主体和结尾三个部分。

开头部分。一般包括三个方面的内容:宣布会议或活动开幕;介绍与会者的基本情况;向与会者表示欢迎和感谢,对会议和活动的召开表示祝贺。需要说明的是,开头部分即使只有一句话,也应独立成段,与主体部分分开。

主体部分。这是开幕词的核心部分,一般包括三个方面的内容:其一,阐明会议或活动的意义,通过对以往工作情况的概括总结、对当前形势的分析,说明会议或活动是在怎样的形势下,为了解决什么问题和达到什么目的而召开或举行的。其二,阐明会议或活动的指导思想,提出会议或活动的任务,简要说明会议或活动的主要议程和安排。其三,为保证会议活动的顺利召开,向所有与会者提出的要求。

结尾部分。主要是对会议或活动提出希望和要求。

4. 结束语

结束语部分应另起一段,内容上简短、有力,有号召力和鼓动性。如"预祝大会圆满成功"等。

例文5

中国共产党第十二次全国代表大会开幕词(节选)
邓小平

同志们:

中国共产党第十二次全国代表大会现在开幕。

我们这次代表大会的主要议程有三项:(一)审议第十一届中央委员会的报告,确定党为全面开创社会主义现代化建设新局面而奋斗的纲领;(二)审议和通过新的《中国共产党章程》;(三)按照新的党章的规定,选举新的中央委员会、中央顾问委员会和中央纪律检查委员会。

完成这次代表大会的任务,我们党对于社会主义现代化建设的指导思想就会更加明确,党的建设就能够更加适合新的历史时期的需要,党的最高领导层就能够实现新老合作和交替,成为更加朝气蓬勃的战斗指挥部。

……

我们一定要兢兢业业地做好自己的工作,加强同全国各族人民的团结,加强同全世界人民的团结,为把我国建设成为现代化的、高度文明、高度民主的社会主义国家,为反对霸权主义,维护世界和平,推进人类进步事业,而努力奋斗。

【简评】 这是邓小平同志在中国共产党第十二次全国代表大会上致的开幕词,

属于侧重性开幕词。这篇文书遵循了开幕词的一般格式要求,语言简洁有力,结构严谨,充满激情,是一篇值得深入学习、借鉴的好文章。

例文6

2008年北京奥运会开幕词

各位代表、各位来宾,同志们:

在全国人民以巨大的热情认真贯彻奥林匹克精神的大好形势下,一百多年的梦想终于实现。在世界各地体育事业专家、教授、学者沐浴春风、辛勤耕耘、踌躇满志地迈出新的步伐的时候,我们第二十九届中国北京奥运会开幕了。在此令13亿华夏儿女欢欣的美好时刻,我们向生活、工作、奋斗在世界各地的奥委会员和所有体育工作者,表示亲切的问候;向当选并出席本次奥运会的全体代表,表示热烈的祝贺;向光临奥运这一民族盛事的国家领导及各方贵宾表示热忱的欢迎和诚挚的感谢!

出席本次奥运会的204个国家和地区的398名代表以及4200多名运动员,来自世界各地,代表着世界几万名会员。今天我们大家在鸟巢欢聚一堂,共商发展和繁荣世界体育的大计。按照大会预定的议程,同志们在奥运会期间,要认真学习奥运精神,简单讲,奥运倡导的不仅仅是竞技荣誉,更为重要的是和谐发展。认真参赛,听取各国领导的讲话,深刻领会奥林匹克精神,从体育事业兴旺发达和民族振兴的高度,充分认识体育建设的重要性和迫切性,进一步明确体育工作的前进方向与美好前景,树立信心,鼓足干劲,为世界体育的发展与繁荣作贡献。我们这次代表大会还将审议通过第二十九届常务理事会的工作报告,讨论修改奥运会章程,并按照新的会章选举产生第三十届奥委会和主席团,以及宣布第三十届奥运会的主办者。我们每位代表要认真履行自己的光荣职责,完成奥运会的各项任务,促进奥运会圆满成功。

同志们,从1979年恢复席位以来到2004年,中国体育健儿已经参加6届夏季奥运会,获得了112枚金牌、96枚银牌和78枚铜牌。中国还参加了8届冬季奥运会,一共获得了4枚金牌、16枚银牌和13枚铜牌。中国运动员在奥运赛场上的出色发挥,证明了我国竞技体育的实力和水平。现在,在中华民族全面振兴、迎来光辉灿烂新纪元的历史时刻,振兴中华体育、再创世界体育辉煌的历史责任落在了我们肩上!

2008中国北京奥运,这是伟大的历史使命,是需要我们呕心沥血为之奋斗才能实现的艰巨目标!体育教练的肩膀,这头压着时代的重任,那头挑着人民的厚望,我们是极为活跃的文明创造力。体育是我们生命的活力所现。第二十九届中国北京奥运会也为体育运动员施展才华,提供了广大的舞台和很好的条件。在这样的舞台和很好的条件下,我们要实事求是地制定规划,满怀信心地赛出水平、赛出风格。体事恰如长江水,后浪永远推前浪。在4年后的第三十届奥运会中,面对充满挑战的21世纪,我们更要紧握风云百年的基石,以更高的成绩突破2008中国北京奥运的今天!

同志们,我们这次奥运会一定要发扬民主,加强团结,相互勉励,交流经验,明确目标,脚踏实地,鼓足干劲,把这次奥运会办成民主、团结、和平、鼓劲、繁荣的大会,办成振兴中华、再创辉煌的民族誓师盛事,办成世界奥运会史上一次具有突破性意义的盛会。

预祝大会圆满成功。谢谢大家。

【简评】 这是一篇典型的活动开幕词,全文就奥林匹克精神、历届奥运会的历史渊源以及我国参与历届奥运会的实绩进行了较为详细的介绍,语言严谨合理,行文流畅,简洁明了,表示了热情与友好,最后对本届奥运会作了展望,格式规范。

二、闭幕词

(一)闭幕词的概念与作用

闭幕词是指在大型会议或重大活动中,由有关领导人、德高望重者或重要来宾对会议、活动的圆满举办所作的具有总结性、评估性和号召性的致辞。闭幕词通常要对会议或活动作出正确的评估和总结,充分肯定会议或活动所取得的成果,强调会议或活动的主要精神和深远影响,激励有关人员宣传会议或活动的精神实质和贯彻落实有关的决议或倡议。

闭幕词作为会议的结束语,要宣布会议闭幕,概括总结会议或活动成果,包括会议、活动的进展以及所达成的目标,加深与会者对会议精神的把握和理解。要对会议的流程、内容安排、精神把握作出适当评价,肯定会议、活动的成果和成绩,强调会议、活动的主要意义和深远影响。同时闭幕词还应高瞻远瞩,提出希望、口号及未来的奋斗目标,以激发与会人员的热情,增强他们的信心。

闭幕词和开幕词相对应,按照内容,可以分为侧重性闭幕词和一般性闭幕词两种;按照使用场合,可以分为会议闭幕词、比赛闭幕词、活动闭幕词等。

(二)闭幕词的结构与内容

闭幕词一般由标题、称谓、正文和结束语四部分组成。

1. 标题

标题一般有四种写法:一是单独由文种名称组成,如"闭幕词";二是由事由和文种名称组成,如"中国共产党第十二次全国代表大会闭幕词";三是由致辞人、事由和文种名称构成,如"温家宝总理在禽流感防控大会上的闭幕词";四是复式标题,即主标题揭示会议的宗旨、中心内容,副标题与前两种标题的构成形式相同,如"我们的文学应该站在世界的前列——中国作家协会第四次会员代表大会闭幕词"。

2. 称谓

标题之下另起一行,顶格书写称谓,后加冒号。单位要写全称;个人姓名之前可加"敬爱的""尊敬的"等字样,姓名之后可加"同志""先生"等,以示尊重。

3. 正文

正文包括开头、主体和结尾三个部分。

开头部分。是闭幕词的引言,一般写得较简洁,且独立成段。内容主要是说明会议、活动的整个进展情况及完成的预定任务情况,并宣布闭幕。

主体部分。这是闭幕词的核心部分,一般包括三个方面内容:其一,对会议或活动进行概括总结和评价,概括会议或活动的进行情况,对会议或活动的收获、意义及影响作出恰当评价。其二,写明会议或活动通过的主要事项以及贯彻的核心精神,会议或活动的重要性和深远意义。其三,向与会人员提出贯彻会议或活动精神的基本要求等。一般而言,这三部分内容不可缺少。同时,还可以对会议未能展开却已认识到的重要问题作出适当补充及强调。

结尾部分。主要是对会议或活动提出希望,表示祝愿等。

4. 结束语

结束语部分应另起一段,郑重宣布会议闭幕。

例文7

共青团三峡大学第二次代表大会、三峡大学第二次学生代表大会闭幕词

各位代表、同志们、同学们:

共青团三峡大学第二次代表大会、三峡大学第二次学生代表大会,在校党委和团省委的亲切关怀下,在各兄弟单位和职能部门的大力支持下,经过全体与会代表的共同努力,已经圆满完成了预定的各项议程,现在就要闭幕了。

在这次大会上,校党委和团省委的领导都作了重要讲话,充分肯定了五年来我校共青团和学生会工作的成绩,深刻分析了我校当前发展所面临的新形势,对全校各级团学组织和广大团员青年提出了殷切的希望和明确的要求,为推动新时期我校共青团和学生会事业的新发展进一步指明了方向。这充分体现了校党委和团省委对广大青年和团学组织的亲切关怀和殷切期望,我们一定要高举邓小平理论和"三个代表"重要思想伟大旗帜,贯彻落实科学发展观,不辱使命,不负重托,团结带领全校广大团员青年高扬青春旗帜,努力开创我校团学工作新局面。

会议期间,代表们始终以主人翁的态度和饱满的政治热情,正确行使代表权利,全身心投入大会之中,充分体现了各位代表民主求实、严谨认真的良好作风,展示了三峡大学团员青年同心同德、奋发有为的精神风貌。大会始终洋溢着团结、民主、求实、活泼的气氛,可以说,这是一次团结的大会、胜利的大会、催人奋进的大会。

我们相信,这次大会必将进一步激励全校团员青年立足本职,勤奋学习,扎实工作,锐意进取,开拓创新,必将进一步推动我校团学工作再创新局面,再上新台阶。

最后,请允许我代表大会主席团,向亲切关怀我们这次大会的领导同志,向大力支持我校团学工作的各兄弟单位和相关职能部门,向为我校共青团、学生会事业作出巨大贡献的新老干部,向大会筹备工作组的各位同志以及所有为大会付出辛勤劳动的工作人员和各位代表,表示最衷心的感谢和最崇高的敬意!

现在,我宣布:共青团三峡大学第二次代表大会、三峡大学第二次学生代表大会胜利闭幕!

【简评】 这是一篇学生代表大会的闭幕词,文章就本次代表大会的内容与影响,工作目标和今后努力奋斗的方向等作了阐述,最后提出希望,并对未来作了展望,充分体现了闭幕词总结、号召的文种特点。

例文8

北京奥运会闭幕词(中文版)

亲爱的中国朋友们:

今晚,我们即将走到16天光辉历程的终点。这些日子,将在我们的心中永远珍藏,感谢中国人民,感谢所有出色的志愿者,感谢北京奥组委。

通过本届奥运会,世界更多地了解了中国,中国更多地了解了世界,来自204个国家和地区奥委会的运动健儿们在光彩夺目的场馆里同场竞技,用他们的精湛技艺博得了我们的赞叹。新的奥运明星诞生了,往日的奥运明星又一次带来惊喜,我们分享他们的欢笑与泪水,我们钦佩他们的才能与风采,我们将长久铭记再次见证的辉煌成就。

在庆祝奥运会圆满成功之际,让我们一起祝福才华洋溢的残奥会运动健儿们,希望他们在即将到来的残奥会上取得优秀的成绩。他们也令我们倍感鼓舞,今晚在场的每位运动员们,你们是真正的楷模。你们充分展示了体育的凝聚力。

来自冲突国家竞技对手的热情拥抱之中闪耀着奥林匹克精神的光辉,

希望你们回国后让这种精神生生不息,世代永存。

这是一届真正的无与伦比的奥运会,现在,遵照惯例,我宣布第二十九届奥林匹克运动会闭幕,并号召全世界青年4年后在伦敦举办的第三十届奥林匹克运动会上相聚,谢谢大家!

【简评】 这是国际奥委会主席罗格为北京奥运会所致的闭幕词,是典型的侧重性闭幕词。文中对本次奥运会的重大历史意义和所取得的成果、运动员的优异成绩以及他们在奥运会中所体现的奥林匹克精神等作出了很高的评价。全文简短有力,充满激情和希望,富有号召力。

第四节 邀请函 请柬

一、邀请函

(一)邀请函的概念与作用

邀请函,又称为邀请书、邀请信,是邀请有关单位或个人参加某项活动时发出的邀约性书信。它是机关、团体、企事业单位经常使用的一种应用文体。它除有邀请的作用外,还有提供信息的作用。邀请函必须是书面的,即使被邀请的人近在咫尺,口头表示过邀请,也还是要把邀请函送交给人家,以示郑重。

使用邀请函,既可以表示对被邀请者的尊重,又可以表示邀请者对此事的郑重态度。凡召开各种会议,举行各种典礼、仪式和活动,均可以使用邀请函。

邀请函具有邀约性和往来性的特征。邀约性,即邀而请之,它属于正式的邀请,允许并期盼客方来访或参加一些会议、活动,礼节性很强。往来性即邀请函或邀请电发出之后,被邀请者需要回函或回电,告知是应邀而往还是婉言拒绝。

根据邀请的性质来分,邀请函可分为正式邀请函和非正式邀请函。根据使用场合的不同,邀请函可分为礼仪活动邀请函、会务活动邀请函和私人交往邀请函。按照邀请函的表现形式来分,邀请函还可分为请柬式邀请函和传统书信式邀请函。

(二)邀请函的结构和内容

邀请函大多采用简述式的写法。一般由标题、称谓和问候语、正文、落款、回执五部分组成。

1. 标题

标题一般有三种写法:一是单独由文种名称组成,如"邀请函";二是由事由和文种名称组成,如"关于出席亚太经济发展会的邀请书";三是由发函单位、事由和文种名称构成,如"××职业技术学院2012届毕业生供需洽谈会邀请函"。

2. 称谓和问候语

如有特定对象,直接写明机关、团体、单位名称;写个人姓名,要写敬称;如无确定的对象,写泛称。给个人的邀请函,一般写"您好";给机关、团体、单位的邀请函,可以不设此项。

3. 正文

正文包括开头、主体、结尾三个部分。

开头。大多写明缘由,即发函或发电的目的、原因。

主体。要交代有关事项、时间、地点、参与人员、准备工作、食宿安排、费用,以及交通路线、工具、运营班次、联系方式等。

结尾。写"敬请光临""敬请届时出席"等。

由于邀请的对象、事由不同,邀请函正文也有特殊规定。以邀请外国友人来访的函电为例,它一般包括:被邀请人的姓名、性别、出生日期、工作单位和职务;来访目的;来访大致时间及停留时间;费用承担情况等。

4. 落款

在结尾的右下方分两行署上邀请人的名称和发邀请的日期。邀请人如是单位,应写全称或规范化简称。

5. 回执

一般是主办单位为了确定活动规模,方便安排活动,请对方予以回复能否应邀及还有哪些要求等,回复的方式可以是邮寄回复、邮件回复、传真回复或电话回复。通常情况下可以将回执部分制作成表格形式或者邀请对象直接书写回复。

例文 9

网聚财富主角
——阿里巴巴年终客户答谢会邀请函

尊敬的×××先生/女士:

过往的一年,我们用心搭建平台,您是我们关注和支持的财富主角。

新年即将来临,我们倾情实现网商大家庭的快乐相聚。为了感谢您一年来对阿里巴巴的大力支持,我们特于 2006 年 1 月 10 日 14:00 在青岛丽晶大酒店一楼丽晶殿举办 2005 年度阿里巴巴客户答谢会,届时将有精彩的节目和丰厚的奖品等待着您,恭候您的光临!

让我们同叙友谊,共话未来,迎接来年更多的财富,更多的快乐!

阿里巴巴网络技术有限公司

2006 年 1 月 3 日

【简评】 该篇邀请函标题新颖,揭示了主题,"网聚财富主角"巧妙地将"网"——阿里巴巴网络技术有限公司与"网商"——"财富主角"用一个充满动感的动词"聚"字紧密连接起来,既表达了公司对客户的重视和诚意,也表达了公司与客户之间友好合作的关系。正文分三个自然段,第一段简单回顾了与客户的合作历史;第二段写明答谢会举办的缘由、时间、地点及内容安排;第三段结束语表达了与"网商"的精诚合作和对未来的美好展望。全文精练,礼仪性与事务性兼顾,是一篇不错的邀请函。

例文 10

2009年迎新春团拜会邀请函

尊敬的×××先生:

由×××研究中心中国经济报告课题组、全国××节能减排促进中心主办的"2009年迎新春团拜会"拟于2009年1月28日下午4:00在北京××国际大酒店召开。

届时,接受邀请的相关部委领导、业内专家和企业界人士将欢聚一堂,围绕"构建生态文明,促进节能减排"主题现场交流。

此外,本次团拜会还将邀请人民网、新华网、CCTV、凤凰卫视、新浪等媒体和网站的记者朋友参加。

为感谢您对我们的关心与支持,特邀您以嘉宾身份出席2009迎新春团拜会。

附:议程安排

主题:构建生态文明,促进节能减排

人数:120人以内

地点:北京××国际大酒店顶层宴会厅

1. 持本邀请函入场签到(请提前一个小时签到)。
2. 主持人介绍与会嘉宾和媒体。
3. 主办单位代表致辞。
4. 介绍中国经济报告课题组2009年研究重点。
5. 介绍节能减排促进中心筹建情况,以及2009年的主要工作。
6. 与会领导发言。
7. 企业家主题发言。
8. 书画捐赠、合影留念。
9. 招待酒会。
10. 嘉宾凭邀请函领取纪念品。

会务合作热线:××××××××,××××××××

会务秘书处:李××、白××、廖××

中国经济报告课题组

全国××节能减排促进中心

2009迎新春团拜会秘书处(章)

2009年12月19日

【简评】 这是一则典型的新春团拜会邀请函,依次介绍了活动召开的主办方、召开时间、主要内容、参加人员、会议流程安排及相关注意事项等。结构规范,内容完整,叙述简洁明确。

二、请柬

(一)请柬的概念与作用

请柬,又称为"请帖",是人们在节日和各种喜事中请客用的一种简便的邀请信,是为邀请宾客参加某一活动所使用的一种礼仪性书信。

请柬的使用场合较为广泛,如节庆、奠基、落成、开业、娱乐、宴会、典礼、仪式、展览、舞会、演出、新闻发布等都可以使用请柬。

使用请柬,既可以表示对被邀请者的尊重,又可以表示邀请者对此事的郑重态度。凡召开各种会议,举行各种典礼、仪式和活动,均可以使用请柬。请柬在装帧设计和款式上应美观、大方、精致,使被邀请者体会到主人的热情与诚意。

按照使用场合的不同,请柬可以分为会议请柬、仪式请柬、参展请柬、婚礼请柬、宴会请柬等。

请柬一般有两种样式:一种是单面的,直接由标题、称谓、正文、敬语、落款构成。一种是双面的,即折叠式:一为封面,写"请柬"二字;一为封里,写称谓、正文、敬语、落款等。

(二)请柬的结构与内容

不论哪种样式的请柬,都由标题、称谓、正文、结尾、落款和日期五部分组成。

1. 标题

在封面上写明"请柬"二字。一般要做一些艺术加工,如图案装饰,文字用美术体、手写体,有条件时还可以烫金等。

2. 称谓

抬头顶格写被邀请者的名称。如是单位,应写全称。如是个人,应在个人姓名后注明职务或职称,如"×××先生""×××女士"。

3. 正文

正文交代活动的内容、时间、地点及其他应知事项。

4. 结尾

一般以"致以敬礼""顺致崇高的敬意""敬请光临"等敬语作结。

5. 落款和日期

署上邀请者(单位或个人)的名称和请柬发出的时间。

例文 11

请 柬

×××同志:

  兹定于 11 月 1 日(星期二)上午 9 时,在本市中山会堂隆重举行××大学建校 50 周年纪念大会。敬请光临指导。

  此致

敬礼!

××大学
2010 年 10 月 28 日

【简评】 这是一则邀请有关人士出席校庆纪念大会的会议请柬,措辞文雅,时间、地点和具体内容在短短的一句话中全部表达出来,简洁明确。

例文 12

请 柬

送呈:×××先生台启

  谨订于 2011 年公历 5 月 18 日(星期六)农历四月初六为×××先生×××女士举行结婚典礼,敬备喜筵,恭请×××携家人光临。

席设:×××酒店××厅
时间:5 月 18 日 18 时 18 分
×××敬邀

【简评】 这是一则结婚请柬,即邀请亲朋好友来参加婚宴的请柬,是目前民间社交中运用最广、覆盖面最大的一种请柬,文字用语考究,文言色彩较浓。且根据邀请者与被邀请者之间身份、地位、关系的不同而采用不同的语词。写作时婚礼的时间、地点一定要写清楚,便于被邀请者顺利赴约。

例文 13

请 柬

×××女士:

  兹定于 9 月 29 日晚 7:00~9:00 在市××礼堂举行国庆茶话会,届时敬请光临。

  此致

敬礼!

××市政治协商会
××年9月10日

【简评】 这是一则邀请有关人士参加某市国庆茶话会的宴会请柬。文字简洁,措辞文雅,且宴会举行的时间、地点均已交代清楚,文意简洁明确。

第五节 讣告 悼词

一、讣告

(一)讣告的概念与作用

讣告也称"讣文",是人死后报丧的凶讯。"讣"原指报丧,是向死者亲属好友等报告丧讯的文书;"告"是让人知晓。讣告就是单位或个人发出的向死者的亲友告知某人去世消息的告示,是告知某人去世消息的一种哀祭应用文体。

讣告一般出现在去世者所在单位或小区的大门口,重要的讣告还出现在报纸或电视等媒体上。讣告的主要作用是向死者的亲朋好友及其他有关人员通报死者的死讯以及丧事的主要活动安排。

现代常用的讣告主要有三种形式:一般式、报道式、公告式。一般式讣告是最常见、使用频次较高的,普通的工人、干部去世后,亲人常使用此类讣告。报道式讣告一般出现在报纸等媒体上,主要是告诉人们某人已经去世,内容和形式都比较简单,在社会上有一定声望的专家、学者或其他人士去世常使用此类讣告。公告式讣告是讣告中最庄严的,党和国家主要领导人或最有名望的大学者、大专家才使用此种讣告。

(二)讣告的结构与内容

讣告的结构主要包括三个部分:标题、正文、结尾。

1. 标题

一般是"讣告"二字,写在上方正中位置,字体稍大。还有的在"讣告"前加上逝者姓名或×××治丧委员会。

2. 正文

讣告的正文主要分为三个部分。第一部分是写明逝者的姓名、职务,因什么原因在什么时间、地点去世,终年多少岁等。第二部分主要叙写逝者的生平和功绩,此部分一般为概括表达,或者可以省略不写。第三部分一般写开追悼会或遗体告别仪式的时间、地点和其他有关事项。

3. 结尾

结尾主要是署明发讣告的个人或单位名称,以及发讣告的时间,有的还在个人或单位名称后加上联系方式。

(三)讣告写作应注意的事项

(1)讣告应该在向遗体告别前尽早发出,以便逝者亲友作好赴丧准备。

(2)按传统习惯,写讣告只能用黄、白两种纸张。一般情况,长辈之丧用白色纸张,幼辈之丧用黄色纸张。

(3)讣告的语言要求简明、严肃、郑重,以体现对逝者的哀悼。

例文 14

讣 告

××市原政协委员×××同志因病医治无效不幸于××年×月×日×时×分在××逝世,终年九十岁。今定于××年×月×日×时在××火葬场火化,并遵×××同志遗愿,一切从简。特此讣告。

××市政协

××年×月×日

例文 15

讣 告

先母×××于公元××年×月×日在××市病故,享年九十岁。兹定于×月×日上午×时,在××火葬场火化,并举行追悼会。谨此讣告。

×××哀告

××年×月×日

【简评】 例文 14 和例文 15 中的讣告,在格式结构上大致相同,都省略了逝者生平介绍部分,只是向亲友和其他相关人员报告死讯。例文 14 由逝者单位发出,例文 15 由逝者子女发出,讣告发出者的身份不同,在内容上还是有很大区别的。

例文 16

讣 告

中国共产党党员、××大学原总务处办公室主任×××同志因病医治无效,于××年×月×日上午×时×分逝世,享年××岁。

×××同志××年×月出生于××县,××年×月参加工作,××年×月加入中国共产党,××年×月退休。

×××同志××年×月至××年×月在××大学农场工作;××年×月至××年×月历任××大学膳食科管理员、科员、副主任、主任;××年×

月至××年×月任××大学总务处办公室主任,一直从事学校的后勤服务管理工作。

×××同志热爱党,忠诚党的教育事业。工作期间,他始终保持一丝不苟、精益求精的工作作风,爱岗敬业,管理经验丰富。他尊重领导,关心集体和群众,对人和善,乐于助人,为学校的后勤服务保障工作作出了重要贡献。他的病逝,使我们失去了一位好同志,我们深表哀痛。

×××同志的遗体告别仪式将于××年×月×日上午7点在××殡仪馆举行,请参加告别仪式的同志于上午6点在××楼门口准时上车前往。

谨此讣告。

××大学后勤服务集团
××年×月×日

【简评】 这则讣告结构上较完整,包括开头、正文、结尾三个部分,正文的三个部分比较明晰,先写明逝者的具体情况,后介绍逝者的生平和业绩,最后写明遗体告别的具体时间和其他注意事项。这类讣告在生活中比较常见,要学会合理恰当使用。

二、悼词

(一)悼词的概念与作用

悼词是哀悼死者的祭文,是对死者表示哀悼的话或文章,一般在追悼会上使用。它有广义和狭义之分。广义的悼词指向死者表示哀悼、缅怀与敬意的一切形式的悼念性文章;狭义的悼词专指在追悼大会上对死者表示敬意与哀思的宣读式的专用哀悼文体。

现代的悼词是从古代的诔辞、哀辞、吊文、祭文演变而来。

诔辞作为中国哀悼文体的最古老形式,最早是一种专门表彰死者功德的宣读性的哀悼文体。哀辞是诔辞的旁支。诔辞的对象主要是王公、贵族、士大夫,以颂赞死者功德为主;而哀辞的对象主要是"童弱夭折,不以寿终者",同时以抒发生者哀悼之情为主。吊文指凭吊性的文章,"吊"有慰问之意。吊文内容较诔辞、哀辞广泛,也较为庞杂。可以说吊文是中国古代群众性的哀悼文体。它不一定是歌颂功德的文字,如汉代司马相如的《吊秦二世赋》。吊文也可以对具体的事物而言,成为一种咏怀性文体,如《吊战场》之类。祭文是古时祭祀天地鬼神和死者时所诵读的文章。屈原的《九歌》是最早的祭文。祭文范围较广,只有祭奠死者的文章才属于哀悼文体的范畴。今天我们所说的悼词是五四新文化运动的产物,它反映出新时代的新变化,无论在形式上还是在内容上,同古代的诔辞、哀辞、吊文、祭文均有实质性不同。

悼词的主要作用:用来表达对逝者的追思,介绍和评价逝者的生平事迹,对死者的逝世表示惋惜并勉励后人。

日常生活中,常见的悼词主要是宣读式悼词,这种悼词专用于追悼大会,由一定身份的人进行宣读。它是对在场参加追悼的同志讲话,而不是对死者讲话。悼词表达出全体在场的人对死者的敬意与哀思,同时勉励人们化悲痛为力量。宣读式悼词以记叙或议论死者的生平功绩为主,而不以个人抒情为主。另外,悼词还有散文式,这类悼词内容广泛,包括所有向死者表示哀悼、缅怀与敬意的情文并茂的文章,这类文章大都发表在报刊杂志上。这类文章通过对死者过去事情的回忆,展现死者的品质和精神,虽志在怀念,但却落脚在死者的精神对活着的人的鼓舞和激励上。因表现方式的不同,现代悼词可分为记叙类悼词、议论类悼词、抒情类悼词等。

(二)悼词的结构与内容

通常情况下,悼词没有固定的格式,但追悼会上常使用的宣读式悼词形式却相对稳定,这里主要介绍一下宣读式悼词的结构。宣读式悼词主要由标题、正文、落款三部分构成。

1. 标题

标题有两种方式:一种是直接以文种名称作标题,如"悼词"。另一种由死者姓名和文种名共同构成,如"在宋庆龄同志追悼会上的悼词"。

2. 正文

悼词的正文通常由开头、主体、结尾三部分构成。

开头。以沉痛的心情说明召开或参加此次追悼会的目的,尽可能全面而准确地说明死者的职务、职称和称呼,以示尊崇,要注意这些称呼之间的先后排列顺序。接着简要地概述死者何年何月何日何时何原因与世长辞,以及所享年龄等。

主体。承接开头,缅怀死者。这是悼词的主要部分。该部分主要由两方面组成:一是介绍死者的生平事迹,即对死者的籍贯、学历以及生平业绩进行集中介绍,应突出死者对人民、对社会的贡献。二是对死者的思想、精神、作风、品质、修养等作出综合评价,介绍其对他人和社会产生的积极影响,如鼓舞、激励了青年人,为后人树立了榜样等。该部分的介绍可先概括地说,再具体介绍;也可先具体介绍,再概括总结。

结尾。主要写明生者对死者的悼念及如何向死者学习、继承其未竟的事业、化悲痛为力量,为国家、为社会作出更大的贡献等内容。最后要写上"永垂不朽""精神长存"之类的话。悼词的结尾要积极向上,不应该是消极的。所以结尾尽量不用"安息吧"这类话。因为"安息吧"是西方天主教为死者举行仪式时用的一句话,这里面含有人生在世是痛苦的,只有死后才能幸福的消极思想。

3. 落款

悼词一般在开头就已介绍了参加追悼会的人员情况,所以悼词的最后落款一般只署上成文日期即可。

(三)悼词写作应注意的事项

(1)明确写悼词的目的主要是介绍逝者的生平事迹,歌颂逝者生前的功绩,让人们学习逝者优良的思想作风,继承逝者的遗志。但是这种歌颂是严肃的,不夸大,要根据事实,作出合理评价。

(2)化悲痛为力量。应歌颂逝者的美德,勉励生者节哀奋进。

(3)语言要简朴、严肃、概括性强。

例文 17

罗曼·罗兰悼词

郭沫若

罗曼·罗兰先生,你是一位人生的成功者,你现在虽然休息了,可你是永远存在着的。你不仅是法兰西民族的夸耀,欧罗巴的夸耀,而是全世界、全人类的夸耀。你的一生,在精神生产上的多方面的努力,对于人类的贡献非常的宏大,人类是会永远纪念着你的。你将和历史上各个民族各个时代的伟大的灵魂们,象太空中的星群一样,永远在我们人类的头上照耀。

罗曼·罗兰先生,在二十年前你的杰作《约翰·克利斯朵夫》初次介绍到中国来的时候,你曾经向我们中国作家说过这样的话:"我不认识欧洲和亚洲,我只知道世界上有两种民族——一种是上升,一种是下降。上升的民族是忍耐、热烈、恒久而勇敢地趋向光明的人们——趋向一切的光明:学问、美、人类爱、公众进步;而在另一方面的下降的民族是压迫的势力,是黑暗、愚昧、懒惰、迷信和野蛮。"你说,只有上升的民族是你的朋友,你的同志,你的弟兄。你说,你的祖国是自由的人类。这些话对于我们中国的文艺工作者是给予了多么正确的指示,多么有力的鼓励呀!

在今天的世界,正是这两种民族斗争着生死存亡的时候。你所说的上升的民族就是我们代表正义、人道的民主阵线,你所说的下降的民族就是构成轴心势力的法西斯。一边是赴汤蹈火,视死如归,牺牲自己的一切以解救人类的困厄;另一边是奴役,饥饿,活埋,杀人工场,毒气车,庞大的集中营,一个鬼哭神号的活地狱。但今天,上升的不断地上升,下降的不断地下降,光明终竟快要把黑暗征服了。我们要使全人类都不断地上升,全世界成为自由人类的共同祖国。

罗曼·罗兰先生,你伟大的法兰西民族的儿子,当你看到法兰西民族又恢复了她的光荣的自由,而你自己在这时候终结了你七十九年的人生旅程,在你那肃穆的容颜上,怕必然表露出了一抹更加肃穆的微笑的吧?但当你想到你的朋友,你的同志,你的兄弟的好些民族,依然还呻吟在法西斯蒂的控制下边没有得到自由,在和死亡、饥饿、奴役、恐怖作决死的斗争,在你那肃穆的容颜上,怕也必然表露出了一抹更加肃穆的悲愤的吧?

但是,罗曼·罗兰先生,伟大的人类爱的使徒,你请安息吧。上升的要不断地自求上升,下降的要不断地使它下降,我们要以一切为了人类解放而英勇地战斗着的民族为模范,我们要不避任何的艰险、凶暴的压迫势力、法西斯蒂、现世界的魔鬼,搏斗!我们中国是绝对不会灭亡的,人类是必然要得到解放的,法西斯魔鬼们是必然要消灭的!

罗曼·罗兰先生,你请安息吧。我们中国的文艺工作者们,更一定要以你为模范,要象你一样,把"背后的桥梁"完全斩断,不断地前进,决不回头;要象你一样,始终走着民主的大道,把自己的根须深深插进黑土里面去,从人民大众吸收充分的营养,再从黑土里面生长出来。我们一定要依照你的宝贵指示:"每天早上,我们都得把新的工作担当起来,把前一天开始的斗争继续下去……对于错误,对于不公正,对于死,我们必须不断地力争,为着更大的更大的胜利。"

一九四五年三月二十一日

【简评】 这是一篇悼念外国友人的文章。郭沫若先生没有按照固定的格式先介绍逝者的生平和功绩,而是对逝者的贡献进行歌颂以抒发哀思。这类悼词主要以抒情的表达方式来寄托哀思,表达对逝者的崇敬和怀念。内容上像是散文式,多发表在报纸或者杂志上。

例文 18

邓小平同志在周恩来同志追悼会上致悼词

今天,我们怀着极其沉痛的心情,悼念中国共产党的优秀党员、伟大的无产阶级革命家、杰出的共产主义战士、中国人民久经考验的卓越的党和国家领导人周恩来同志。

周恩来同志自一九七二年患癌症以后,在伟大领袖毛主席、党中央经常的亲切关怀下,医护人员进行了多方面的精心治疗。他一直坚持工作,同疾病作了顽强的斗争。由于病情恶化,医治无效,一九七六年一月八日九时五十七分,周恩来同志的心脏停止了跳动。全党全军全国人民都为失掉了我们的总理而感到深切的悲痛。

周恩来同志的逝世,对于我党我军和我国人民,对于我国的社会主义革命和建设事业,对于国际反帝、反殖、反霸的事业和国际共产主义运动的事业,都是巨大的损失。

周恩来同志从青年时代起就献身于中国人民的解放事业。一九一九年,他积极参加五四运动,从事反对帝国主义、封建主义的革命活动。一九二○年到一九二四年,他先后到法国和德国勤工俭学,在旅欧的中国学生和工人群众中宣传马克思主义。一九二二年,他加入中国共产党,担任中国共产主义青年团旅欧总支部书记,并在中国共产党旅欧总支部工作。在第一次国内革命战争时期,他参加了北伐战争,对推翻北洋军阀的反动统治作出了重要贡献。从一九二四年到一九二六年,他先后担任中共两广区委员会委员长、黄埔军校政治部主任、国民革命军第一军政治部主任、中共两广区委员会常委兼军事部长。一九二六年冬,他到上海党中央工作,接着,担任中共江浙区军事委员会书记、中共中央军事委员会书记。他是一九二七年上海工人武装起义的主要领导人。蒋介石、汪精卫相继叛变革命以后,为了挽救革命,周恩来同志和其他同志一起,领导了八一南昌起义,在起义中他担任中共前敌委员会书记。在第二次国内革命战争时期,他还在上海坚持党的地下革命工作,担任过中共中央组织部部长、中央军事委员会书记等职务。一九三一年十二月他进入江西中央革命根据地后,担任中央苏区中央局书记、中国工农红军第一方面军政治委员、中央革命军事委员会副主席等职务。遵义会议以后,在毛主席的领导下,他继续担任中央革命军事委员会副主席,参与中国工农红军胜利完成二万五千里长征的组织领导工作。一九三六年十二月西安事变发生,周恩来同志作为我党的全权代表,同被逮捕的蒋介石进行了谈判。在谈判中,他坚决执行毛主席的方针,迫使蒋介石停止内战,实现了西安事变的和平解决,促成了抗日民族统一战线的形成和发展。在抗日战争时期,他任党中央的代表和南方局书记,在国民党统治区进行统一战线工作,并领导国民党统治区我党组织的工作。他长期驻在国民党政府所在地重庆,临危不惧,坚定地执行了毛主席的方针,对国民党消极抗战、积极反共的反革命政策,进行了英勇的斗争。在第三次国内革命战争初期,一九四五年八月,他跟随毛主席在重庆同国民党谈判。《双十协定》签订以后,他继续率领中国共产党代表团在重庆和南京同美蒋反动派进行针锋相对的斗争。一九四六年十一月,周恩来同志从南京回到延安。在一九四七年三月蒋介石军队大举进攻陕甘宁边区时,周恩来同志跟随毛主席留在陕北,参与人民解放战争的领导工作。在我国社会主义革命和无产阶级专政的新的历史阶段,周恩来同志从建国以来一直担任中华人民共和国政府的总理,兼任过外交部长,担任过中共中央军委副主席、中国人民政治协商会议第一届全国委员会副主席、政协第二届和第三届全国委员会主席。他还被选为历届全国人民代表大会的代表。

周恩来同志从党的五大以后,被选为历届中央委员会委员。在一九七年"八七"中央会议上被选为政治局候补委员。从党的六大以后,被选为历届中央政治局委员。党的六届五中全会、七届一中全会被选为中央书记处书记。党的八届、九届和十届一中全会,被选为中央政治局常务委员会委员。党的八届、十届一中全会被选为中央委员会副主席。

周恩来同志忠于党,忠于人民,为贯彻执行毛主席的无产阶级革命路线,争取中国人民解放事业和共产主义事业的胜利,英勇斗争,鞠躬尽瘁,无私地贡献了自己毕生的精力。在毛主席的领导下,周恩来同志对建设和发展马克思主义的中国共产党,对建设和发展战无不胜的人民军队,对夺取新民主主义革命的胜利,创建社会主义的新中国,对巩固工人阶级领导的以工农联盟为基础的各族人民的大团结,发展革命统一战线,对争取社会主义革命和建设事业的胜利,……巩固我国的无产阶级专政,都作出了不可磨灭的贡献,建立了不朽的功绩。全党全军全国人民衷心地爱戴他,尊敬他。

周恩来同志在国际事务中,坚决贯彻执行毛主席的革命外交路线,坚持无产阶级国际主义。他对加强我党同各国马列主义政党和组织的团结,反对现代修正主义的斗争,促进国际共产主义运动的发展,对加强我国人民同各国人民特别是第三世界各国人民的团结,在和平共处五项原则的基础上争取同一切国家建立和发展关系,联合国际上一切可以联合的力量,进行反对帝国主义、社会帝国主义的斗争,同样作出了不可磨灭的卓越的贡献,赢得了世界人民的尊敬。

周恩来同志的一生,是为共产主义事业光辉战斗的一生,是坚持继续革命的一生。他是我们全党全军全国人民学习的榜样。

在悼念周恩来同志的时候,我们要学习他对马克思主义、列宁主义、毛泽东思想的无限忠诚。他衷心爱戴和崇敬伟大领袖毛主席,坚决捍卫毛主席的无产阶级革命路线,坚持无产阶级专政下继续革命,反修防修,终生为实现共产主义的伟大理想而奋斗。我们要学习他全心全意为人民服务的高尚品质。在毛主席、党中央的领导下,周恩来同志担负着处理党和国家日常事务的繁重任务。他总是勤勤恳恳,任劳任怨,忘我地、不知疲倦地为中国人民和世界人民谋利益。我们要学习他对敌斗争的坚定性。不论白色恐怖多么残酷,武装斗争多么激烈,同敌人面对面的谈判多么尖锐,他总是奋不顾身,机智勇敢,坚定沉着,充满着必胜的信心。

我们要学习他坚强的无产阶级党性。他光明磊落,顾全大局,遵守党的纪律,严于解剖自己,善于团结广大干部,维护党的团结和统一。他广泛地密切联系群众,对同志对人民极端热忱。他坚决贯彻执行老、中、青三结合的原则,满腔热情地支持在无产阶级革命斗争中涌现出来的新生力量和新生事物。

我们要学习他谦虚谨慎、平易近人、以身作则、艰苦朴素的优良作风。学习他坚持无产阶级的生活作风,反对资产阶级的生活作风。

我们要学习他同疾病作斗争的革命毅力。他在病中不断地研究和贯彻执行毛主席的方针政策,继续坚持学习马列著作和毛主席著作,就是在病情十分严重的时候,他还一再聆听今年元旦发表的毛主席的两首光辉诗篇。这充分表现了他坚韧不拔的革命精神。

中国人民伟大的革命战士周恩来同志和我们永别了。我们要化悲痛为力量,在毛主席为首的党中央领导下,团结一致……坚持党的基本路线,坚持无产阶级专政下的继续革命,坚持毛主席的革命外交路线和政策……为把我国建设成为社会主义的现代化强国,为共产主义事业的胜利而奋斗。

团结起来,争取更大的胜利!

一九七六年一月十五日

【简评】 这篇悼词是邓小平同志在周恩来总理追悼会上宣读的,是典型的宣读式悼词。在结构上三大部分划分清晰,悼词的开头部分写明逝者逝世前的具体情况。正文主要介绍周总理一生的贡献和功绩,所占篇幅较长,写得比较详细。结尾表示一定要化悲痛为力量,号召大家为共产主义事业奋斗终生。最后以"团结起来,争取更大的胜利!"作结束语。宣读式悼词一般按照这个格式来写,但根据逝者生平内容的不同,结构上也会有区别。

单元思考与练习

一、填空题

1. 礼仪文书的特点有_____、_____、_____、_____、_____。
2. 感谢信的结构包括_____、_____、_____、_____、_____五部分。
3. 慰问信的基本类型包括_____、_____和_____。
4. 开幕词的结构包括_____、_____、_____、_____四部分。
5. 按照使用场合,闭幕词可以分为_____、_____和_____。

二、简答题

1. 礼仪文书的特点有哪些?结合实际,谈谈礼仪文书在现代社会交往中的基本作用。
2. 请柬有哪些作用?

3.写好慰问信需注意哪些事项?

4.简述邀请函的写作结构。

5.悼词的正文应怎样书写?

三、写作训练题

假设你是一名即将毕业的大学生,请以这一身份向自己大学里尊敬的师长写一封感谢信。

附录一

公文常用词汇

一、称谓语

称与对方有关的事物常用"你",如"你省""你部"。如是平行文则宜用敬辞"贵",如"贵部""贵局""贵市""贵会""贵社""贵公司""贵单位"等。

称与自己有关的事物常用"我""本",如"我省""我部""我局""本公司""本会"等。

公文中间接称呼有关的人或单位常用"该",如"该同志""该人""该地区""该单位"等。

二、起首语

对下级机关或人民团体来文有所批复时,起首常用"关于《……的报告》收悉""关于……的电文已悉"等。

三、承启语

在公文的缘由表述完毕后,常用"为此,特作如下通知""特此命令你们"等领起下文。

四、结尾语

结尾语是各类公文正式结尾时表收束、强调、祈请等的用语,可用"以上各项,望各地遵照执行""请结合本地区、本部门实际情况,认真贯彻执行""是否妥当,请予批复""当否,请批示""请予审批""以上报告如无不妥,请批转各地、各有关部门执行"。

五、公文用词的特殊性

所谓公文用词的特殊性,是指公文有一套较常用的专用词语,这些词语用起来能体现公文的严肃性和准确性。

开头用语有:"按照""为了""根据""鉴于""依照""据查""关于""报告悉""电悉"

"奉""查""前奉""据""……报称""……电称""制定""特派""任命""兹聘""派""惊悉""阅悉""谨悉"等。

结尾用语有:"望""请""特此函告""为盼""是否可行""当否""请批示""祈请批复""盼回复""望遵照执行""特此通知""请批转……执行""特此布告""此复""此致""谨呈""谨报告""特此电陈""此令""此批""此布""为荷"等。

过渡用语有:"为此""为此……特……""对比……""为……""结合……"等。

称谓用语有:"贵省""贵局""该地区""我市""我县""本镇"等。

表时间的模糊词语有:"最近""近期""适当时候""现在""将来""曾经""同时""有时""一直"等。

表范围的模糊词语有:"有关""各部门""乡(县、市、省)内外""国内外""左右""上下"等。

表条件的模糊词语有:"在可能的情况下""在……情况下""在……基础上""符合一定条件""在特殊情况下"等。

表数量的模糊词语有:"许多""多数""广大""某些""有此""一些""个别""部分"等。

表程度的模糊词语有:"很""一般""更加""进一步""基本上""显著""一定……""较"等。

表频率的模糊词语有:"经常""不断""有时""反复""再三""多次""偶尔"等。

附录二

公文写作常用词语释义

在长期的公文写作实践中,由于行文关系和处理程序的需要,公文逐渐形成了一套常用的专用词语,现简要介绍如下:

a

[按期]按照规定的期限。
[按时]依照规定的时间。
[按语]发文单位批转或转发公文时所作的说明或提示。
[按照]依照;据此办理。
[案卷]分类保存以备查考的文件。

b

[颁]发布;颁发。多用于庄严、隆重的场合。
[颁布]公布。多用于公布重要的法律、规定、条例、命令等。如"颁布法令""颁布奖惩条例"。
[颁发]发布;授予。多用于领导机关发布重要文件或向有关单位、人员授奖。如"本条例自颁发之日起执行""颁发奖章和奖金"。
[颁行]颁布施行。
[报呈]用公文向上级报告。如"报呈上级备案"。
[报告]用书面或口头的形式向上级作正式陈述。

［报经］上报并已经得到。如"报经上级同意"。

［报批］呈报上级机关请求批准。如"履行报批手续"。

［报请］用书面报告向上级机关请示或请求。如"报请上级批准"。

［报送］向上级呈报。

［备案］向主管机关报告事由存案以备查考。如"此事已报上级备案"。

［备查］准备好文件、案卷、图表等以供查考。如"存档备查"。

［本］自己方面的。可用于机关、团体和个人的自称，也可用于文件自身。

［本拟］本来打算。

［本应］本来应该。如"本应从严惩处，但念其……"

［比照］比较对照（已有的做法或同一范畴的规章制度处理）。

［濒于］临近；接近。多用于坏的情况。如"濒于破产""濒于绝望"。

［并经］并且经过。

［不啻］不止；如同。

［不法］不守法的；违法的。如"不法分子""不法行为"。

［不日］要不了几日；几天之内。

［不失为］还可以算得上；称得上。"这样处理，不失为一种好办法"。

［不时］随时。如"不时之需"。

［不宜］不适宜。如"不宜操之过急"。

［不予］不准许；不给。

［布置］对工作、活动作出具体的安排。

［部署］安排、布置（工作或活动）。

c

［参见］同"参看"。

［参看］读一篇文件时参考另一篇。

［参与］参加进去共同进行。

［参阅］同"参看"。

［参照］参考并仿照。如"参照执行"。

［参酌］参考实际情况，加以斟酌。如"参酌处理"。

［草拟］起草和撰拟。如"草拟文件"。

［查］清点；了解；调查；清查。

［查办］查明犯罪事实或错误情节加以处理。如"严加查办""撤职查办"。

［查对］清查核对。如"业经查对，正确无误"。

［查复］核查后作出答复。

［查禁］检查并禁止。

［查究］调查并追究；检查追究。如"对此须认真查究"。

［查收］检查后收下。

［查询］调查询问。

［抄报］把有副本或抄件的公文除主送机关及首长外，报送需要了解情况的上级机关和首长。

［抄发］把有副本或抄件的公文除主送机关及首长外，下发给需要了解文件内容的下级机关或人员。

［抄送］把有副本或抄件的公文送交平行机关、单位或个人。

［成例］现成的例子和办法。如"援引成例"。

［成文］用文字固定下来的；成为书面的。

［呈报］用公文报告上级。如"呈报省政府批准"。

［呈请］用公文向上级请求或请示。如"呈请核示"。

［承蒙］受到（客套话）。如"承蒙指教""承蒙恩准""承蒙热情招待，不胜感激"。

［纯系］纯粹是。如"纯系无中生有""纯系无理取闹"。

［此］这个。如"在此基础上""此议不妥"。

［此布］在这里宣布。多用于布告的结尾。

［此复］就这样答复。用于批复或函复的结尾处。

［此令］就这样命令。用于命令的结尾处。

［此批］中央或地方机关，对人民团体呈送的报告有批复时，用此语作终结。

［此状］颁发任命状或奖状时用"此状"作为终结语。

［存案］在有关机关登记备案。

［存查］保存起来以备查考。如"交财务处存查"。

［存档］把已经处理的公文、资料归入档案，供以后查考。

［存疑］把疑难问题暂时搁置起来不作处理。如"此事存疑，留待后决"。

d

［大］超过一般的；十分；很。

［大力］很大的力量；用很大的力量。如"大力支持"。

［大有］很有。如"大有余地""大有……之势"。

［待］等待。

［当即］当时；立即；马上就。

［当否］是不是恰当合适。

［电悉］通过电报（电话）了解到。

［定］规定的；不可移动和变更的。

［定案］案件、方案等作最后的决定。

［定夺］对事情作出可否与取舍的决断。如"此事待讨论后再行定夺"。

［定于］决定在。

［定予］一定给以。

［动］行动；动作；行为。也作"往往"解释。

［动议］会议中临时的建议。如"紧急动议"。

［动辄］动不动就。

［度］（量词）次。

［敦］诚恳。

［敦促］诚恳地催促。

［敦聘］诚恳地聘请。

［敦请］诚恳地邀请。如"敦请届时光临指导"。

e

［讹误］（文字、记载）错误。

［而］有三种用法：一是连接语意相承的成分；二是连接肯定和否定互相补充的成分；三是插在主谓语之间，起"如果"的作用。

f

［发布］宣布（命令、指示等）。

［凡］凡是。

［反之］与此相反。

［非经］除非经过。

［废］废止的；不再使用或不再生效的。

［废弛］政令、法纪等因不执行或不被重视而失去约束作用。

［废除］取消、废止（法令、制度、条约等）。

［废止］取消、不再行使（法令、制度等）。

［废置］认为没有用而搁置一边。

［奉］接受。用于下级接受上级的指示、命令。

[否]不;不行。
[复核]复查核对。
[附件]指随同文件发出的有关文件或物品;组成机器、器械的某些零件、部件。

g

[该]指示词,指上文说过的人或事。
[概]大略、大概;一律。
[概用]一律用。
[稿]指外发公文的未定稿、草稿。
[稿本]公文形成前所产生的各种文稿,如草稿、讨论稿、修改稿、送审稿等。
[根据]依据。用于公文的开端。
[公布]公开宣布,让大家都知道。用于政府的法律、命令、文告及团体、单位的通知事项。
[共识]指双方或多方在某一问题上的共同认识。
[关于]具有指示性的介词,多与名词组成偏正词组,用作公文题目。
[光临]敬辞,称宾客来到。用于请柬、邀请信的末尾处。如"敬请光临""欢迎光临指导"。
[规程]对某种政策、制度、正确做法和程序所作的分章分条的规定。
[规定]对某一事物的方式、方法、数量、质量所作的决定。
[规范]约定俗成或明文规定的标准。
[规格]指质量的标准,如大小、轻重、精密度、性能等。
[规约]经相互协议规定下来共同遵守的条款。
[规则]规定出来供大家遵守的制度和章程。
[贵]敬辞,称与对方有关的事物。多用于单位、团体或国家。
[果系]果然是。如"经调查核实,果系张某所为""经查,此事果系误传"。

h

[还须]还必须。
[函]信件。如"公函""来函"。
[函复]用信函答复。如"所拟可否,盼速函复"。
[函告]用信函报告或告诉。如"特此函告"。
[核]仔细地对照和考查。

[核拨]审核后拨发。

[核定]审核决定。

[核对]审核查对。

[核减]审核后决定减少。如"应核减行政经费10%"。

[核实]审核查实。

[核销]审核后报销。

[核准]审核后批准。如"该计划业经市政府核准"。

[后经]后来经过。

[互动]为解决某一问题,双方或多方采取实际行动。

[会签]指与文件内容有关的主管部门负责人共同在发文稿上签注意见和姓名。

[会同]同有关方面会合在一起。

[汇总]汇集到一起。多指资料、数据、表格、文件等。

j

[基于]根据。如"基于以上理由"。

[即可]就可以。

[即日]当天。如"本条例自即日起施行"。

[即席]在集会或宴会上(当场)。如"即席讲话""即席赋诗一首"。

[亟]急迫。

[鉴]审察;仔细看。

[鉴别]辨别。

[鉴戒]可以使人警惕的事情。如"引为鉴戒"。

[鉴定]对人或事的优劣作评价。

[鉴于]觉察到;考虑到。

[见]放在动词前用来表示"对我怎么样"。

[见复]答复(我)。

[见谅]原谅(我)。如"敬希见谅"。

[校订]对照可靠的材料复核公文中的疑误之处。

[接]接到。

[接办]接过来继续办下去。

[接管]接收并管理。

[接洽]联系洽商。

[届时]到时候。表示预定时间准时做某事。如"请届时参加"。

[谨]敬辞,表示敬重、郑重的意思。
[谨电]恭敬地电告。如"欣闻……,谨电致贺"。
[谨启]恭敬地陈述。如"秘书工作""公司谨启"。
[谨悉]恭敬而慎重地了解到。如"来函谨悉"。
[惊悉]知道了(这个消息)十分震惊。如"惊悉×××同志病逝"。
[经]经过。
[径]直接。
[径报]直接报送。如"有关材料请径报市政府办"。
[径向]直接向。如"此事宜径向县劳动人事局反映"。
[径与]直接同。如"请径与市人才中心联系"。
[径自]自己直接(行动)。如"该公司未经批准,径自开展人才招聘活动"。
[就]靠近;从事。
[就地]在原地。如"就地解决""就地安置"。
[就绪]已经安排好。如"大会筹备工作已全部就绪"。
[就学]从事学习。
[就业]从事某项职业。
[具名]在文件上签名。
[据]根据;依据。
[据此]按照这个。
[决定]对如何行动作出决策。
[决算]根据预算执行的结果而编制的会计报告。
[决议]经过一定会议讨论通过的决定。
[均]全;都。
[均经]全部经过。
[均须]都必须。
[均应]全都应该。

k

[考察]实地观察;调查了解。
[考查]用一定的标准来检查衡量。
[可否]可不可以。
[恳请]诚恳地邀请或请求。如"恳请拨冗出席""恳请原谅"。

l

[滥用]超过规定范围地使用。如"滥用职权""行文不得滥用方言"。
[累计]层层相加,累聚计算。
[立案]在主管机关注册登记、备案。
[立即]立刻。
[列举]一个一个地举出来。
[列席]参加会议有发言权而没有表决权。
[聆听]"听"的文言词。表示恭敬认真地听。多用于下级对上级、晚辈对长辈。如"聆听教诲"。
[另行]另外进行(某种活动)。如"另行通知""另行规定"。
[令行禁止]有令行,有禁止。多用于下行公文的要求之中。
[履行]实践自己答应做或应该做的事情。如"履行诺言""履行手续"。
[论处]判定处分。如"依法论处""按违反政纪行为论处"。

m

[免]去掉;除掉。如"免去""免职"。
[面洽]当面接洽。如"面洽公事""详情请与来人面洽"。

n

[能否]是否能够。
[拟订]草拟。如"拟订计划""拟订方案"。
[拟稿]起草文稿。
[拟经]打算经过;准备经过。
[拟于]打算在。
[挪用]将专项款移作他用。如"挪用公款"。

p

[批驳]书面否决下级的意见和要求。
[批复]对下级来文的批示答复。

［批件］带有上级批示的文件。

［批示］上级对下级来文批注意见。

［批阅］(领导人)阅读文件并加注批语。

［批转］把下级来文批示转发给其他单位执行和参阅。

［批准］上级对下级的意见表示同意。

［缮写］抄写。

［尚望］还希望。如"尚望贵局大力支持"。

［商］与……商量。

［商定］协商确定。

［商讨］商量讨论。

［上报］向上级报告。

［申报］书面向上级或有关部门报告。

［审定］审查决定。

［审订］审查修订。

［审发］审查发出。

［审改］审查修改。如"审改文稿"。

［审核］审查核定。

［审批］审查批示。如"报请上级审批"。

［审修］对文稿审阅修改。

［审阅］审查阅读。如"审阅报告"。

［施行］实施执行。多用于公布法令规章的生效时间。如"本条例自公布之日起施行"。

［实施］实行。用法同施行。

［事］事情；事项。

［事宜］事情的安排和处理。

［事由］本件公文的主要内容。

［试行］试验推行。

t

［特］特地。常用于公文开头与主体之间的过渡。如"特作如下决议""特决定如下"。

［特此］特别为此事；专为此事。一般多用于通知、通报、报告等文件的结尾处。如"特此报告""特此通知如下""特此决定"。

[特予]特地给予。

[提案]向会议提出的议案。如"截至今天,本次大会收到提案×件"。

[提请]提出要求或议题,请会议或上级研究讨论,作出决定。如"提请上级批准""提请大会讨论通过"。

[提要]从全文中提出要点。

[体会]体验领会。

[体式]文件的格式。

[条款](条目)规章、制度、契约的条目。

[条例]由国家权力机关制定或批准的规定某一类事项的规范性文件,或由国务院对某一方面的行政工作作比较系统规定的规范性文件,也指团体制订的章程。

[听取]听,多用于听意见、听反映、听报告、听汇报等。如"大会先后听取了一府两院的报告""认真听取群众的意见和反映"。

[通报]①动词,指上级机关把工作情况或经验教训用书面形式通告下级单位。如"现将情况通报如下""特予通报表扬"。②名词,文件的名称之一,即上级机关通告下级机关的文件。如"此事性质恶劣,后果严重,宜发通报予以严肃批评"。

[通病]指一般都有的缺点。

[通告]①动词,普遍地通知。②名词,普遍通知的文告,文件的名称之一。

[妥否]是不是恰当。

w

[完稿]脱稿。

[玩忽职守]工作极不负责或严重失职。

[望]希望;盼望。

[望即]希望立即。多用于下行文,属期望性用语。如"望即着人调查,并报结果"。

[为]为了。

[为此]为了这个。

[为荷]感谢受到你们帮助。如"请予大力协助为荷"。

[为盼]希望受文者按来文要求去办。多用于函、通知、介绍信末尾处。如"请速予批复为盼"。

[为使]为了使得。

[为要]是重要的。多用于下行文,提醒下级单位务必按文件规定办理。如"望认真研究,妥善解决为要"。

［为宜］是妥当或适当的。

［为止］截止；终止。

［文稿］文章或公文的草稿。

［未经］没有经过。

［务］务必。文件中常用的有"务请""务希""务祈""务求""务期""务使"等。

［务必］必须；一定。主要用于下行文，属指令性用语。

［务须］一定；必须。

［勿］表示禁止或劝阻。

x

［希即］希望立即。

［希予］希望给予。

［悉］①全；都。②知道。

［系］是。如"纯系""显系""果系""确系"。

［细则］有关规章制度、措施办法的详细规则。

［下达］向下级传达或发布（命令、指示、意见）。

［下不为例］下次不能援例，表示只通融这一次。有提醒警告作用。如"必须严加查处，决不搞下不为例"。

［现］现在；此刻。

［限于］限定在；局限在某一范围之内。

［详悉］详细地知道。

［行］做或实行；将要。

［行文］发公文给（某个或某些单位）。如"行文各地"。

［须］须要；必须。

［须即］必须立刻。

y

［严］严格。

［严办］严厉查办。

［严防］严格防范。

［严加］严格加以。

［严谨］严密谨慎。

［严禁］严格禁止。

［严守］严格遵守。

［严重］程度深，影响大，情势危急。如"问题严重""后果严重""表示严重关切"。

［业经］已经。如"业经呈报在案"。

［业已］已经。如"业已调查属实"。

［业于］已经在。

［一并］合在一起。多在两件以上的事情、问题或文件需要合并处理时用。

［一经］只要经过。

［宜］合适；应当。多与"不"字结合，用于否定式。

［已悉］已经知道。

［以］用；拿。

［以便］用在下半句话的开头，表示有了上半句所说的条件，下半句的目的就容易实现。

［以此］用这个。如"以此推算"。

［以儆效尤］儆，使人觉悟。效尤，学坏样子。用对一个坏人或一件坏事的严肃处理来警告那些学做坏事的人。

［以利］以便有利于。如"发扬成绩，纠正错误，以利再战"。

［以免］用在下半句话的开头，表示前半句话的目的是使下文所说的结果不至于发生。

［以期］用在下半句话的开头，表示以此希望。如"再接再厉，以期全胜"。

［以致］用于下半句话的开头，表示下面的结果是由上述原因所带来的。

［以至］表示在时间、数量、范围上的延伸或扩大。

［以资］用来作为。如"特发此状，以资鼓励"。

［亦须］也必须。如"对……亦须关注"。

［议案］提交会议讨论的建议。

［议程］会议进行的程序。

［议题］会议讨论的题目。

［引为］引来当作。如"引为骄傲""引为教训"。

［引以为戒］将过去的事情作为教训和警戒。

［印鉴］留供核对的印章底样。

［印信］公章。

［应］应该。

［应即］应该立即。

［应届］本届。如"应届毕业生"。其对应词是"往届"。

〔应将〕应该把。
〔应邀〕接受邀请。
〔应以〕应该用。
〔应于〕应该在。如"此项工作应于六月底前完成"。
〔应予〕应该给予。如"应予鼓励"。
〔用〕使用。
〔于〕在。
〔与会〕参加会议。如"与会代表"。
〔予〕给予。
〔逾期〕超过规定期限。如"逾期未复者,视为同意"。
〔援引〕引用。
〔援用〕引用。
〔阅悉〕看过并知道。如"来函阅悉"。
〔越级〕越过直属的上级直接到更高的上级。
〔运作〕进行工作或开展活动。如"运作方式"。

Z

〔在案〕已经记录在档案中,可以随时查考。如"记录在案"。
〔暂行〕暂时实行。如"暂行规定""暂行条例"。
〔责成〕指定专人或机构负责(办理)。如"责成市公安局迅速破案"。
〔责令〕命令专人或机构负责(办理)。如"责令有关部门查清案情"。
〔摘由〕摘录公文的主要内容以便查阅(因为公文的主要内容叫事由)。
〔展期〕把预定的日期往后推迟。如"报考工作展期至3月底结束"。
〔章程〕书面写定的组织规程或办事条例。
〔照办〕依照办理。
〔照此〕按这样(去办)。如"同意所拟,望照此办理"。
〔正本〕文件的正式文本。
〔值〕遇到;碰上。
〔指令〕上级对下级所作的指示和命令。
〔指示〕上级对下级说明处理某项问题的原则和方法;也指上级指示下级的具体文件。
〔指正〕指出错误,使之改正。
〔致〕给予。

［制定］定出。如"制定宪法"。

［制订］创制拟订。如"制订方案"。

［制度］要求遵守的办事规程或行为准则。如"工作制度""学习制度"。

［衷心］出自内心。如"表示衷心的感谢""衷心拥护"。

［专此］专门在这里。用于报告的结尾处。如"专此报告"。

［追查］追问调查。如"追查责任""追查到底"。

［准予］准许。如"准予毕业"。

［兹］现在。如"兹定于6月8日召开国家公务员招考工作新闻发布会"。

［兹将］现在将。如"兹将(二〇〇六年工作计划)送上,请审示"。

［兹介绍］现在介绍。如"兹介绍×××等二同志前往贵局……"

［兹就］现在对。如"兹就……问题,提出如下建议"。

［兹派］现在委派。

［兹因］现在因为。

［兹有］现在有。如"兹有我局副局长×××等二同志前往贵处联系……事宜,请接洽"。

［自行］自己进行。如"自行办理""自行解决"。

［总结］把一段时间的工作、学习或思想中的各种经验教训或情况,分析研究之后作出的指导性结论。如"年终总结""工作总结"。

［总则］规章条例最前面的概括性条文。

［遵从］遵照并服从。如"遵从上级指示""遵从决议"。

［遵行］遵照实行或执行。如"即请批示,以便遵行"。

［遵照］依照;按照。如"遵照执行"。

附录三

中华人民共和国国家标准标点符号用法

一、标点符号的定义、形式和用法

1. 句号

1.1　定义

句末点号的一种,主要表示句子的陈述语气。

1.2　形式

句号的形式是"。"。

1.3　基本用法

1.3.1　用于句子末尾,表示陈述语气。使用句号主要根据语段前后有较大停顿、带有陈述语气和语调,并不取决于句子的长短。

示例1:北京是中华人民共和国的首都。

示例2:(甲:咱们走着去吧?)乙:好。

1.3.2　有时也可表示较缓和的祈使语气和感叹语气。

示例1:请您稍等一下。

示例2:我不由地感到,这些普通劳动者也同样是很值得尊敬的。

2. 问号

2.1　定义

句末点号的一种,主要表示句子的疑问语气。

2.2　形式

问号的形式是"?"。

2.3　基本用法

2.3.1　用于句子末尾,表示疑问语气(包括反问、设问等疑问类型)。使用问号主要根据语段前后有较大停顿、带有疑问语气和语调,并不取决于句子的长短。

示例1:你怎么还不回家去呢?

示例2:难道这些普通的战士不值得歌颂吗?

示例3:(一个外国人,不远万里来到中国,帮助中国的抗日战争。)这是什么精神?这是国际主义的精神。

2.3.2　选择问句中,通常只在最后一个选项的末尾用问号,各个选项之间一般用逗号隔开。当选项较短且选项之间几乎没有停顿时,选项之间可不用逗号。当选项较多或较长,或有意突出每个选项的独立性时,也可每个选项之后都用问号。

示例1:诗中记述的这场战争究竟是真实的历史描述,还是诗人的虚构?

示例2:这是巧合还是有意安排?

示例3:要一个什么样的结尾:现实主义的?传统的?大团圆的?荒诞的?民族形式的?有象征意义的?

示例4:(他看着我的作品称赞了我。)但到底是称赞我什么:是有几处画得好?还是什么都敢画?抑或只是一种对于失败者的无可奈何的安慰?我不得而知。

示例5:这一切都是由客观的条件造成的?还是由行为的惯性造成的?

2.3.3　在多个问句连用或表达疑问语气加重时,可叠用问号。通常应先单用,再叠用,最多叠用三个问号。在没有异常强烈的情感表达需要时不宜叠用问号。

示例:这就是你的做法吗?你这个总经理是怎么当的??你怎么竟敢这样欺骗消费者???

2.3.4　问号也有标号的用法,即用于句内,表示存疑或不详。

示例1:马致远(1250?—1321),大都人,元代戏曲家、散曲家。

示例2:钟嵘(?—518),颍川长社人,南朝梁代文学批评家。

示例3:出现这样的文字错误,说明作者(编者?校者?)很不认真。

3. 叹号

3.1　定义

句末点号的一种,主要表示句子的感叹语气。

3.2　形式

叹号的形式是"!"。

3.3　基本用法

3.3.1　用于句子末尾,主要表示感叹语气,有时也可表示强烈的祈使语气、反问语气等。使用叹号主要根据语段前后有较大停顿、带有感叹语气和语调或带有强烈的祈使、反问语气和语调,并不取决于句子的长短。

示例1:才一年不见,这孩子都长这么高啦!

示例2:你给我住嘴!

示例3：谁知道他今天是怎么搞的！

3.3.2 用于拟声词后，表示声音短促或突然。

示例1：咔嚓！一道闪电划破了夜空。

示例2：咚！咚咚！突然传来一阵急促的敲门声。

3.3.3 表示声音巨大或声音不断加大时，可叠用叹号；表达强烈语气时，也可叠用叹号，最多叠用三个叹号。在没有异常强烈的情感表达需要时不宜叠用叹号。

示例1：轰！！在这天崩地塌的声音中，女娲猛然醒来。

示例2：我要揭露！我要控诉！！我要以死抗争！！！

3.3.4 当句子包含疑问、感叹两种语气且都比较强烈时（如带有强烈感情的反问句和带有惊愕语气的疑问句），可在问号后再加叹号（问号、叹号各一）。

示例1：这么点困难就能把我们吓倒吗？！

示例2：他连这些最起码的常识都不懂，还敢说自己是高科技人才？！

4. 逗号

4.1 定义

句内点号的一种，表示句子或语段内部的一般性停顿。

4.2 形式

逗号的形式是","。

4.3 基本用法

4.3.1 复句内各分句之间的停顿，除了有时用分号，一般都用逗号。

示例1：不是人们的意识决定人们的存在，而是人们的社会存在决定人们的意识。

示例2：学历史使人更明智，学文学使人更聪慧，学数学使人更精细，学考古使人更深沉。

示例3：要是不相信我们的理论能反映现实，要是不相信我们的世界有内在和谐，那就不可能有科学。

4.3.2 用于下列各种语法位置：

a) 较长的主语之后。

示例1：苏州园林建筑各种门窗的精美设计和雕镂功夫，都令人叹为观止。

b) 句首的状语之后。

示例2：在苍茫的大海上，狂风卷集着乌云。

c) 较长的宾语之前。

示例3：有的考古工作者认为，南方古猿生存于上新世至更新世的初期和中期。

d) 带句内语气词的主语（或其他成分）之后，或带句内语气词的并列成分之间。

示例4：他呢，倒是很乐意地、全神贯注地干起来了。

示例5：(那是个没有月亮的夜晚。)可是整个村子——白房顶啦，白树木啦，雪堆啦,全看得见。

　　e)较长的主语中间、谓语中间或宾语中间。

　　示例6:母亲沉痛的诉说,以及亲眼见到的事实,都启发了我幼年时期追求真理的思想。

　　示例7:那姑娘头戴一顶草帽,身穿一条绿色的裙子,腰间还系着一根橙色的腰带。

　　示例8:必须懂得,对于文化传统,既不能不分青红皂白统统抛弃,也不能不管精华糟粕全盘继承。

　　f)前置的谓语之后或后置的状语、定语之前。

　　示例9:真美啊,这条蜿蜒的林间小路。

　　示例10:她吃力地站了起来,慢慢地。

　　示例11:我只是一个人,孤孤单单的。

4.3.3 用于下列各种停顿处:

a)复指成分或插说成分前后。

　　示例1:老张,就是原来的办公室主任,上星期已经调走了。

　　示例2:车,不用说,当然是头等。

b)语气缓和的感叹语、称谓语或呼唤语之后。

　　示例3:哎哟,这儿,快给我揉揉。

　　示例4:大娘,您到哪儿去啊?

　　示例5:喂,你是哪个单位的?

c)某些序次语("第"字头、"其"字头及"首先"类序次语)之后。

　　示例6:为什么许多人都有长不大的感觉呢?原因有三:第一,父母总认为自己比孩子成熟;第二,父母总要以自己的标准来衡量孩子;第三,父母出于爱心而总不想让孩子在成长的过程中走弯路。

　　示例7:《玄秘塔碑》所以成为书法的范本,不外乎以下几方面的因素:其一,具有楷书点画、构体的典范性;其二,承上启下,成为唐楷的极致;其三,字如其人,爱人及字,柳公权高尚的书品、人品为后人所崇仰。

　　示例8:下面从三个方面讲讲语言的污染问题:首先,是特殊语言环境中的语言污染问题;其次,是滥用缩略语引起的语言污染问题;再次,是空话和废话引起的语言污染问题。

5. 顿号

5.1　定义

句内点号的一种,表示语段中并列词语之间或某些序次语之后的停顿。

5.2　形式

顿号的形式是"、"。

5.3　基本用法

5.3.1　用于并列词语之间。

示例1：这里有自由、民主、平等、开放的风气和氛围。

示例2：造型科学、技艺精湛、气韵生动，是盛唐石雕的特色。

5.3.2　用于需要停顿的重复词语之间。

示例：他几次三番、几次三番地辩解着。

5.3.3　用于某些序次语（不带括号的汉字数字或"天干地支"类序次语）之后。

示例1：我准备讲两个问题：一、逻辑学是什么？二、怎样学好逻辑学？

示例2：风格的具体内容主要有以下四点：甲、题材；乙、用字；丙、表达；丁、色彩。

5.3.4　相邻或相近两数字连用表示概数通常不用顿号。若相邻两数字连用为缩略形式，宜用顿号。

示例1：飞机在6000米高空水平飞行时，只能看到两侧八九公里和前方一二十公里范围内的地面。

示例2：这种凶猛的动物常常三五成群地外出觅食和活动。

示例3：农业是国民经济的基础，也是二、三产业的基础。

5.3.5　标有引号的并列成分之间、标有书名号的并列成分之间通常不用顿号。若有其他成分插在并列的引号之间或并列的书名号之间（如引语或书名号之后还有括注），宜用顿号。

示例1："日""月"构成"明"字。

示例2：店里挂着"顾客就是上帝""质量就是生命"等横幅。

示例3：《红楼梦》《三国演义》《西游记》《水浒传》，是我国长篇小说的四大名著。

示例4：李白的"白发三千丈"（《秋浦歌》）、"朝如青丝暮成雪"（《将进酒》）都是脍炙人口的诗句。

示例5：办公室里订有《人民日报》（海外版）、《光明日报》和《时代周刊》等报刊。

6. 分号

6.1　定义

句内点号的一种，表示复句内部并列关系分句之间的停顿，以及非并列关系的多重复句中第一层分句之间的停顿。

6.2　形式

分号的形式是"；"。

6.3　基本用法

6.3.1表示复句内部并列关系的分句（尤其当分句内部还有逗号时）之间的停顿。

示例1：语言文字的学习，就理解方面说，是得到一种知识；就运用方面说，是养成一种习惯。

示例2：内容有分量，尽管文章短小，也是有分量的；内容没有分量，即使写得再长也没有用。

6.3.2 表示非并列关系的多重复句中第一层分句（主要是选择、转折等关系）之间的停顿。

示例1：人还没看见，已经先听见歌声了；或者人已经转过山头望不见了，歌声还余音袅袅。

示例2：尽管人民革命的力量在开始时总是弱小的，所以总是受压的；但是由于革命的力量代表历史发展的方向，因此本质上又是不可战胜的。

示例3：不管一个人如何伟大，也总是生活在一定的环境和条件下；因此，个人的见解总难免带有某种局限性。

示例4：昨天夜里下了一场雨，以为可以凉快些；谁知没有凉快下来，反而更热了。

6.3.3 用于分项列举的各项之间。

示例：特聘教授的岗位职责为：一、讲授本学科的主干基础课程；二、主持本学科的重大科研项目；三、领导本学科的学术队伍建设；四、带领本学科赶超或保持世界先进水平。

7. 冒号

7.1 定义

句内点号的一种，表示语段中提示下文或总结上文的停顿。

7.2 形式

冒号的形式是":"。

7.3 基本用法

7.3.1 用于总说性或提示性词语（如"说""例如""证明"等）之后，表示提示下文。

示例1：北京紫禁城有四座城门：午门、神武门、东华门和西华门。

示例2：她高兴地说："咱们去好好庆祝一下吧！"

示例3：小王笑着点了点头："我就是这么想的。"

示例4：这一事实证明：人能创造环境，环境同样也能创造人。

7.3.2 表示总结上文。

示例：张华上了大学，李萍进了技校，我当了工人：我们都有美好的前途。

7.3.3 用在需要说明的词语之后，表示注释和说明。

示例1：（本市将举办首届大型书市。）主办单位：市文化局；承办单位：市图书进出口公司；时间：8月15日～20日；地点：市体育馆观众休息厅。

示例2：(做阅读理解题有两个办法。)办法之一：先读题干,再读原文,带着问题有针对性地读课文。办法之二：直接读原文,读完再做题,减少先入为主的干扰。

7.3.4　用于书信、讲话稿中称谓语或称呼语之后。

示例1：广平先生：……

示例2：同志们、朋友们：……

7.3.5　一个句子内部一般不应套用冒号。在列举式或条文式表述中,如不得不套用冒号时,宜另起段落来显示各个层次。

示例：第十条遗产按照下列顺序继承：

第一顺序：配偶、子女、父母。

第二顺序：兄弟姐妹、祖父母、外祖父母。

8. 引号

8.1　定义

标号的一种,标示语段中直接引用的内容或需要特别指出的成分。

8.2　形式

引号的形式有双引号""""和单引号"''"两种。左侧的为前引号,右侧的为后引号。

8.3　基本用法

8.3.1　标示语段中直接引用的内容。

示例：李白诗中就有"白发三千丈"这样极尽夸张的语句。

8.3.2　标示需要着重论述或强调的内容。

示例：这里所谓的"文",并不是指文字,而是指文采。

8.3.3　标示语段中具有特殊含义而需要特别指出的成分,如别称、简称、反语等。

示例1：电视被称作"第九艺术"。

示例2：人类学上常把古人化石统称为尼安德特人,简称"尼人"。

示例3：有几个"慈祥"的老板把捡来的菜叶用盐浸浸就算作工友的菜肴。

8.3.4　当引号中还需要使用引号时,外面一层用双引号,里面一层用单引号。

示例：他问："老师,'七月流火'是什么意思?"

8.3.5　独立成段的引文如果只有一段,段首和段尾都用引号;不止一段时,每段开头仅用前引号,只在最后一段末尾用后引号。

示例：我曾在报纸上看到有人这样谈幸福：

"幸福是知道自己喜欢什么和不喜欢什么。……

"幸福是知道自己擅长什么和不擅长什么。……

"幸福是在正确的时间作了正确的选择。……"

8.3.6 在书写带月、日的事件、节日或其他特定意义的短语(含简称)时,通常只标引其中的月和日;需要突出和强调该事件或节日本身时,也可连同事件或节日一起标引。

示例1:"5·12"汶川大地震

示例2:"五四"以来的话剧,是我国戏剧中的新形式。

示例3:纪念"五四运动"90周年

9. 括号

9.1 定义

标号的一种,标示语段中的注释内容、补充说明或其他特定意义的语句。

9.2 形式

括号的主要形式是圆括号"( )",其他形式还有方括号"[ ]"、六角括号"〔 〕"和方头括号"【 】"等。

9.3 基本用法

9.3.1 标示下列各种情况,均用圆括号:

a)标示注释内容或补充说明。

示例1:我校拥有特级教师(含已退休的)17人。

示例2:我们不但善于破坏一个旧世界,我们还将善于建设一个新世界!(热烈鼓掌)

b)标示订正或补加的文字。

示例3:信纸上用稚嫩的字体写着:"阿夷(姨),你好!。"

示例4:该建筑公司负责的建设工程全部达到优良工程(的标准)。

c)标示序次语。

示例5:语言有三个要素:(1)声音;(2)结构;(3)意义。

示例6:思想有三个条件:(一)事理;(二)心理;(三)伦理。

d)标示引语的出处。

示例7:他说得好:"未画之前,不立一格;既画之后,不留一格。"(《板桥集·题画》)

e)标示汉语拼音注音。

示例8:"的(de)"这个字在现代汉语中最常用。

9.3.2 标示作者国籍或所属朝代时,可用方括号或六角括号。

示例1:[英]赫胥黎《进化论与伦理学》

示例2:〔唐〕杜甫著

9.3.3 报刊标示电讯、报道的开头,可用方头括号。

示例:【新华社南京消息】

9.3.4　标示公文发文字号中的发文年份时,可用六角括号。

示例:国发〔2011〕3号文件

9.3.5　标示被注释的词语时,可用六角括号或方头括号。

示例1:〔奇观〕奇伟的景象。

示例2:【爱因斯坦】物理学家。生于德国,1933年因受纳粹政权迫害,移居美国。

9.3.6　除科技书刊中的数学、逻辑公式外,所有括号(特别是同一形式的括号)应尽量避免套用。必须套用括号时,宜采用不同的括号形式配合使用。

示例:〔茸(róng)毛〕很细很细的毛。

10. 破折号

10.1　定义

标号的一种,标示语段中某些成分的注释、补充说明或语音、意义的变化。

10.2　形式

破折号的形式是"——"。

10.3　基本用法

10.3.1　标示注释内容或补充说明。

示例1:一个矮小而结实的日本中年人——内山老板走了过来。

示例2:我一直坚持读书,想借此唤起弟妹对生活的希望——无论环境多么困难。

10.3.2　标示插入语(也可用逗号,见4.3.3)。

示例:这简直就是——说得不客气点——无耻的勾当!

10.3.3　标示总结上文或提示下文(也可用冒号,见7.3.1、7.3.2)。

示例1:坚强,纯洁,严于律己,客观公正——这一切都难得地集中在一个人身上。

示例2:画家开始娓娓道来——

　　　　数年前的一个寒冬,……

10.3.4　标示话题的转换。

示例:"好香的干菜,——听到风声了吗?"赵七爷低声说道。

10.3.5　标示声音的延长。

示例:"嘎——"传过来一声水禽被惊动的鸣叫。

10.3.6　标示话语的中断或间隔。

示例1:"班长他牺——"小马话没说完就大哭起来。

示例2:"亲爱的妈妈,你不知道我多爱您。——还有你,我的孩子!"

10.3.7　标示引出对话。

示例:——你长大后想成为科学家吗?

　　　——当然想了!

10.3.8　标示事项列举分承。

示例:根据研究对象的不同,环境物理学分为以下五个分支学科:

——环境声学;

——环境光学;

——环境热学;

——环境电磁学;

——环境空气动力学。

10.3.9 用于副标题之前。

示例:飞向太平洋

——我国新型号运载火箭发射目击记

10.3.10 用于引文、注文后,标示作者、出处或注释者。

示例1:先天下之忧而忧,后天下之乐而乐。

——范仲淹

示例2:乐浪海中有倭人,分为百余国。

——《汉书》

示例3:很多人写好信后把信笺折成方胜形,我看大可不必。(方胜,指古代妇女戴的方形首饰,用彩绸等制作,由两个斜方部分叠合而成。——编者注)

11. 省略号

11.1 定义

标号的一种,标示语段中某些内容的省略及意义的断续等。

11.2 形式

省略号的形式是"……"。

11.3 基本用法

11.3.1 标示引文的省略。

示例:我们齐声朗诵起来:"……俱往矣,数风流人物,还看今朝。"

11.3.2 标示列举或重复词语的省略。

示例1:对政治的敏感,对生活的敏感,对性格的敏感,……这都是作家必须要有的素质。

示例2:他气得连声说:"好,好……算我没说。"

11.3.3 标示语意未尽。

示例1:在人迹罕至的深山密林里,假如突然看见一缕炊烟,……

示例2:你这样干,未免太……!

11.3.4 标示说话时断断续续。

示例:她磕磕巴巴地说:"可是……太太……我不知道……你一定是认错了。"

11.3.5 标示对话中的沉默不语。

示例:"还没结婚吧?"

"……"他飞红了脸,更加忸怩起来。

11.3.6　标示特定的成分虚缺。

示例:只要……就……

11.3.7　在标示诗行、段落的省略时,可连用两个省略号(即相当于十二连点)。

示例1:从隔壁房间传来缓缓而抑扬顿挫的吟咏声——

床前明月光,疑是地上霜。

……………

示例2:该刊根据工作质量、上稿数量、参与程度等方面的表现,评选出了高校十佳记者站。还根据发稿数量、提供新闻线索情况以及对刊物的关注度等,评选出了十佳通讯员。

…………

12. 着重号

12.1　定义

标号的一种,标示语段中某些重要的或需要指明的文字。

12.2　形式

着重号的形式是".",标注在相应文字的下方。

12.3　基本用法

12.3.1　标示语段中重要的文字。

示例1:诗人需要表现,而不是证明。

示例2:下面对本文的理解,不正确的一项是:……

12.3.2　标示语段中需要指明的文字。

示例:下边加点的字,除在词中的读法外,还有哪些读法?

　　　着急　　子弹　　强调

13. 连接号

13.1　定义

标号的一种,标示某些相关联成分之间的连接。

13.2　形式

连接号的形式有短横线"-"、一字线"—"和浪纹线"~"三种。

13.3　基本用法

13.3.1　标示下列各种情况,均用短横线:

a)化合物的名称或表格、插图的编号。

示例1:3-戊酮为无色液体,对眼及皮肤有强烈的腐蚀性。

示例2:参见下页表2-8、表2-9。

b)连接号码,包括门牌号码、电话号码,以及用阿拉伯数字表示年月日等。

示例3:安宁里东路26号院3—2—11室

示例4:联系电话:010—88842603

示例5:2011—02—15

c)在复合名词中起连接作用。

示例6:吐鲁番—哈密盆地

d)某些产品的名称和型号。

示例7:WZ—10直升机具有复杂天气和夜间作战的能力。

e)汉语拼音、外来语内部的分合。

示例8:shuōshuō—xiàoxiào(说说笑笑)

示例9:盎格鲁—撒克逊人

示例10:让—雅克·卢梭("让—雅克"为双名)

示例11:皮埃尔·孟戴斯—弗朗斯("孟戴斯—弗朗斯"为复姓)

13.3.2 标示下列各种情况,一般用一字线,有时也可用浪纹线:

a)标示相关项目(如时间、地域等)的起止。

示例1:沈括(1031 — 1095),宋朝人。

示例2:2011年2月3日 — 10日

示例3:北京—上海特别旅客快车

b)标示数值范围(由阿拉伯数字或汉字数字构成)的起止。

示例4:25～30g

示例5:第五～八课

14. 间隔号

14.1 定义

标号的一种,标示某些相关联成分之间的分界。

14.2 形式

间隔号的形式是"·"。

14.3 基本用法

14.3.1 标示外国人名或少数民族人名内部的分界。

示例1:克里斯蒂娜·罗塞蒂

示例2:阿依古丽·买买提

14.3.2 标示书名与篇(章、卷)名之间的分界。

示例:《淮南子·本经训》

14.3.3 标示词牌、曲牌、诗体名等和题名之间的分界。

示例1:《沁园春·雪》

示例2:《天净沙·秋思》

示例3:《七律·冬云》

14.3.4 用在构成标题或栏目名称的并列词语之间。

示例4:《天·地·人》

14.3.5 以月、日为标志的事件或节日,用汉字数字表示时,只在一、十一和十二月后用间隔号;当直接用阿拉伯数字表示时,月、日之间均用间隔号(半角字符)。

示例1:"九一八"事变 "五四"运动

示例2:"一·二八"事变 "一二·九"运动

示例3:"3·15"消费者权益日 "9·11"恐怖袭击事件

15. 书名号

15.1 定义

标号的一种,标示语段中出现的各种作品的名称。

15.2 形式

书名号的形式有双书名号"《》"和单书名号"〈〉"两种。

15.3 基本用法

15.3.1 标示书名、卷名、篇名、刊物名、报纸名、文件名等。

示例1:《红楼梦》(书名)

示例2:《史记·项羽本纪》(卷名)

示例3:《论雷峰塔的倒掉》(篇名)

示例4:《每周关注》(刊物名)

示例5:《人民日报》(报纸名)

示例6:《全国农村工作会议纪要》(文件名)

15.3.2 标示电影、电视、音乐、诗歌、雕塑等各类用文字、声音、图像等表现的作品的名称。

示例1:《渔光曲》(电影名)

示例2:《追梦录》(电视剧名)

示例3:《勿忘我》(歌曲名)

示例4:《沁园春·雪》(诗词名)

示例5:《东方欲晓》(雕塑名)

示例6:《光与影》(电视节目名)

示例7:《社会广角镜》(栏目名)

示例8:《庄子研究文献数据库》(光盘名)

示例9:《植物生理学系列挂图》(图片名)

15.3.3 标示全中文或中文在名称中占主导地位的软件名。

示例:科研人员正在研制《电脑卫士》杀毒软件。

15.3.4 标示作品名的简称。

示例:我读了《念青唐古拉山脉纪行》一文(以下简称《念》),收获很大。

15.3.5 当书名号中还需要书名号时,里面一层用单书名号,外面一层用双书名号。

示例:《教育部关于提请审议〈高等教育自学考试试行办法〉的报告》

16. 专名号

16.1 定义

标号的一种,标示古籍和某些文史类著作中出现的特定类专有名词。

16.2 形式

专名号的形式是一条直线,标注在相应文字的下方。

16.3 基本用法

16.3.1 标示古籍、古籍引文或某些文史类著作中出现的专有名词,主要包括人名、地名、国名、民族名、朝代名、年号、宗教名、官署名、组织名等。

示例1:孙坚人马被刘表率军围得水泄不通。(人名)

示例2:于是聚集冀、青、幽、并四州兵马七十多万准备决一死战。(地名)

示例3:当时乌孙及西域各国都向汉派遣了使节。(国名、朝代名)

示例4:如咸宁二年到太康十年,匈奴、鲜卑、乌桓等族人徙居塞内。(年号、民族名)

16.3.2 现代汉语文本中的上述专有名词,以及古籍和现代文本中的单位名、官职名、事件名、会议名、书名等不应使用专名号。必须使用标号标示时,宜使用其他相应标号(如引号、书名号等)。

17. 分隔号

17.1 定义

标号的一种,标示诗行、节拍及某些相关文字的分隔。

17.2 形式

分隔号的形式是"/"。

17.3 基本用法

17.3.1 诗歌接排时分隔诗行(也可使用逗号和分号,见4.3.1、6.3.1)。

示例:春眠不觉晓/处处闻啼鸟/夜来风雨声/花落知多少。

17.3.2 标示诗文中的音节节拍。

示例:横眉/冷对/千夫指,俯首/甘为/孺子牛。

17.3.3 分隔供选择或可转换的两项,表示"或"。

示例:动词短语中除作为主体成分的述语动词之外,还包括述语动词所带的宾语和/或补语。

　　17.3.4　分隔组成一对的两项,表示"和"。

　　示例1:13/14次特别快车

　　示例2:羽毛球女双决赛中国组合杜婧/于洋两局完胜韩国名将李孝贞/李敬元。

　　17.3.5　分隔层级或类别。

　　示例:我国的行政区划分为:省(直辖市、自治区)/省辖市(地级市)/县(县级市、区、自治州)/乡(镇)/村(居委会)。

二、标点符号的位置和书写形式

1. 横排文稿标点符号的位置和书写形式

　　1.1　句号、逗号、顿号、分号、冒号均置于相应文字之后,占一个字位置,居左下,不出现在一行之首。

　　1.2　问号、叹号均置于相应文字之后,占一个字位置,居左,不出现在一行之首。两个问号(或叹号)叠用时,占一个字位置;三个问号(或叹号)叠用时,占两个字位置;问号和叹号连用时,占一个字位置。

　　1.3　引号、括号、书名号中的两部分标在相应项目的两端,各占一个字位置。其中前一半不出现在一行之末,后一半不出现在一行之首。

　　1.4　破折号标在相应项目之间,占两个字位置,上下居中,不能中间断开分处上行之末和下行之首。

　　1.5　省略号占两个字位置,两个省略号连用时占四个字位置并须单独占一行。省略号不能中间断开分处上行之末和下行之首。

　　1.6　连接号中的短横线比汉字"一"略短,占半个字位置;一字线比汉字"一"略长,占一个字位置;浪纹线占一个字位置。连接号上下居中,不出现在一行之首。

　　1.7　间隔号标在需要隔开的项目之间,占半个字位置,上下居中,不出现在一行之首。

　　1.8　着重号和专名号标在相应文字的下边。

　　1.9　分隔号占半个字位置,不出现在一行之首或一行之末。

　　1.10　标点符号排在一行末尾时,若为全角字符则应占半角字符的宽度(即半个字位置),以使视觉效果更美观。

　　1.11　在实际编辑出版工作中,为排版美观、方便阅读等需要,或为避免某一小节最后一个汉字转行或出现在另外一页开头等情况(浪费版面及视觉效果差),可适当压缩标点符号所占用的空间。

2. 竖排文稿标点符号的位置和书写形式

　　2.1　句号、问号、叹号、逗号、顿号、分号和冒号均置于相应文字之下偏右。

2.2 破折号、省略号、连接号、间隔号和分隔号置于相应文字之下居中,上下方向排列。

2.3 引号改用双引号"﹁""﹂"和单引号"﹃""﹄",括号改用"︵""︶",标在相应项目的上下。

2.4 竖排文稿中使用浪线式书名号"﹏",标在相应文字的左侧。

2.5 着重号标在相应文字的右侧,专名号标在相应文字的左侧。

2.6 横排文稿中关于某些标点不能居行首或行末的要求,同样适用于竖排文稿。

三、易混标点符号用法比较

1. 逗号、顿号表示并列词语之间停顿的区别

逗号和顿号都表示停顿,但逗号表示的停顿长,顿号表示的停顿短。并列词语之间的停顿一般用顿号,但当并列词语较长或其后有语气词时,为了表示稍长一点的停顿,也可用逗号。

示例1:我喜欢吃的水果有苹果、桃子、香蕉和菠萝。

示例2:我们需要了解全局和局部的统一,必然和偶然的统一,本质和现象的统一。

示例3:看游记最难弄清位置和方向,前啊,后啊,左啊,右啊,看了半天,还是不明白。

2. 逗号、顿号在表列举省略的"等""等等"之类词语前的使用

并列成分之间用顿号,末尾的并列成分之后用"等""等等"之类词语时,"等"类词前不用顿号或其他点号;并列成分之间用逗号,末尾的并列成分之后用"等"类词时,"等"类词前应用逗号。

示例1:现代生物学、物理学、化学、数学等基础科学的发展,带动了医学科学的进步。

示例2:写文章前要想好,文章主题是什么,用哪些材料,哪些详写,哪些略写,等等。

3. 逗号、分号表示分句间停顿的区别

当复句的表述不复杂、层次不多,相连的分句语气比较紧凑、分句内部也没有使用逗号表示停顿时,分句间的停顿多用逗号。当用逗号不易分清多重复句内部的层次(如分句内部已有逗号),而用句号又可能割裂前后关系的地方,应用分号表示停顿。

示例1:她拿起钥匙,开了箱上的锁,又开了首饰盒上的锁,往老地方放钱。

示例2:纵比,即以一事物的各个发展阶段作比;横比,则以此事物与彼事物相比。

4. 顿号、逗号、分号在标示层次关系时的区别

句内点号中,顿号表示的停顿最短、层次最低,通常只能表示并列词语之间的停顿;分号表示的停顿最长、层次最高,可以用来表示复句的第一层分句之间的停顿;逗号介于两者之间,既可表示并列词语之间的停顿,也可表示复句中分句之间的停顿。若分句内部已用逗号,分句之间就应用分号(见 6.3.1 示例 2)。用分号隔开的几个并列分句不能由逗号统领或总结。

示例1:有的学会烤烟,自己做挺讲究的纸烟和雪茄;有的学会蔬菜加工,做的番茄酱能吃到冬天;有的学会蔬菜腌渍、窖藏,使秋菜接上春菜。

示例2:动物吃植物的方式多种多样,有的是把整个植物吃掉,如原生动物;有的是把植物的大部分吃掉,如鼠类;有的是吃掉植物的要害部位,如鸟类吃掉植物的嫩芽。(误)

动物吃植物的方式多种多样:有的是把整个植物吃掉,如原生动物;有的是把植物的大部分吃掉,如鼠类;有的是吃掉植物的要害部位,如鸟类吃掉植物的嫩芽。(正)

5. 冒号、逗号用于"说""道"之类词语后的区别

位于引文之前的"说""道"后用冒号。位于引文之后的"说""道"分两种情况:处于句末时,其后用句号;"说""道"后还有其他成分时,其后用逗号。插在话语中间的"说""道"类词语后只能用逗号表示停顿。

示例1:他说:"晚上就来家里吃饭吧。"

示例2:"我真的很期待。"他说。

示例3:"我有件事忘了说……"他说,表情有点为难。

示例4:"现在请皇上脱下衣服,"两个骗子说,"好让我们为您换上新衣。"

6. 不同点号表示停顿长短的排序

各种点号都表示说话时的停顿。句号、问号、叹号都表示句子完结,停顿最长。分号用于复句的分句之间,停顿长度介于句末点号和逗号之间,而短于冒号。逗号表示一句话中间的停顿,又短于分号。顿号用于并列词语之间,停顿最短。通常情况下,各种点号表示的停顿由长到短为:句号=问号=叹号>冒号(指涵盖范围为一句话的冒号)>分号>逗号>顿号。

7. 破折号与括号表示注释或补充说明时的区别

破折号用于表示比较重要的解释说明,这种补充是正文的一部分,可与前后文连读;而括号表示比较一般的解释说明,只是注释而非正文,可不与前后文连读。

示例1:在今年——农历虎年,必须取得比去年更大的成绩。

示例2:哈雷在牛顿思想的启发下,终于认出了他所关注的彗星(该星后人称为哈雷彗星)。

8. 书名号、引号在"题为……""以……为题"格式中的使用

"题为……""以……为题"中的"题",如果是诗文、图书、报告或其他作品可作为篇名、书名看待时,可用书名号;如果是写作、科研、辩论、谈话的主题,非特定作品的标题,应用引号。即"题为……""以……为题"中的"题"应根据其类别分别按书名号和引号的用法处理。

示例1:有篇题为《柳宗元的诗》的文章,全文才2000字,引文不实却达11处之多。

示例2:今天一个以"地球·人口·资源·环境"为题的大型宣传活动在此间举行。

示例3:《我的老师》写于1956年9月,是作者应《教师报》之约而写的。

示例4:"我的老师"这类题目,同学们也许都写过。

四、两个标点符号连用的说明

1. 行文中表示引用的引号内外的标点用法

当引文完整且独立使用,或虽不独立使用但带有问号或叹号时,引号内句末点号应保留。除此之外,引号内不用句末点号。当引文处于句子停顿处(包括句子末尾)且引号内未使用点号时,引号外应使用点号;当引文位于非停顿处或者引号内已使用句末点号时,引号外不用点号。

示例1:"沉舟侧畔千帆过,病树前头万木春。"他最喜欢这两句诗。

示例2:书价上涨令许多读者难以接受,有些人甚至发出"还买得起书吗?"的疑问。

示例3:他以"条件还不成熟,准备还不充分"为由,否决了我们的提议。

示例4:你这样"明日复明日"地要拖到什么时候?

示例5:司马迁为了完成《史记》的写作,使之"藏之名山",忍受了人间最大的侮辱。

示例6:在施工中要始终坚持"把质量当生命"。

示例7:"言之无文,行而不远"这句话,说明了文采的重要。

示例8:俗话说:"墙头一根草,风吹两边倒。"用这句话来形容此辈再恰当不过。

2. 行文中括号内外的标点用法

括号内行文末尾需要时可用问号、叹号和省略号。除此之外,句内括号行文末尾通常不用标点符号。句外括号行文末尾是否用句号由括号内的语段结构决定:若语段较长、内容复杂,应用句号。句内括号外是否用点号取决于括号所处位置:若句内括号处于句子停顿处,应用点号。句外括号外通常不用点号。

示例1:如果不采取(但应如何采取呢?)十分具体的控制措施,事态将进一步扩大。

示例2:3分钟过去了(仅仅才3分钟!),从眼前穿梭而过的出租车竟达32辆!

示例3:她介绍时用了一连串比喻(有的状如树枝,有的貌似星海……),非常形象。

示例4:科技协作合同(包括科研、试制、成果推广等)根据上级主管部门或有关部门的计划签订。

示例5:应把夏朝看作原始公社向奴隶制国家过渡时期。(龙山文化遗址里,也有俯身葬。俯身者很可能就是奴隶。)

示例6:问:你对你不喜欢的上司是什么态度?
　　　答:感情上疏远,组织上服从。(掌声,笑声)

示例7:古汉语(特别是上古汉语),对于我来说,有着常人无法想象的吸引力。

示例8:由于这种推断尚未经过实践的考验,我们只能把它作为假设(或假说)提出来。

示例9:人际交往过程就是使用语词传达意义的过程。(严格说,这里的"语词"应为语词指号。)

3. 破折号前后的标点用法

破折号之前通常不用点号;但根据句子结构和行文需要,有时也可分别使用句内点号或句末点号。破折号之后通常不会紧跟着使用其他点号;但当破折号表示语音的停顿或延长时,根据语气表达的需要,其后可紧接问号或叹号。

示例1:小妹说:"我现在工作得挺好,老板对我不错,工资也挺高。——我能抽支烟吗?"(表示话题的转折)

示例2:我不是自然主义者,我主张文学高于现实,能够稍稍居高临下地去看现实,因为文学的任务不仅在于反映现实。光描写现存的事物还不够,还必须记住我们所希望的和可能产生的事物。必须使现象典型化。应该把微小而有代表性的事物写成重大的和典型的事物。——这就是文学的任务。(表示对前几句话的总结)

示例3:"是他——?"石一川简直不敢相信自己的耳朵。

示例4:"我终于考上大学啦! 我终于考上啦——!"金石开兴奋得快要晕过去了。

4. 省略号前后的标点用法

省略号之前通常不用点号。以下两种情况例外:省略号前的句子表示强烈语气、句末使用问号或叹号时;省略号前不用点号就无法标示停顿或表明结构关系时。省略号之后通常也不用点号,但当句末表达强烈的语气或感情时,可在省略号后用问号或叹号;当省略号后还有别的话、省略的文字和后面的话不连续且有停顿时,应在省略号后用点号;当表示特定格式的成分虚缺时,省略号后可用点号。

示例1:想起这些,我就觉得一辈子都对不起你。你对梁家的好,我感激不尽！……

示例2：他进来了，……一身军装，一张朴实的脸，站在我们面前显得很高大，很年轻。

示例3：这，这是……？

示例4：动物界的规矩比人类还多，野骆驼、野猪、黄羊……，直至塔里木兔、跳鼠，都是各行其路，决不混淆。

示例5：大火被渐渐扑灭，但一片片油污又旋即出现在遇难船旁……。清污船迅速赶来，并施放围栏以控制油污。

示例6：如果……，那么……。